L'IDÉALISME
EN ANGLETERRE
AU XVIIIᵉ SIÈCLE

PAR

GEORGES LYON

Ancien élève de l'École normale supérieure,
Agrégé de philosophie, professeur au lycée Henri IV,
Docteur ès lettres

DESCARTES. — HOBBES. — LOCKE.
MALEBRANCHE. — E. TAYLOR.
J. NORRIS. — A. COLLIER. — BERKELEY.
J. JOHNSON. — J. EDWARDS. — HUME.

PARIS

ANCIENNE LIBRAIRIE GERMER BAILLIÈRE ET Cⁱᵉ

FÉLIX ALCAN, ÉDITEUR

108, BOULEVARD SAINT-GERMAIN, 108

—

1888

Tous droits réservés.

L'IDÉALISME EN ANGLETERRE

AU DIX-HUITIÈME SIÈCLE

A M. MARCELIN BERTHELOT.

En vous dédiant cette étude, l'auteur n'a pas voulu seulement consigner ici l'hommage de son respect & de son affection. Ce patronage vous revenait à un titre plus général. N'est-ce pas vous qui, devant le Conseil supérieur de l'Instruction publique, avez apporté à l'Idéalisme, dont l'inscription aux nouveaux programmes faisait l'objet de vives critiques, l'autorité victorieuse de votre parole? Vous avez par là mérité la gratitude de tous ceux qu'attire la pénétrante & subtile doctrine dont ce livre raconte l'une des phases les moins bien connues : doctrine qui tient, par tant d'attaches, à notre philosophie nationale & qui parut faire, au siècle dernier, de la sensualiste Angleterre, sa seconde patrie.

GEORGES LYON.

L'IDÉALISME EN ANGLETERRE

AU DIX-HUITIÈME SIÈCLE

INTRODUCTION

Le mot idéalisme comporte dans le langage deux acceptions, l'une populaire, la plus accréditée, l'autre toute spéciale et la moins en faveur. Dans le premier sens, il désigne la tendance d'un homme, d'un art ou d'une époque à subordonner les choses de la vie présente aux objets que notre intelligence conçoit ou que rêve notre imagination, objets en qui nulle imperfection ne subsiste et que n'attriste aucune ombre. Cet au-delà réalisé par les poètes et dont la contemplation enchante l'humanité, on l'appelle l'idéal par opposition au réel. La seconde acception, que nous demandons à retenir, est tout à la fois parente de ce premier sens et le dépasse hardiment.

Cette philosophie prend le nom d'idéaliste qui aperçoit, au dessus du monde actuel, tout un autre univers que nos pensées composent et dont un esprit omniprésent, le nôtre peut-être, fournit le théâtre. Elle ose plus. Au lieu que, tout à l'heure, l'âme éprise du mieux se contentait d'inventer par delà les êtres ambiants des types embellis sur la consistance desquels elle ne se faisait nulle illusion, l'esprit maintenant prend en lui-même assurance et foi. Le réel prétendu devient pour lui signe et symbole, et ce sont désormais ses pensées avec leurs lois inflexibles, leur inépuisable variété de formes et de contours, qu'il estime seules de véritables existences.

A peine énoncée, une telle prétention soulève les protestations railleuses du sens commun. Le métaphysicien hésite devant la presque unanimité des sourires. Socrate lui-même, s'il en faut croire Platon, prit peur et recula devant l'étrangeté des corollaires que son maître Eléate dérivait de la formule idéale. « Tu es jeune, lui dit alors » Parménide, et la philosophie ne s'est pas emparée de » toi tout entier, comme elle fera plus tard[1]. » Peu à peu, en effet, la réflexion aidant, tombe cette fausse honte. L'observation intérieure confirme les résultats de la construction *a priori*. Tout ce que je croyais percevoir hors de moi, vivants et choses, où le trouvé-je au vrai ? Dans ma pensée et seulement en elle, puisqu'enfin je ne me puis quitter moi-même pour aller au dehors atteindre ce qui n'est pas moi. Quoi que je saisisse, je ne l'atteins qu'en ma conscience. Analysez la plus vaste, la plus compréhensive existence : en quoi consiste-t-elle ? Bon gré, mal gré, il faut bien la réduire à ce qu'elle est réellement : une peinture en l'intelligence, c'est-à-dire une idée. Mais, s'il en est ainsi, pourquoi ne pas

---

[1]. Platon : *Parménide*, § IV.

reconnaître dans la pensée la seule dispensatrice en même temps que le réceptacle exclusif des réalités ? Pourquoi m'embarrasser d'un univers extérieur qui reproduirait on ne sait où ni comment, trait pour trait, nuance pour nuance, le monde actuel qui s'étale devant ma pensée et qui se compose uniquement de la totalité de mes idées, le seul que je connaisse et dont j'aie le droit de parler, parce qu'il fait un avec moi-même, tout autre que celui-là étant pour moi comme s'il n'était pas ? Qui ne voit que le lointain univers qu'un mirage projette devant le sens commun fasciné ferait double emploi avec l'univers présent qui occupe la scène de ma pensée ? A quoi bon ce décalque ? Doubler les choses, comme eût dit le Père de la Métaphysique, est-ce donc un moyen de les mieux compter ? Osons aller jusqu'au bout de la psychologie et de la logique. Nous conclurons, axiome où se résume la philosophie idéaliste : ce qui existe des choses, ce sont les idées que l'esprit en possède.

A vrai dire, ce mot *idées* peut être employé fort diversement[1]. Longtemps il a signifié ce que lui avait fait

---

1. Ce serait une histoire digne d'être entreprise et singulièrement instructive pour le philosophe comme pour le linguiste que celle du mot idée. Dans une note de ses *Discussions de philosophie* (Chap. *Philosophie de la perception, Reid et Brown*), William Hamilton en donne une rapide esquisse. Avant le siècle de Descartes, assure-t-il, le mot idée, comme terme philosophique, ne fut employé que par les Platoniciens ou du moins ne fut reçu que dans un sens platonicien, sens tout différent de celui qu'a consacré l'usage des modernes. L'idée ne s'appliquait point aux objets de la perception ; elle n'avait rien de psychologique et était exclusivement du domaine de la théologie. Après la renaissance des lettres, ce terme ne fut pas davantage étendu aux objets de l'intellect. Melanchton, il est vrai, (il était une manière de semi-Platonicien), l'emploie en une occasion comme synonyme de notion ou d'espèce intelligible. C'est même à cet exemple solitaire, faut-il présumer, que Jules Scaliger fait allusion (*De subtilitate*, VI, 4),

dire Platon : des exemplaires impérissables sur lesquels viendraient se modeler et l'être et la science. Plus tard il a désigné les notions grâce auxquelles l'intelligence est informée de ses opérations, quelles qu'elles soient ; puis, par une assez prompte dégradation, il n'a plus exprimé que les impressions sensibles qui nous dépeignent les objets de notre connaissance concrète : ainsi, par un retour à l'étymologie primitive, il était rendu synonyme d'apparences et d'images. Aux divers emplois de ce mot correspondraient évidemment des formes de l'idéalisme très différentes. Mais, si grande cette diversité soit-elle, l'on a de la sorte comme autant de provinces

---

quand il condamne un tel emploi du mot comme néotérique et abusif. « Nous aurions pu dire nettement, déclare Hamilton, que jusqu'à son emploi par Descartes lui-même, l'expression n'avait jamais été adoptée comme un terme compréhensif pour les objets immédiats de la pensée, si nous n'avions à la mémoire l'*Historia animæ Humanæ* de notre compatriote, David Buchanan. Cette œuvre, originellement écrite en français, avait depuis quelques années, circulé privément jusqu'à sa publication à Paris en 1636. Nous y trouvons le mot idée communément employé en sa plus extensive signification, pour exprimer les objets non-seulement de l'intellect propre, mais de la mémoire, de l'imagination, des sens. C'est là le premier exemple d'une telle acception : car le *Discours de la Méthode*, où le mot est pris dans une égale étendue, fut d'au moins un an postérieur par sa publication qui eut lieu en juin 1637. Adopté aussitôt après par Gassendi, le mot, sous un aussi imposant patronage, fit graduellement son chemin dans l'usage général. » Hamilton aurait pu ajouter que les disciples de Descartes furent loin de s'entendre sur le sens exact qu'il fallait maintenir à ce terme. Les uns le rendent, comme nous dirions, étroitement subjectif et lui font désigner les opérations de la pensée cognitive. Les autres désignent par idées non les opérations, mais les objets de l'entendement, objets indépendants de lui, bien qu'inhérents en quelque mesure à lui et par cette voie indirecte ramènent l'acception platonicienne. Le long et passionné débat d'Arnauld et de Malebranche sera principalement dû à cette interprétation différente du mot sur lequel portera la dispute. Aussi les deux adversaires combattront-ils sans trêve sans s'atteindre jamais. En notre siècle, la première position sera celle d'un Stuart Mill ; la seconde, celle d'un Hegel.

d'un même empire. Le principe générateur se retrouve, fidèle à lui-même, dans les diverses espèces en qui il se subdivise. On le peut ainsi formuler : l'existence d'un monde matériel est une hypothèse inutile et les objets de la pensée constituent tout le réel.

L'esprit philosophique des Grecs, qui n'a été étranger à aucune audace, témoigna pour cette conception une faveur marquée. Aussi bien le cours naturel de leur métaphysique les y portait. Quel est l'élément producteur et explicatif de toutes les existences, s'étaient demandé leurs initiateurs, Thalès, Anaximandre, Anaximène, Héraclite? Et chacun de rechercher la substance privilégiée qui par sa fluidité, son aptitude aux métamorphoses, semblerait la mieux douée pour faire jaillir de son sein et dérouler en nappes innombrables les ondes de l'existence. L'un propose l'eau, un autre l'air, un autre le feu. Toutefois n'y a-t-il pas, se demande-t-on un jour, quelque chose de plus subtil et impondérable que l'eau, le feu et l'air, c'est-à-dire le nombre? Et le génie géométrique de Pythagore[1] fait du nombre l'essence et la cause de tout ce qui est. Mais le nombre, à son tour, n'est qu'un mode déterminé, la limite de l'être : de combien l'être nu, indéterminé, sans qualités, sans bornes, n'offre-t-il pas un degré supérieur dans l'abstraction ! Et les maîtres Éléates d'ériger l'être en soi, l'être pur, l'être absolu, en inaccessible et ineffable réalité[2]. Enfin l'être

1. Voir l'une des principales raisons qu'Aristote avance pour expliquer le choix de Pythagore. *Métaph.* A 5. 986 a.
2. L'Éléatisme renfermait déjà bien des germes d'idéalisme. Les quelques lambeaux que nous avons gardés du Περὶ Φύσεως de Parménide abondent en suggestions platoniciennes. N'en citons qu'une empruntée à la première partie du poème, c'est-à-dire au περὶ τῆς ἀληθείας :

lui-même, comment, si inexploré que Parménide et Zénon l'aient conçu, se fait-il entrevoir à nous ? Par son image dans nos pensées, à ce point ressemblante et à ce point minutieuse qu'elle pourrait bien se confondre avec l'original dont elle est censée la copie : par l'idée. C'est ainsi qu'avec Platon et ses mystiques continuateurs d'Alexandrie, l'idée, supérieure à l'être[1], explique le monde et le compose. Le progrès de la synthèse ontologique s'était terminé au point précis où la psychologie analytique des modernes devait aboutir.

Oui, il faut franchir ce qu'on a appelé la grande aventure du moyen âge, pour retrouver clairement exposée et déduite la philosophie idéaliste. D'où vient que la scolastique, si amoureuse des subtilités notionnelles, si friande d'abstractions quintessenciées, ne soupçonna point le système ? Peut-être en faut-il voir la cause dans cet abus même de logique verbeuse, dans cette éristique à outrance où l'effort de plusieurs siècles se consuma. L'excès d'un rationalisme tout empêché de péripatétisme et de creuse syllogistique n'était point pour ouvrir ce que Kant appellera la route royale, voie d'observation intérieure et d'analyse mentale, dans laquelle l'esprit acquiert la claire vision de sa structure et de ses lois. C'est quand le psychologue moderne se repliant sur lui-même aura fait l'examen de ses facultés et de leurs actes que la métaphysique idéaliste renaîtra, comme il avait fallu

---

Τοιουτόν ἐστι νοεῖν τε καὶ οὕνεκέν ἐστι νόημα.

Cet hexamètre pourrait être inscrit au fronton de la philosophie idéaliste :
« La pensée et son objet ne font qu'un. »

1. Voir sur ce point les beaux commentaires de M. Fouillée (*Philosophie de Platon*).

que Socrate rappelât la philosophie du ciel sur la terre pour que la doctrine des idées parvînt avec Platon à son plein épanouissement. — Peut-être, plus simplement, faut-il croire que le moyen âge fut à dessein réaliste, que la philosophie de l'Ecole, sujette comme elle était de la Théologie, ne se laissa pas attirer vers une méthode de penser trop fertile en hérésies violentes. Cette seconde explication est celle qu'adopte un maître d'une érudition justement renommée, William Hamilton. A l'en croire, la scolastique aurait, elle aussi, compté des idéalistes absolus sans une raison péremptoire qui lui interdisait la négation radicale de l'existence du monde extérieur. « Cette raison est que la *doctrine de l'Idéa-*
» *lisme est incompatible avec la doctrine catholique*
» *de l'Eucharistie....* Si la réalité de la matière était
» niée, ajoute Hamilton, par là serait *niée*, en général,
» *la réalité de l'incarnation du Christ*, et en particulier
» *la transsubstantiation en son corps des éléments du*
» *pain et du vin*[1]. » Que les scrupules de l'orthodoxie

1. V. *Discussions de philosophie*, vi; *Idéalisme*. Hamilton blâme Reid d'avoir cru que sous le règne du Péripatétisme n'avait eu lieu nulle apparition de scepticisme sur l'existence de la matière. Au contraire, affirme-t-il, la possibilité de cette non-existence y fut envisagée et les raisons favorables à cette négation données dans toute leur force. Si la conclusion à laquelle elles conduisaient ne fut pas formellement professée, c'est qu'elle était théologiquement coupable. La raison de l'anathème dont l'Eglise n'eût pas manqué de la frapper fut invoquée en de très anciens temps. Hamilton rappelle que les premiers Pères y recoururent et plus spécialement pour frapper Marcion qui professait l'incarnation purement phénoménale du Sauveur. Ainsi Tertullien : « *non licet nobis in dubium sensus*
« *istos revocare, ne et in Christo de fide eorum deliberetur...* » et dans son *Adversus Marcionem* : « *Ideo Christus non erat quod videbatur, et quod erat*
« *mentiebatur ; caro, nec caro ; homo nec homo ; Deus Christus, nec Deus :*
« *cur enim non etiam Dei phantasma portaverit ? An credam ei de interiore*
« *substantia, qui sit de exteriore frustratus ?* (Liv. III, ch. viii). » De même

aient pu retenir des théologiens philosophes sur la pente de l'immatérialisme, ce n'est pas improbable[1]. Ces scrupules étaient-ils fondés en droit? Y a-t-il, comme le maintient Hamilton, incompatibilité formelle entre les dogmes fonda-

saint Augustin : « Si phantasma fuit corpus Christi, fefellit Christus, et si fefellit, veritas non est (*De 83 Questionibus* ; qu. 14). » Les scolastiques signalèrent, eux aussi, cette incompatibilité du dogme catholique de la transsubstantiation avec le scepticisme objectif. Que l'on consulte les commentaires aux quatre livres des *Sentences* de Pierre Lombard, on trouvera notamment dans les commentaires au Ier livre une abondante spéculation de tendance idéaliste : « Dieu ne peut-il maintenir les espèces (idées des modernes) devant l'esprit, la réalité extérieure représentée étant détruite ? Dieu ne peut-il, en fait, présenter aux sens les espèces représentant un monde extérieur, ce monde en réalité n'existant pas ? » A ces questions, il est d'abord répondu : oui. Mais l'orthodoxe reprend : non, par cet argument principal qu'avec une telle hypothèse, la doctrine d'une eucharistie transsubstantiée deviendrait intenable.

1. Comment s'en étonner quand on songe avec quelle prudence, au cœur du XVIIe siècle, Descartes refusera de courir les aventures théologiques ? Arnauld, dans ses *Objections*, lui avait opposé, à peu de choses près, la difficulté eucharistique que William Hamilton développait tout-à-l'heure d'après les scolastiques. « ..... Ce dont je prévois que les théologiens s'offenseront le plus, déclare le grand janséniste, est que, selon ses principes, il ne semble pas que les choses que l'Eglise nous enseigne touchant le sacré mystère de l'Eucharistie puissent subsister et demeurer dans leur entier. Car nous tenons pour article de foi que la substance du pain étant ôtée du pain eucharistique, les seuls accidents y demeurent. Or ces accidents sont l'étendue, la figure, la couleur, l'odeur, la saveur et les autres qualités sensibles. Des qualités sensibles, notre auteur n'en reconnaît point... » Dans ses réponses à Arnauld, Descartes s'efforce d'établir que ses opinions se concilient au contraire à merveille avec la théologie, puisque rien n'empêche deux substances différentes d'agir sur nos sens par les mêmes impressions. Mais plus tard il refusera de s'expliquer à ce sujet et déclinera toute discussion. « Pour l'extension de Jésus-Christ en ce saint sacrement, écrira-t-il en mai 1644, je ne l'ai point expliquée, pour ce que je n'y ai pas été obligé et que je m'abstiens le plus qu'il m'est possible de querelles de théologie... » (*Correspondance : à un R. P. Jésuite*). De même, le 16 juillet 1648, il écrit à Arnauld : « ...Je craindrais d'être accusé de témérité si j'osais déterminer quelque chose là-dessus et j'aimerais mieux en dire mes conjectures de vive voix que par écrit. »

mentaux de la révélation chrétienne et une conception moniste résolvant les choses en des modes de la pensée ? On nous permettra d'en douter [1]. Quoi qu'il en soit au reste du pourquoi, le fait reste indéniable. Du moyen âge la philosophie idéaliste est absente et ce n'est qu'après le réveil de la pensée spéculative à jamais affranchie par Descartes, que nous la voyons reparaître.

Nous la retrouvons chez Descartes lui-même, à demi-consciente sans doute et insuffisamment dégagée, réelle cependant, invisible et présente, inspirant tous ses écrits dont chaque page la suggère, bien qu'il ne l'ait jamais expressément admise. Nous la retrouvons bien davantage encore chez son plus illustre disciple, Malebranche, qui, bravant d'abord les zélotes de l'orthodoxie, édifia un semi-platonisme d'une largeur et d'une élévation incompa-

---

[1]. On verra plus bas que des difficultés de cet ordre ne parurent nullement insurmontables à Collier, Berkeley, Jonathan Edwards, et que ni le récit de la Genèse, ni les mystères de la révélation chrétienne, ne leur parurent constituer une pierre d'achoppement contre leur théorie. Malebranche, en cela comme en bien d'autres choses, non sans des réserves bien entendu, les devança. Quant au problème commun aux diverses confessions chrétiennes, celui de l'Incarnation, il nous semble qu'Hamilton, à l'exemple des scolastiques, a forcé les choses quand il l'a déclaré insoluble pour l'idéaliste. En effet, qu'importe que sous les qualités sensibles, il n'y ait point de substance cachée ? Qu'importe, par conséquent, que l'incarnation soit phénoménale si nous-mêmes, en tant que corps, ne sommes que phénomènes, et si le monde extérieur n'est que phénomènes comme nous ? L'essentiel est qu'il reste la distinction des phénomènes réels, c'est-à-dire assemblés selon des lois fixes qui leur donnent une objectivité durable, d'avec les phénomènes apparents, illusions de notre sensibilité, fantaisies de notre imagination. Le Christ devenu homme revêt la forme d'un de ces premiers assemblages : à ce compte, il est réellement, objectivement homme, au même titre que nous ; que faut-il de plus à la théologie ? Reste, il est vrai, la grave difficulté tirée de la transsubstantiation. Peut-être des considérations du même ordre pourraient-elles l'atténuer. D'ailleurs, elle n'est guère moins embarrassante dans la conception réaliste.

rables, où la science moderne pouvait prendre place sans porter ombrage à la théologie. Aidé de la seule psychologie, guidé, comme nous dirions, par la simple critique des matériaux de notre connaissance, il fut conduit à la notion d'un univers fait d'idées ayant elles-mêmes pour lieu l'entendement divin. Oui, c'est une méthodique étude des conditions de notre science qui le mène à conclure plus résolument que ne fit jamais Platon : « Il y a des espaces
» intelligibles dans le monde intelligible qui est l'objet im-
» médiat de notre esprit. Le corps matériel que nous ani-
» mons, prenons-y garde, n'est pas celui que nous voyons,
» lorsque nous tournons les yeux du corps vers lui. Le
» corps que nous voyons est un corps intelligible; et il y a
» des espaces intelligibles entre ce corps intelligible et le
» soleil intelligible que nous voyons [1]. » Il est vrai que ces mots : « le corps matériel que nous animons », ne sont pas d'un idéaliste sans réserves. Malebranche semble confesser par là qu'en deçà ou au delà de l'idée que nous en avons il existe un corps matériel qui n'est pas objet de notre connaissance et que le corps intelligible, seul révélé à notre esprit, nous laisse soupçonner. Mais combien ce *substratum* extérieur, inconnu et inconnaissable, est de surérogation dans l'hypothèse de la vision en Dieu ! Quel surcroît parasitaire ! A quel point l'auteur y paraît lui-même peu tenir ! Est-ce la crainte du paradoxe ? Faut-il, cette fois, donner raison à Hamilton et croire que la logique du système recula devant l'accusation d'hérésie ? Malebranche va dans son idéalisme aussi loin qu'il est permis d'aller : un pas de plus et il rejoindrait l'évêque de Cloyne et le recteur

1. *Sixième éclaircissement.* Cf. *Premier entretien sur la Métaphysique.*

de Langford Magna. Ce pas, il ne l'a pas voulu ou ne l'a pas osé franchir [1]. Aussi ne sera-ce qu'au XVIII° siècle, hors du pays de Descartes, dans la protestante Angleterre, que fleurira librement la philosophie de l'idée.

Comment n'est-ce pas en France que se développèrent les légitimes conséquences des théories que Descartes avait ébauchées et qu'avait menées à terme Malebranche ? Avouons-le, ces deux grands hommes n'ont pas eu dans leur patrie leur véritable postérité. Il nous faut passer le détroit pour découvrir leurs continuateurs. Victor Cousin a eu raison de le dire [2] : en France, le siècle philosophique ne fut pas le XVIII°, bien qu'il se soit complaisamment donné ce nom. Le siècle philosophique français a été le XVII°. L'âge de Condillac, de Diderot, de Rousseau, de Voltaire, fut grand et très grand à d'autres égards ; il fut même philosophique en un sens, si l'on veut par ce mot rappeler qu'il s'attribua la mission de transformer la société humaine sur le modèle accompli que la haute réflexion propose. Mais si par philosophie on entend l'étude méditative de ces problèmes qui dépassent de l'infini les questions ardentes pour lesquelles s'agitent et bataillent les sociétés, en ce cas, au XVIII° siè-

---

1. « ..... Malebranche déforma la simplicité de sa théorie particulière avec ce *hors-d'œuvre* d'un univers matériel inconnu et oiseux. Ce n'est certes que justice à l'égard de ce grand philosophe de dire que si le fardeau dont il est, comme catholique, obligé de s'embarrasser, est rejeté de sa théorie, cette théorie en devient une d'idéalisme absolu et que, en fait, tous les principaux arguments à l'appui d'un tel système se trouvent pleinement développés dans son immortelle *Recherche de la vérité*. Cela, Malebranche le savait bien, et, parce qu'il le savait, nous pouvons aisément comprendre que son entrevue avec Berkeley ait fini comme elle finit. » (HAMILTON, *ibid.*) Cette dernière ligne fait allusion à une anecdote trop facilement acceptée par Hamilton et que l'on doit, nous le verrons plus bas, tenir pour controuvée.

2. *Fragments de philosophie moderne*. Avant-propos à l'édition de 1845.

cle, chez nous, quelle indigence ! Exceptez Condillac, non pour son originalité, mais pour la finesse de ses vues et l'élégance de ses analyses, à quel point la sève spéculative est tarie ! Tous ou à peu près tous se rangent docilement derrière l'empirisme de Locke, philosophie desséchante, indécise, partagée avec elle-même, qui, en son propre pays, obtint plus de renom que d'influence. Durant ce temps, sous l'action certaine, proclamée par les uns, inavouée ou contestée par les autres, du plus grand des métaphysiciens français, une pénétrante et subtile école intellectualiste dominait en Angleterre et les prémisses, posées par Malebranche, y produisaient leurs conclusions les plus riches.

Ces conclusions devaient être dépassées bien vite et il faut reconnaître quelque apparence au reproche adressé tant de fois par les chefs de l'école écossaise à Descartes et à Malebranche, d'avoir préparé le scepticisme où faillit sombrer avec Hume la philosophie des idées[1]. Il est bien

---

1. « Descartes commence avec le doute universel pour pouvoir à la fin arriver à la conviction. Hume commence avec l'hypothèse et finit avec le doute universel..... Je laisserai nos modernes sceptiques se prévaloir autant qu'ils le peuvent de l'autorité de Descartes et de Malebranche, de Pyrrhon et d'Anaxerque..... » (BEATTIE : *Essai sur la Nature et l'immutabilité de la Vérité*, etc. Part. II, ch. II, § 1.) Reid et Dugald-Stewart, en des termes plus modérés, ne disent guère autrement. Peu de philosophes ont mieux vu que les Ecossais de combien l'idéalisme anglais était redevable à Descartes et à Malebranche. Aussi ne lisons-nous pas sans surprise dans la savante *Histoire de la Pensée anglaise au* xviiie *siècle*, de M. LESLIE STEPHEN, « qu'en Angleterre l'impulsion philosophique de Descartes ne fit point de distingués disciples, » (jugement bien dur, au moins pour John Norris), et qu'en ce pays « la philosophie cartésienne ne réussit pas à obtenir une naturalisation complète ». Nous n'aurions qu'à renvoyer M. Leslie Stephen à Hamilton. Ce que M. Leslie Stephen aurait tout au plus eu raison de dire, c'est que le cartésianisme ne s'implanta point tel quel en Angleterre et qu'il ne s'y acclimata qu'à la condition de se

certain que l'hypothèse de la vision en Dieu n'émigra point ainsi en terre nouvelle sans laisser quelque chose d'elle aux lieux qu'elle abandonnait. Si l'on met à part un parfait disciple qui, celui-là, suivit le maître vénéré avec une docilité infatigable qui n'allait pas sans une réelle force d'esprit et une heureuse abondance d'écrivain, si l'on excepte donc le recteur de Bemerton à qui ses contemporains donnaient le titre de « Malebranche anglais », les penseurs qui reprirent et s'approprièrent la doctrine de Malebranche en modifièrent grandement, sinon le principe, du moins le sens et la direction. Il se fit comme une transaction entre les axiomes métaphysiques auxquels le platonicien de l'Oratoire s'était attaché et cette prédilection pour l'empirisme, qui, de temps immémorial, a été la principale inspiratrice du génie philosophique anglais. En ce compromis, de plus en plus s'amoindrira la part de l'ontologie et à proportion s'accroîtra le lot de l'expérience phénoménale, jusqu'à tout absorber. Berkeley maintient un Dieu, des âmes, la liberté et il élève sur le principe causal un immense spiritualisme. Avec Hume, l'âme s'évanouit ; un Dieu devient inutile ; la loi de causalité se dérobe. Le système subsiste, mais il n'a plus que le vide pour appui.

C'est donc le mouvement même de l'histoire philosophique qui nous trace le plan de ce travail. Pour raconter la plus belle époque de la pensée spéculative anglaise, c'est au cartésianisme que nous devrons emprunter notre

défaire de ses caractères *à priori*. Le même écrivain ajoute très justement en ce passage : « l'esprit anglais, pour quelque raison, évite généralement la haute route *à priori*, et il avance gauchement et timidement quand il est forcé de la prendre. »

point de départ. Dégager des œuvres de Descartes la métaphysique idéaliste qui s'y trahit à chaque page, sans se formuler dogmatiquement nulle part ; la contempler chez Malebranche dans tout son éclat, achevée en un brillant et complet système des choses, bien qu'il lui manque cependant encore un franc et définitif aveu ; la retrouver par delà le détroit, émigrée en un autre milieu, sans que l'opposition d'ailleurs peu redoutable de *l'Essai* de Locke eût pu lui faire sérieusement échec; observer en ce climat scientifique nouveau les transformations successives qu'elle va subir : d'abord fidèlement reproduite ou interprétée par des admirateurs dont le plus autorisé proclame le métaphysicien de l'Oratoire « un Galilée du monde intellectuel » ; puis, soudain changée en un idéalisme absolu, théologique par les visées, mais empirique par la méthode ; vouée, sous cet aspect paradoxal et grâce au génie de Berkeley, à une incroyable fortune ; passant les mers et conquérant l'adhésion des deux philosophes les plus éminents de la Nouvelle Angleterre ; enfin, rendue presque méconnaissable par une dernière altération, alors que, sous l'analyse sans merci de Hume, elle dépouille ce qu'elle a pu conserver encore de théologique, brise avec le rationalisme *a priori,* rejette tout de l'ancienne ontologie, méthode, principes, dogmes, conclusions et présente au monde une moderne renaissance du phénoménisme de Protagoras : descendre ce cours, retracer cette succession, telle est la tâche que nous devrons mener à fin, si nous voulons suivre, jusqu'au jour où elle engendra sa dernière formule, la philosophie des *Méditations* et de la *Recherche de la Vérité*. Mais même en cette forme ultime, déchéance sans remède au dire des uns, rajeunissement et progrès, selon les autres, se laisse sentir encore l'inspiration primitive. Et Malebranche partout présent à la *Clavis Universalis* de Collier comme aux *Dialogues* de Berkeley, est encore deviné derrière maint chapitre du *Traité de la Nature Humaine*. Il y a là, qu'on nous permette la comparaison, comme un long phénomène de réfraction intellectuelle. Ce phénomène, nous nous proposons de l'étudier patiemment. Nous ne perdrons pas du regard, même en ses dernières lueurs, le rayon de pensée cartésienne dévié dans l'atmosphère empiriste. Les altérations seront profondes et cependant comment ne pas reconnaître le prolongement du même rayon ?

Par là nous est également imposée notre méthode. Ce ne sont pas les hommes que nous avons à raconter, ni les époques à décrire. Si séduisant qu'il fût de se laisser entraîner à telle digression épisodique, nous nous ferons une loi de nous attacher à la considération du principe idéaliste en ses vicissitudes. Un système philosophique est à sa manière un être qui a sa naissance, ses tâtonnements, son apogée, son déclin, souvent aussi ses résurrections et qui suffit bien au labeur de son historien. C'est donc comme la monographie d'une doctrine en un temps et dans une région déterminés que nous allons écrire. « Comment germa, mûrit et se transforma l'idéalisme anglais durant la première moitié du xviiie siècle », voilà quel pourrait être le titre exact de ce livre. Si l'ordre historique nous force à puiser en France, à la fin du siècle de Louis XIV, les matériaux de notre début, la faute en est à l'évolution des choses, à cette loi de *devenir* qui fit continuer la doctrine du Discours de la Méthode par des disciples inattendus. Ramener à ses véritables origines une Ecole qui les a plus d'une fois méconnues, ce n'est assurément pas commettre une injustice envers elle. La rattacher à son passé, ce n'est en aucune manière l'amoindrir. L'auteur des *Entretiens métaphysiques* n'est pas diminué quand on a rappelé ce qu'il dut à celui que de bonne heure on surnomma le Père de la philosophie moderne. Berkeley n'en sera pas moins profond, ni Hume moins subtil, parce que nous leur aurons assigné le grand Oratorien pour premier guide. La gloire des idéalistes d'outre-Manche restera intacte quand bien même, en réédifiant leurs systèmes, nous aurions semblé d'aventure dresser sur la terre anglaise une chapelle à Malebranche.

CHAPITRE PREMIER

DESCARTES

I. Jamais philosophie à son aurore n'exerça sur son temps un ascendant aussi souverain que celle de Descartes sur le grand siècle. En dépit des résistances officielles et des clameurs d'écoles, personne ne se piquait guère de penser et de savoir qui ne s'y laissât enfin gagner. Gens de lettres et gens de science, philosophes, écrivains, grandes dames et gentilhommes finissaient par tout accepter du système cartésien. Madame de Grignan ne distinguera point[1] ; elle adoptera sans broncher l'automatisme des

---

1. « La philosophie de votre *père*....; comme dit votre *père*....., » cette expression pour désigner Descartes revient dans les lettres de Mme de Sévigné à sa fille. Lire aussi ce que dit à Bussy-Rabutin Corbinelli, un cartésien enthousiaste (v. les Lettres, à la date du 15 juillet 1673) : « Je me suis adonné à la philosophie de M. Descartes. Elle me paraît d'autant plus belle qu'elle est facile, et qu'elle n'admet dans le monde que des corps et du mouvement, ne pouvant souffrir ce dont on ne peut avoir une idée claire et distincte. Sa métaphysique me plaît aussi.... Que ne l'étudiez-vous?.... Mme de Grignan la sait à merveille et en parle divinement..... » Dans

bêtes et les tourbillons. Mais de la savante progression dialectique par laquelle le novateur, ne comptant que sur ses seules forces, procédait à la recherche d'un critérium de certitude, nulle phase ne ravit davantage l'esprit des contemporains que le début. Ce doute systématique, prélude d'une foi intrépide en la stabilité de la science, parut d'un art achevé. Quiconque se mêla de spéculer s'imposa cette première règle de tenir d'abord pour suspectes toutes ses opinions antérieures. Plus tard, l'admiration se lassa. Ce scepticisme, s'est-on demandé à bien des reprises, est-il sincère? Faut-il y voir autre chose qu'une feinte, un habile tour d'escrime imaginé par un dogmatisme dont les convictions n'ont jamais été mieux assises qu'au moment où il se donne pour les engloutir dans le pyrrhonisme universel? — A cette question il serait prématuré de répondre par oui ou non. Il faut distinguer et dire lequel des grands ouvrages du maître l'on a en vue. Parlez-vous du *Discours de la Méthode* : en ce cas, oui le scepticisme qui l'inaugure fut un pyrrhonisme simulé, uniquement bon à préparer le coup de théâtre du *Cogito ergo sum*. Au contraire non, ce doute n'eut rien d'artificiel et de factice, mais il tenait aux entrailles de la philosophie nouvelle, si vous vous reportez aux *Méditations*.

Le *Discours de la Méthode*, que l'on a pris l'habitude de publier et de lire à part comme un tout qui se suffit, ne parut point à son origine séparément et faisant volume.

---

sa lettre du 24 novembre 1678 à son cousin, Mme de Grignan annonce l'échec futur de l'opposition faite par les théologiens aux opinions de Descartes : « J'espère que les siennes triompheront un jour et couronneront ma persévérance... » Mais il y aurait trop à citer.

Il formait le premier traité d'une série comprenant la Dioptrique, les Météores et la Géométrie¹ : il en était, si l'on veut, la vigoureuse et éloquente préface. En possession de nombre de ses découvertes, le géomètre philosophe entreprenait de justifier par des considérations de logicien sa méthode de savant. C'est sa science qui lui tient surtout à cœur ; c'est de sa science qu'il énonce les règles, qui ne paraissent si obscures que parce que l'on en fait indûment des axiomes de la philosophie générale ; c'est à sa science qu'il retourne bien vite, aussitôt que la démonstration de l'existence de Dieu, protégeant contre tout retour offensif du doute l'évidence fournie par le *Cogito,* apporte à sa méthode une pleine sécurité ; et c'est sur ses projets de science, dont quelques-uns confinent au rêve ², qu'il promène en terminant la curiosité de son lecteur. En ce petit livre, la métaphysique proprement dite, cette haute spéculation qui remplira sa vie, n'occupe qu'un champ restreint ³, mais avec quelle puissance, avec quel éclat !

Le *Discours* est une œuvre essentiellement jeune et

---

1. Rappelons l'intitulé exact de l'édition originale publiée à Leyde en 1637 : « DISCOURS DE LA MÉTHODE *pour bien conduire sa raison et chercher la vérité dans les sciences. Plus* LA DIOPTRIQUE, LES MÉTÉORES ET LA GÉOMÉTRIE. *Qui sont des essais de cette Méthode.* »

2. Celui, par exemple, de trouver dans une étude mieux conduite de la médecine les moyens d'exempter « d'une infinité de maladies tant du corps que de l'esprit, et même aussi peut-être de l'affaiblissement de la vieillesse ». Plus tard il conviendra de son illusion et reconnaîtra que la médecine n'a pas rempli toutes les espérances qu'elle lui avait fait concevoir : « de façon qu'au lieu de trouver les moyens de conserver la vie, j'en ai trouvé un autre bien plus aisé et plus sûr, qui est de ne pas craindre la mort..... » Voilà parler en philosophe !

3. A strictement parler, elle tient tout entière dans la quatrième partie du *Discours.* C'est un bien étroit espace pour un tel défilé d'idées.

prompte. On dirait d'une superbe marche conquérante, (Descartes lui-même nous dicte la comparaison[1],) d'une marche téméraire qui brûle les étapes ; le vainqueur y procède par coups de force et, dans sa hâte d'avancer, laisse derrière lui bien des places non prises. Marche à la Condé, plus qu'à la Turenne, eût-on dit quelques années plus tard. De là, dans cet ouvrage, d'évidentes lacunes, des problèmes posés, non résolus, des points indécis dont plus d'un ne sera jamais fixé. « Je pense, donc je suis », par cette triomphante vérité Descartes croit en avoir à jamais fini avec le doute. Mais cette vérité elle-même, quelle en est la nature et, par conséquent, quel en sera le gage? Est-ce un raisonnement? Ou bien une notion intuitive? Lui-même ne saura trop et sa réponse variera[2]. Dans l'une et l'autre alternative, que de difficultés! Un raisonnement ? Mais un autre *Cogito* serait alors requis pour en assurer la majeure et nous voilà condamnés à une « fuite » à l'infini. Une intuition directe, une aperception de la conscience, comme nous dirions aujourd'hui? Pourquoi lui conférer, à celle-là précisément et par préférence, le privilège de véracité que l'on a refusé à toutes les autres et en quoi suis-je plus certain de penser que je ne le suis de me mouvoir et de sentir? De même la preuve ontologique de l'existence de Dieu, démonstration qui joue un rôle capital dans la métaphysique cartésienne, n'a-t-elle pas été menée un peu

---

[1]. V. dans la sixième partie, le célèbre passage : « C'est véritablement donner des batailles que de tâcher à vaincre toutes les difficultés et les erreurs qui nous empêchent de parvenir à la connaissance de la vérité..... »

[2]. « C'est une première notion qui n'est tirée d'aucun syllogisme, » déclare-t-il dans ses réponses aux objections recueillies par le P. Mersenne. Or nous trouvons le syllogisme formulé dans les *Principes* (Part. I, art. 7).

vivement? Outre qu'en elle-même, et en dépit des vénérables autorités dont elle pourrait se réclamer, elle se défend mal de l'accusation de sophisme, n'est-ce point par une infraction illégitime au doute systématique que l'auteur en a postulé les prémisses? Si la raison est fondée à démontrer Dieu, elle n'a que faire d'établir sa propre véracité, et, si elle est véridique, elle peut se passer de l'existence divine. Les ouvrages suivants commettront d'ailleurs la même pétition de principe qui pèsera sur toute cette dialectique et en compromettra l'issue. Les contemporains ne manquèrent pas de relever la faute. Arnauld, l'un des premiers, signale le cercle vicieux et demande sur ce point des éclaircissements [1].

Ces difficultés et d'autres n'étaient assurément pas tout aisées à aplanir. Ce que l'on peut affirmer toutefois, c'est qu'insurmontables, si l'on s'en tient au point de vue réaliste de la coexistence du monde extérieur avec notre pensée, elles peuvent être levées sans trop de peine pour peu que l'on invoque les principes de l'idéalisme absolu. Si la pensée, en effet, est la source de tout être, si c'est elle qui fait et règle le réel, n'est-ce pas se placer au cœur même de l'existence que de s'en tenir à ce principe fondamental : en tant que je pense, au moment où je pense, mon être appert du fait même de ma pensée? Principe contre lequel nulle objection ne saurait prévaloir (non pas même, notons-le bien, l'argument du malin génie [2], redoutable pourtant

---

1. « Nous ne pouvons être assurés que Dieu est, sinon parce que nous concevons cela très clairement et très distinctement ; donc auparavant que d'être assurés de l'existence de Dieu, nous devons être assurés que toutes les choses que nous concevons clairement et distinctement sont toutes vraies » (*Quatrième objection* d'ARNAULD).

2. C'est l'erreur que Mersenne commettait quand il voulait que la démons-

aux démonstrations mathématiques et qui n'est dissipé que par le recours à Dieu.) Principe clair et distinct par dessus tous les autres, qui n'emprunte sa lumière d'aucun, mais la communique à tous ceux qui suivront. Il est la prise de possession de la pensée par la pensée : type d'évidence, modèle accompli de clarté. Mais l'esprit, sous peine de languir dans une immobilité stérile, ne peut rester éternellement rivé au *Cogito*. Ma pensée, après s'être saisie comme existante, aspire à considérer de nouveaux objets. Ces objets, elle souhaite de les unir; elle désire percevoir les rapports qui les rassemblent, déterminer les lois qui en régissent les dispositions : elle ambitionne, en un mot, de faire œuvre de science. Or, pour cela, il faut qu'elle passe d'une idée à une autre, de cette autre à une nouvelle, de celle-ci à une troisième et toujours ainsi. C'est dire que de plus en plus elle s'éloignera de la lumière initiale que le *Cogito* lui avait fournie. A force de changer de moyens termes et en dépit de l'évidence que ses raisonnements successifs lui ont, tour à tour, présentée, une crainte peu à peu la trouble : si cette évidence était mensongère ? Si un malin génie se plaisait à la décevoir par ces semblants de démonstrations ? De là la nécessité de découvrir un axiome permanent en quelque sorte, qui remplisse sur tout le chemin de la progression scientifique le même office dont le *je pense* s'était acquitté au point de départ de la déduction. Cet axiome qui tient au premier d'aussi près que possible, qui le continue et le prolonge sur tout le parcours de la science, est l'affirmation que Dieu existe, justifiée par

tration de l'existence de Dieu précédât et légitimât le *Cogito* (V. *Secondes objections*). C'est pour le coup que le cercle vicieux deviendrait impossible à rompre. Descartes, dans ses réponses, s'y refuse absolument.

la considération intuitive du rapport identique qui unit l'absolue perfection et l'existence sans réserves [1]. Pour me convaincre de cette identité, je n'ai pas eu à sauter par dessus mon idée de perfection jusqu'à la réalité de l'être parfait lui-même, saut impossible, inconcevable [2]; mais j'ai touché cette réalité en cette idée, d'autant plus aisément que j'avais perçu une identité analogue en atteignant, dans ma propre pensée, mon existence. Je n'ai eu qu'à suivre le progrès continu de ma réflexion et qu'à maintenir tout le long de cette chaîne logique l'accord de ma raison avec elle-même. Dès lors je possède le fil conducteur désiré. Libre à moi d'ajouter les démonstrations aux démonstrations, les théorèmes aux théorèmes, pourvu que l'évidence, dont le principe : « je pense donc je suis, » m'avait proposé l'idéal achevé, m'accompagne à chacun

---

1. Cf. La manière dont M. Fouillée a essayé de remanier la preuve *a priori* et de la mieux armer contre la critique de Kant. Pour cela il propose d'interposer comme moyen terme entre la perfection et l'existence, que l'argument a pour but d'identifier, non pas ainsi que l'on a fait jusqu'ici, la nécessité, mais l'absolu, qu'il définit en ces mots : « Nous entendons » par l'absolu ce qui est complètement intelligible en soi, par soi, et pour » soi, l'intelligibilité sans limites qui est raison suffisante pour soi et pour » tout le reste. Absolu, ou raison suffisante, ou intelligibilité parfaite ; c'est- » à-dire une seule et même chose. » Le passage de l'*absolue* perfection à l'*absolue* existence serait donc tout simple : ce qui n'a que des raisons d'exister, sans une seule de n'exister pas, existe : tel est le cas de l'Être parfait (*Philosophie de Platon*, t. II, p. 645 sqq.)

2. A une interprétation de ce genre s'arrête, ce semble, notre respecté maître, M. Lachelier, dans ses leçons sur Descartes, et il la justifie de la manière suivante : « Il faut se souvenir que Descartes prend les idées pour équi- » valents des choses ; il n'admettait pas une opposition des deux. Sans avoir » eu conscience d'un idéalisme aussi parfait, il est clair qu'il en a été pos- » sédé, sans quoi le passage de l'argument ontologique à une réalité hors de » soi-même serait une trop grosse absurdité. Descartes ne passa que d'une » subjectivité intérieure à une objectivité intérieure encore... » (Cours inédit, à l'Ecole normale, 1873-74, Descartes. — Rédaction de M. Burdeau.)

de mes pas. Désormais, grâce à la véracité divine, cette évidence ne m'abandonnera plus. J'aurai le droit d'enchaîner mes déductions les unes aux autres sans récuser ma mémoire [1]. Et de la sorte une interprétation idéaliste aura sauvé le système et prévenu les contradictions.

II. Mais, nous objectera-t-on, pourquoi des quelques pages où il expose son doute méthodique inférez-vous que Descartes cherche un refuge contre le scepticisme objectif ? Assurément son abandon graduel de croyances qu'il avait tenues pour fondées rappelle au premier abord les *époques* de Pyrrhon ou d'Ænésidème. Mais ce n'est là qu'une analogie passagère. Le *Discours* n'insiste guère sur ce rejet des opinions antérieures. Il énumère bien, parmi les pensées qu'une défiance sans merci nous conseille de mettre à l'écart, celles que nous suggèrent nos sens : « à » cause que nos sens nous trompent quelquefois, je vou- » lus supposer qu'il n'y avait aucune chose telle qu'ils » nous la font imaginer... » Ce qui veut dire : je voulus feindre que les êtres extérieurs ne ressemblent point aux images sensibles que j'en reçois ; mais non pas : je voulus concevoir qu'il n'y a pas d'objets extérieurs du tout. Bref, c'est l'attente provisoire du logicien qui redoute les pièges de sa raison ; nullement la renonciation totale du sceptique absolu.

Il est vrai, confesserons-nous, le *Discours de la méthode* n'autorise pas à supposer plus. La question de l'existence

---

1. Que la véracité divine soit invoquée pour légitimer la mémoire des raisonnements clairs, antérieurement conclus, Descartes le déclare nettement. Voir ses réponses aux secondes objections (celles du P. Mersenne). Malebranche l'entendra de même.

réelle d'un monde extérieur n'y est pas expressément posée [1]. En revanche, on peut dire qu'elle plane sur toutes les *Méditations*.

Les *Méditations*, cette fois, nous offrent une œuvre éminemment philosophique. Descartes y tourne et y retourne les problèmes que la quatrième partie du *Discours* avait seulement effleurés. Elles forment son livre de prédilection, sur lequel il provoque lui-même les critiques des beaux esprits de son temps. Sa correspondance les rappelle sans cesse et sa pensée ne se lasse pas d'y revenir. Nous ne voulons pas dire qu'elles marquent dans sa vie de métaphysicien une période à part, qu'elles fixent une forme spéciale de sa doctrine. Il est remarquable, au contraire, à quel point pour qui les considère d'ensemble, ses théories varièrent peu avec elles-mêmes au cours de ses écrits. Constance et fixité de doctrine dont Malebranche et Berkeley présenteront à leur tour d'intéressants exemples [2], ce qui prouverait que la loi d'évolution à laquelle on soumet parfois exagérément le génie des philosophes n'a nullement la rigueur qu'on lui attribue d'ordinaire. Néanmoins, personne ne le niera, mieux que le *Discours*, mieux même que les *Principes de Philosophie*, bien que sans en modifier les lignes générales, les *Méditations* con-

---

1. Au moins pas avant que le *Cogito* ne soit formulé. Un peu plus bas, cependant, l'auteur admet non une hypothèse, mais une imagination de ce genre : « ..... voyant que je pouvais feindre que je n'avais aucun corps et « qu'il n'y avait aucun monde ni aucun lieu où je fusse... » Mais il n'y a rien là du doute si net et énergique qui revient sans cesse au cours des *Méditations*.

2. Peut-être pour Berkeley y aurait-il lieu de faire une réserve ; la *Siris*, qu'il écrivit dans la dernière partie de sa vie, a une teinte de mysticité qui manque aux livres de sa jeunesse ; cependant, même en ce traité d'allure alexandrine, sa doctrine favorite n'avait pas fondamentalement varié.

tiennent, amplement exposée et déduite, la doctrine de Descartes. Or, qu'on les parcoure même superficiellement, on ne pourra ne pas être frappé de la persistance avec laquelle s'y élève pour défier la dialectique réaliste, ce que nous appelons dans notre langage moderne le doute transcendantal.

La première *Méditation* pose résolument le point d'interrogation [1]. Etant donnée l'hypothèse qu'après tout Dieu pourrait se plaire à nous tromper, l'auteur se demande : « que sais-je s'il n'a point fait qu'il n'y ait aucune terre, » aucun ciel, aucun corps étendu, aucune figure, aucune » grandeur, aucun lieu, *et que néanmoins j'aie les senti-» ments de toutes ces choses* [2], et que tout cela ne me » semble point exister autrement que je le vois...? » Mais peut-être ce dont l'existence est donnée comme hypothétique, est-ce le ciel phénoménal, la terre apparente, en un mot la totalité de ces qualités représentatives que revêtent les choses dont j'ai « les sentiments » ; au lieu que les *substrata* qui supportent ces modalités ne seraient point mis en cause. Le doute épargnerait ainsi les substances. La seconde *Méditation* interdit cette échappatoire au dogmatisme. Tout le monde a lu la belle analyse qui s'y trouve de notre idée de substance. Ce morceau de cire que j'ai entre les mains, quel est-il au juste ? Impossible à mon imagination d'en rien savoir, puisque cette faculté ne peut le saisir qu'en le douant de qualités, telle longueur, tel volume, telle couleur, etc., dont il se passerait fort bien, sans cesser pour cela d'être mor-

1. A la différence du *Discours*, le doute sur la réalité des choses sensibles se produit ici avant le *Cogito*.
2. Ces mots soulignés sont une addition de Descartes au texte latin.

ceau de cire. Mais si ce n'est aucun des caractères que mes sens y découvrent qui le font lui, qu'est-ce donc enfin que ce morceau de cire ? Il n'est en réalité compris que de mon entendement. Et l'analyse de conclure : « quand
» je distingue la cire d'avec ses formes extérieures, et
» que, tout de même que si je lui avais ôté ses vête-
» ments, je la considère toute nue, il est certain que,
» bien qu'il se puisse rencontrer quelque erreur dans mon
» jugement, je ne la puis néanmoins concevoir de cette
» sorte sans un esprit humain ». Combien il serait aisé, en pressant un peu ces riches paroles, d'y reconnaître un sens bien voisin du subjectivisme qu'exposera le *Traité* de Berkeley *de la connaissance humaine* ! Sans doute les deux écrivains diffèrent en ce que le second niera ces sortes de perceptions intellectuelles que le premier acceptait. Mais ils conviennent l'un et l'autre en ceci d'essentiel : point de morceau de cire que pour un esprit.

Où le doute transcendantal va déployer toutes ses ruses, ce sera dans la troisième *Méditation*. Là il ne s'agit plus d'indications rapides, d'incomplètes esquisses : nous avons devant nous un réquisitoire en règle dressé contre la raison commune. Repassant en esprit les opinions qu'il avait reçues naguère et qu'il dénonce maintenant comme « douteuses et incertaines », par exemple sa croyance en une terre, en un ciel, en des astres, en toutes ces autres choses dont nous sommes informés par l'entremise des sens, Descartes ajoute : « mais il y avait encore une autre
» chose que j'assurais, et qu'à cause de l'habitude que
» j'avais à la croire, je pensais apercevoir très clairement,
» quoique véritablement je ne l'aperçusse point, à savoir
» qu'il y avait des choses hors de moi d'où procédaient

» ces idées, et auxquelles-elles étaient tout à fait sem-
» blables : et c'était en cela que je me trompais... » Pour
bien se prouver à lui-même son erreur, il réfute une à une
les raisons qui l'avaient auparavant induit à tenir pour
certaine l'existence de ces objets. « La première de ces
» raisons est qu'il me semble que cela m'est enseigné par
» la nature ; et la seconde, que j'expérimente en moi-
» même que ces idées ne dépendent point de ma vo-
» lonté... » En ces quelques mots sont concentrés les deux
principaux arguments opposés de tout temps à l'idéalisme,
l'un par le sens commun, l'autre par les philosophes. Le
premier est tiré d'une conviction instinctive commune à
tous les hommes et se confond aisément avec cette invocation au consentement universel dont usera et abusera le
dogmatisme classique. Le second, dont la notion de causalité est tout le nerf, se peut résumer ainsi : comme
je sais ne pas être la cause de ces sortes d'idées, je
dois leur assigner une origine autre que moi. Raisonnement
sans cesse reproduit par les réalistes de tous les temps [1] et
demeuré la seule objection solide, spécieuse tout au moins,
qui fasse obstacle à la thèse moniste. Ni l'une ni l'autre
de ces preuves ne déconcerte la dialectique cartésienne.
Les présomptions fournies par l'enseignement de la nature n'obtiennent pas l'honneur d'une discussion : ces
sortes d'inclinations sont ce qu'il y a de plus décevant au
monde, témoin, en morale, celles qui nous portent au mal

1. Tel est l'argument auquel s'en remet, en dernière analyse, Turgot, dans son célèbre article de l'Encyclopédie au mot : *Existence*. Après avoir discuté avec abondance les théories idéalistes, dont il parle, d'ailleurs, en termes élevés, il se rabat sur le principe causal. Il n'a guère d'autre réfutation contre Berkeley (V. ses deux *Lettres contre les opinions de Berkeley*).

non moins qu'au bien. « C'est pourquoi je n'ai pas sujet de
» les suivre non plus en ce qui regarde le vrai et le faux. »
Les considérations appuyées sur le principe causal ne résistent guère mieux : « peut-être qu'il y a en moi quelque
» faculté ou puissance propre à produire ces idées sans
» l'aide d'aucunes choses extérieures, bien qu'elle ne me
» soit pas encore connue... » Intuition singulièrement profonde, par laquelle Descartes semble pressentir l'une des
conceptions fondamentales du criticisme moderne. Qui
nous atteste, en effet, que ces idées, dont nous n'avons point
conscience d'être les auteurs, ne sont pas, si l'on peut dire,
amenées à la surface de notre esprit par quelque faculté ou
pouvoir interne dont le jeu nous échappe ? Tant de choses
se passent en nous, malgré nous, sans dériver, pourtant,
d'ailleurs que de nous-mêmes[1] ! Aussi comment se refuser
à cette conséquence : « tout cela me fait assez connaître
» que jusques à cette heure ce n'a point été par un juge-
» ment certain et prémédité, mais seulement par une
» aveugle et téméraire impulsion, que j'ai cru qu'il y avait
» des choses hors de moi, et différentes de mon être, qui,
» par les organes de mes sens, ou par quelque autre moyen
» que ce puisse être, envoyaient en moi leurs idées ou

---

1. Notons aussi cet argument dont il semble que Collier se soit souvenu dans la *Clavis* et qui a ses analogues aussi chez Berkeley : « je trouve en moi deux idées du soleil toutes diverses : l'une tire son origine des sens..., par laquelle il me paraît extrêmement petit ; l'autre est prise des raisons de l'astronomie..., par laquelle il me paraît plusieurs fois plus grand que la terre. Certes ces deux idées que je conçois du soleil ne peuvent pas être toutes deux semblables au même soleil ; et la raison me fait croire que celle qui vient immédiatement de son apparence est celle qui lui est le plus dissemblable. » Seulement Collier et Berkeley concluraient, au contraire de Descartes, que le soleil réel est un soleil phénoménal, lequel n'a lui-même d'existence que dans les esprits.

» images, et y imprimaient leurs ressemblances? » Oh! que voilà un doute admirablement établi! Quelle tâche le philosophe se prépare pour l'instant, éloigné encore, où il voudra retourner au dogmatisme! Doute provisoire, nous disait-on. Dans le *Discours de la Méthode*, soit; mais ici le provisoire se prolonge étrangement. Le scepticisme transcendantal a traversé les deux premières *Méditations*; il s'étale en toute la troisième, où il ne s'éclipse que devant un concept unique, celui de Dieu, source de tout être comme de toute vérité, et il surgit de nouveau, dans la sixième, pour la définitive épreuve.

III. « Il ne me reste plus maintenant qu'à examiner » s'il y a des choses matérielles » : c'est par ces mots que s'ouvre la dernière *Méditation*. Un débat solennel est donc institué où les deux thèses adverses seront mises en présence. L'auteur, comme un arbitre flottant, oscillera de l'une à l'autre et il ne se décidera qu'à grand'peine à trancher en faveur de l'une des parties.

Il compte, à l'appui de l'affirmation réaliste, deux preuves : l'une empruntée à l'action de l'imagination, la seconde à l'action des sens. Imaginer est une opération bien différente de concevoir. Tandis que la conception ou intellection fait étroitement partie de moi-même, cette vertu d'imaginer « n'est en aucune façon nécessaire à ma » nature ou à mon essence, c'est-à-dire à l'essence de » mon esprit... » Pour rendre compte des actes qu'accomplit en moi cette faculté, une facile explication se présente : savoir, que « si quelque corps existe auquel mon » esprit soit tellement conjoint et uni qu'il se puisse » appliquer à le considérer quand il lui plaît, il se peut

» faire que par ce moyen il imagine les choses corpo-
» relles... Je conçois, dis-je, aisément que l'imagination
» se peut faire de cette sorte, s'il est vrai qu'il y ait des
» corps ; et, parce que je ne puis rencontrer aucune autre
» voie pour expliquer comment elle se fait, je conjecture
» de là probablement qu'il y en a ; mais ce n'est que
» probablement. » Cette première preuve n'a donc rien de
catégorique. Pure hypothèse, de valeur toute conditionnelle ; explication commode à recevoir en attendant mieux.
Voilà donc la thèse objective mise au rang d'une probabilité simple, et il serait illégitime, Descartes le dit sans
ambages, de lui assigner un caractère de nécessité.

—— Passons à l'argument dérivé des perceptions sensibles.
L'énumération de ces diverses sortes de « sentiments »
pourrait être longue : impressions qui m'avertissent de
la présence de mon corps, de ses relations avec d'autres
corps parmi lesquels il se trouve placé ; plaisir et douleur
que je ressens au contact de ces derniers ; inclinations
naturelles en moi auxquelles leur présence donne lieu ;
qualités générales que je leur attribue, telles que l'extension, la figure, le mouvement ; qualités plus particulières
de lumière, de couleurs, d'odeurs, de saveurs et de sons.
Ces idées sensibles, n'étais-je point fondé à juger qu'elles
procédaient de « choses entièrement distinctes de ma pen-
» sée », attendu que « j'expérimentais qu'elles se présen-
» taient à elle sans que mon consentement y fût requis ? »
Au reste, nul moyen de les confondre, celles-là, avec les
ouvrages de ma fantaisie, que j'élabore comme il me plaît
et dont je dispose à ma guise. Ces idées, venues de mes
sens, « étaient beaucoup plus vives, plus expresses, et
» même à leur façon plus distinctes qu'aucunes de celles

» que je voulais feindre de moi-même en méditant, ou
» bien que je trouvais imprimées en ma mémoire[1]. »
Comment en aurais-je été l'auteur? « Il semblait qu'elles
» ne pouvaient procéder de mon esprit ; de façon qu'il
» était nécessaire qu'elles fussent causées en moi par
» quelques autres choses. Desquelles choses n'ayant au-
» cune connaissance, sinon celle que me donnaient ces
» mêmes idées, il ne me pouvait venir autre chose à
» l'esprit, sinon que ces choses-là étaient semblables
» aux idées qu'elles causaient. »

Ainsi reparaît l'argument causal avancé déjà, nous venons de le voir, dans la troisième *Méditation*[2]. Il est, pour la seconde fois, exposé dans sa force et aussi dans sa faiblesse, avec son caractère hypothétique de recours conditionnel à une force inconnue et lointaine. « Desquelles
» choses n'ayant aucune connaissance sinon celle que me
» donnaient ces mêmes idées.... » Qu'une telle incidente est grosse de sous-entendus ! De semblables échappées de style ne donnent-elles pas le plus sûr indice des tendances radicalement immatérialistes de la philosophie de Descartes? Ce langage se peut traduire : s'il existe des corps, du moins je ne les atteins pas eux-mêmes, je n'en sais que les idées qui me les présentent. Pour expliquer l'apparition de ces idées en moi, je dois, à leur occasion,

---

1. A ce critérium de la vivacité, D. Hume distinguera de même entre les impressions et les idées, celles-là fortes et claires, celles-ci pâles et affaiblies (V. le *Traité de la nature humaine* et l'*Essai sur l'entendement*.)

2. Nous retrouvons cette preuve dans la *Correspondance*: « ..... Je n'ai
« pas prouvé l'existence des choses matérielles de ce que leurs idées sont
« en nous, mais de ce qu'elles se présentent à nous de telle sorte que nous
« connaissons clairement qu'elles ne sont pas faites par nous... » (Lettre du 25 juillet 1641, en réponse à des objections.)

supposer qu'il y a des corps. Malebranche dira : les corps n'existeraient pas, que ces mêmes idées ne m'en seraient peut-être pas moins présentes; mais je dois les inférer, la foi m'y oblige. Et Berkeley: la foi ne m'y oblige nullement ; la non-existence des corps laisse la révélation indifférente ; mes idées sont les choses mêmes ou les choses sont mes idées.

La preuve causale à peine invoquée, la réfutation ne s'en fait pas attendre. Outre que nous éprouvons à tout instant le peu de véracité de nos sens, tant extérieurs qu'internes, (illusions de l'optique; douleurs que l'amputé éprouve dans le bras qu'il n'a plus ;) l'induction spontanée par laquelle nous rapportons nos idées sensibles à une cause distante de nous n'est pas moins sujette à caution. Car, quoique ces idées « ne dépendent point de
» ma volonté, je ne pensais pas devoir pour cela con-
» clure qu'elles procédaient de choses différentes de
» moi, puisque peut-être il se peut rencontrer en moi
» quelque faculté, bien qu'elle m'ait été jusques ici in-
» connue, qui en soit la cause et qui les produise [1] ».
En d'autres termes, qui m'assure que toute cette représentation d'un monde extérieur et matériel n'est pas une fantasmagorie projetée devant mon regard par quelque faculté latente au plus profond de moi-même ? Doute d'une extrême portée, qui abrite les négateurs de la matière derrière un invincible retranchement. Jusqu'ici Descartes a donné gages sur gages au système qu'il doit cependant finir par éliminer.

---

1. Intuition admirable, où perce de nouveau la belle hypothèse que soupçonnera Burthogge et que déduira Kant.

GEORGES LYON.

Pour l'idéalisme tout a été bénéfices dans le débat. Les Écossais seront, avouons-le, bien excusables de ne retenir de tout ce procès que les longs plaidoyers en faveur du scepticisme et de ne témoigner qu'une médiocre reconnaissance du verdict réaliste par lequel il a été clos. Une telle manière de démontrer la réalité du monde matériel équivaut bien plutôt, selon eux, à la compromettre sans retour [1].

Il se fait temps de conclure. L'incertitude de toute cette discussion n'a que trop duré, puisque le dogmatisme de Descartes en sera pour jamais décrié. L'idée claire et distincte, tel est encore le critérium qui permettra de surprendre et de déjouer les paralogismes du scepticisme transcendantal. J'ai l'idée claire de mon âme connue comme une chose qui pense et qui diffère entièrement de mon corps, clairement connu lui-même comme une chose étendue. Premier point acquis : mon âme est distincte de mon corps. Mais, outre ce corps, en existe-t-il d'autres ? L'idée claire me tirera d'incertitude une fois de plus. Ma pensée comprend des capacités bien diverses, une notamment qui ne saurait passer inaperçue, savoir « une cer» taine faculté passive de sentir, c'est-à-dire de recevoir » et de connaître les idées des choses sensibles [2] ; mais » elle me serait inutile, et je ne m'en pourrais aucunement

---

1. « La philosophie cartésienne doit être considérée comme la base du scepticisme moderne. » BEATTIE (*Essai sur la nature et l'immutabilité de la vérité*, part. II, ch. II.)

2. V. l'importante lettre adressée à un R. P. Jésuite, mai 1644, où l'âme est dite passive quand elle reçoit des idées, au même titre que la cire qui reçoit diverses empreintes ; la volonté seule est active. De même pour Berkeley, l'esprit est passif en tant qu'il reçoit les idées : mais le quelque chose d'actif qui les produit en lui est le vouloir de Dieu.

» servir, s'il n'y avait aussi en moi, ou en quelque autre
» chose, une autre faculté active, capable de former et
» produire ces idées. » Cette faculté active sera-t-elle en
moi? Non, « vu qu'elle ne présuppose point ma pensée, et
» aussi que ces idées-là me sont souvent représentées sans
» que j'y contribue en aucune façon et même souvent
» contre mon gré[1]. » Reste que cette faculté réside en
Dieu ou en quelque créature qui ne serait point corporelle. Explication inadmissible encore. L'existence de Dieu
nous a été démontrée dans une précédente *Méditation*. La
perfection du Souverain Être implique sa sincérité. Or il
nous a donné « une très grande inclination à croire »
que « ces idées sensibles partent des choses corporelles... ;
» partant il faut conclure qu'il y a des choses corpo-
» relles qui existent ». L'argument causal a repris tous
ses avantages.

Nous avons, pour la facilité de l'exposition, considérablement abrégé le circuit pénible que Descartes a dû faire
avant de toucher au but. Le succès est malheureusement
loin de répondre à l'effort. Nous ne supposons pas que
l'auteur des *Méditations* fût lui-même très satisfait de ce
dénouement laborieux : il était trop bon logicien pour cela.
Il s'était si bien plu à fortifier la doctrine idéaliste, il l'avait
patiemment entourée d'une défense si redoutable qu'il se

---

1. Il y a ici une fissure dans l'argumentation : ces idées me sont représentées sans que j'y contribue et même contre mon gré, fort bien. Mais Descartes n'a-t-il pas plus haut répondu lui-même par l'hypothèse d'une faculté latente en moi qui les produirait? Les *Principes de la philosophie*, quand ils reproduiront ce raisonnement, combleront la lacune : « ..... Nous
« concevons cette matière comme une chose distincte de Dieu et de notre
« pensée..... Or, puisque Dieu ne nous trompe point, etc. » (Part. II, art. 1.)

voyait réduit à n'en triompher qu'au moyen d'un stratagème métaphysique : par l'entrée en lice du *Deus ex machinâ*. Seulement cette intervention, acceptable quand il ne s'agissait, comme dans le *Discours*, que de légitimer la foi aux idées distinctes, devient, et c'est ce que verra le plus profond de ses disciples, tout à fait abusive, maintenant qu'il est question non plus de principes clairs et d'axiomes évidents, mais simplement de croyances instinctives. Il n'y a pas, à ce compte, un seul préjugé héréditaire qui ne pût alléguer à sa décharge cette autorisation implicite délivrée par un Dieu parfait. N'est-ce pas le propre de la raison, aussi bien dans l'ordre de la science que dans le domaine de la morale, de redresser ces « inclinations natu- » relles », dont la paresse de l'esprit ou l'égoïsme du cœur auraient beau jeu à tirer leur excuse? D'instinct nous croirions le soleil mobile et notre terre sans antipodes ; la réflexion collaborant avec l'expérience rectifie peu à peu cette prévention séculaire. D'instinct aussi, pourrait au même titre alléguer l'idéalisme, nous prenons pour des êtres substantiels distincts de nous des perceptions et des états psychiques dont le siège est en nous-mêmes : viennent une réflexion supérieure, un examen plus approfondi de nos facultés, et cette erreur naturelle sera à son tour dissipée.

IV. Aussi bien les grands intérêts spéculatifs qui, par dessus tout, tiennent à cœur à Descartes seraient-ils donc en souffrance, s'il évitait de se prononcer, comme il fait, dans le sens réaliste? Il ne le semble pas. Sa science, en effet, non moins que sa philosophie, oppose un perpétuel démenti aux sens, en qui elle ne veut apercevoir que les auxiliaires bornés de notre existence [1] physique. Une matière digne de ce nom, substance aveugle, impénétrable à l'esprit, indocile à l'intelligence, serait un obstacle chaotique jeté en travers de sa déduction et qui barrerait la route à sa méthode. L'univers qu'il conçoit et dont il édifie le système est, si l'on peut ainsi parler, un univers de cristal. Il faut que tout en soit diaphane, qu'il y fasse jour de partout; il faut que les moindres recoins en soient explorables à la pensée. Puisque Descartes, désireux avant toute chose de tranquillité d'esprit et de repos [2], a trop horreur des controverses, de celles-là surtout qui menaceraient de mettre en branle les pouvoirs ecclésiastiques, pour descendre jusqu'au bout la pente naturelle de sa doctrine, respectons son souci. Ne disons pas que le monde dont sa physique a besoin est un pur intelligible; contentons-nous d'affirmer qu'il doit ressembler d'aussi près que possible à un univers exclusivement idéal.

Ce qui le prouve, c'est qu'aussitôt après s'être adressé à l'autorité divine pour justifier notre croyance aux corps, il se hâte de mettre sur tout autre point les sens en suspicion. Il lui suffit que la matière dont la réalité vient d'être admise se prête docilement à la science abstraite entre toutes, qu'elle enferme « toutes les choses, générale- » ment parlant, qui sont comprises dans l'objet de la » géométrie spéculative ». Le reste ne lui importe pas [3].

---

1. Cf. notamment les *Principes*, part. II, l'article 3 intitulé : « Que nos » sens ne nous enseignent pas la nature des choses, mais seulement ce en » quoi elles nous sont utiles ou nuisibles. » Ce point de doctrine se retrouvera chez Malebranche et Berkeley.
2. C'est sa constante préoccupation qui, pour un peu, lui ferait dédaigner la gloire. (V. la dernière partie du *Discours*.)
3. Cette idéalité de la matière cartésienne a été excellemment mise en

Le monde des corps existe, soit. Descartes n'en a pas plus tôt démontré l'existence qu'il l'idéalise. Ce caractère tout subjectif de sa physique, d'avisés contradicteurs la lui avaient à lui-même signalée. « Plusieurs excellents esprits,
» lisons-nous dans ses réponses aux instances de Gassendi,
» croient voir clairement que l'étendue mathématique,
» laquelle je pose pour le principe de ma physique, n'est
» rien autre chose que ma pensée, et qu'elle n'a ni ne peut
» avoir aucune subsistance hors de mon esprit... » Suppose-t-on qu'il s'émeuve d'une insinuation de ce genre ? Loin de là, fait observer un de nos maîtres [1], « il ne se
» soucie pas de l'objection ; il la prend ironiquement ; on
» voit qu'il entend que l'intelligible est seul. Il la considère
» comme un compliment [2]. » Qui d'ailleurs s'en étonnerait ? Les méthodes qu'il applique à l'étude de la nature ne s'accommodent que d'une matière aussi spiritualisée que possible. S'il la parcourt de ses déductions, s'il la soumet à toutes les exigences du raisonnement *a priori*, ce n'est pas évidemment pour substituer une scolastique de géomètre à cette scolastique des théologiens frappée par lui d'un coup mortel. Il veut une physique rationnelle parce que la nature, telle que son génie la comprend et l'aime, est sœur de la pensée. Ajoutons que de moins en moins, à en juger par la *Correspondance,* ses théories ésotériques sur l'innéité des idées concorderont avec la démonstration qu'il a donnée tout à l'heure d'une matière existante. La seule

évidence par M. Liard dans son *Descartes* (1882). V. chap. II, *les Principes de la Physique.*

1. M. Lachelier, Cours d'école normale, *Desc.*
2. « ..... Mais j'ai bien de quoi me consoler, pour ce qu'on joint ici ma
» physique avec les pures mathématiques, auxquelles je souhaite surtout
» qu'elle ressemble » (Réponse aux instances de Gassendi).

preuve un peu valide sur laquelle il s'était appuyé, preuve impuissante elle-même si l'on n'invoque la véracité de Dieu, était, nous nous en souvenons, empruntée au concept de causalité.

Descartes ne pouvait, en vérité, assigner à l'existence des choses un plus sérieux garant. Il est, avec Malebranche et Berkeley, l'un des philosophes qui étendirent le plus loin la portée du principe causal. Ce principe, qui possède à ses yeux l'absolue et indiscutable valeur d'un axiome [1], a son origine au sein de l'Etre parfait, en ce vouloir divin d'où rayonnent les vérités éternelles, prototypes de la science comme de la morale. La réalité des choses matérielles ne saurait donc avoir un meilleur répondant. A une condition toutefois, c'est qu'il soit bien entendu que la cause d'où émanent les idées que j'ai des corps [2] ne réside pas en moi-même, car, en ce dernier cas, l'idéalisme sceptique aurait justement bataille gagnée. Or, l'hypothèse d'une origine subjective, qui avait, à deux reprises, ralenti et troublé la dialectique des *Méditations*, paraît de moins en moins, ce semble, répugner à Descartes. Le soupçon d'une productivité intérieure, propre à

1. On trouvera cette déduction dans les premiers axiomes de cet *Exposé géométrique* où Descartes, à la demande du P. Mersenne, développa *more geometrico* sa philosophie. Le concept de cause y est, notons-le bien, posé comme évident en soi et comme supérieur au doute, ce qui permettrait de lever l'objection du cercle vicieux, du moins en tant que le Dieu dont a été démontrée la réalité est conçu comme cause et de notre existence et de notre idée de perfection. C'est aussi en qualité d'axiome supérieur à toute déduction que ce concept sera invoqué par Malebranche et Berkeley.

2. Relevons ici une jolie objection de Caterus qui se demande si nos idées ont besoin de causes : « J'ai des idées, mais il n'y a point de causes de ces idées..... Un bateau est un bateau et rien autre chose; Davus est Davus et non Œdipus... » Argument plus redoutable que ne l'imaginait le sincère Caterus.

la pensée humaine, (conception qui, vers la fin du siècle suivant, renouvellera par Kant la théorie de la raison,) perce de plus en plus dans la *Correspondance*.

Que l'esprit ne soit pas pour lui-même stérile, qu'il ait la faculté d'engendrer de son propre fonds des notions qui lui appartiennent en propre et se distinguent entièrement de nos imaginations non moins que de nos perceptions sensibles, ce point ne fait pas question pour notre auteur. Ainsi tombe d'avance toute la frivole argumentation de Locke contre l'innéité, (enfants qui déjà raisonneraient dans le ventre de leurs mères, sauvages qui devraient posséder les théorèmes de la géométrie, idiots aussi sensés que les sages, etc.) Le caractère virtuel de ces « pensées naturelles » est marqué par Descartes sans équivoques et il dit ce que répétera Leibnitz, à la métaphore près : nous les avons innément, mais non pas inscrites en nous comme les édits sur la table du préteur. Sa réponse au placard imprimé dans les Pays-Bas, vers la fin de 1647, compare ces idées, non pas innées, mais naturelles, (« connaturelles », proposera Shaftesbury), à ces dispositions morales ou physiques héréditaires en certaines familles : « Je les ai
» nommées naturelles (ces dispositions) ; mais je l'ai dit
» au même sens que nous disons que la générosité, par
» exemple, est naturelle à certaines familles, ou que cer-
» taines maladies, comme la goutte et la gravelle, sont
» naturelles à d'autres... [1] » Et, quelques lignes après, plus expressément encore : « comme si la faculté de penser

---

1. « Non pas, continue-t-il, que les enfants qui prennent naissance dans ces familles soient travaillés de ces maladies aux ventres de leurs mères, mais parce qu'ils naissent avec la disposition ou la faculté de les contracter. » (Sur le § 12.)

» qu'a l'esprit, ne pouvait d'elle-même rien produire ! [1] »
Bien loin de ne s'exercer que par intervalles et à titre exceptionnel, cette activité féconde se manifeste là encore où l'on croirait l'âme essentiellement passive, dans les connaissances que nos sens nous apportent. « Aucunes
» idées des choses ne nous sont représentées par eux telles
» que nous les formons par la pensée ; en sorte qu'il n'y a
» rien dans nos idées qui ne soit naturel à l'esprit ou à la
» faculté qu'il a de penser, si l'on excepte certaines cir-
» constances qui n'appartiennent qu'à l'expérience. » La perception sensible serait donc, en sa presque totalité, l'œuvre secrète de l'esprit qui s'imagine à tort la subir. Est-ce à dire que les réalités extérieures soient dénuées de toute action causale et n'aient point la moindre part à nos sensations ? Ce serait forcer les intentions de Descartes de le soutenir. Il laisse aux choses du dehors quelque initiative, mais si modique ! « C'est la seule expérience qui
» fait que nous jugeons que telles ou telles idées que nous
» avons maintenant présentes à l'esprit se rapportent à
» quelques choses qui sont hors de nous ; non pas à
» la vérité que ces choses les aient transmises en notre
» esprit par les organes des sens telles que nous les
» sentons, mais à cause qu'elles ont transmis quelque
» chose qui a donné occasion à notre esprit, par la faculté
» naturelle qu'il en a, de les former en ce temps-là plutôt
» qu'en un autre [2]. » Ainsi parleront Richard Burthogge, Kant et Hamilton.

Un quelque chose, à l'occasion de quoi les facultés naturelles de notre esprit entrent en jeu et produisent nos

---

1. *Vide supra* Descartes. Sur le § 13.
2. *Ibid.*

idées de l'extérieur, voilà, pour nous résumer, en quelle pauvreté se résout cette réalité corporelle à la poursuite de laquelle l'auteur des *Méditations* a si longtemps couru ! Et cette causalité extérieure, seule apte à procurer de notre croyance aux corps une explication satisfaisante, se réduit, en dernière analyse, à une chiquenaude sous l'impulsion de laquelle le mécanisme mental se met en mouvement, les facultés jouent, les secrets ressorts de la raison se tendent et, de latentes qu'elles étaient, nombre de pensées s'élèvent pour se produire au grand jour de la conscience ! Mais un soupçon nous vient : cette chiquenaude, est-il bien sûr qu'une faculté plus souterraine encore n'ait pu la donner ? Le je ne sais quoi d'inconnu, origine de tout ce branle, ne pourrait-il être une puissance spirituelle encore : le vouloir Divin, par exemple, s'il en faut croire Berkeley ; le moi se développant dans son absolue liberté, prétendra Fichte ; ma volonté s'*objectivant*, affirmera Schopenhauer ? De toutes parts l'idéalisme tend et fait craquer, comme une trop juste enveloppe, la philosophie cartésienne.

Cet idéalisme, qu'on ne l'oublie pas, n'a rien du phénoménisme d'un Aristippe ou d'un Gassendi ; mais il a pour support un spiritualisme dont nous retrouverons l'analogue chez Berkeley. Que le monde, objet de nos perceptions, réunisse tous les caractères d'une existence idéale, c'est la conclusion à laquelle nous ont conduit les virtualités de la doctrine que nous exposons. Mais l'être en qui ces perceptions ont lieu et qui a conscience de les recevoir ne se réduit pas lui-même à une file d'états de pensée. Il est réel au plus haut degré ; il est une âme ; il est un moi. Cette âme se connaît, à une idée claire d'elle-même. Nulle substance n'est mieux comprise[1], nulle ne se manifeste par autant d'attributs[2]. Cette âme est libre, libre sans réserves, libre presque à l'égal de Dieu[3]. Il n'est pas besoin de raisonnements pour s'en convaincre : il suffit de rentrer en soi-même, de consulter sa propre conscience[4]. L'expérience intérieure sera plus instructive que toutes les déductions[5]. Cette âme enfin se flatte de vaincre la mort. Son immortalité ne résulte point d'une preuve démonstrative ; mais il nous est loisible de former à cet égard de « belles espérances[6] ». Nous avons pu nous demander si nos idées des choses ne promenaient pas devant nous d'inconsistants fantômes ; du moins jamais n'avons-nous toléré de doute sur la réalité de notre esprit.

1. C'est l'une des grandes divergences entre Malebranche et Descartes.
2. « ..... Il n'y a point de chose dont on connaisse tant d'attributs que de notre esprit, pour ce qu'autant qu'on en connaît dans les autres choses, on en peut autant compter dans l'esprit de ce qu'il les connaît.... » (Réponse à Gassendi).
3. Voir la lettre à la reine de Suède, du 20 novembre 1647 : « ..... le libre arbitre nous rend en quelque façon pareils à Dieu et semble nous exempter de lui être sujets..... »
4. « ... Cela (il s'agit de la volonté) est tel que chacun le doit plutôt ressentir et expérimenter en soi-même que se le persuader par raison... » (Réponse à Gassendi.) Cf. aussi les *Principes* (part. I, art. 41) : « Nous aurions tort de douter de ce que nous apercevons intérieurement et que nous savons par expérience être en nous... »
5. Ce n'est pas le seul cas où Descartes fasse appel à l'expérience intime. C'est à cette expérience qu'il renvoie également une illustre correspondante désireuse de s'expliquer l'union de l'âme et du corps. Il lui conseille de consulter ce sens de la vie que chacun peut éprouver en soi-même. (A Madame Elisabeth, lettre du 18 juin 1643.) Cf. également dans la *Correspondance* le n° 140 de l'édit. Aimé-Martin.
6. On a peine à s'expliquer la tiédeur de Descartes sur ce point : « ... Je confesse, que par la seule raison naturelle, nous pouvons bien faire beaucoup de conjectures à notre avantage et avoir de belles espérances, mais non point aucune assurance... » (Lettre du 1er février 1646 à la princesse Elisabeth.) Ce mot d'*espérance* se trouve également dans l'*Abrégé des Méditations*.

La foi en notre existence spirituelle survivrait à la ruine de toutes nos croyances.

V. Si une inspiration hautement immatérialiste anime à ce point l'œuvre de Descartes, d'où vient cependant que nombre de ses admirateurs s'y trompèrent? On pourrait expliquer les interprétations dissidentes par deux principales raisons. La première est, sur ce point comme sur tant d'autres, l'extrême ambiguïté de son langage. Oui, l'auteur du *Discours de la Méthode,* du livre qui fixa la belle prose française, l'écrivain et le logicien qui fit de la clarté et de la distinction le critérium par excellence du bien penser comme du bien dire, a forfait fréquemment lui-même à la règle qu'il avait tracée. Il n'énonça point toujours clairement et les difficultés — philosophiques s'entend, — et les réponses; ou bien il énonça clairement des réponses contraires. Peut-être hésitait-il à produire sa doctrine dans toute sa hardiesse et dans toute son étendue. Peut-être aussi des questions qui nous sont devenues familières, tant elles ont été prises et reprises, tournées et retournées depuis deux siècles, ne se dressaient-elles point alors dans les positions arrêtées qu'elles occupent aujourd'hui. N'oublions pas que ce grand homme inventa au moins autant les problèmes que les solutions. Etonnons-nous, après cela, que l'expression de ses idées parfois déconcerte! Que son dualisme de la pensée et de l'étendue, substances entièrement distinctes et incompatibles, ait souvent été pris au sens d'un réalisme absolu[1]! Que le pa-

---

1. Un dualisme de ce genre pourrait d'ailleurs fort bien trouver place au sein de l'idéalisme. Ainsi nous verrons que le monisme spiritualiste de Berkeley n'exclut nullement la dualité relative du *percipere* et du *percipi*.

rallélisme qu'il trace entre le cours de nos pensées ou de nos volitions et la série des phénomènes organiques concomitants qui en sont les causes occasionnelles lui ait valu, de la part de tel commentateur, l'accusation de matérialisme : un des lourds contre-sens qu'historien ait commis ! Sans compter que la contradiction l'assiégeait de partout: théologiens, péripatéticiens, gassendistes lui livraient assaut à l'envi. Plus d'une de ces objections était, comme eût dit Montaigne, pour le mettre au rouet, ne fût-ce que cet article du Placard hollandais qui le défiait à mots couverts d'échapper au panthéisme et lui imposait une conséquence dans laquelle se fait pressentir l'Ethique de Spinoza [1].

En second lieu, l'idéalisme chez Descartes ne fait pas corps et n'apparaît point comme composant un tout. En d'autres termes, si nous nous sommes cru en droit de dégager les virtualités monistes de sa philosophie, nous ne nous sommes pas estimé libre de tenter une restauration de la théorie que ces virtualités préparaient. Une telle entreprise nous eût jeté loin de l'histoire, dans la fantaisie et le roman [2]. Il est vrai que selon certaines théories, quiconque s'est jamais consulté sur les problèmes d'origine et d'essence a, sans le savoir, son système du monde, inexprimé si l'on veut, mais préformé en son es-

---

1. L'article 2 du placard de 1647 contient en germe le Spinozisme : « ... Je ne vois pas que rien puisse empêcher que l'esprit ou la pensée ne puisse être un attribut qui convienne à un même sujet que l'étendue, quoique la notion de l'un ne soit point comprise dans la notion de l'autre..... »

2. Nous nous rappelons trop la recommandation de la dernière partie du *Discours* : « Je suis bien aise de prier ici nos neveux de ne croire jamais que les choses qu'on leur dira viennent de moi, lorsque je ne les aurai point moi-même divulguées... »

prit, de sorte que l'historien aurait le devoir de tirer des limbes de l'inconscient ce corps de pensées qui aspire à la lumière et à la vie. Quoi que l'on doive juger d'une conception semblable, il faut avouer que Descartes en souffrirait difficilement l'application. En son œuvre, les théorèmes idéalistes abondent. Les désigner se peut faire, et nous nous y sommes essayé. Mais de les assembler sous une formule, de les coordonner en un code d'Ecole, ce serait chimère. Ce rénovateur de la science s'était imposé la mission de construire *a priori* la nature. Une pareille tâche l'absorba trop pour lui laisser le temps d'unifier et de parfaire sa philosophie. Il provoqua chez ceux qui le devaient suivre des suggestions admirables. Ces maximes immatérialistes qui avaient été lancées par lui dans le monde allaient inspirer un autre génie, moins puissamment original peut-être, mais aussi sublime et plus harmonieux. La bonne parole échappée de ses écrits éveillera le penseur à qui il était échu de réaliser l'œuvre doctrinale dont nous venons de rassembler les partielles esquisses. Par les soins de ce grand disciple, l'idéalisme français ne sera plus un pressentiment, il deviendra un système.

CHAPITRE II

LE CARTÉSIANISME EN ANGLETERRE — HOBBES — LOCKE

I. Quand on étudie l'histoire de l'esprit philosophique anglais, on ne tarde pas à s'apercevoir qu'à toute époque il a simultanément cédé à deux tendances contraires. L'une, positive, éminemment favorable au progrès de la science, le poussait vers l'observation, vers la recherche attentive des faits, l'inclinant à tenir pour nulle toute conception à laquelle l'expérience ne servait pas de pierre de touche. L'autre, métaphysique et religieuse, l'attirait, par delà la nature, vers les spéculations les plus éthérées, jusqu'aux confins du mysticisme. Durant la scolastique, le génie anglais se partage entre ces deux directions. S'il se fait gloire d'un platonicien tel qu'Erigène ou d'un réaliste comme Duns Scot, il ne s'enorgueillit pas moins d'un Guillaume d'Ockam, l'un des plus illustres parmi les nominalistes, et d'un Roger Bacon qui, sur bien des points, devança son grand homonyme de Vérulam. Il serait donc d'une exactitude incomplète d'avancer avec un sagace écrivain [1] que, par son tempérament moral, l'Angleterre était, pour ainsi dire, prédestinée au nominalisme et subsidiairement à cet empirisme de Locke, que l'on nommerait assez justement le nominalisme des modernes. Rarement les aspirations platoniciennes, même en leurs exagérations alexandrines, ont, dans ce pays, abdiqué tous leurs droits. Aux mêmes époques, souvent dans les mêmes têtes, l'une de ces philosophies s'est superposée à l'autre. Bacon, le législateur de la science expérimentale, mettait Platon au-dessus d'Aristote, et l'on sait le goût de cet ami des faits pour le surnaturel et les arts occultes. Un Glanvill, dont les livres scandalisèrent par leur scepticisme, eut une foi de bonne femme aux sorciers et aux thaumaturges. Presque de nos jours, on a vu le plus intrépide des imitateurs de Hume, J. Stuart Mill, subordonner aux choses du cœur la science aride des réalités [2]. Il n'y a sans doute pas à poser ici de règles absolues, mais on se tromperait peu de dire que la plupart des maîtres anglais ont subi ces deux influences : leur raison allait à l'empirisme, doctrine dont leur pays a été la patrie d'adoption, tandis que leur imagination spéculative montait vers le suprasensible et l'idéal.

Les théories de Descartes étaient de nature à satisfaire tout ensemble et à heurter l'un et l'autre désir. C'était

---

1. CHARLES DE RÉMUSAT : *Histoire de la philosophie en Angleterre, depuis Bacon jusqu'à Locke*, t. I, p. 39.
2. Sur Stuart Mill, précisément à un point de vue voisin de celui qui nous occupe, consulter le beau chapitre de M. Taine, dans son *Histoire de la littérature anglaise :* « Il a décrit l'esprit anglais en croyant décrire l'esprit humain... L'esprit religieux et l'esprit positif y vivent côte à côte et séparés. Cela fait un mélange bizarre » (Liv. V, ch. v, § II, 1.)

plaire à l'empirisme que de dénoncer le culte suranné du péripatétisme pour ramener les esprits à l'observation intérieure, à l'examen critique de nos connaissances fondamentales ; et, d'autre part, c'était donner au mysticisme un gage que de proposer au philosophe, comme ses objets d'étude les plus immédiats, l'âme pensante et Dieu. Mais, en retour, les partisans de l'expérience ne souffraient ni l'innéité des idées ni l'emploi des procédés *a priori* appliqués à établir la réalité de l'Être parfait ; et, de leur côté, les fervents du platonisme se plaignaient d'une méthode qui, après avoir, par un scepticisme préliminaire peut-être invincible, mis toute vérité en question, finissait par transformer le monde en un automate mécanique où l'action divine n'aurait pas à se faire sentir. A nulle École le cartésianisme n'accorda pleinement ce qu'elle demandait : trop spiritualiste pour Oxford, il n'offrait aux Platoniciens de Cambridge qu'un idéalisme hésitant. De là vient sans doute que si les admirateurs ne firent pas, en ce pays rival, défaut au maître français, il n'y compta point, à strictement parler, de disciples.

Si nous voulions recueillir les hommages enthousiastes qui, dans les trois royaumes, saluèrent la philosophie née du *Discours de la Méthode,* nous rapporterions sans peine une ample moisson. On discute bien l'œuvre, mais on exalte l'auteur. Ne lui doit-on pas, disent nos voisins, l'inappréciable service d'avoir inauguré le règne de la raison et cela sans autre magie que de prêcher d'exemple et de laisser prendre à la sienne propre un libre essor ? Les louanges parfois passent toutes bornes. Sir Kenelm Digby[1]

---

1. Le chevalier d'Igby, comme Descartes le nomme en ses lettres.

déclare qu'« on ne fera jamais assez d'éloges de Monsieur
» Descartes..., lui qui par sa grande et héroïque tentative
» et en apprenant aux hommes l'art de maîtriser leur rai-
» son pour leur plus grand avantage, ne leur a pas laissé
» d'excuse s'ils ignorent quoi que ce soit qui vaille d'être
» connu [1] ». White, dont le nom est d'ordinaire associé à
celui de Digby, ne tient pas un autre langage [2]. Il est à présumer que l'Université de Cambridge fut imbue des doctrines cartésiennes bien avant que le franciscain Antoine
Legrand les eût importées de France [3]. John Smith, que
Dugald Stewart appelle un cartésien [4], ne vécut pas assez
longtemps pour tirer de la méthode psychologique qu'il
semble avoir adoptée tout ce qu'elle pouvait produire. En
revanche, durant leur longue carrière philosophique, Cudworth et Henry More, les deux grands métaphysiciens de
Cambridge, témoignèrent pour la métaphysique des idées
claires une admiration d'autant moins suspecte qu'elle
s'alliait chez eux à une extrême indépendance. Henry
More, que la Correspondance du maître nous présente sous
un jour si honorable, se déclare ébloui par « la lumière

---

1. *Two Treatises in the one of which the nature of bodies, in the other the nature of man's soule is looked into in way of discovery of the immortality of reasonable soules.* — Lond., 1665, ch. XIII, XVII, XXXII.

2. Voir notamment ce passage traduit par M. de Rémusat des *Dialogues of W. Richworth* (White), *or the judgment of common sense in the choice of religion* (Paris, 1640) : « ...Auriez-vous pensé qu'un particu-
› lier, tout en suivant les guerres, sans le secours d'autres écrits, par sa
› seule industrie, dût surpasser les plus grands des clercs qui ont usé le
› double de son temps sur les livres ? Et *celui-là*, notre âge nous l'a mon-
› tré dans un gentilhomme français, non-seulement encore vivant, mais,
› jeune. » Et en marge : « Monsieur Descartes. » (Dial. III).

3. C'est l'avis de M. de Rémusat qui fait observer que Legrand n'y publia rien avant 1679.

4. D. Stew. : *Histoire des sciences métaphysiques*, t. I, part. I, ch. II, § 2.

» cartésienne ¹ », comme il la nomme ; il s'afflige de la mort du grand penseur, comme d'un malheur public ². Libre néanmoins de tout nouveau servage, il se sépare de Descartes, comme il eût fait d'Aristote, sur nombre de points : il repousse l'automatisme des bêtes, auxquelles il serait bien plutôt enclin à accorder l'immortalité ³ et combat un mécanisme universel qui bannit Dieu de la création. Une physique assujettissant la nature à des lois fixes ne pouvait obtenir son agrément. Ou, s'il s'y résigne, c'est à la condition que ces lois s'assouplissent assez pour se laisser pénétrer de merveilleux et réaliser à la lettre la pensée d'un Thalès : que tout est plein de la divinité. En résumé, le cartésianisme accrédité en Angleterre ouvrit des perspectives à une philosophie en quête de plus larges horizons ; il secoua des torpeurs ; il souleva de féconds enthousiasmes ; il prépara le succès des théories intellectualistes. Mais nous ne voyons pas qu'il ait proprement fait école. Il était comme écrit que le credo cartésien devrait, pour achever sa conquête, revêtir une forme nouvelle et attendre qu'un métaphysicien hors pair en eût renouvelé l'expression ⁴.

II. Sans doute avant l'époque où fut importé de France le livre de la *Recherche de la Vérité,* on pourrait çà et là

---

1. « Enfin la lumière cartésienne s'est montrée de toutes parts à mon es-
» prit. » — Lettre à Descartes, datée de Cambridge, Christ-College,
11 décembre 1648.

2. V. dans la lettre à Clerselier, du 14 mai 1655, le magnifique éloge que fait More de Descartes et de sa philosophie.

3. V. la lettre à Descartes du 11 décembre 1648.

4. Les rapports de la philosophie cartésienne avec la philosophie anglaise ont été abondamment exposés par M. Fr. Bouillier dans son *Histoire du Cartésianisme.*

surprendre en plus d'un illustre écrit les germes de la doctrine dont Collier et Berkeley devaient donner la définition la plus radicale. Encore y doit-on mettre un peu de complaisance et tirer légèrement à soi, comme on dit, les systèmes. C'est ainsi qu'à tout prendre, on pourrait découvrir des prodromes du Berkeleyisme et du Humisme chez le subtil ami et conseiller de Charles II. Hobbes n'avait qu'à prolonger telle de ses analyses pour aboutir inévitablement à un subjectivisme radical. Pour ne citer que l'un des premiers et le plus suggestif peut-être de ses ouvrages, celui qui porte ce titre : *De la Nature humaine*, on croirait, à en lire le chapitre II sur les conceptions et les causes de la différence entre les conceptions, avoir en mains un abrégé du premier dialogue d'Hylas et de Philonoüs. Après avoir, par des arguments dont la *Clavis Universalis* de Collier, contiendra, ce semble, des réminiscences [1], établi que, dans la vision, le sujet auquel sont inhérentes couleur et image n'est point l'objet ou la chose vue, mais bien « l'être qui sent », par conséquent nous-mêmes, Hobbes étend aux autres sens la même conclusion. *Saveur*, *odeur* « ne résident pas dans la

---

1. Celui-ci, par exemple : « ..... Souvent l'on voit le même objet double, comme deux chandelles pour une, ce qui peut venir de quelque dérangement dans la machine, ou sans dérangement, quand on le veut ; or que les organes soient bien ou mal disposés, les couleurs et les figures dans ces deux images de la même chose ne peuvent lui être inhérentes, puisque la chose vue ne peut point être en deux endroits à la fois. L'une de ces images n'est point inhérente à l'objet ; car en supposant que les organes de la vue soient alors également bien ou mal disposés, l'une d'entre elles n'est pas plus inhérente à l'objet que l'autre, et conséquemment aucune des deux images n'est dans l'objet..... » Ch. II, § 5. Traduct. franç. de 1787. (A rapprocher de l'exemple que donnera Collier des deux lunes que l'on aperçoit en se pressant l'œil avec le doigt. Le raisonnement sera identique. *Clavis*, part. I, ch. I, § 1, 5ᵉ exemple).

» substance que l'on sent et que l'on goûte, mais dans les
» organes. Par la même raison, la chaleur que le feu nous
» fait éprouver est évidemment en nous. » Ce qui lui
permet d'ajouter : « de même que, dans la vision, dans
» toutes les conceptions qui résultent des autres sens,
» le sujet de leur inhérence n'est point dans l'objet, mais
» dans celui qui sent. Il suit encore de là que tous les acci-
» dents ou toutes les qualités que nos sens nous montrent
» comme existants dans le monde, n'y sont point réel-
» lement, mais ne doivent être regardés que comme des
» apparences. » Jusque là nous avons tous les prolégomènes d'une doctrine conduisant à la non-objectivité de la
matière, prolégomènes que l'on croirait tout imbus de philosophie française, si l'on ne savait le livre de *la Nature
humaine* postérieur de bien peu aux premiers écrits de
Descartes. Hobbes n'aurait dès lors qu'à se donner carrière, audace d'autant moins coûteuse qu'il n'est pas bridé
par l'orthodoxie comme le fut, durant sa vie entière, le
métaphysicien des *Méditations*. Si ces qualités sensibles
résident en nous qui les percevons, les substances extérieures auxquelles nous les accolions deviennent de
pures superfluités dont la loi d'économie nous prescrit
de déblayer notre science. Maheureusement Hobbes n'a
pas, comme psychologue, la ténacité déductive dont il
fera preuve, comme moraliste et comme écrivain politique.
Car, au lieu de poursuivre ainsi qu'il devait, il tourne
court. « Il n'y a réellement dans le monde hors de nous,
» professe-t-il, que les mouvements par lesquels ces appa-
» rences sont produites. » Comme, en ce même chapitre, il
explique que les mouvements sont dus à l'action des corps,
les mouvements, par exemple, qui produisent l'apparence

de la lumière aux corps lumineux d'où ils émanent, nous n'avons plus le choix de notre interprétation : les corps existent, ils se meuvent et de leurs agencements divers dérive la variété de nos sensations. Une réduction psychologique qu'Arthur Collier aurait enviée conduit au réalisme d'un Beattie ou d'un Oswald.

Comment Hobbes ne s'est-il pas demandé, dévidant le fil de sa déduction : ces mouvements auxquels je ramène toutes les apparences sensibles, en quoi consistent-ils ? En des qualités qui se déplacent. C'est-à-dire, je ne conçois le mouvement qu'à l'aide de deux notions combinées, la première, celle de qualités sensibles que mon analyse a réduites à n'être que des semblants, de véritables riens ; la seconde, celle d'espace, à laquelle je retire toute consistance [1], puisque j'en fais l'abstraction nue et indéterminée de l'être que nous attribuons aux objets de nos idées. Mais si le concept de mouvement n'est pas autre chose que le résultat de deux abstractions fusionnées, c'est une abstraction aussi que les réalités agissantes d'où ces mouvements étaient censés naître, une abstraction enfin que la matière, substrat commun recélé sous l'innombrable diversité des corps.

S'il avait prolongé jusque-là son enquête, les théories justement célèbres dans lesquelles il a décomposé en ses opérations essentielles l'entendement auraient pris tout leur sens. C'est dans cette sorte de désarticulation logique que l'auteur du *Léviathan* a déployé tout son art. Le chapitre IV du livre *De la Nature humaine* décrit en des termes que James Mill ne blâmerait pas ce phénomène

---

1. V. *Philosophie première*.

de l'association des idées, appelé à de si brillantes destinées philosophiques. On se demande même si Hobbes n'a point pressenti quel parti en pourrait tirer l'empirisme pour la déduction de la notion causale[1]. L'importance des *signes* et le rôle que joue le langage dans l'évolution de l'intelligence ont été marqués par lui avec une incomparable netteté. Le mot de Condillac résumerait à merveille ces chapitres de sa logique : « la science n'est qu'une » langue bien faite. » Non, cependant ; il faudrait que Condillac eût dit : « la science n'est qu'une arithmétique bien » faite, » puisque, selon le sensualiste anglais, penser et raisonner n'est autre chose qu'additionner, soustraire, multiplier, diviser nos idées, c'est-à-dire au total, les impressions nôtres qui nous viennent des mouvements du dehors. Que Hobbes se fût avisé de considérer ces mouvements comme non moins subjectifs que les impressions qui en dérivent, et nous avons vu que la rigueur philosophique lui en faisait une obligation, toute cette anatomie de la raison humaine apparaissait sous son véritable jour. La pensée devenait un savant organisme spirituel qui tirait de ses profondeurs, comme l'araignée sa toile, qualités secondes, propriétés premières, mouvement, temps, espace, univers des êtres matériels. Pour s'être placé à l'autre antipode et avoir, au contraire, attribué la valeur d'existences fondamentales aux corps et au mouvement, cet adroit logicien n'a pas rompu le réseau

---

1. « La cause de la liaison ou conséquence d'une conception à une autre
« est leur liaison ou conséquence dans le temps que les conceptions ont été
« produites par le sens... Comme dans la sensation la conception de
« cause et celle d'effet peuvent se succéder l'une à l'autre, la même chose,
« d'après la sensation, peut se faire dans l'imagination et cela arrive pour
« l'ordinaire... » (Ch. IV, § 2).

d'un matérialisme assez grossier. Des corps se meuvent. Ces mouvements produisent en nos organes des apparences, lesquelles, par une véritable transmutation, se dénombrent en nous, se retranchent ou se juxtaposent, de manière à susciter en nos cerveaux des raisonnements, c'est-à-dire des discours, une science, c'est-à-dire un langage. Qui ne voit qu'en cette progression chaque pas exige une solution de continuité ; que les intermédiaires manquent et que, pour les remplacer, on installe le miraculeux et l'inintelligible devant chaque terme de la série ? Il nous faut donc changer du tout au tout notre point de vue de tout à l'heure. Non, ce n'est ni Berkeley ni Collier que Hobbes annonce ; il n'est que le précurseur d'un d'Holbach ou d'un Priestley.

III. Bien que Locke dont la militante vie atteignit les premières années du xviii° siècle ait été en situation de voir percer et croître la philosophie que portaient en germe les *Méditations* et les *Principes*, ce n'est évidemment pas en son *Essai* que nous irons étudier les prodromes de cet avènement. Il passe pour s'être imposé la mission de réfuter Descartes, de biais assurément et non de face : car il ne nomme guère le philosophe français. Nous soupçonnons même qu'il le connaît mal et ce qu'il en combat, c'en est, en réalité, le fantôme. Suivant un mot bien des fois répété, ce qui détermina Locke à entrer en lice, ce fut son aversion pour le système de la Vision en Dieu et il fût demeuré cartésien, si Malebranche n'avait pas écrit. Ce serait donc bien tard qu'il aurait opéré son évolution philosophique, puisque la première édition de la *Recherche de la Vérité*, qui révéla au monde le génie métaphysique de Malebranche, ne remonte pas au-delà de 1674-1675. Ajoutons que cette date ne cadre guère avec celle où les historiens de Locke s'accordent à placer la réunion d'Exeter-House : c'est en 1671 qu'avait eu lieu cet entretien avec cinq ou six amis, dans lequel fut tracé en commun le dessein et concertée la donnée maîtresse du futur *Essai sur l'Entendement humain*. Le brillant causeur d'Exeter-House n'aurait fait, dans tous les cas, qu'un bien mauvais cartésien, à juger de ce qu'il eût été, disciple, par ce qu'on le vit opposant.

Si, en effet, cette monotone partie d'escrime qui dure pendant plusieurs livres de son *Essai* a été dirigée, comme tout le monde l'admet, contre la théorie cartésienne des idées innées, il faut avouer que les coups portaient singulièrement à faux. Il continuait en cela le long contresens des brillants champions d'Oxford qui, bien avant lui, avaient combattu la doctrine de l'innéité[1]. Comme eux, il argumentait exclusivement contre une innéité en acte, interprétation que Descartes avait, on a pu s'en convaincre[2], repoussée. Avant même que Leibnitz les eût réfutées, les critiques adressées par l'*Essai* tombaient d'elles-mêmes, par la simple distinction tout aristotélicienne de la puissance et de l'acte. Οὐχ ἁπλῶς φατέον, avait dit, en une occasion de ce genre, le Père de la métaphysique.

Le pis est que cette méconnaissance de l'exacte opinion que Locke décriait ne fût pas toujours inconsciente. A cet égard son traducteur et ami, le sincère Coste nous fait une grosse révélation. Au cours du chapitre XIII de son livre II,

---

1. V. CHARLES DE RÉMUSAT : *Hist. de la phil. angl.*, t. II, ch. IX.
2. *Vide supra* : Chap. I. *Descartes.*

l'auteur de l'*Essai*, bataillant sur les idées, soutient contre ses adversaires cette thèse assurément fort défendable : de ce que l'étendue est inséparable des corps, il ne s'ensuit nullement qu'elle ne fasse qu'un avec eux et qu'elle en constitue l'essence. Jusque-là, rien à blâmer absolument. Bien d'autres que Locke, à commencer par Leibnitz, se sont appliqués à définir le corps par quelque chose de plus réel et consistant que la pure étendue. Mais voici ce qu'il ajoute pour étayer son argument : « je les prie (les cartésiens)
» de considérer que, s'ils avaient autant réfléchi sur les
» idées qu'ils ont des goûts et des odeurs que sur celles de
» la vue et de l'attouchement, ou qu'ils eussent examiné
» les idées que leur causent la faim, la soif et plusieurs
» autres incommodités, ils auraient compris que toutes ces
» idées n'enferment en elles-mêmes aucune idée de l'éten-
» due : ce n'est là qu'une affection du corps... » Hé! sans doute ! Qui a jamais dit le contraire ? Et à qui Locke en a-t-il avec cette dédaigneuse remontrance ? N'est-ce pas un article du catéchisme cartésien que les qualités secondes ne sont que des modifications de nous-mêmes, que lumière, couleurs, saveurs, impressions tactiles, odeurs et sons, ne signifient que diverses manières dont notre âme se trouve affectée ? Parce que l'étendue est quelque chose d'autre, quelque chose d'irréductible à de pures modalités de notre conscience, nous lui reconnaissons une réalité substantielle en dehors de nous. Quand donc un disciple de Descartes a-t-il fait défection sur ce point ? Ce n'est pas Malebranche à coup sûr : car son interminable polémique contre Arnauld a cette distinction même pour pivot. Coste, qui savait trop bien sa philosophie française pour ne pas relever cette erreur énorme, s'empressa, dès qu'il fut à ce

passage, d'aviser l'auteur que « le sentiment qu'il attribuait
» aux cartésiens était directement opposé à celui qu'ils ont
» soutenu et prouvé avec la dernière évidence ». Locke n'en
voulut pas démordre et, en dépit de la vérité comme en
dépit de la justice, le passage resta ce que nous le voyons
aujourd'hui [1]. Où la prévention ne peut-elle pas entraîner
une loyale intelligence? De la part d'un écrivain réputé
l'ami de l'expérience, quelle froideur pour la vérité du
fait, quelle indolence d'esprit tout au moins ! Quel manque
de bonne foi ! eussent été excusables de dire ceux-là dont
il travestissait aussi opiniâtrément la croyance.

IV. Mais laissons là les opinions de Descartes : elles
n'auraient pu rencontrer un interprète plus inexact. Tenons-nous en aux conceptions que Locke adopta pour son
propre compte et que nous trouvons rassemblées dans son
chef-d'œuvre. Quand on feuillette les premières pages de
ce livre, on est séduit, charmé par ce style de causerie
courante, sans apprêts, sans prétentions de haut savoir,
ennemi de tout pédantisme. Mais, à une lecture attentive,
combien cette faveur tombe vite ! L'aisance et la bonne
grâce de tout à l'heure ne semblent plus que frivolité,
inconsistance et confusion. Nous voulons serrer et retenir
les pensées; elles glissent comme entre nos doigts, tant
en est fluide l'expression. Nous chercherions vainement à
approfondir; le sens se dérobe devant notre effort. Nous
nous disons alors ce mot rappelé par Kant : que d'écrivains auraient été moins obscurs, s'ils n'avaient pas voulu

---

1. Le traducteur en écrivit à Bayle qui confirma cette *ignoratio elenchi.*
V. la 247ᵉ lettre. T. III des *Lettres de M. Bayle*, édit. Desmaizeaux de
1729.

être si clairs! Et nous ne trouvons pas qu'Hamilton ait dépassé les bornes de la sévérité quand il déclare que « dans son langage, Locke est de tous les philosophes le » plus figuré, le plus vacillant, le plus ambigu, le plus di- » vers et même le plus contradictoire, comme l'ont noté » Reid, Stewart et même Brown [1] ».

Le plus contradictoire surtout. Son livre est un faisceau d'inconséquences. La plus grave de toutes, celle que l'on voit renaître d'un bout de l'ouvrage à l'autre, est cette flagrante opposition entre la pensée dominante qui inspire la méthode et les explications spéciales qui en constituent la violation sans cesse renouvelée. Ce principe directeur est celui qui obtiendra droit de cité parmi toute la philosophie française du XVIIIe siècle : point de connaissances en nous qui ne dérivent de l'expérience ; donc, la pensée ne tire de son fonds propre nulle idée et l'âme est entièrement passive. C'est une table rase sur laquelle les faits se posent et gravent à eux seuls les caractères que l'on y trouve imprimés. Condillac[2] la pourra comparer à une statue dont les sens s'éveillent sous l'action du dehors et tiennent leur impressibilité des perceptions que ce dehors leur transmet. Or, que fait Locke ? A cette affirmation de l'absolue stérilité de l'âme il oppose, en tout le détail de sa doctrine, démenti sur démenti. « Je conviens, lisons- » nous dès le second chapitre du premier livre[3], qu'il » y a dans l'âme des hommes certains penchants qui

---

1. V. *Lectures on metaphysics*, ch. XXII. M. Green, dans son *Introduction to Hume* ne se montre pas plus indulgent.
2. V. le *Traité des sensations*. Condillac nous informe qu'il doit à Mlle Ferrand l'idée de cette analyse présentée sous forme d'allégorie.
3. Liv. I, ch. II, § 3.

» y sont imprimés naturellement. » A ce compte, l'âme humaine n'est donc point une *tabula rasa* et l'expérience individuelle n'est plus l'unique origine de ce qu'elle contient ! Aussi bien si notre pensée n'est qu'une table rase, comment se fait-il que le livre II de l'*Essai* indique, outre l'expérience sensible, une seconde source de nos connaissances, savoir la réflexion ? « J'entends par *réflexion* la
» connaissance que l'âme prend de ses différentes opéra-
» tions, par où l'entendement vient à s'en former des
» idées. » Que nous parlait-on d'une âme passive, incapable de rien acquérir, sinon par l'entremise de l'expérience ? Un entendement qui « se forme des idées », et cela en prenant connaissance « de ses différentes opérations », n'est-il pas éminemment actif au contraire ? C'est cette activité automotrice, si l'on peut dire, qui apporte à l'esprit, d'après Locke, les idées de *facultés, d'entendement, de volonté,* avec leurs modes [1]. C'est cette activité qui donne également naissance à l'idée de substance, notion réductible à celle « de je ne sais quel sujet entièrement inconnu,
» supposé être le soutien des qualités qui sont capables
» d'exciter les idées simples dans notre esprit [2] ». A défaut de cette spontanéité, comment l'esprit s'enrichirait-il lui-même des *idées collectives de substances,* opération qu'il accomplit, suivant notre auteur, « par la puissance
» qu'il a de composer et de réunir diversement des idées
» simples ou complexes en une seule idée [3] ? » Comment posséderait-il celle de *la relation,* « qu'il forme par la
» comparaison qu'il fait des choses » dont il a des idées

1. Liv. II, ch. vi.
2. Ch. xxiii, § 2.
3. Ch. xxiv, § 2.

simples[1] ? Comment surtout exercerait-il ce pouvoir généralisateur auquel il doit de grouper sous une idée abstraite les choses individuelles qu'elle représente[2] indistinctement? Toute cette théorie de l'abstraction, que Berkeley ne se lassera pas de réfuter, a mis Locke en contradiction formelle avec ses propositions initiales. « L'universalité, dit-il[3], n'appartient qu'aux choses mêmes » qui sont toutes particulières dans leur existence, sans » en excepter les mots et les idées dont la signification est » générale. Lors donc que nous laissons à part les parti- » culiers, les généraux qui restent ne sont que de simples » productions de notre esprit, dont la nature générale » n'est autre chose que la capacité que l'entendement leur » communique, de signifier ou de représenter plusieurs » particuliers. » Et voilà l'œuvre d'un esprit entièrement inerte, d'une pensée par elle-même improductive! Etrange table rase qui possède le don magique d'inscrire spontanément et au plus profond d'elle-même des caractères bien autrement significatifs que ceux que l'expérience a tracés à sa surface, puisqu'un seul des premiers peut comprendre et représenter l'universalité des seconds! La base du système, selon la sévère remarque d'un critique contemporain, était « une métaphore interprétée comme un » fait[4] ». Or cette métaphore se dément à chaque page dès le moment où Locke évalue les richesses de l'entendement, trésors dont il n'explique l'acquisition que grâce à une hypothèse exclusive de sa comparaison fondamentale.

1. Ch. xxv, § 1.
2. Liv. III, ch. III, § 6.
3. *Ibid.*, § 11.
4. M. Green, *Introd. to Hume*, § 14.

Cette supposition est celle d'un esprit s'enrichissant lui-même, tandis qu'il est encore nu et pauvre de tout avoir !

Ces fluctuations de doctrine, ces va-et-vient, ces brusques retours redoublent bien davantage encore, lorsque nous touchons au problème philosophique par excellence, à celui que, de tout temps, l'empirisme a le plus complaisamment agité, parce que ce système en suggère naturellement une toute simple solution. Passive ou non, subordonnée aux sens ou capable de leur imposer ses lois, quand la pensée perçoit et connaît, atteint-elle des choses qui lui soient extérieures ou ne fait-elle que subir le contre-coup de ses états propres? L'existence de quoi que ce soit hors de nous a-t-elle quelque fondement? Nous n'estimons pas que l'on ait eu raison d'appeler cette difficulté « la croix de la philosophie empirique [1] ». Les principes dont l'empirisme se réclame ne lui laissent point l'embarras de la réponse : une pensée dénuée de notions qui dépassent l'expérience de l'heure présente ne saurait inférer de ses perceptions autre chose sinon qu'elle a ces perceptions et rien ne l'autorise à leur faire signifier la présence d'êtres extérieurs. Ce serait se moquer de la logique de prétendre tirer de prémisses phénoménistes une conclusion agréée par le dogmatisme transcendantal.

Dans l'antiquité, les Cyrénaïques l'avaient bien compris, eux qui, si nous en jugeons par ce que Plutarque nous rapporte, préféraient torturer la langue et pousser le néologisme jusqu'à la démence, plutôt que de maintenir à leurs phrases quelque apparence d'objectivité. « Ils ne » disaient pas, rapporte l'historien moraliste : nous voyons

---

1. M. Green. Op. cit.

» le blanc, mais nous sommes blanchis. Voici un homme,
» un mur, un cheval, etc., mais : nous sommes *hommés*,
» *murés*, etc » [1]. Ils se résignaient au barbarisme plutôt
qu'à l'inconséquence et ne consentaient pas que leur style
masquât leur croyance selon laquelle nous ne savons des
choses que nos perceptions. Ce tour de force d'expression,
Condillac le renouvellera, lorsque, dans son ingénieux
apologue de la statue, il dira d'elle, non pas : elle respire
une rose, mais bien : elle est odeur de rose. Plus conséquent même que les Cyrénaïques, il ne laissera pas plus
subsister de moi qu'il ne maintiendra d'objet extérieur. Ce
qui restera, ce sera, entre ces deux abîmes : l'inconnu du
dedans et l'inconnu du dehors, un léger et flottant rideau
de sensations.

A cette obligation, reconnue par la plupart des chefs
du sensualisme, l'auteur de l'*Essai* tantôt souscrit, tantôt
déroge ; mais au total il s'y dérobe bien plus qu'il ne s'y
soumet. Le livre II expose un semi-réalisme. Les qualités des choses sont, y est-il dit, enseignées par la sensation : « nos sens font entrer toutes ces idées dans notre
» âme, par où j'entends qu'ils font passer des objets extérieurs dans l'âme ; ce qui y produit ces sortes de per-
» ceptions [2]. » Nos sens faisant passer dans l'âme les
objets extérieurs ! On ne saurait s'exprimer en des termes
d'un matérialisme plus puéril. Locke se noircit ici à
plaisir. Non, il n'entend pas que nos organes servent
aux choses de véhicules pour les transporter en nos

---

1. Οὗτοι ἄνθρωπον εἶναι καὶ ἵππον καὶ τοῖχον οὐ λέγουσιν, αὑτοὺς δὲ τοιχοῦσθαι, καὶ ἱπποῦσθαι, καὶ ἀνθρωποῦσθαι... γλυκαίνεσθαι γὰρ λέγουσι καὶ πικραίνεσθαι καὶ φωτίζεσθαι καὶ σκοτίζεσθαι. Plut. Adv. Colot.

2. Ch. I, § 3.

consciences. Il comprend que les qualités dites secondes, celles sous lesquelles les objets se font connaître à nous, ne nous représentent rien qui appartienne vraiment à ces derniers, mais accusent simplement en eux le pouvoir d'en produire sur nous l'impression. Elles sont dues à l'action de corpuscules imperceptibles qui « communiquent » au cerveau certains mouvements, lesquels produisent » en nous les idées que nous avons de ces différentes » qualités [1] ». Locke s'est souvenu ici de son Descartes et l'a suivi à la lettre. Les qualités premières ont, au contraire, une valeur durable en dehors de nous. « Elles » peuvent être appelées réelles, parce qu'elles existent » réellement dans les corps [2]. » Ainsi l'objectivité des choses extérieures nous est garantie par les qualités premières qui en sont inséparables et grâce auxquelles ces choses ont la puissance de provoquer en nous certaines manières de sentir, ou qualités secondes, que nous leur attribuons à tort comme des modalités qui leur seraient inhérentes. Cette conception n'a pas dû coûter à Locke de considérables efforts d'invention : elle résume les opinions que professait, à cet égard, le gros des cartésiens.

Si telle est la solution adoptée par Locke, (aussi bien serait-elle, de sa part, illicite en ce qu'elle dérogerait à son empirisme,) d'où vient qu'au début du livre IV nous lisons cette belle profession de foi subjectiviste : « puisque l'es- » prit n'a point d'autre objet de ses pensées et de ses rai- » sonnements que ses propres idées, qui sont la seule chose

1. Ch. VIII, § 12.
2. Ch. VIII, § 17.

» qu'il contemple ou qu'il puisse contempler, il est évident
» que ce n'est que sur nos idées que roule notre connais-
» sance ?[1] » A la bonne heure, et ni Malebranche ni Berkeley ne disent autre chose. Mais alors il faut rayer de l'*Essai* les phrases de tout à l'heure et ne plus avancer que les objets extérieurs passent de nos sens à l'âme, qu'ils sont inséparables des qualités premières qui nous les font percevoir. On ne peut tout à la fois affirmer objective notre connaissance de la matière et l'idéaliser. Malheur à ceux, dit le fabuliste, dont la bouche souffle le chaud et le froid.

Oublieux de son réalisme d'il y a un instant, l'auteur de l'*Essai* poursuit donc comme ferait un partisan de Hume : « Il me semble que la connaissance n'est autre chose que la
» perception de la liaison et de la convenance ou de l'oppo-
» sition et de la disconvenance qui se trouve entre quel-
» ques-unes de nos idées[2]. » Et, plus loin encore, donnant à cette déclaration sceptique toute sa portée : « l'idée
» que nous avons d'une chose dans notre esprit ne prouve
» pas plus l'existence de cette chose, que le portrait d'un
» homme ne démontre son existence dans le monde, ou
» que les visions d'un songe ne composent une histoire
» véritable[3]. » Est-ce donc que Locke en revient au véritable esprit du phénoménisme et qu'il abandonne cette réalité substantielle qu'il revendiquait, quelques chapitres plus haut, pour le monde sensible ? En aucune manière, et cette illusion ne nous sera pas longtemps permise, car, dès l'alinéa suivant, reparaît la thèse réaliste en des

1. Liv. IV, ch. i, § 1.
2. Ch. i, § 2.
3. Ch. xi, § 1.

termes d'une exagération que l'auteur ne s'était pas encore permise. Nous ne savons ni ne cherchons à savoir comment cela se fait, continue Locke, mais nous sommes convaincus qu'il y a hors de nous quelque chose qui excite nos idées. « Lorsque j'écris ceci, le papier venant à frapper » mes yeux, produit dans mon esprit l'idée à laquelle » je donne le nom de blanc, quel que soit l'objet qui l'excite » en moi ; et par là je connais que cette qualité ou cet » accident, dont l'apparence était devant mes yeux existe » réellement et a une existence hors de moi [1]. » Ainsi, ce qui existe, ce qui réside vraiment au dehors, ce n'est plus seulement la matière inconnue, mais aussi la totalité de ses modes sensibles ; la blancheur elle-même possède une réalité objective. Il faut modifier le chapitre sur les propriétés des corps et dire que qualités secondes et qualités premières ont au même titre, hors de nous, une existence substantielle et indépendante.

Locke reconquis par le réalisme compose bientôt de cette doctrine une apologie en règle. « Je ne crois pas, » affirme-t-il, que personne puisse être sérieusement si » sceptique que d'être incertain de l'existence des choses » qu'il voit et qu'il sent actuellement... La confiance où » nous sommes que nos facultés ne nous trompent point » en cette occasion nous donne la plus grande assurance » dont nous soyons capables à l'égard de l'existence » des choses matérielles [2]. » Et d'énumérer, comme autant d'arguments en forme, les considérations qui autorisent cette confiance [3]. Il est vrai que le plaidoyer se ter-

1. Ch. xi, § 2.
2. *Ibid.*, § 3.
3. § 4-8.

mine par un étrange aveu qui, si on le prenait au pied de
la lettre, mettrait singulièrement en péril cette « grande
» assurance ». La certitude que nous avons de la réalité
d'un monde extérieur ne s'étend point au-delà de la sensation actuelle ! L'homme qui était devant mes yeux il y a
une minute n'est peut-être plus l'homme que je vois en cette
seconde-ci, bien que mes regards ne l'aient pas un moment quitté ! « Il n'y a point de liaison nécessaire entre son
» existence depuis une minute et son existence d'à pré-
» sent. Il peut avoir cessé d'exister en mille manières...
» Ainsi, quoiqu'il soit extrêmement probable qu'il y a
» présentement des millions d'hommes actuellement exis-
» tants, cependant, tant que je suis seul en écrivant ceci,
» je n'en ai pas cette certitude que nous appelons *connais-*
» *sance*, à prendre ce terme dans toute sa rigueur... [1] »
Tant il est vrai, ce que Berkeley ne cessera de soutenir,
que le scepticisme est la faillite inévitable que prépare
au dogmatique la foi en l'extériorité d'un monde matériel.

V. Renonçons à tenter plus longtemps de saisir une
pensée qui nous fuit et se fuit éternellement elle-même. Ce
livre est une mêlée d'idées, de théories, d'arguments contraires. Perpétuellement partagé avec lui-même, il donne,
en tout litige, raison tour à tour à chacune des parties
adverses. Il n'y a pas jusqu'à son ami et constant approbateur Molyneux qui, tout aveuglé qu'il est par sa prévention
affectueuse sur la valeur philosophique [2] de l'*Essai*, ne
puisse se défendre d'apercevoir et de signaler telle grosse

1. Ch. IV, § 5.
2. V. les lettres de Molyneux à Locke, si dures pour quiconque est en
opposition avec l'*Essai*, notamment pour Malebranche et J. Norris.

inconsistance. Par exemple, comment Locke a-t-il laissé côte à côte deux passages dont l'un émet cette hypothèse, qui fit grand bruit, qu'après tout Dieu aurait pu joindre à la matière la faculté de penser et dont l'autre prouve la spiritualité de Dieu par « l'impossibilité absolue où est » la matière de penser¹ » ? Ce sont objections dont le célèbre empiriste n'a qu'un médiocre souci et il en est quitte pour annoncer qu'il modifiera les deux passages. Cette transformation consiste à en amplifier le style sans y rien changer pour le fond ². Aussi bien Locke avait peut-être raison. S'il eût fallu, sur tous les points, assurer cette consistance que réclamait Molyneux, tout l'*Essai* était à recommencer.

Nous ne méconnaissons certes pas ce qu'il y eut de sage et de bienfaisant dans l'œuvre économique, politique et pédagogique de l'écrivain anglais. On ne louera jamais trop ses belles leçons de tolérance à une époque et en un pays où cette vertu était tristement ignorée. Quand on relit les pages qu'il écrivit sur la science de l'éducation, c'est le bon sens même que l'on croit entendre. Les économistes font grand cas de quelques-unes de ses vues et le rangent parmi leurs guides les plus prévoyants. Pourquoi faut-il que la renommée du philosophe soit à ce point inégale à celle de « l'Essayist ? » On ne s'explique pas la fortune de ses insaisissables théories ³ ? Quelle vérité

---

1. Molyneux à Locke. Dublin, du 22 déc. 1692.
2. Locke à Molyneux. Oates, du 20 janv. 1693.
3. Dans un passage assez mystérieux, l'*Essai* nous ouvre une échappée de grande métaphysique : « Peut-être que si nous voulions nous éloigner
« un peu des idées communes, donner l'essor à notre esprit et nous engager
« dans l'examen le plus approfondi que nous puissions faire de la nature des
« choses, nous pourrions en venir jusqu'à concevoir, quoique d'une manière

neuve, ou seulement quel procédé inédit de méthode a-t-il apporté aux hommes ? Doit-on lui faire honneur d'avoir mis à l'ordre du jour des études philosophiques l'examen de notre faculté de connaître ? Mais c'est à Descartes qu'en reviendrait le premier mérite, lui qui bannit à jamais de la logique l'autorité et assigna à la vérité l'évidence pour critérium unique! Quand il s'agit de démêler la provenance de nos idées, l'*Essai* s'en tient à une double source : nos perceptions sensibles et nos idées abstraites. C'est, aux mots près, la division que le cartésianisme avait instituée.

Un savant critique, qui est lui-même trop bon métaphysicien pour se leurrer sur la valeur spéculative de Locke[1], juge que l'*Essai* est à louer en ce que l'esprit qui anime ce livre est celui de la prudente doctrine de la relativité. Les mécomptes de l'humanité dans ses efforts pour se comprendre, elle et ce qui l'entoure, proviennent de sa disposition à embrasser dans ses recherches des matières qui dépas-

« imparfaite, comment la matière peut d'abord avoir été produite et avoir
« commencé d'exister par le pouvoir de ce premier être éternel..... »
Certains philosophes, dont un maître Ecossais, se sont demandé s'il n'y aurait pas là comme une intuition de l'idéalisme, ou tout au moins de cet idéo-dynamisme dont nous trouvons un type accompli chez Boscovich, par exemple. Malheureusement pour Locke, l'explication est beaucoup plus simple et moins glorieuse. Coste nous dit tenir de Newton que l'hypothèse à laquelle il est ici fait allusion fut imaginée par ce dernier : Dieu n'aurait eu qu'à rendre impénétrable une partie de l'espace pur, en empêchant que rien y pût entrer, et à communiquer cette impénétrabilité à une autre portion : de la sorte serait obtenue la mobilité de la matière. — Locke n'aurait donc été, en tout ceci, qu'un timide écho du grand Newton.

1. « Il lui manque l'imagination spéculative quand il rencontre le vaste et complexe problème de la connaissance humaine dans son unité organique et quand il est obligé de reconnaître le besoin pour la philosophie d'une recherche additionnelle à celle dans les limites de laquelle se tiennent les sciences spéciales. » Campbell Fraser. *Encycl. Britann*, art. Locke.

sent la portée de notre intelligence.¹ : telle est la maxime qui, s'il en faut croire M. Campbell Fraser, inspirerait tout le Traité. Nous n'y contreviendrons point. Toutefois, cette maxime, Hobbes et Gassendi l'avaient tenue déjà². Il y a plus. Au moment où méditait Locke, un médecin épris de métaphysique et de fine psychologie développait avec une rigueur d'analyse, une ingéniosité de dialectique qui ne le cèdent pas de beaucoup à l'habileté d'un Hamilton, cette thèse de la relativité, si pâle et fuyante dans l'*Essai*. Par malheur, à ce savant les agréments du beau langage, l'art délicat et heureux de l'expression firent défaut. On ne sait quelle terminologie pesante accable ses pensées les plus originales comme d'un manteau de plomb. Aussi, tandis que le nom du facile John Locke pénètre partout où se répand la gloire des lettres anglaises, celui du profond Richard Burthogge est ignoré de ses compatriotes qui ne s'avisent même pas de lui laisser une petite place dans leurs plus accueillantes encyclopédies.

1. Campbell Fraser, *Étude critique*, IV.
2. Hamilton ne s'explique pas l'admiration qu'en France on a si longtemps vouée à Locke : « C'est, dit-il, un pauvre témoignage en faveur du patriotisme ou de l'intelligence de leurs compatriotes que les œuvres de Gassendi et Descartes aient été si longtemps éclipsées par celles de Locke, qui ne fit, au vrai, que suivre le premier et réfuter à faux le second..... » *Lect. on metaph.*, ch. XXIX.

CHAPITRE III

RICHARD BURTHOGGE

I. Burthogge était né à Plymouth, vers 1638, conjecture-t-on. La date de 1694, qu'Ueberweg[1] et M. Leslie Stephen[2] adoptent pour l'année de sa mort, est inadmissible. Son livre « *Christianity a revealed Mystery,* » sorte de méditation théologique sur la grâce, fut publié en 1702 ; on devrait donc le supposer posthume. Mais sa lettre « *Of the Soul of the world* », en réponse aux *Reflections* de Keil, est datée du 13 juin 1698. Il dut, selon toutes vraisemblances, s'éteindre durant les premières années du xviii° siècle. Ce que nous savons de sa vie est peu de chose et nous vient presque uniquement de la compilation d'Anthony Wood[3]. Élève d'Oxford, il fut nommé, en 1658, bachelier ès arts. Il étudia la médecine à l'Université de Leyde, où il obtint le

---

1. *Histoire de la philosophie,* (trad. angl. t. II, p. 365).
2. *Dictionary of National Biography,* 1886.
3. ANTHONY WOOD, *Athenæ Oxon.* ; et *Fasti Oxonienses.*

grade de docteur en 1662, après avoir donné une thèse *de lithiasi et calculo*[1]. Il revint en sa patrie, s'établit à Bowden (près Totnes), où il exerça avec succès la médecine. En ces temps troublés, il eut le mérite de prôner sans cesse la tolérance, et, ce qui était mieux encore, de la pratiquer. Wood lui en fait un reproche et rappelle avec mépris qu' « il temporisa avec les papistes sous le règne de » Jacques II, fut fait pour cela juge de paix du Devonshire, » poste qu'il garda, sous le règne de Guillaume III, en » qualité de favori des fanatiques. On le tient, ajoute-t- » il, pour une personne d'un savoir considérable et de non » moins d'orgueil et d'ambition. » Ses occupations de praticien n'excluaient pas le recueillement méditatif d'une âme spéculative. A la théologie, dont il paraît avoir été très curieux, il consacra divers ouvrages[2]. La philosophie surtout, et la plus raffinée, fut l'objet constant de son étude : c'est à ce titre que son nom mérite de nous arrêter.

Les rares historiens de la philosophie[3] qui ont soup-

---

1. » DISPUTATIO MEDICA *inauguralis de* LITHIASI ET CALCULO....., nec » non amplissimi senatus academici consensu atque almæ Facultatis medicæ » decreto, pro gradu Doctoratus,..... etc., eruditorum examini subjicit » Richardus Burthoggius anglo-Brit. ad diem 27 Febr. Lugd. Bat. 1662. » A cette thèse toute technique sont adjointes selon l'usage du temps ces curieuses propositions : 1. Sanguis nutrit. 2. Quælibet operatio animalis, quatenus est animal, *primo est ab anima*. 3. *Anima est tota in toto et tota in qualibet parte corporis*, 4. *In homine non sunt tres animæ realiter distinctæ*. — Scolastique et science étaient encore étroitement liées.

2. Ainsi : ΤΑΓΑΘΟΝ, *or divine goodness*, Lond. 1672, traité sur la volonté de Dieu et la finalité de l'univers, l'homme n'étant qu'un moyen en vue d'un suprême but. En ce livre abondent les références, citations, allusions à l'antiquité classique ou à l'Ecriture.

Ainsi encore : CAUSA DEI, *or an apology for God*, Lond. 1675. Ce livre était composé pour justifier les peines de l'enfer (peines qui s'étendent au corps et à l'âme,) et les concilier avec la bonté divine.

3. Par exemple, M. Campbell Fraser dans une courte note à son *Berkeley*.

çonné en Burthogge un précurseur du criticisme n'ont eu égard qu'à son *Essai sur la Raison* publié en 1694, dédié à Locke et paru quatre années après l'*Essai sur l'entendement humain*. Bien que le dessein et la méthode de ces deux ouvrages diffèrent du tout au tout, les admirateurs de Locke pourraient, avec quelque effort d'imagination, se flatter que celui-là ait dû à celui-ci sa naissance. Mais, ce qui prouve que les vues de Burthogge étaient bien originales et qu'il fut à lui-même son seul précepteur [1], c'est qu'en 1677, treize ans avant la première édition du livre de Locke, il donnait à l'impression un « *Organum vetus et novum*, » ou *Discours de la Raison et de la Vérité* [2], où il réunissait la plupart des idées que devait reprendre l'*Essai sur la Raison*. Pourquoi ce titre : vieil et nouvel *Organum* ? Ne serait-ce pas que Burthogge se propose de mettre en contraste avec le dogmatisme des logiciens d'autrefois le subjectivisme d'une moderne analytique ? Dans ce Traité, il s'applique à décomposer la Raison en ses facultés et opérations principales. Son examen lui acquiert cette assurance que notre connaissance rationnelle n'est qu'une sensation sublimée en quelque sorte, laquelle nous instruit non de ce que les choses sont en elles-mêmes, mais de la manière dont nos vertus psychiques sont affectées par leurs apparences. L'entendement n'atteint pas plus en soi ce que ces apparences lui traduisent que l'œil ne voit en eux-mêmes les objets de la vision, ou l'oreille les objets de l'ouïe. Même on peut dire que l'en-

---

1. Nous admettrions cependant qu'il dût quelque chose à Hobbes, souvent cité ou critiqué par lui.
2. Sous forme de lettre à Andrew Trevill, avec ce sous-titre : « Où la « logique naturelle commune à l'Humanité est brièvement décrite. »

tendement se trouverait plus en peine de comprendre ses objets que l'œil et l'oreille ne le sont d'atteindre les leurs, puisqu'il est moins près de la chose comprise que ces organes de la chose sentie. Plus on s'écarte de la perception sensible, plus on s'éloigne de l'existence et de la vérité.

L'acte primordial de la raison, celui qu'impliquent tous les autres, nous le nommerons l'*appréhension*, opération par laquelle l'entendement est dit voir ou percevoir les choses. Ces choses sont perçues selon qu'elles sont notées, soit par de simples mots, soit par des propositions : dans les deux cas, l'esprit n'appréhende rien, que s'il en a la signification ou le sens. « La signification est le
» *motif* et *l'objet* immédiat de l'appréhension, comme la
» couleur, de la vision. L'œil ne voit rien que sous la
» couleur ; l'Esprit n'appréhende rien que sous le sens.
» — Je sais bien que d'ordinaire l'on fait de la vérité
» l'objet propre, adéquat, immédiat, formel de l'Intellect ;
» rien de moins exact. Ce n'est pas la Vérité, mais le sens,
» ou la signification, qui constitue l'objet propre, adéquat,
» immédiat de l'Esprit, quant à son premier acte, celui de
» l'appréhension ; la Vérité n'en est l'objet propre adéquat,
» immédiat, qu'à l'égard d'un acte *différent*, que l'on
» nomme *Assentiment* et qui est une sorte de Jugement[1]. »
Si tel est, au vrai, le rôle de l'Entendement, et tel le caractère de ses actes, « pour nous hommes, les choses ne
» sont rien sinon comme elles se présentent en notre ana-
» logie ; c'est-à-dire ne sont rien pour nous qu'autant
» qu'elles sont connues par nous, et elles ne sont connues
» par nous que comme elles sont dans les sens, l'Imagina-

---

1. *Organum*, § 6-7.

» tion ou la Pensée ; en un mot, comme elles sont dans nos
» facultés [1]. » Dénombrer ces facultés, en dresser un exact
inventaire, sera, on le sait, la tâche qu'entreprendra l'auteur de la *Critique de la Raison pure*. A vrai dire, Burthogge ne déflore point toute l'œuvre du grand idéaliste. Mais il voit aussi clairement que fera Kant les premières conséquences qui découlent d'une telle réduction. « Chaque
» faculté prend une part, bien que non une part exclusive,
» à la production de son objet immédiat : comme l'œil pro-
» duit les couleurs et comme il est dit voir, comme l'o-
» reille produit les sons, comme l'Imagination les idoles,
» de même l'Entendement les conceptions ou notions sous
» lesquelles il appréhende et voit les choses. En sorte que
» tous les objets immédiats de la pensée humaine sont
» *Entia Cogitationis*, sont tous des *apparences;* les-
» quelles ne sont pas proprement et (si l'on me permet
» d'employer un terme d'École) *formellement* [2] dans les
» choses elles-mêmes conçues sous elles..., mais seule-
» ment dans les Facultés de l'intellect. Pas de couleur que
» dans l'œil ; pas de son si ce n'est dans l'oreille ; point
» non plus de notion, de sens ou de signification, sauf dans
» l'Esprit. Tout cela a beau sembler dans les objets et
» hors des pouvoirs de la pensée, ce n'y est pas plus que
» l'image n'est dans le miroir où elle semble se trouver [3]. »

---

1. *Organum*, § 9. Tout ce passage se retrouve presque mot pour mot dans l'*Essai sur la raison*. Il formule admirablement le relativisme de Burthogge.

2. « Formellement », « objectivement », sont employés par Burthogge au sens où les cartésiens, à la suite de la scolastique, du reste, prennent ces mots. On sait que *formel* avait le sens de notre mot objectif et qu'*objectif* signifiait ce que nous désignons par subjectif, à quelques nuances près.

3. *Ib.*, § 10. — On nous saura sans doute gré de continuer ici la cita-

Un criticiste contemporain s'exprimerait-il d'autre sorte ? Jamais le logicien de la relativité, William Hamilton, a-t-il plus fortement énoncé sa thèse favorite ? Aussi comment ne pas s'étonner que le critique écossais, fureteur comme on le connaît et toujours heureux de découvrir aux doctrines contemporaines des ancêtres oubliés [1], ignore avec quelle sûreté de méthode lui avait frayé la voie un penseur

tion : « 11 — En sorte que tous les *êtres immédiatement pensables* (c'est-à-dire
» tous les objets immédiats de la pensée humaine), sont ou bien des *Entités*
» des *sens*, comme les objets immédiats des sens, la couleur, le son, etc. ;
» ou bien de l'*Imagination*, comme les images qui s'y trouvent, les idoles
» qu'elle forme ; ou bien de la Raison et de l'Entendement, des Entités
» Mentales sous lesquelles significations ou notions l'Entendement appré-
» hende ses objets ; lesquelles (notions), bien qu'elles semblent à l'En-
» tendement être hors de lui et être dans la chose comprise, toutefois,
» (comme j'ai dit plus haut), ne sont pas plus hors de lui ou dans les choses
» elles-mêmes que les Couleurs ne sont hors de l'œil, ou les Sons hors de
» l'oreille, ou les Saveurs hors de la langue, quoiqu'elles semblent ainsi
» aux Sens. — 12. Facultés et Pouvoirs, Bien, Mal, Vertu, Vice, Vérité,
» Erreur, Relations, Ordre, Ressemblance, Tout, Partie, Cause, Effet,
» etc., sont des Notions, au même titre que le Blanc, le Noir, l'Amer, le
» Doux, etc., sont des Sentiments, et les premiers possèdent la même
» manière d'existence que les seconds, savoir (une existence) objective.
» Notion qui affranchira l'Esprit d'un grand embarras quand il forme des
» notions. Généralement nous concevons que les Facultés, le Bien, le
» Mal, et autres Notions (sous lesquelles l'Esprit appréhende les choses,)
» sont des réalités et ont une existence propre hors de l'Esprit et alors
» même qu'il n'y aurait aucun Esprit pour penser à elles, tandis qu'en réa-
» lité ce ne sont que des *Noemata*, des Conceptions, et que tout l'être for-
» mel que chacune d'elles possède est seulement en lui. Et il n'y a pas à
» s'étonner si celui qui prend des *Noemata* pour des réalités se trouve lui-
» même confondu par cette méprise quand il forme ses conceptions à leur
» sujet. C'est pourquoi les notions sont très exactement, quoique d'un style
» quelque peu barbare, appelées par les hommes de l'Ecole *conceptus objec-*
» *tivi*, des Notions de la Pensée, encore que paraissant être dans l'objet.
» Celui qui cherche des notions dans les choses, cherche derrière la glace
» l'image qu'il y aperçoit. »

1. « ..... Il aima à prouver son érudition supérieure en revendiquant
» pour les philosophes anciens et oubliés les doctrines attribuées aux au-
» teurs modernes..... » M'Cosh, *The Scottish philosophy*, art. 57.

dont le nom ne paraît cependant pas lui avoir totalement échappé [1] ?

Le travail de sublimation que la pensée accomplit sur les impressions sensibles, lorsqu'elle les soumet à ses notions et concepts, fait subir aux choses, si choses il y a, une altération bien plus grave que ne font nos sens. Les objets, après cette nouvelle élaboration, sont, d'un degré de plus, éloignés de leur origine, par conséquent, d'un degré de plus, distants de la réalité. Ces considérations amènent Burthogge à prendre, en psychologie, le contre-pied de la classification cartésienne. Ces qualités premières énumérées par les cartésiens, il les nommerait bien plutôt qualités premières et *vice versa* : plus les propriétés sont voisines de nos sensations, plus elles sont proches des objets qui les supportent [2]. Chaque pas en avant dans l'abstraction fait reculer d'autant loin du réel. Cette théorie toute subjective de la connaissance reste donc éminemment empiriste et Burthogge n'accorde pas aux idées abstraites

---

1. V. *Hamilton's Reid*, t. II, p. 928 et 938. Hamilton mentionne Burthogge au nombre des philosophes qui ont employé le mot *idée* au sens de *notion* et comme opposé à *image*. Quelques pages plus loin, dans une longue note sur la Conscience, il cite un passage assez étendu de l'*Essai sur la Raison*, passage remarquable, en effet, où la conscience est donnée comme ayant pour origine les différences qui se trouvent dans les conceptions de l'esprit.

2. « Plus près sont nos Sensories des Objets qui les affectent (pourvu
» que ce ne soit pas trop près), plus claire et distincte est la sensation qu'ils
» produisent ; de même que nous voyons plus clairement et distinctement
» un objet à une distance plus proche qu'à une plus éloignée : de même
» plus l'Esprit et l'Entendement est près des Sentiments, plus claires, dis-
» tinctes et évidentes sont ses Perceptions : je veux dire plus sont *sensibles*
» les Notions, plus elles sont proches de leurs fondements..... — En con-
» séquence, la connaissance et appréhension des choses est mieux acquise
» et transmise par les *premières notions*, qui sont tout près des sentiments,
» que par les *secondes qui* sont plus éloignées..... » (*Ib.*, § 25-26).

plus de consistance que ne leur en attribuera Berkeley.

Un second point où l'*Organum*, et cela par suite de la première dissidence, se met en désaccord avec les *Méditations*, est en ce qui touche les *perceptions claires et distinctes* proposées par l'école française comme le critérium du vrai [1]. En effet celle-ci raisonne comme si cette clarté et cette distinction produisaient notre assentiment. Mais non, ce n'est là qu'une condition à laquelle la cause de cet assentiment doit satisfaire. Qui donc connaît la vérité en elle-même et autrement que par l'impression qu'elle produit sur l'esprit? Il y a tant de choses que l'on voit clairement et qui n'en ont pas plus de réalité pour cela! Nous apercevons clairement et distinctement dans une glace l'image qui ne s'y trouve pourtant pas. Nous voyons l'aviron courbé dans l'eau, bien qu'il y reste parfaitement droit. « C'est une erreur (et très dangereuse) de donner » l'apparence, ou la signification intellectuelle (car la » claire et distincte perception ne veut dire rien de plus), » pour la mesure de la vérité [2]. »

II. Cette conception, à laquelle notre siècle réservait une si grande faveur, ne se réduisit pas chez Burthogge à un heureux hasard de pensée. Dix-sept ans plus tard, elle reparaissait élargie, plus solidement appuyée, dans la première partie de son principal ouvrage publié sous ce titre: *Essai sur la raison et la nature des esprits* [3]. Livre bizarre et inégal, d'où l'art de composer est absent et qui, à côté d'observations d'une force rare et de vues d'une

1. *Op. cit., ibid.*, § 68-69.
2. *Ibid.*, § 69.
3. *An Essay upon Reason and the Nature of Spirits*. Lond. 1694.

originalité puissante, abonde en anecdotes superstitieuses, en contes de vieille femme. Ce défiant psychologue qui récuse les notions mêmes de l'entendement croit aux sorciers et aux démons. Une analytique ingénieuse qui ne sera dépassée que par les chefs-d'œuvre de Kant verse par endroits dans le spiritisme le plus puéril[1].

Burthogge reprend ici, sans de grands changements, le cadre de son *Organum*. Il distingue la connaissance en deux principaux genres : *appréhension*, quand elle se rapporte à l'objet ; *conception*, quand elle est relative à l'image ou l'Idée. Ces deux genres, il ne se lasse pas d'insister sur ce point, se pénètrent l'un l'autre. Il y a du sensible et de l'imaginatif dans la conception ; il y a du conceptif et du notionnel dans l'appréhension par les sens. La Raison ou l'Entendement est donc en nous la faculté de connaître, sans en former des images et seulement grâce à des idées ou des notions, soit les objets extérieurs, soit nos actes[2].

L'appréhension des objets, à son tour, a lieu de deux manières. Ou bien l'esprit pense à l'objet lui-même, sans signes, « s'il en a l'idée[3] ou la notion : » par exemple, quand on considère « l'image de la blancheur comme elle apparait » dans la neige, sur le papier ou sur un mur blanc ». Ou

---

1. V. par exemple, à la fin du chap. i, l'histoire du perroquet de Maurice de Nassau et l'étrange explication qui en est donnée, et chap. vii tout ce que l'auteur raconte sur les apparitions, avertissements surnaturels, oracles, rêves, *chandelles des morts* (lumières miraculeuses allant de la maison de celui qui doit mourir et guidant droit à l'église et au cimetière), etc., etc.

2. Chap. i, § 1.

3. Burthogge est, comme l'a vu Hamilton, un des premiers d'entre les modernes qui aient affecté au mot *idée* le sens de *concept*. Parfois cependant il le prend au sens courant, celui d'image. Dans le passage actuel, ce mot paraît comporter une acception intermédiaire.

bien l'esprit s'aide des mots qui signifient les choses. « Les
» mots remplacent dans nos esprits les images ou notions.
» Nous ne pouvons penser à la chose ou à l'image sauf
» sous ce mot qui la remplace [1]. »

Arrêtons-nous sur la notion, objet immédiat de l'acte appréhensif. On peut attribuer à ce mot deux acceptions.

On désignera par notion « toute conception que forme
» l'esprit en référence aux objets : ainsi prise, elle ne fait
» qu'un avec une pensée ; elle est à l'égard de l'Esprit
» ce qu'un sentiment, pris dans sa signification la plus
» large, est à l'égard des sens. » Entre l'œil et l'Entendement l'analogie est grande. Aussi n'avons-nous pas plus de motifs d'admettre des *Idées Innées* dans l'entendement que nous n'en aurions de supposer dans l'œil des *Figures* et des *Images* [2] originelles. Burthogge était un trop bon élève d'Oxford pour dire autrement. — On peut encore donner au mot notion un sens plus restreint et lui faire signifier « un *modus concipiendi*, une certaine
» manière particulière de concevoir les choses qui ne leur
» correspond qu'en tant que ce sont des *Objets,* non en
» tant que ce sont des *Choses...*; bien peu, s'il en est, des
» idées que nous avons des choses, sont proprement des
» *Peintures;* nos conceptions des choses ne leur ressem-
» blent pas plus en stricte propriété, que nos mots ne
» ressemblent à nos conceptions qu'ils remplacent et avec
» lesquelles ils ont une manière de correspondance. »

Ces deux définitions sont en réalité connexes et, dans la seconde, l'écrivain n'a fait que déduire et mieux com-

---

1. Ch. II, § 1. Peut-être faut-il voir ici quelque réminiscence de Hobbes, philosophe que Burthogge citera fréquemment dans cet ouvrage.
2. Chap. III, § 1.

menter la première. Nous appréhendons, selon lui, les choses sous certaines notions, tout comme nous voyons les corps sous certaines couleurs. Ces notions fondamentales, hors desquelles nous ne saurions pas plus comprendre que nous ne saurions voir hors de la lumière, seront *l'être*[1], la *substance ou l'accident*, le *tout* ou la *partie*, la *cause* ou *l'effet* : en un mot, ce que les Péripatéticiens appellent les diverses catégories. De même que les couleurs n'existent point au dela de l'œil, les sons par dela l'oreille, ces concepts et les autres du même ordre ne sont que « des » *Entités de raison* conçues dans l'Esprit et sans exis- » tence réelle en dehors de lui [2] ».

D'où vient, dira-t-on sans doute, s'il en est de la raison comme des organes et de nos concepts comme des perceptions, que les hommes conviennent plus facilement de l'illusion de leurs sens qu'ils n'avouent le mirage de leur entendement? Peut-être cette différence tient-elle à ce que pour l'entendement la démonstration de cette commune erreur n'a pas été assez rigoureuse. Arrêtons-nous aux trois preuves suivantes et toute hésitation tombera :

Considérons d'abord que la raison n'a commerce avec les choses que par l'intermédiaire des sens. Or, ceux-ci ne présentent que des apparences, non des peintures. Dès lors comment des conceptions, formées seulement à l'occasion des impressions sensibles et fabriquées de leurs matériaux[3] offriraient-elles de fidèles portraits

---

1. Le texte porte : *Enity* qui n'a point de sens, et vient évidemment d'une faute. On pourrait lire : *Unity*, importante catégorie. Nous avons préféré *Entity*, qui se présente tout naturellement en tête des catégories : celle d'Existence précédant toutes les autres.
2. *Ibid.*
3. *Wrought out of them.*

des choses? — Cet argument pourrait être signé : Kant.

En second lieu, rappelons-nous que l'entendement n'atteint pas les êtres particuliers ; cependant l'univers n'est composé que d'êtres individuels [1]. La raison ne converse qu'avec les universaux. Ainsi donc, « puisque les choses, » en tant qu'elles sont dans l'esprit, sont soumises à une » abstraction et sublimation, il est certain qu'elles doivent » y revêtir un autre costume et se manifester ainsi sous » une autre forme que celle qu'elles présentent dans le » monde ».

Enfin [2], l'analogie des sens et de la raison achèvera de nous convaincre : ceux-là ne nous font rien saisir « que » sous les sentiments, qui sont les notions des sens ; nous » ne recevons rien dans l'entendement que sous *certaines* » *notions* qui sont les sentiments de l'esprit », par exemple, celle de substance et d'accident.

Dans ces conditions, qu'est-ce que l'objet, sinon « un » *modus concipiendi?* Une notion ou un sentiment qu'a » l'esprit de quelque chose qui est, de quelque manière » que ce soit, parce qu'elle est? » En conséquence, ce qu'on appelle chose n'est qu'une conception inadéquate que l'esprit se forme et qu'il tire de son commerce avec les objets, un sentiment qu'il en a, mais un sentiment qui ne le fait pas entrer dans la connaissance de l'être réel. Cet être, « nous ne l'appréhendons qu'*inadéquatement*, sous le dégui- » sement et la mascarade des notions ».

1. C'est une singulière antinomie qui découle de la philosophie de l'Ecole, laquelle tient simultanément ces deux maximes : il n'y a science que du général ; — l'individu seul existe.

2. Il y a ici un *tertio* que nous omettons, parce qu'il fait double emploi avec la considération finale.

Que sont, à leur tour, la substance et l'accident, ces premiers degrés qui nous font parvenir à une distincte possession des choses? Des *modi concipiendi*, « des entités
» de raison qui n'ont d'être formel que dans l'esprit qui
» les forme...... Cependant nous n'appréhendons rien
» que comme substance ou comme accident ; de sorte que
» nous n'appréhendons nulle chose comme elle est dans
» sa propre réalité, mais seulement sous les nœuds de
» rubans et les parures des notions dont la costument nos
» esprits. »

Faut-il donc inférer de là que rien n'existe réellement? Pour la première fois, Burthogge heurte de front ce scepticisme transcendantal que l'on s'attendrait à voir surgir à chaque tournant du système. Nullement, répond-il. Les objets immédiats de la pensée, soit sensitifs, soit cognitifs, sont, relativement à leurs facultés respectives, extérieurs d'une extériorité et apparente et fondée[1].

En apparence, le blanc est dans la neige ou sur le mur, le son dans l'air, etc. ; de même qu'aux yeux de l'entendement, l'homme est une substance. Or, la raison montre qu'il en doit aller ainsi : car si nous « avons conscience
» de percevoir les objets sous certaines images ou notions,
» nous n'avons conscience d'aucune action par laquelle
» nos facultés produiraient ces images ou notions[2].....;
» donc ce qui, en réalité, est en nous-mêmes doit *sembler*
» venir des choses et en conséquence paraître se trouver
» réellement en elles. »

Mais cette extériorité est fondamentale non moins qu'ap-

1. *Op. cit.*, *ibid.*, § 2.
2. Cf. l'argument causal dans les *Méditations*.

parente. Il y a plus. Les objets ne semblent extérieurs que parce qu'ils sont extérieurs en leur fonds [1]. Cette vérité est aussi certaine qu'il l'est que tout effet doive avoir une cause. « Des choses *hors de nous* sont les causes qui » excitent *en* nous de telles images et de telles notions. » Le principe de causalité, telle est la planche de salut qui sauve du scepticisme une doctrine condamnée, semblait-il, à s'y abîmer.

Aussi, comme Burthogge le défend, ce concept tutélaire ! Avec quel soin il l'exempte de la condition d'universelle relativité ! Dans sa revue des notions fondamentales, il déniera à la substance toute objectivité sérieuse [2]. Mais l'idée de cause gardera, elle, sa place privilégiée au-dessus *des sentiments de l'intelligence*, comme il était dit si heureusement tout à l'heure, au-dessus de ces notions qui ne nous faisaient point franchir les bornes de notre propre conscience. La déduction de cette catégorie mériterait d'ailleurs qu'on la citât toute [3]. Burthogge a vu combien

---

1. Au chap. IV, § 1, Burthogge accentue encore son réalisme : « Antécé-
» demment, dit-il, à toute opération de l'esprit concernant les cogitables, il
» existe réellement dans le Monde des choses qui, en leurs propres natures,
» sont aptes à les produire ou à les occasionner dans nos facultés, dans
» une certaine correspondance avec ce qu'elles sont. » En ce passage, il se
place strictement au point de vue où s'était tenu Locke.

2. « ..... Ainsi la notion de subsistant en soi naît de celle d'être sujet.
» Et la notion d'être subsistant en soi n'est pas plus réelle que celle d'être
» sujet. Car qu'est la Substance en soi sinon un attribut qui appartient à
» quelque chose d'autre ? Mais ce qu'est ce quelque chose d'autre à
» quoi elle appartient, je suis désireux de l'apprendre et j'honorerai à jamais
» comme mon grand maître celui qui me l'enseignera. Nous n'avons point
» d'idées d'aucunes substances qui ne soient notionnelles et relatives, c'est-
» à-dire qui n'en proviennent selon ce qu'elles sont en notre analogie. »
(Chap. V, § 1.)

3. « Qu'il y ait des causes substantielles et des effets substantiels dans
» le monde, cela est évident aux sens : car même pour les sens des subs-

elle tenait de près à celle de substance ; il ne lui en a pas moins maintenu le monopole de la parfaite objectivité qu'il refusait, il y a un instant, à cette dernière. Il ne supporte pas l'hypothèse d'un progrès des causes à l'infini : « car rien, déclare-t-il, ne répugne plus à la pensée de » l'homme, à la Science et à l'ordre ainsi qu'à l'unité de » l'Univers. » Il faut des causes incausées, par conséquent des causes premières. Sa critique s'est, avouons-le, bien relâchée soudain. Mais il ne croyait sans doute pouvoir trop mettre hors de portée une vérité à laquelle son dogmatisme et sa foi aux choses étaient suspendus.

Ce même concept de cause qui a clos son analytique lui sert de transition pour passer à une métaphysique assez voisine de celle que Cudworth et Henri More avaient patronnée. Ce n'est pas sans surprise, qu'au sortir de cette logique précise et sévère, on se trouve porté sur les hauteurs d'un universel spiritualisme à la manière des Stoïciens. Il semble qu'un néo-platonicien de Cambridge ait tout à coup remplacé le nominaliste d'Oxford.

Il y a deux causes-principes dont nous constatons la présence et dans le monde et en nous : *l'esprit* et la *matière*. La première est toute action ; la seconde toute passion ; ou plutôt l'une est le principe de tout ce qui agit ; la seconde le sujet de toute passivité. A peu près comme Leibnitz, Burthogge ramène à l'antithèse de la force et de l'inertie le contraste du spirituel et du matériel : « c'est

> tances *commencent* à être et des substances *cessent* d'être. Maintenant ce
> qui commence d'exister, ce qui est fait exister après qu'il n'était pas,
> doit de nécessité avoir quelque chose (et nécessairement quelque chose de
> différent de lui) qui le fasse exister : c'est-à-dire il doit avoir une cause ;
> en sorte qu'il y a des causes et des effets ; autrement rien ne commence-
> rait à être ou ne cesserait d'être. »

» tout un de dire que l'esprit est actif et de dire qu'il
» est cogitatif ; tout un de dire que la matière est passive,
» tout un de dire qu'elle est une substance spaciale exten-
» sive. Et l'esprit n'est pas pensée ni la matière étendue,
» comme 'les fait Descartes ; la première est substance
» pensante, la seconde substance étendue. » Cette voie,
déclare avec confiance l'auteur, est bien plus sûre que
celle qu'a suivie un Spinoza ou un Malebranche[1].

L'esprit, à son tour, peut être considéré soit à l'état d'absolues simplicité et pureté, soit à l'état concrété, c'est-à-
dire comme agissant par le moyen de la matière.

Le pur esprit n'est autre que Dieu, être incognoscible
que ces attributs ne nous révèlent pas mieux que les accidents ne nous manifestaient les corps. Nous le voyons
comme en un miroir, « ὡς ἐν ἐσόπτρῳ », c'est-à-dire par ses
parences. Aussi combien est chimérique l'imagination de
apceux qui croient voir en Dieu toutes choses, alors que
Dieu, en lui-même parfaite lumière, habite à leur égard
dans la plus épaisse obscurité[2]. « Point de fenêtres sur
» le *Sanctum Sanctorum,* où était le siège de Dieu ; et
» les païens mêmes, pour la plupart, l'adoraient en silence,
» comme un être ineffable et inconcevable : c'est, ce me

1. « ... Ainsi en est-il dans notre réfractée, inadéquate, *réelle-notionnelle*
manière de concevoir ; quant à une manière adéquate et exacte, comme elle
est au-dessus de nos facultés, ainsi je ne trouve pas que *Spinoza* ou *Malebranche*, après toutes leurs ambitieuses recherches en cette plus haute
voie, aient par là édifié le monde à un grand degré. Cette manière de *voir*
toutes choses *en Dieu* et en leurs *réalités* propres est une voie bien hors
de la voie. D'ailleurs quand ils suivent la voie plus modeste des sens,
beaucoup de leurs pensées sont surprenantes et excellentes. »

2. Ce retour offensif contre Malebranche prouverait à quel point en Angleterre le système de Malebranche commençait à se répandre et combien
Burthogge lui-même en était préoccupé. Et nous ne sommes qu'en 1694 !

» semble, pur enthousiasme, de parler de voir toutes cho-
» ses dans l'Original, quand nous ne pouvons seulement le
» regarder. Dieu est pur Esprit, et le pur Esprit est pure
» lumière, d'une gloire trop transcendante pour être con-
» templée par nous Mortels aux yeux troubles, à la vue
» débile [1]. » Malebranche, en effet, soutenait que nous
voyions Dieu en Dieu même, sans idées. A l'hypothèse de
cette céleste contemplation l'*Essai sur la Raison* oppose
le dogme alexandrin du Dieu indicible, supérieur à l'être
comme à la connaissance.

L'esprit agissant dans la matière peut être considéré lui-
même à deux points de vue : — en tant qu'il a pour véhicule « cette très subtile matière qui pénètre l'Univers » :
c'est alors l'Esprit Mosaïque, dont le *Principium Hylar-
chicum* professé par More n'est qu'une faculté plastique;
— et en tant qu'il anime « *quelque système particulier*
» *de matière* ». On l'appelle alors une *âme,* et ce système
d'organes un *corps* [2].

Une âme particulière n'est donc qu'une certaine portion
de l'esprit universel. Quant au corps, « son grand ouvrage
» et travail est de singulariser et individuer le *Principe*
» *vital* de l'Univers, de manière à lui permettre de devenir
» une *Ame,* ou le principe vital particulier d'un certain
» corps particulier [3] ». De même qu'un miroir rassemble
et singularise l'image diffuse d'un objet, ainsi le corps,
grâce aux organes particuliers, individualise en une âme
l'esprit Mosaïque.

Il y a, quoi qu'ait prétendu Hobbes, des « êtres intellec-

1. Chap. v, § 2.
2. Chap. vi, § 1.
3. *Ibid.*, § 3.

» tuels subsistants incorporés mais invisibles [1], appelés
» communément *Esprits* », qui se manifestent par des apparitions visionnelles, c'est-à-dire en affectant l'imagination et en lui suggérant des images qui aux sens semblent extérieures.

Peut-être pourrait-on enfin supposer que les âmes particulières ne consistent qu'en autant de portions de subtile matière, par le canal desquelles rayonnerait l'Esprit Mosaïque. « Tant d'uniformité même en la dissemblance, une
» telle connexion, une transition si aisée d'une région à
» une autre, ne peuvent s'expliquer dans le monde, si l'on
» ne conçoit en même temps que, comme il avait au début
» un *seul auteur* ou commun plastique, de même encore
» il n'a qu'*un seul principe* qui l'ordonne, le dispose, le
» façonne, l'anime en toutes ses parties [2]. »

III. Ce curieux ouvrage, dont la mystique fin porte bien le signe de son époque, ne fut guère plus remarqué des contemporains qu'il ne devait l'être de la postérité. Il y aurait toutefois exagération à dire qu'il passa tout à fait inaperçu. Dans son examen de la *Théorie de la Terre*, du d[r] Burnet, le critique Keil signala, chemin faisant, comme paradoxal et peu soutenable, le système cosmique élevé par Burthogge. Il va sans dire que ce qu'il avait surtout retenu de l'*Essai sur la Raison*, ce sont les chapitres où était exposé ce spiritualisme panthéistique qu'il résume assez exactement d'une métaphore. Il n'y a qu'une âme universelle, omniprésente, agissant sur

1. Chap. vii, § 2.
2. Chap. viii, § 2.

tous les corps organisés et les faisant mouvoir : « tout
» comme si une main d'une dimension énorme et d'un
» nombre prodigieux de doigts jouait sur toutes les orgues
» du monde et faisait de chaque son une note particulière
» selon la disposition et la forme du tuyau. Ainsi l'âme
» universelle, agissant sur tous les corps, fait produire à
» chacun d'eux des actions variées, selon la disposition et
» la forme de leurs organes. »

Dans sa réponse, écrite en 1698 [1], Burthogge s'empresse d'accepter et de reprendre pour son compte la comparaison. Il l'étend même des actes de la Vie à ceux de la Pensée. De même que la Vie, ainsi la Pensée « qui est une espèce » de vie », doit au corps sa spécification. La variété des impressions dues aux choses fait la variété des sentiments reçus par les sens et du même coup la diversité des notions de l'Esprit : « tout comme différentes notes ou » différents tons ne sont que des modifications différentes » ou diverses modulations du son. » Cette façon d'expliquer la production des images et des idées est, ajoute-t-il, bien plus rationnelle que celle de Malebranche, qui a le tort, dans les choses physiques, d'invoquer, au lieu des causes naturelles, la cause première [2], « procédé un peu » trop antiphilosophique ». Pour qui suit la méthode pré-

---

1. Nous avons trouvé cette réponse parmi une série de Traités intitulée : *A Collection of scarce and valuable Tracts on the most Interesting and Entertaining Subjects*. Lond., 1748. La lettre porte ce titre : *Of the Soul of the world and of particular Souls, in a Letter to M. Lock, occasioned by M. Keil's Reflections upon an Essay lately published concerning Reason*. Elle porte la date du 13 juin 1698.

2. Malebranche, à bien des reprises, dira expressément le contraire, et ce sera contre lui un des principaux griefs d'Arnauld, selon qui le système des idées en Dieu faisait trop bon marché de l'initiative providentielle.

sente, l'explication, au contraire, devient aisée : « car les
» images et les idées n'étant que des modifications de la
» Pensée, sont produites par les impressions et rendues
» différentes par la différence des impressions que font les
» objets sur les facultés : de même que, quand on joue, les
» différentes notes et tons proviennent du jeu différent des
» doigts sur les divers tuyaux de l'orgue. » Au reste, les
faits aussi bien que l'autorité confirment cette hypothèse
d'une âme du monde présente à la nature. S'expliquerait-
on, sans cela, « que certains animaux se meuvent et palpi-
» tent, qu'ils donnent d'autres marques encore de vie et de
» sensation, bien qu'on les ait coupés en plusieurs mor-
» ceaux : ainsi les anguilles, les serpents, les vers de terre
» etc.? » Dans la commune manière de penser, comment
rendre compte d'un tel phénomène? Il faudra donc alléguer
une division et discerption des âmes, opération qui s'accorde mal avec l'immatérialité qu'on leur assigne! A moins
de supposer que les effets vitaux subsistent dans l'être,
après le départ de l'âme qui en est la cause prochaine immédiate, et cela contrairement à la maxime reçue : *sublata
causa, tollitur effectus?* Quant aux patronages, ils ne feront point faute à notre supposition. Et l'auteur d'énumérer
les écrivains de l'antiquité classique, les Pères de l'Église,
les mystiques sans nombre qui en ont professé l'analogue.

Cette lettre écrite durant les dernières années de Burthogge est intéressante à plus d'un titre. D'abord nous y
voyons que de plus en plus l'esprit de cet indépendant et
raffiné logicien fut attiré vers le haut spiritualisme d'où
son analytique rationnelle avait semblé primitivement
le détourner. Il se produisit sans doute dans l'âme de Burthogge quelque chose de tout pareil à ce qui se passera

dans la pensée de Berkeley. Le psychologue si avisé de l'*Essai sur la Vision*, des *Dialogues d'Hylas et de Philonoüs* et de l'*Alciphron,* se complaira lui aussi, vers la fin de sa vie, à la métaphysique éthérée du Portique et de l'École d'Alexandrie. La seconde partie de l'*Essai sur la Raison*, surtout la lettre de l'*Ame du Monde,* ont une proche parenté, par la nature des considérations et la méthode dialectique, avec la future *Siris.*

D'autre part, la réponse aux Réflexions de Keil fixe très heureusement un point demeuré vague dans l'*Essai sur la raison :* elle nous apprend comment les deux moitiés de l'*Essai* se tiennent, nous fait toucher du doigt la transition de l'une à l'autre et saisir l'intime unité du système. Ce que nous appelions l'analytique rationnelle de Burthogge [1] ne doit pas être considéré à part de la métaphysique où elle conduit, comme deux lambeaux de philosophie mal joints l'un à l'autre, dont il faudrait dire avec le poète : *unus et alter assuitur pannus.* Le même mouvement de pensée se poursuit de la première à la seconde ; un seul principe préside à toutes deux. Votre intelligence, nous disait-on d'abord, ne saisit pas proprement les objets ; elle se connaît elle-même, ou plutôt elle connaît les multiples modes d'action de ses facultés, mises en branle par les impressions que les objets lui apportent. Votre âme, nous dit-on ensuite, n'a pas d'individualité par elle-même : parcelle détachée de l'esprit central, issu lui-même de l'esprit divin, elle n'est devenue elle, c'est-à-dire une personne, c'est-à-dire un moi, que grâce à son union avec le système de matière, nommé corps, dont les organes, si l'on peut dire, la spécialisent.

---

1. « La voie réelle-notionnelle » comme il aime à l'appeler.

Du même coup, nous nous apercevons que le réalisme rendu inévitable, semblait-il, par les conclusions premières de l'auteur, s'est enfin singulièrement subtilisé et purifié. Cette matière qui, grâce aux espèces qu'elle projette devant les sens, met en mouvement nos puissances cognitives et dont la dissémination en une pluralité de corps individuels permet la formation d'autant d'âmes particulières, qu'est-elle donc en elle-même ? On nous l'a dit : par rapport à l'âme, laquelle est activité sans mélange, elle est parfaite passivité ; par rapport à l'esprit mosaïque, elle est un véhicule fluide qui transmet en tout lieu son influence. Cette chose si subtile, que nous ne saurions nous figurer à nous-mêmes si nous ne l'imaginions sur le modèle de l'activité, c'est-à-dire d'un pouvoir mental, est ainsi rendue proche de la pensée, dont elle représente une sorte d'affaiblissement et de semi-stagnation ! — Sans doute, nous n'avons point là, à proprement parler, un idéalisme ; nous avons du moins quelque chose comme un dynamisme spirituel.

IV. Nous ne nous demanderons pas dans quelles limites il y aurait lieu de rapporter à l'influence chaque jour croissante des théories de Malebranche ces progrès de Burthogge vers le spiritualisme transcendant. Il y aurait dans une telle recherche une exagération probable et un accaparement illégitime au profit du maître français. Dans l'*Essai sur la Raison*, Malebranche est pris à partie, avec respect mais avec vigueur ; la lettre de l'*Ame du Monde*, sans manifester contre la doctrine de la Vision en Dieu une opposition aussi tranchée, fait valoir de combien l'hypothèse « réelle notionnelle » est supérieure, puisque cette dernière évite de faire intervenir, au cours de la nature, la cause première en personne [1]. Il faut convenir également que la métaphysique de Burthogge est éminemment dynamiste, celle de Malebranche, intellectualiste avant tout. L'un spécule de préférence sur l'idée, l'autre sur l'action. Celui-ci ne s'éloigne guère de Descartes ; celui-là se rapprocherait davantage de Leibnitz.

Sous ces réserves et sans préjudice de la divergence des méthodes, l'auteur de la lettre à Keil se trompe de se croire si loin du philosophe de la Vision en Dieu. Cet Esprit Mosaïque d'où chacune de nos âmes jaillit, comme une étincelle passagère, a lui-même le pur Esprit, c'est-à-dire Dieu, pour foyer primitif. Or, puisque agir et connaître est le propre de ces âmes, traduirons-nous si mal la pensée de l'écrivain anglais, de dire que, selon lui, nous pensons et agissons en Dieu ? *In eo vivimus, movemur et sumus*[2], cette pensée que Burthogge aime à citer ne plaisait guère moins à Malebranche, selon qui, c'est en Dieu que nous connaissons et que nous aimons.

Il est un dernier trait, non le moins important de tous, par lequel Richard Burthogge se rattacherait cette fois à Descartes qui le précéda et aux cartésiens qui vinrent après lui : la foi indiscutée, axiomatique en l'autorité du principe de cause. Qu'il eût cédé sans résistance à l'élan naturel de sa méthode, ce principe, nous l'avons vu, ne l'aurait pas retenu davantage que n'avait fait celui de substance. Il se serait dit : le concept causal est, au même titre que les autres, un *sens* intellectuel en moi: pas plus

---

1. « La main qui agit par la tangente », selon un mot célèbre.
2. Cette parole sacrée, que Norris, Collier, Berkeley, Johnson, aimeront à redire, est l'un des adages favoris des déistes idéalistes.

que les autres, il ne me fait percer les apparences et toucher l'absolue réalité. Un rideau de phénomènes intellectuels, derrière lesquels j'ignorerai à jamais s'il plane quelque existence en soi, entoure fatalement ma pensée. L'esprit humain doit donc se résigner à n'étreindre que des fantômes, à imiter, comme dit Hamilton, le héros de Virgile : *rerumque ignarus imagine gaudet*. Dès lors, nulle exception pour quelque notion que ce soit. L'idée de cause ne parvient pas plus qu'aucune autre à faire brèche dans la loi d'universelle relativité. Burthogge pouvait, il devait, sacrifier cette idée à son tour. Mais, en ce cas, tous les ponts étaient coupés derrière lui. Nul passage à tenter de la logique à la métaphysique. Plus d'hypothèse d'un esprit mosaïque se fragmentant en âmes. Plus de panthéisme spiritualiste couronnant une psychologie subjective. Sur cette déduction négative du principe causal devait clore son *Essai* et la lettre à Keil devenait sans but.

En élevant ce principe à la dignité d'un axiome métaphysique inexpugnable, Burthogge abandonnait donc la méthode qui l'eût conduit à la doctrine des formes *a priori*. Par contre, il rejoignait, outre Descartes et Malebranche, Norris, Berkeley, Johnson, Edwards, en un mot les prochains et fervents adeptes de la méthode idéaliste. Ce leur est, en effet, un caractère commun que tous ont choisi le concept causal pour la pierre angulaire de leur philosophie. Afin de mieux le soustraire aux atteintes du doute, tous l'ont transporté au sein de l'infini. Dieu est l'unique force ; toute autre initiative n'est qu'occasionnelle et empruntée. Et c'est l'activité divine, dont le principe de cause offre en quelque sorte aux hommes un permanent symbole, qui procure aux choses l'inteligibillité, à la vérité son fondement, à l'entendement son réel objet. Hors d'elle, rien ne serait, que mirage et déception. Aussi longtemps que la causalité occupera ce haut rang, le dogmatisme pourra défier les attaques. Grâce à Malebranche dont les écrits le naturalisèrent en Angleterre, cet axiome fournira à Berkeley un contre-fort sans lequel son système se fût écroulé à peine bâti. Le jour où, dédaigneux du principe causal, le philosophe en fera, comme de tous les autres, litière, le danger que Burthogge avait tourné à son insu ne sera plus évité.

CHAPITRE IV

MALEBRANCHE
PSYCHOLOGUE, MÉTAPHYSICIEN, PRÉCURSEUR DE L'IDÉALISME ABSOLU.

§ 1. LE CARTÉSIANISME DE MALEBRANCHE.

I. Les biographes de Malebranche ont rapporté comment la lecture fortuite d'un ouvrage de Descartes[1] arracha le jeune prêtre de l'Oratoire à l'étude des livres saints et, le ravissant d'admiration, lui révéla son propre génie. A cette époque, « il ne connaissait Descartes », nous dit Fontenelle[2], « que de nom et par ses cahiers de philo- » sophie. Il se mit à feuilleter le livre et fut frappé comme » d'une lumière qui en sortit toute nouvelle à ses yeux. » L'impression qu'il en reçut eut la violence d'une appari-

---

1. *Le Traité de l'homme,* livre posthume, publié par Clerselier en 1664. L'ouvrage venait de paraître quand il tomba sous les yeux de Malebranche.
2. *Eloge de Malebranche,* par Fontenelle.

tion. Lui-même, au dire du P. André[1], avait souvent raconté à ses amis la secousse qu'il ressentit. « La joie » d'apprendre un si grand nombre de nouvelles décou- » vertes lui causa des palpitations de cœur si violentes » qu'il était obligé de quitter son livre à toute heure, et » d'en interrompre la lecture pour respirer à son aise[2]. » Il va sans dire que ce premier ouvrage le mit bientôt en goût de lire et de méditer ceux où la doctrine entière du maître était plus explicitement contenue : le *Discours de la Méthode*, les *Méditations*, les *Principes*. Ce commerce avec Descartes l'induisit à s'appliquer aux sciences pures, où il devait exceller, et à mieux relire saint Augustin[3]. Jamais, au cours de ses polémiques, il ne parlera de Descartes qu'avec vénération et comme d'un philosophe qui a « pénétré dans ce qui paraissait le plus caché aux yeux » des hommes et leur a montré un chemin sûr pour décou- » vrir toutes les vérités qu'un entendement limité peut » comprendre[4] ».

Ce chemin très sûr est aussi celui que parcourut Malebranche et l'on aperçoit promptement ce que l'auteur de la *Recherche de la Vérité* hérita de l'auteur des *Méditations*. Il tint en premier lieu de lui cette défiance envers nos sens considérés comme agents de la connaissance objective et, par contre, cette foi permanente en la pensée, seule substance intuitivement instruite de sa propre réa-

---

1. *La vie du R. P. Malebranche,* publiée par le P. INGOLD. Paris, 1886.
2. P. ADRY.
3. « ..... Après une longue méditation il trouva que le Docteur de la » grâce avait mieux connu l'esprit et que M. Descartes, qu'on peut juste- » ment appeler le docteur de la nature, avait mieux connu le corps. » P. ANDRÉ, *ibid.*
4. *Recherche de la Vérité,* liv. I, ch. III, § 1. La meilleure édition à suivre est celle de 1712, recommandée par Malebranche lui-même.

lité. Aussi interroger les premiers sur quoi que ce soit, hors leurs modalités passagères, est-ce commettre la plus funeste méprise, l'erreur maîtresse dont les contre-coups se font sentir même en morale [1], et ne consulter que la seconde sur ce qui a trait à l'existence, est-ce se conformer à la règle supérieure de la science comme de la vertu. Ce premier legs en entraînait un second : si le seul entendement a charge de connaître, il suit que tout ce qui est objet de gnose relève de l'intelligence et que la raison doit avoir accès partout. C'est proclamer que toute philosophie digne de ce nom est exclusivement rationnelle. Point donc d'autorité despotique devant qui la discussion s'arrête et s'inclinent les consciences (sauf en matière de foi, s'entend); point de divin Aristote; point de sublime antiquité [2]. L'histoire ne vaut pas la peine et le temps qu'on lui consacre; l'érudition dont tant de gens s'éprennent, n'a rien que de ridicule. Adam n'a-t-il pas eu la science parfaite? La science parfaite n'est donc ni la critique, ni l'histoire [3]. Ce rationalisme ira jusqu'à tenter de rendre intelligible le miracle, en le présentant comme une exception quelque peu régulière à des règles plus générales [4]. Ce religieux entend que la révélation soit aussi explicable, aussi scientifique que possible [5]. Les dogmes les plus abs-

---

[1]. *Recherche de la Vérité*, liv. I, ch. xvii.
[2]. *Ibid.* Livre II, *de l'Imagination*, 2ᵉ et 3º parties.
[3]. V. Fontenelle, *Eloge de Malebranche*.
[4]. *Méditations chrétiennes*, viii, § 25. Aussi Nicole lança-t-il sur lui ce mot qui amusa : « C'est comme s'il disait que Dieu a donné le peuple juif » à gouverner aux anges au rabais des miracles. »
[5]. « La raison est de mise dans la religion. De prétendre se dépouiller » de sa raison comme on se décharge d'un habit de cérémonie, c'est se » rendre ridicule et tenter inutilement l'impossible. » *Entretiens sur la métaphysique*, xiv. Cf. *Réflexions sur la Prémotion physique*, § 26, 119.

trus, le mystère impénétrable s'il en est un, celui de la transsubstantiation, il se flatte de les résoudre par les principes de sa métaphysique [1]. Descartes lui-même n'avait osé pousser jusque-là.

Malebranche reçoit également de son initiateur la dualité de l'étendue et de la pensée, deux substances absolument distinctes même en nous chez qui cependant elles se cotoient de si près qu'à tout mode de l'une coexiste, ou peu s'en faut, un mode de l'autre. Cette concomitance, le disciple l'exagère jusqu'à en obstruer sa métaphysique. De là une complication nouvelle : il lui faudra dédoubler la substance extensive en une étendue idéale, aussi voisine de la pensée qu'il se puisse concevoir et en une étendue proprement matérielle, inexplorée de nous, incognoscible celle-là et inattingible. Ce sera comme un double parallélisme [2] qui surchargera singulièrement le système et le rendra vulnérable aux coups d'Arnauld ainsi qu'aux objections moins acerbes mais plus pénétrantes de Mairan. En cela, Malebranche aura péché par excès de cartésianisme. Cette exagération même devait l'encourager à maintenir la science de la nature matérielle sur le terrain solide où son moderne fondateur l'avait assise. Si tout corps n'est que de l'étendue figurée d'une certaine manière, la physique a son point de départ dans le phénomène extensif par excellence, c'est-à-dire dans le mouvement et le problème du monde est exclusivement mécanique. Descartes n'avait pas été plus formel.

1. C'est ce qu'il tenta dans son *Mémoire pour expliquer la possibilité de la Transsubstantiation* (réimprimé à Amsterdam en 1769).
2. Entre la pensée et l'étendue ; entre l'étendue intelligible et l'étendue concrète.

Enfin l'axiome causal n'a pas moins de prix pour le continuateur que pour le devancier. Peut-être même Malebranche apporte-t-il plus d'insistance encore à faire de ce que l'on pourrait appeler l'initiative dynamique l'apanage de Dieu seul. En la volonté de l'auteur des choses réside la force. Toute énergie autre que la sienne est empruntée ou fictive. Ce que, dans son impropriété, notre langage appelle des causes, serait bien plus justement nommé des occasions. Dieu, voilà la cause unique : au-dessous de lui n'agissent que des causes occasionnelles. Ma volonté même, si libre soit-elle, (sans la faire toutefois l'égale du vouloir divin), ne meut le corps auquel elle est unie que parce qu'à son occasion l'activité divine exécute le mouvement que je me suis proposé. Je veux : Dieu fait.

II. Ces principes communs aux deux penseurs et bien d'autres ressemblances de doctrine prouvent assez que les chefs-d'œuvre qui éveillèrent la pensée métaphysique de Malebranche n'agirent point sur elle comme de simples excitateurs. Descartes, à maints égards, revit en son disciple et certainement il lui inspira plusieurs de ses hypothèses fondamentales. Mais son influence ne s'étendit pas davantage. Loin d'enchaîner à un joug nouveau le génie qu'elle avait formé à la vie spéculative, cette admiration favorisa bien plutôt, ce semble, l'indépendance de son essor. Rester original et libre n'excluait pas la fidélité. Braver l'autorité, fût-ce de Descartes, cela même était excellemment se montrer cartésien.

Malebranche l'entendait bien de la sorte et il n'hésite pas à rompre avec le maître sur des points essentiels. Rupture respectueuse : même en ces dissidences, il demeure convaincu que si, dans le détail, le novateur s'est mépris, il a dit vrai sur le fond des choses [1]. Ou si l'erreur parfois est fondamentale, il faut en accuser la brièveté de la vie humaine, comparée à l'ampleur des problèmes proposés à notre raison. Il n'a manqué au plus grand des modernes que le temps de tout approfondir : voilà pourquoi il n'a pas tout su. Des sujets litigieux volontiers il dirait avec le fabuliste :

> Et s'il faut en parler avec sincérité,
> Descartes l'ignorait encore.

Les élèves restés fidèles à la lettre du dogme nouveau ne dissimulèrent point leur rancune à ce dissident relaps et, dans une querelle mémorable, prirent parti contre lui [2]. Le plus opiniâtre de ses adversaires ne fut-il pas un cartésien avéré, un cartésien d'avant la lettre [3], au dire de quelques-uns? Oui, le soldat de Port-Royal, Arnauld en personne, assez réclamé cependant par sa guerre sans quartier pour la défense du Jansénisme, s'engagea contre lui dans un duel acharné qui dura dix années et se prolongea même par-delà la mort [4]. Or quel champ de bataille

---

1. Ainsi pour la glande pinéale. Le choix seul de cet organe lui suggère des réserves ; mais il admet pleinement, ce qui est bien l'essentiel, le principe de la localisation.
2. Sa querelle avec Bossuet. Il y avait des cartésiens « qui ne pouvaient souffrir, dit le P. André, qu'il eût attaqué le sentiment de M. Descartes sur la nature des idées et sa démonstration de l'existence des corps. »
3. V. BOUILLIER, *Histoire du cartésianisme*.
4. Arnauld mort en 1694 ne désarma point pour cela : car, en 1699, deux lettres posthumes de lui, publiées avec son testament par le P. Quesnel, rouvraient le feu contre la Théorie des Idées. Malebranche y répondit en prenant un tour ingénieux : il feignit de les croire écrites par le faux Arnauld par cette raison que le véritable ne pouvait évidemment avoir accumulé tant d'erreurs et tant de contradictions. (Sur l'incident du faux Arnauld, consulter le *Port-Royal* de Sainte-Beuve.)

Arnauld s'était-il choisi ? La question de la nature des idées [1]. Et quelle position occupa-t-il ? Celle même où s'était tenu Descartes, selon qui nos idées ne sont que la perception acquise par nous de nos opérations ou de nos manières d'être, au lieu qu'elles constitueraient un monde intelligible, extérieur ou supérieur à nous, s'il en fallait croire le théoricien de la vision en Dieu.

Cette divergence avec Descartes, en ce qui concerne le problème des idées et de leur nature, est assurément capitale. L'originalité de la métaphysique de Malebranche en dépend. Son moderne platonisme exigeait pour condition première l'éternité, l'immutabilité de l'univers idéal, conséquemment une distinction profonde tracée, en dépit des cartésiens et d'Arnauld, entre l'idée et la perception.

Mais il était un autre désaccord, de conséquence non moindre, entre le maître et l'adepte et qui portait sur notre connaissance de nous-mêmes. Qu'avait dit Descartes ? Que nous possédons de notre âme une idée claire et distincte et qu'au vrai nous la comprenons mieux que nous ne comprenons l'étendue. Au contraire, que soutient Malebranche ? Il déplore l'obscurité impénétrable où notre intelligence se trouve à l'égard d'elle-même et il nous déclare dénués de toute idée de l'esprit. Il semble résulter de ce contraste que le premier de ces philosophes s'engageait implicitement à formuler une psychologie, tandis que le second se serait interdit toute incursion dans la science du moi. Curieux renversement de nos prévi-

---

1. C'est ce procédé qui outra Malebranche convaincu qu'Arnauld évitait à dessein le sujet qui seul au fond lui tenait à cœur, celui de la grâce, pour se rejeter sur la question des idées, plus accessible aux gens du monde et où les préjugés communs seraient en sa faveur.

sions ! De l'œuvre cartésienne la psychologie est (si l'on excepte quelques articles du *Traité des Passions*,) à peu près absente. En l'œuvre de Malebranche, au moins dans celui de ses livres que l'on peut regarder comme son code de doctrine [1], cette étude occupe, avant même toute métaphysique, une place d'honneur. Psychologie extraordinairement riche en vues suggestives, tout animée du pur esprit moderne et dont l'abondance, la largeur de méthode, la finesse d'analyse ne durent point médiocrement contribuer à l'immédiat et franc succès que la doctrine dont elle était le prélude allait conquérir dans le pays où a été, depuis Locke, le plus assidûment cultivée la science de l'esprit.

Arrêtons-nous d'abord à la seconde de ces divergences. Nous nous conformerons ainsi à l'ordre suivi par notre philosophe. Ce n'est pas sans dessein que, dans sa *Recherche de la Vérité*, il a donné à la psychologie le pas sur la métaphysique et l'on respecterait mal son intention de ne pas observer, en le résumant, la même hiérarchie.

§ II. PSYCHOLOGIE DE LA CONSCIENCE ET POSSIBILITÉ D'UNE PSYCHO-PHYSIOLOGIE.

I. « Pour moi, opposait Gassendi à Descartes, je ne vois
» pas d'où vous pouvez inférer que l'on puisse connaître
» clairement autre chose de votre esprit sinon qu'il existe...
» Qui doute que vous ne soyez une chose qui pense ? Mais
» ce que nous ne savons pas et que pour cela nous dési-

---

[1]. *La Recherche de la Vérité*.

» rons d'apprendre, c'est de connaître et de pénétrer dans
» l'intérieur de cette substance dont le propre est de pen-
» ser ¹. » Malebranche partage exactement à cet égard
l'opinion de Gassendi. Cette impuissance où nous sommes
de nous connaître clairement est, à son avis, l'une des
suites de la chute originelle. En l'état actuel, « on ne con-
» naît point l'âme, ni ses modifications, par des idées ² ».
Aussi, depuis le péché, en est-elle réduite à se chercher
dans les choses de la matière. Veut-elle comprendre et sa
nature et ses sensations, c'est sur des images corporelles
qu'elle se les représente³. Contrairement donc à ce qu'avait
professé Descartes ⁴, il faut tenir que si l'existence de notre
esprit nous est connue préalablement à celle de tout autre
objet, la nature de ce même esprit nous est moins clairement et distinctement manifestée que ne l'est celle des
corps ⁵. Nier que l'âme existe ne se peut que par un paralogisme sans excuse. « Toutes nos pensées en sont des dé-
» monstrations incontestables, car il n'y a rien de plus
» évident que ce qui pense actuellement est actuellement
» quelque chose ⁶. » Mais d'espérer en apprendre avec
même évidence plus long, c'est céder à un prestige.

1. Objections contre la seconde Méditation.
2. *Recherche de la Vérité*, liv. I, ch. xiii, § 4.
3. *Ibid.*
4. XI° *Éclaircissement* : « L'autorité de M. Descartes qui dit positivement, que *la nature de l'esprit est plus connue que celle de toute autre chose*,
 a tellement préoccupé quelques-uns de ses disciples que ce que j'en ai
 écrit n'a servi qu'à me faire passer dans leur esprit pour une personne
 faible, qui ne peut se prendre et se tenir ferme à des vérités abstraites. »
Dans son livre de l'*Action de Dieu sur les créatures*, Boursier soutient contre
Malebranche que nous avons une idée claire de notre âme et que nous la
voyons en Dieu.
5. Liv. III, II° partie, ch. vii, § 4.
6. Liv. VI, II° partie, ch. vi.

Nous ne parvenons à concevoir notre essence spirituelle qu'à la condition de confondre notre âme avec ce à quoi elle est jointe, corps, sang et esprits[1]. Le matérialisme apparaît ainsi comme le trompe-l'œil auquel, à défaut d'idées qui éclairent l'homme à ses propres regards, l'imagination se laisse abuser. « Je suis convaincu que je ne suis que » ténèbres à moi-même, que ma substance par elle-même » m'est inintelligible et que je ne saurai jamais claire- » ment ce que je suis, jusqu'à ce qu'il plaise à Dieu de me » manifester l'archétype sur lequel j'ai été formé[2]. »

Pourquoi cette ignorance ? Quoi ! L'homme dont la raison embrasse de si sublimes vérités et sait dicter leurs lois aux astres les plus lointains, se verra interdire l'abord de celle des existences qui mérite, avant toutes autres, d'éveiller sa curiosité ! Il lui sera donné de tout contempler, tout si ce n'est lui-même ! Quelle anomalie surprenante ! Et quelle hypothèse déraisonnable pour une philosophie qui fait son seul oracle de la raison ? Arnauld ne cessera de s'en divertir comme de la plus plaisante inconséquence : quoi ! je dépends de Dieu pour la plus chétive de mes connaissances et ce Dieu me refuse l'intelligence de ce que je suis ! Les railleries ne sont pas pour arrêter Malebranche qui sait fort bien rendre trait pour trait : je vous prouverai à ce compte, déclare-t-il à son moqueur, que Dieu vous devait faire empereur ! Quoi ! vous voulez dépendre de lui pour dix mille livres de rente et vous n'en voulez pas dépendre pour tout l'empire du monde[3] ! — Nos regrets n'y changeront rien : la notion précieuse par dessus toutes

---

1. *Ibid.*
2. *Réponse au livre des Vraies et des Fausses Idées.* Ch. XXII, § 13.
3. *Ibid.*

nous a été enviée. Et le motif, qui ne le voit ? C'est que, dans notre condition présente, nous avons à veiller au bien du corps auquel nous sommes unis, soin que déjà l'application aux sciences pures entraîne certains hommes à négliger : que serait-ce donc si l'idée de notre essence nous était dévoilée soudain et nous éblouissait de sa splendeur ? « Si les géomètres se plaisent si fort à comparer les » rapports des lignes dans l'idée de l'étendue, qu'ils ou- » blient leurs devoirs et le soin de leur santé et de leur » famille, quel usage ferions-nous du temps, si notre âme, » créature infiniment plus parfaite que la matière, nous » était connue par son idée [1] ? » N'est-ce pas au fond ce qu'admettra, bien qu'à un point de vue moins théologique, cette École écossaise si hostile à Malebranche comme à l'un des premiers fauteurs du scepticisme moderne, quand elle fera du moi un objet incognoscible, sur la nature ultime duquel nous n'avons nulle information directe et qui ne nous est annoncé comme substance et cause que moyennant une induction ? Or on n'induit qu'au défaut d'une connaissance intuitive et employer un tel détour, pour arriver jusqu'à soi-même, c'est bien avouer que l'on manque d'un sentier de traverse qui dispense de ce long chemin.

Mais, si notre essence intime nous échappe, de quel droit affirmerons-nous que notre substance, de qui nous ne savons clairement rien sinon qu'elle existe, est distincte du corps qu'elle anime et pour jamais soustraite à la mort ? Cette difficulté n'embarrasse point Malebranche, qui se contente de nous renvoyer simplement à notre idée claire de la matière, c'est-à-dire de l'étendue. Oui, nous consul-

---

1. *Ibid.* Cf. *IXe Méditation chrétienne*, § 20.

tons notre clair concept de chose corporelle et, parce que nous en trouvons exclu tout ce que nous percevons en notre âme, nous concluons correctement que celle-ci est d'une nature tout autre que celle-là. Les cartésiens, à leur insu, ne s'y prenaient point d'autre manière. Nécessité leur était de contourner en quelque sorte leur âme ; ils interrogeaient leur idée de l'étendue pour s'assurer que les modalités spirituelles, comme la chaleur, la couleur, etc., ne lui sauraient convenir [1]. C'est par ricochet, si l'on peut dire, que cette distinction essentielle nous est annoncée : nous voyons comme de biais la spiritualité de l'âme et son immortalité. La Sagesse Éternelle, par la bouche de qui s'exprime l'auteur des *Méditations chrétiennes*, le dit expressément au disciple qui la consulte : « tu vois claire-
» ment dans l'idée que tu as de l'étendue, que toutes les
» modifications que tu as de la matière se réduisent aux
» figures ou à certains rapports de distance, et par là tu
» conclus que le plaisir, la douleur et tout le reste... ne
» peut appartenir à la substance corporelle, mais à une
» autre que tu appelles âme, esprit, intelligence... Tu
» conclus aussi que ton âme est immortelle parce qu'il n'y
» a que les manières des êtres qui se détruisent et que
» les êtres et les substances ne peuvent rentrer dans le
» néant... Ces conclusions ne sont appuyées que sur l'idée
» claire que tu as du corps et nullement sur l'idée de
» l'âme [2]. » Et avec plus de vivacité encore, il écrit au P. de Villes [3] : « je vous défie de prouver à qui que ce soit que

---

1. *XI° Éclaircissement.*
2. *IX° Méditation chrétienne*, § 23.
3. *Correspondance inédite de Malebranche*, publiée par M. l'abbé BLAMPIGNON.

» son âme est verte ou que la couleur qu'il voit est une
» modalité de son esprit, si vous n'avez recours à l'idée
» claire et lumineuse de la matière. »

Fort bien : c'est la notion de l'étendue que nous mettons en contraste avec ce que nous percevons de notre âme. Encore faut-il que nous percevions quelque chose. Mais quelle faculté nous instruira, en l'absence de l'entendement ? Cette initiatrice secrète, à laquelle nous devons de discerner nos modifications propres, n'est autre que la conscience.

La conscience ou, si l'on veut, le sentiment intérieur nous instruit des événements qui se passent en nous. Ce que nous tenons d'elle, nous le savons de science sûre bien que limitée. La faute que nous devons éviter serait de nous en référer à cette faculté sur ce qui n'est point de son ressort, comme de l'interroger sur l'essence soit des autres êtres, soit de nous-mêmes. Elle ne répond point à toutes nos questions ; mais ce qu'elle dit ne mérite pas moins de créance [1] que les affirmations les plus autorisées de notre entendement. Or, elle ne m'entretient ni de ma nature propre ni de l'essence de mes facultés ; en revanche, elle m'informe de ce que je fais, de ce que j'éprouve, de mes états et de mes opérations [2]. Puissance tout expérimentale sans doute, elle étend son domaine partout où retentissent mes faits intérieurs. Dans ces limites, vastes encore (assez vastes même pour

---

1. *Recherche*, liv. III, Iʳᵉ partie, ch. vii. § 4. Cf. *Réflexions sur la Prémotion physique*, § 8 : « Le sentiment intérieur ne trompe jamais... »

2. « Le sentiment intérieur que j'ai de moi-même m'apprend que je
» suis, que je pense, que je veux, que je sens, que je souffre, etc., mais il
» ne me fait point connaître ce que je suis, la nature de ma pensée, de ma
» volonté..... » *IIIᵉ Entretien métaphysique*.

que toute une École psychologique moderne s'y soit cantonnée), la conscience exerce un contrôle infaillible. A la différence de nos sens, elle ne nous trompe jamais, parce qu'elle ne nous dit jamais que ce qu'elle éprouve et de quelle manière elle se sent affectée. L'erreur ne commence qu'au moment où nous inférons de son langage ce qu'il lui est refusé de savoir : quand, par exemple, nous situons dans le doigt piqué la douleur qu'elle est fondée à ressentir toutes les fois que nous nous piquons le doigt [1]. Ne lui demandons point ce qu'elle ne peut apporter : des jugements, des comparaisons, des inférences. N'attendons du sens intérieur que des témoignages contingents, des constatations de phénomènes et nous ne serons jamais déçus. Libre ensuite à la raison de tirer de ces matériaux le meilleur parti qu'elle pourra ; mais la mise en œuvre n'en revient pas à la faculté qui les a fournis.

II. Par là Malebranche se distingue profondément de Descartes dont le génie mathématique inclinait, semble-t-il, à déduire l'âme, comme le reste, de principes une fois posés. L'auteur de la *Recherche de la Vérité* s'adresse, lui aussi, à la raison pour obtenir d'elle les vastes synthèses et les interprétations définitives ; mais il n'attend les données fondamentales que de l'expérience interne. Modifications du moi, sensations, impressions, passions, inclinations, actes, désirs, ne persistent devant l'attention et ne reparaissent à l'appel de la pensée réfléchie que par l'entremise de la conscience.

Mais parmi toutes les dépositions qu'apporte le sens in-

---

1. *Réflexions sur la Prémotion physique*, § 8.

time, il en est une inestimable sans laquelle nous ignorerions la moitié de notre être propre. Notre unité substantielle, (et sur cette dichotomie s'ouvre le livre de la *Recherche,*) comprend deux facultés, l'entendement et la volonté, qui sont l'une à l'égard de l'autre ce que, dans la matière, la *figure* est à la propriété de recevoir des mouvements [1]. Notre volonté aussi est une sorte de motilité spirituelle qui nous entraîne au bien en général ; mais cette propriété recèle une vertu plus proprement nôtre, celle de retenir, en la détournant sur tel ou tel bien spécial, l'inclination qui nous pousse vers le bien indéterminé. Cette force discriminative, cette énergie de déviation, nous la nommons notre *liberté* [2].

Or, comment savons-nous posséder cette puissance de vouloir et de décider librement? Ce n'est ni notre volonté, ni notre liberté qui nous annoncent elles-mêmes leur présence. Ces facultés sont mouvement et action, nullement intelligence. Des idées les peuvent, les doivent même accompagner [3] ; mais il ne leur appartient pas de produire des idées. Ce n'est pas davantage l'entendement qui nous renseigne, car cette faculté se borne à réfléchir des idées [4] : or il n'y a véritablement idées ni du vouloir, ni de la liberté. A la rigueur, on pourrait alléguer que la raison a voix en la matière. Cet argument-ci n'est-il pas son œuvre : si le libre arbitre faisait défaut à l'homme, il ne serait

---

1. *Recherche,* liv. I, ch. i, § 1.
2. *Ibid.,* § 2.
3. *Ibid.* « La volonté est une puissance aveugle qui ne peut se porter » qu'aux choses que l'entendement lui représente..... »
4. « L'entendement est une faculté de l'âme purement passive, et l'activité ne se trouve que dans la volonté. » *Recherche,* liv. III, II⁰ part., ch. vii, § 1.

plus responsable de ses fautes et si nous étions déterminés aux biens particuliers, « Dieu serait véritablement l'au-» teur de nos dérèglements [1] ? » Un Kantien n'emploierait pas d'autre preuve. Mais la raison ici proclame un droit ; elle ne note pas un fait. Elle dit : il faut ; elle n'a pas crédit pour dire : il y a.

Pourtant nous faisons mieux que de croire à notre libre arbitre : nous le constatons en nous et en éprouvons l'intime efficacité. L'influence actuelle de cette vertu impulsive est immédiatement perçue et signalée par le seul de nos sens qui jamais ne nous trompe, par le sentiment intérieur [2]. Oui, il suffit de lire en son propre cœur, pour y trouver notre liberté écrite en vivantes lettres. « Chacun, ré-» pond à Arnauld notre psychologue, peut se convaincre » par le sentiment intérieur qu'il a de ce qui se passe en » lui-même, qu'il n'est jamais invinciblement porté à con-» sentir, que lorsqu'il est certain, en toutes manières, qu'il » trouvera en consentant ce qu'il aime invinciblement [3]. » La liberté qu'il professe n'a rien, en effet, de cette faculté d'indifférence en laquelle de puériles doctrines feraient consister la véritable autonomie du moi [4]. Une puissance de ce genre est purement imaginaire. La vraie liberté serait bien plutôt en raison inverse de l'indifférence. Mieux la lumière de la raison la guide, plus elle a d'empire. La grâce même collabore avec elle, mais ne la supprime pas : car si les âmes ont besoin de ce divin secours, du moins le devoir leur enjoint-il « de conserver et d'augmenter leur

---

1. *I*er *Éclaircissement* et *I*re *Lettre du P. Malebranche, touchant celles de M. Arnauld* (1687).
2. *I*er *Eclairc.*
3. *I*re *Lettre touchant celles de M. Arnauld.*
4. *I*er *Eclaircissement* et *Prémotion physique*, § 12.

» liberté parce que c'est par le bon usage qu'ils en peuvent
» faire, qu'ils peuvent mériter leur bonheur [1] ».

Le langage que Descartes tenait à la princesse Elisabeth, curieuse de connaître sur quelles preuves il établissait l'union de l'âme et du corps, est exactement celui dont se sert Malebranche quand il proclame la réalité du libre arbitre. Qui doute de sa liberté n'a qu'à rentrer en lui même. Insiste-t-on pour savoir en toute précision ce que signifient ces mots : l'activité de l'âme, « je réponds, dit-il, que c'est
» ce que chacun sent en soi à tous moments, que l'acte du
» consentement est ce que l'on sent en soi-même, quand
» on consent, et que je n'en sais pas davantage... Nous
» n'en pouvons savoir que ce que le sentiment intérieur et
» nos réflexions sur ce sentiment intérieur peuvent nous en
» apprendre [2]. » Aussi comment ne pas s'étonner d'entendre Victor Cousin adresser à Malebranche le reproche d'avoir méconnu la valeur de la conscience [3] ? Peu de philosophes, au contraire, ont fait dans leur système à cette faculté une plus large place. N'est-ce pas au sens intime et à lui seul que nous devons, avec la perception de tout nous-mêmes, la connaissance du libre pouvoir qui nous fait dépasser le règne purement passif de l'entendement et entrer, à notre rang, dans la sphère de la divine activité ? Jamais, à cet égard, la conviction du grand métaphysicien ne fléchit et la *Prémotion physique*, publiée en 1715, répète strictement les déclarations formulées, quarante ans plus tôt, dans la *Recherche de la Vérité*.

1. *Traité de la nature et de la grâce*, IIIe discours, Ire partie, § 15.
2. *Prémotion physique*, § 8.
3. Victor Cousin. — *Fragments de philosophie moderne* (Edition 1866), Ire partie, dernières pages.

Enfin la perception intérieure nous rendra ce dernier service de nous permettre, à l'aide des informations qu'elle amasse sur notre substance propre, d'induire l'existence des autres esprits [1]. La conscience que nous prenons de nous-mêmes nous met en situation de conjecturer les âmes de nos semblables. Peut-être jugera-t-on qu'une simple conjecture fait reposer sur une base bien précaire notre croyance à l'être des autres hommes. Cette réalité est à nos yeux on ne peut plus certaine ; le sens commun s'y attacherait plus opiniâtrement, si possible, qu'à l'existence de la matière. Cependant, que l'on tourne et retourne sous toutes ses faces cette connaissance que nous possédons de substances pensantes semblables à nous ; que l'on mette à l'essai, l'une après l'autre, les diverses opérations de notre entendement ; on ne trouvera, pour étayer une foi aussi légitime, que des inférences tirées de nos modalités conscientes. Conjecture, hasarde Malebranche ; et, près de deux siècles plus tard, Stuart Mill dira en un sens tout analogue : généralisation opérée sur ce que nous savons de notre être propre [2].

III. La conscience fait que nous nous sentons et ressentons nous-mêmes dans l'unité de notre substance et dans la pluralité de nos facultés comme de nos modifications. Mettant à profit ces données, il suffira que la réflexion

1. C'est ainsi, du moins, que nous interprétons le passage du *VIe Entretien métaphysique* où parmi les trois sortes d'êtres offerts à notre connaissance, Malebranche cite les esprits, « que nous ne connaissons que par le sentiment intérieur que nous avons de notre nature ». Or il ne saurait être ici question de les connaître intuitivement, puisque la *Recherche de la Vérité* nous a appris que nous ne pouvions que conjecturer l'âme des autres hommes (Liv. III, IIe part., ch. vii).
2. *Examen de la philosophie d'Hamilton*, chap. xii.

s'exerce sur les résultats obtenus par l'investigation du sens intérieur pour qu'il nous devienne possible de procéder au détail même d'une psychologie. A ce détail excelle Malebranche. L'étude de la sensibilité l'amène à des conclusions subjectivistes qui assurément seraient du goût d'un David Hume. L'examen des sens, des faits passionnels et de l'imagination lui suggère une psycho-physiologie toute voisine de celle d'un Hartley.

Relativité des sens, tel serait son premier postulat, s'il parlait notre terminologie. Mais ce principe, il l'exprime en un idiome théologique sous lequel il est facile de sous-entendre une plus jeune théorie. Les sens ont pour fin unique le corps et c'est leur mission d'en assurer l'intégrité. Ils ne nous rapportent donc que notre manière d'être affectés et n'ont, si l'on peut dire, nulle juridiction hors de nous [1]. Se flatter d'en obtenir des lumières sur les êtres extérieurs, c'est se leurrer d'un espoir dangereux, parce qu'il nous expose à nous confondre avec le dehors et nous détourne ainsi de la vraie source de toute science. L'origine de cette illusion si fertile en funestes effets pour notre esprit et pour notre cœur est le péché du premier homme. Dieu avait donné à notre lointain ancêtre des facultés perceptives qui l'avertissaient « avec respect », sans le tromper ni l'asservir [2]. En Adam les sens se taisaient au moindre signe [3]. Mais, depuis le péché, les choses vont d'un autre train. Non qu'il y ait un grand changement du côté des sens [4]. Ils sont demeurés ce qu'ils étaient ; ils

---

1. *Recherche,* liv. I, ch. xx.
2. *Ibid.,* liv. I, ch. v, § 1.
3. *IVe Entretien métaphysique.*
4. *Recherche,* liv. I, ch. v.

n'ont point reçu un nouvel office. Mais ce qu'ils murmuraient, ils le crient maintenant avec violence. Nous sommes devenus à la fois leurs sujets et leurs dupes.

D'où, le faux principe que « nos sensations sont dans les objets [1] », principe qui donnera naissance lui-même à ce préjugé grossier que les objets en qui nos sens perçoivent des dissemblances, diffèrent entre eux essentiellement ; et ainsi surgit la chimère des *formes substantielles* [2]. En morale, le contre-coup de cette prévention psychologique ne se fera pas longtemps attendre. Puisque les impressions sensibles sont attribuées par nous aux choses qui nous les font éprouver, les plaisirs que nous en recevons ont bien, se dit-on alors, leur origine en dehors de notre organisme et l'homme a raison de s'attacher comme il fait aux objets de sa passion. Parce que notre âme « n'aperçoit » point les mouvements de ses organes, mais seulement » ses propres sensations, et qu'elle sait que ces mêmes » sensations ne sont point produites par elle-même [3] », elle leur assigne une cause étrangère. De là elle commet méprises sur méprises, fautes sur fautes. Et le vrai coupable n'est point ici notre sensibilité, mais bien notre entendement ou plutôt notre volonté dont la hâte ne laisse pas à la raison le temps de bien juger. Prenons désormais au pied de la lettre le témoignage de nos sens. Ne leur prêtons point des assurances qu'ils n'ont pas données. Et nous aurons de la sorte affranchi notre raison. Pour nous résumer, « de » toutes les choses qui se trouvent dans chaque sensation, » l'erreur ne se rencontre que dans les jugements que nous

---

1. *Recherche*, ch. XVII.
2. *Ibid.*, ch. XVI.
3. *Ibid.*, ch. XIV.

» faisons que nos sensations sont dans les objets [1] ». Vérité non moins indiscutable pour Burthogge, Hume et Hamilton.

Cette subjectivité de *tous* nos sens n'est méconnue de nous, convenons-en, qu'au prix d'un flagrant illogisme : car nous l'admettons pour les plus humbles d'entre eux. L'odorat, le goût et l'ouïe ne prêtent de la part des personnes les moins réfléchies à aucune confusion de ce genre. Qui s'aviserait de situer dans la fleur, comme une de ses manières d'être, le parfum que l'on respire en l'approchant? La saveur d'un fruit ne saurait passer pour un de ses modes, pas plus que le murmure du vent pour un attribut de l'atmosphère. Ce qui nous met, dans ces divers cas, en garde contre l'erreur, c'est la vivacité même de la sensation éprouvée. Plus l'impression est forte, plus l'esprit incline à la juger sienne. Plus la perception est languissante et faible, moins il se défend de la rapporter à l'objet [2]. Aussi la vue est-elle par excellence le sens imposteur : dans la vision, nos yeux sont touchés si légèrement que, cette fois, l'impression nous subjugue et que, par un irrésistible enchantement, nous projetons couleurs et lumière hors de nous dans les choses. Et cependant rivières, collines, prairies, falaises ne sont pas plus véritablement lumineuses et colorées que la fleur n'était en elle-même odorante, le

---

1. *Recherche*. Malebranche n'a pas moins bien marqué la relativité de notre idée du temps. Comme un petit objet grandit au microscope, de même, lisons-nous dans la *Recherche*, l'esprit trouve la durée d'autant plus grande qu'il la considère avec plus d'attention. « De sorte que je ne doute point que Dieu ne puisse appliquer de telle sorte notre esprit aux parties de la durée en nous faisant avoir un très grand nombre de sensations dans très peu de temps, qu'une seule heure nous paraisse des siècles. » (Ch. VIII, § 2.) Cf. le début du *Traité de la nature et de la grâce*.

2. *Recherche*, liv. I, ch. XII, § 5.

fruit savoureux, la brise plaintive. De la sorte, trompé par la délicatesse même de ma perception, je me dépouille de ce qui est mien pour en doter, à mon insu, le dehors. Y a-t-il lieu d'en être surpris et notre sympathie ne fait-elle pas de même ? « Si mes yeux, observe élégamment Ariste, » répandent les couleurs sur la surface des corps, mon » cœur répand aussi, autant que cela se peut, ses disposi- » tions intérieures ou certaines fausses couleurs sur les » objets de ses passions [1]. »

IV. Puisque la vue est le plus décevant de nos sens, celui dont on a le plus de peine à démasquer la fourberie, en raison de l'adresse et de la permanence de ses artifices ; puisque, d'autre part, ce sens n'a pas son égal pour la rapide synthèse qu'il opère entre ses perceptions, car il nous procure, dans le successif, l'illusion du simultané, le psychologue ne saurait plus utilement employer son étude qu'à le surprendre et à le déjouer. Que nous enseigne la vue ? C'est la première question que se posera Berkeley, celle qui inaugurera sa carrière de philosophe : il la résoudra en un sens sceptique. De même Malebranche, dès les débuts de sa *Recherche de la Vérité :* « La vue est le premier, le plus » noble et le plus étendu de tous les sens, de sorte que » s'ils nous étaient donnés pour découvrir la vérité, elle y » aurait seule plus de part que tous les autres ensemble. » Il suffira donc de ruiner « son autorité sur la raison », pour que nous soyons portés « à une défiance générale de tous nos sens [2] ». A cette tâche l'auteur ne s'épargne pas.

Les arguments classiques invoqués par les modernes

1. V° *Entretien métaphysique.*
2. *Recherche,* liv. I, ch. VI.

partisans de la relativité afin d'établir que nos yeux
ne nous font pas connaître l'étendue comme elle est, Malebranche les énumère avec empressement : révélations du
microscope, divisibilité de la matière à l'infini, imperfections inhérentes à ces « lunettes naturelles », méprises
avérées de la vue concernant les rapports des autres corps
au nôtre ou de ces corps entre eux, illusions optiques
touchant la grandeur et le mouvement.

Est-ce à dire, toutefois, que nos yeux soient incapables
de rien nous révéler de l'étendue ? Directement et par
eux-mêmes, ils n'en sauraient rien apprendre, puisqu'ils ne
représentent que de la lumière ou de la couleur, lesquelles
consistent, comme l'avait compris Descartes, en des modifications purement subjectives. Mais médiatement et d'une
manière dérivée, ils aident à connaître quelque chose de
l'étendue, en ce sens qu'à l'occasion de ce qu'ils ont perçu
s'édifient nos jugements sur les grandeurs et les distances.
Ou plutôt nous traduisons en une langue nouvelle, en
termes intelligibles et rationnels les informations qu'ils
énoncent dans l'idiome perceptif qui leur est propre. Ils
nous parlent mouvements, action, force ; nous comprenons
forme, longueur, proximité ou éloignement.

Quels moyens, en effet, possédons-nous de reconnaître
les distances ? Le premier est l'angle que font les rayons
de nos yeux et qui a pour sommet l'objet vu. Notre âme
s'y prend alors comme ferait un aveugle qui, ayant en
ses mains deux bâtons dont il ne saurait pas la longueur,
connaîtrait par « la disposition et l'éloignement de ses
» mains » la distance de l'objet touché[1]. Un second moyen

---

1. *Recherche*, liv. I, ch. IX. Cf. la *Dioptrique* de DESCARTES.

consiste dans les changements qu'éprouve l'organe visuel : comme la convexité du cristallin, l'allongement de l'œil ; un troisième sera la grandeur de l'image peinte sur la rétine ; un quatrième, l'expérience antérieure du sentiment[1] (c'est à celui-ci que Berkeley, dans le premier de ses chefs-d'œuvre, ramènera tout le jeu de la vision) ; un cinquième, la force avec laquelle l'objet agit sur nos yeux ; un sixième enfin, la perception visuelle des choses interposées entre nous et l'objet principal que nous considérons. Ce sont là comme autant de raisonnements naturels et inconscients qui se forment en nous, pour nous et sans nous, raisonnements qui n'ont point nos sens pour auteurs, attendu que le sens perçoit mais ne juge pas[2], et qui sont en réalité accomplis par Dieu[3]. Toute cette secrète logique et cette géométrie souterraine tend à préserver notre corps : elle échappe à la pensée inattentive et au sens commun vulgaire, selon qui notre vue perçoit immédiatement grandeurs, formes et dimensions.

Un cas remarquable de ces sortes de jugements, que le

---

1. « Quand je vois un homme et un arbre à cent pas, ou bien plusieurs étoiles dans le ciel, je ne juge pas que l'homme soit plus éloigné que l'arbre et les petites étoiles plus éloignées que les plus grandes, quoique les images de l'homme et des petites étoiles qui sont peintes sur la rétine soient plus petites que celles de l'arbre et des grandes étoiles. *Il faut encore savoir par l'expérience du sentiment la grandeur de l'objet pour pouvoir juger à peu près de son éloignement.* » (*Recherche*, liv. I, ch. IX.) Ce sentiment ne correspondrait-il pas au *feeling* que Berkeley désignera comme l'indicateur de la distance et qui est obtenu par une perception tantôt tactile, tantôt locomotrice ? L'un et l'autre psychologues seront dépassés, s'il se peut, par Brown.

2. « Les sens ne font que sentir et ne jugent jamais. » (*Recherche*, liv. I, ch. VI.) Ce n'est point Berkeley qui s'inscrirait en faux contre cette proposition.

3. *Recherche*, liv. I, ch. IX.

bon sens appelle instinctifs et que la raison métaphysique juge divins, nous est présenté dans l'exemple de la Lune vue plus grande à l'horizon qu'au méridien, alors que, selon les astronomes, le diamètre apparent de cette planète devrait plutôt grandir à proportion qu'elle s'éloigne de l'horizon. Cette anomalie tient-elle donc, comme le veulent quelques-uns [1], « à la réfraction que souffrent ses » rayons dans les vapeurs qui sortent de la terre ? » Nullement. Il faut en chercher la cause dans le jugement naturel qui nous la fait estimer bien plus éloignée de nous quand elle se lève que lorsqu'elle brille au milieu du ciel. De même le haut d'un clocher, toutes distances égales, nous paraîtra bien moins proche, si des plaines et des maisons nous en séparent, que si nous l'apercevons derrière un mur ou une colline [2]. Une expérience bien simple attestera le bien fondé de cette explication. Que l'on regarde avec un verre enfumé, pourvu que ce verre soit tout près des yeux et qu'il éclipse entièrement le soleil ou la lune, et l'on verra l'un et l'autre de ces deux astres sensiblement de la même grandeur à l'horizon qu'au méridien. Il ne suffit pas, comme le propose le P. Tacquet, de cacher « *manu vel pileo* » la terre interjacente entre l'œil et l'horizon, car la voûte apparente du ciel semble presque plate et joue ici le rôle des terres interposées, au lieu que le verre enfumé supprime cet objet de comparaison [3]. Par cette facile épreuve est d'avance dissipée l'objection que soulèvera Berkeley.

1. *Des diverses apparences de grandeur du Soleil et de la Lune dans l'Horizon et dans le Méridien*. Réponse à Régis (1693). Cf. *Recherche*, liv. I, ch. IX.
2. *Recherche*, liv. I, ch. V.
3. *Des diverses apparences*, etc. Cf. *XIIe Entretien métaphysique*.

Selon Malebranche, comme suivant le psychologue irlandais, l'œil ne saurait proprement voir les distances, attendu que les couleurs, uniques objets de la vision, sont dénuées de toute étendue [1]. L'un et l'autre philosophes dénient au sens de la vue tout pouvoir direct de perception et ne lui reconnaissent que la faculté de composer un premier canevas d'impressions sur lequel brodera une autre puissance mentale. Mieux encore, la vue fournit un texte : à l'âme de l'interpréter. Les deux écrivains ont recours à la même métaphore. La vision, dira l'évêque de Cloyne, est une langue que Dieu nous parle et nos divers ordres de sensations constituent comme autant de dialectes synoptiques par lesquels l'auteur des choses se fait comprendre des esprits. Et Malebranche : « Dieu... touche l'âme comme elle doit être par
» rapport aux objets sensibles... Les sentiments de cou-
» leur discernent le corps, les odeurs, les saveurs, les sons
» parlent à l'âme pour le bien du corps un langage qu'elle
» entend plus promptement que celui de la raison [2]. » Ailleurs, avec plus de force, bien qu'en des termes moins figurés, il ajoute : « la règle invariable de nos perceptions
» est une géométrie ou une optique parfaite ; et leur cause
» occasionnelle ou naturelle est uniquement ce qui se
» passe dans nos yeux et dans la situation et le mouve-
» ment de notre corps [3]. »

Les images qui nous viennent de nos divers sens peuvent nous apparaître autrement qu'isolées et successives. Il leur

---

1. *XIIe Entretien métaphysique*. C'était là, on ne saurait trop le redire, un axiome reçu par tous les cartésiens.
2. *X[o] Méditation chrétienne*, § 18.
3. *Entretien d'un philosophe chrétien avec un philosophe chinois*.

est donné de s'assembler et d'emprunter à leur simultanéité même des propriétés imprévues. Le fait de s'être de plus en plus fréquemment manifestées ensemble leur acquiert une cohésion, une aptitude à s'amalgamer qui ne laissent pas soupçonner leurs surprenantes métamorphoses. Signaler l'importance de cette propriété surprenante qu'aperçurent et décrivirent Aristote, saint Augustin, Hobbes, sera la maîtresse tâche de la psychologie anglaise au XVIIIe siècle. Or, ainsi qu'on l'a très justement noté [1], là encore Malebranche a ouvert la voie. Qu'on relise, dans la *Recherche de la Vérité*, le chapitre où l'auteur explique l'influence qu'exerce en nous l'association de nos pensées. La concomitance du début, remarque-t-il, rendra dans la suite inséparables les termes associés. Les idées imprimées en même temps ne pourront plus se réveiller que toutes ensemble [2]. Aussi est-il exact de considérer la mémoire comme une manière d'habitude [3]. Nous ne voulons pas dire que Malebranche ait demandé à l'association des idées l'explication du principe causal, comme ferait un Hume ou un James Mill. Non ; ce qu'il rattache à une simple « liaison de traces », ce n'est point la causalité véritable, bien supérieure à la sensibilité humaine et à ces conjonctions éphémères : ce n'en est que l'apparence et le semblant [4]. Nous prenons pour la réalité productrice ce

---

1. MM. Janet et Séailles. *Histoire de la philosophie : les Problèmes et les Ecoles*, premier fasc., chap. VIII.
2. *Recherche*, liv. II, Ire part., ch. v, § 2.
3. *Ibid.*, § 4.
4. « Les hommes ne manquent jamais de juger qu'une chose est cause de quelque effet quand l'un et l'autre sont joints ensemble, supposé que la véritable cause de cet effet leur soit inconnue. » *Recherche*, liv. III, IIe part., ch. III.

qui n'est qu'une occasion et nous confondons une succession contingente avec un enchaînement nécessaire. La liaison des idées engendre en notre esprit non le concept de cause, mais bien l'erreur captivante qui nous fait assigner la puissance causale à d'autres êtres qu'à Dieu seul [1].

V. En cette déduction de la pseudo-causalité, Malebranche a franchi les bornes mêmes en deçà desquelles se maintiendra l'analyse de David Hume. Cet avisé phénoméniste ne considérera, en effet, dans l'idée que le phénomène mental et il s'en tiendra aux rapports réciproques de nos états psychiques. Pour unir mutuellement les idées, le psychologue de l'Oratoire reliait également les unes aux autres les traces du cerveau, de manière que les premières fussent excitées par les secondes. En un mot, il avait égard non seulement aux phénomènes de l'âme mais à leurs conditions organiques, au processus physiologique en même temps qu'à l'évolution mentale. Ici donc, s'il anticipait sur quelqu'un, ce serait sur le théoricien des vibrations.

Descartes, hâtons-nous de le dire, avait en cela pris l'initiative. Que l'on relise, pour s'en convaincre, son *Traité des Passions* : on y verra que c'est toujours du double point de vue de l'observation par la conscience et de l'ex-

---

1. *Recherche*, liv. VI, II° part., ch. III. En résumé, la déduction esquissée par Malebranche diffère de l'analyse de Hume en deux points essentiels. 1° Ce qu'il explique par des associations, c'est seulement l'idée trompeuse que nous nous faisons de la causalité ; le concept adéquat et vrai, il le transporte bien au-dessus de nos liaisons subjectives, au sein même de Dieu. Au contraire, Hume réduit à une association habituelle la pure notion causale elle-même. 2° Tandis que le philosophe anglais se borne à unir les idées, comme autant de faits psychiques, indépendamment de l'organisme cérébral, Malebranche, dans une véritable psycho-physiologie, les relie à des phénomènes nerveux. Il associe les « images » aux « traces ».

périence physiologique qu'il considère chacun des phénomènes passionnels. Assurément il faudrait modifier de cet ouvrage, pour le mettre, comme on dit, au point, et l'expression scientifique et les hypothèses fondamentales ; mais, à ne tenir compte que de la méthode, il n'y a nul paradoxe à avancer que ce livre de psychologie pourrait porter la signature de M. Bain ou de M. Lewes. Et que l'on ne crie point, sur cela, à l'imprudence, à la témérité. Cette diversion physiologique ne pouvait porter nul ombrage à la métaphysique issue du *Cogito*. De par la doctrine des causes occasionnelles, n'est-il pas avéré que nulle action directe n'a lieu du corps à l'âme, ni de la pensée aux sens ? Cette même doctrine, Malebranche l'exagère à dessein et par là il accroît la sécurité de son dogmatisme. Si rien de créé n'agit qu'à titre d'occasion, mon esprit ne saurait pas plus bander un muscle qu'une contraction nerveuse ne saurait lancer une idée. La chair ne meut même point la chair, comment ferait-elle bouger l'âme ? De la pensée au corps nul passage ; de l'idée à l'idée, comme du nerf au nerf, nulle active transition. Le déterminisme des lois générales exige dans le corps et dans l'âme, comme sur deux scènes contiguës et distinctes, deux séries parallèles de phénomènes ici organiques, là spirituels, dont chacun correspond à un fait concomitant de la série voisine, sans que nulle des deux chaînes se croise en aucun point avec la seconde. Hartley aura bien raison [1] de placer son hypothèse sous le patronage de

---

1. HARTLEY. *Explication physique des sens, des idées*, etc. Sect. III, Prop. xxi, Coroll. 2 : « ..... L'harmonie préétablie de Leibnitz et le système « des causes occasionnelles de Malebranche sont exempts de cette grande « difficulté de supposition suivant laquelle le système des scolastiques veut

Malebranche et il est certain que sa doctrine des vibrations procède du même dessein que celle des causes occasionnelles.

Plus d'un moderne spiritualiste hésiterait à maintenir jusqu'au bout le parallélisme de deux ordres de faits aussi hétérogènes et cependant comment le rompre ici ou là sans violer la logique et infirmer l'expérience ? Si attaché soit-il au dogme de l'immatérialité de l'âme, il ne voudrait point passer outre à l'observation ni demeurer sourd au défi de la science. Que de perplexités ! Ces relations mutuelles, aperçues chaque jour plus complexes et étroites entre l'existence organique et la vie mentale, ne laissent plus, il le voit trop, subsister celle-ci indépendamment de celle-là. D'autre part, sa foi philosophique demande que la substance de l'être moral reste essentiellement distincte des éléments de l'être physique. S'il maintient immuable sa foi, il se heurte aux faits. Et s'il en croit les faits, sa raison *a priori* est contredite, son *Credo* métaphysique condamné.

Ces doutes, ces oscillations de pensée, ces tâtonnements, ces incertitudes seraient inconnus à Malebranche. Sa psychologie n'a pas à chercher de faux-fuyants. Les principes de son rationalisme planent si haut que nulle déposition des phénomènes n'en saurait amoindrir l'autorité. En même temps, le libéralisme de sa méthode est tel qu'il peut d'avance accepter les témoignages des faits et accorder un blanc-seing à l'expérience. Sans reléguer l'âme à l'arrière-

» que l'âme, substance immatérielle, exerce et reçoive une influence phy-
» sique du corps, qui est une substance matérielle. Or le lecteur peut s'a-
» percevoir que l'hypothèse ici proposée est aussi **exempte** de cette diffi-
» culté. » (Trad. JURAIN.)

plan, il sait attribuer au corps le rang qui lui revient. Tout comme ferait un expérimentaliste de nos jours, il éclaire par la connaissance du second l'étude du premier. Ce ne serait pas assez de dire qu'il pressent la psycho-physiologie ; il en dessine les linéaments.

« Toutes les fois, lisons-nous au début du second livre » de la *Recherche de la Vérité*, qu'il y a du changement » dans la partie du cerveau à laquelle les nerfs aboutis- » sent, il arrive aussi du changement dans l'âme,.... et » l'âme ne peut jamais rien sentir ni rien imaginer de » nouveau qu'il n'y ait du changement dans les fibres de » cette même partie du cerveau. » Nulle acquisition de l'esprit qui n'ait comme son schéma organique. « Dès » que l'âme reçoit quelques nouvelles idées, il s'imprime » dans le cerveau de nouvelles traces, et dès que les » objets produisent de nouvelles traces, l'âme reçoit de » nouvelles idées [1]. » Il est vrai d'observer que le mot *idée* n'est point pris ici dans l'acception que lui donnera le troisième livre de la *Recherche*. Il ne signifie pas encore ces essences immuables, ces éternels archétypes contre qui Arnauld mènera campagne, mais plutôt, ce semble, les images sensibles par l'entremise desquelles les objets nous avertissent de leur présence [2].

---

1. *Recherche*, liv. II, Ire part., ch. v. Cf. M. RIBOT : Introduction à la *Psychologie allemande* : « Tout état psychique déterminé est lié à un ou plusieurs événements physiques déterminés que nous connaissons bien dans beaucoup de cas, peu ou mal dans les autres. — Ce principe est la base de la psychologie physiologique. »

2. Dans la première partie de la *Recherche*, le mot *idée* est le plus souvent pris comme synonyme de modifications mentales et d'images sensibles. Aussi Arnauld aura-t-il beau jeu à dénoncer ces variations de langage. Dans sa réponse au livre des Vraies et des Fausses Idées, Malebranche expliquera qu'alors il ne pensait nullement à exposer ses opinions sur la nature des idées mais seulement à délivrer l'esprit de ses préjugés (Ch. XXIV, § 9).

Mais ne généralisons-nous pas à l'excès une méthode que notre auteur n'aurait que partiellement appliquée ? N'est-ce pas altérer ses intentions d'étendre aux actes du pur intellect les explications physiologiques parallèles qui, selon lui peut-être, ne valaient qu'à l'égard de la sensibilité représentative [1]. A ce doute, convenons-en, certains passages de ses écrits semblent à première vue apporter un réel secours. Par exemple, après avoir défini l'*entendement pur* une faculté par laquelle l'âme « aperçoit les
» choses spirituelles, les universelles, les notions communes..... et généralement toutes ses pensées, lorsqu'elle les connaît par la réflexion qu'elle fait sur
» soi..., » l'auteur continue : « ces sortes de perceptions
» s'appellent pures intellections, parce qu'il n'est point
» nécessaire que l'esprit forme des images corporelles
» dans le cerveau pour se représenter toutes ces choses [2]. »
Mais Malebranche, ne l'oublions pas, n'avait point sa doctrine complètement arrêtée quand il écrivit les deux

---

1. C'est la très sérieuse objection que nous a proposée un penseur éminent, non moins versé dans la philosophie nationale qu'instruit des systèmes anciens. M. Félix Ravaisson conjecture que, selon le philosophe de la Vision en Dieu, cette correspondance de toute pensée avec ce que nous avons appelé un *schéma organique*, ne régissait « que des pensées qui renferment
‹ quelque chose de sensitif et d'imaginatif ...... Il (Malebranche) remarque, nous écrivait M. Ravaisson, que pour les idées de choses
‹ toutes *spirituelles*, il n'y a pas de telle liaison naturelle, et que c'est
‹ nous seuls qui en établissons une. Il a donc cru ce qu'a cru Aristote,
‹ c'est-à-dire que nous *pensons* (ce qui s'appelle proprement *penser*) sans
‹ *organe*. En parlant ainsi, dit Bossuet, Aristote a parlé divinement,
‹ ou métaphysiquement, c'est même chose, et dans ce mot est en effet
‹ contenue virtuellement toute la métaphysique. Malebranche a donc cru
‹ sur ce point essentiel ce qu'ont cru Aristote et Bossuet. › On ne peut dire plus noblement. Toutefois l'examen réfléchi des textes et la considération interne du système nous ont fait maintenir une interprétation qui n'a, d'ailleurs, rien d'indigne du génie de Malebranche.

2. *Recherche*, liv. I, ch. IV.

premiers livres de son grand ouvrage : lui-même nous en prévient¹. Cette phrase d'un des premiers chapitres mérite donc de n'être reçue que sous bénéfice d'inventaire. A supposer même qu'elle exprimât l'opinion définitive de l'écrivain, elle n'énonce, à dire vrai, qu'une thèse de philosophie courante : les pensées pures se passent d'images ; elles n'ont, par conséquent, nul besoin que le cerveau leur en présente. Est-ce à dire que ces pensées ont lieu en nous sans que des mouvements du cerveau se produisent à leur occasion ? Le passage n'implique rien de tel et la théorie entière répudie une pareille supposition. — On pourrait alléguer encore cet endroit de la *Recherche* où il est déclaré que l'entendement pur « reçoit de Dieu les idées
» toutes pures de la vérité, sans mélange de sensations et
» d'images, parce qu'il subsiste dans le monde immatériel
» et intelligible² ». Mais qui ne voit qu'il s'agit ici du lot intellectuel qui nous vient d'en haut? Oui, les vérités dont l'auteur de l'univers nous illumine sont en elles-mêmes pures de tout mélange sensationnel et imaginatif. Mais ce n'est point assez que Dieu me les communique pour que j'en prenne possession. Il faut que je les fasse miennes et l'acte par lequel je les perçois est, comme toutes les opérations de mon âme, soumis à des conditions organiques inflexibles. C'est ce qu'avec une précision irréprochable déclarera plus loin Malebranche à propos de ce même esprit pur et de ces mêmes pures idées. « . . . . .Il n'en est pas de
» même des idées pures de l'esprit, nous pouvons les avoir
» intimement unies à notre esprit, sans les considérer avec
» la moindre attention. Car, encore que Dieu soit très

---

1. *Réponse aux Vraies et Fausses Idées*, ch. xiv, § 9, rappelé plus haut.
2. *Recherche*, liv. III, IIᵉ part., ch. ii.

GEORGES LYON.

» intimement uni à nous, et que ce soit dans lui que se
» trouvent les idées de tout ce que nous voyons, cependant
» ces idées, quoique présentes et au milieu de nous-mêmes,
» nous sont cachées, lorsque les mouvements des esprits
» n'en réveillent point les traces, ou lorsque notre volonté
» n'y applique point notre esprit [1]. »

Non, nulle science si sublime soit-elle, n'est acquise de nous, que notre organisme n'y collabore en quelque mesure. « L'amour de la vérité, de la justice, de la vertu, de
» Dieu même, est toujours accompagné de quelques mou-
» vements d'esprits qui rendent cet amour sensible..., de
» même que la connaissance des choses spirituelles est
» toujours accompagnée de quelques traces du cerveau qui
» rendent cette connaissance plus vive, mais d'ordinaire
» plus confuse..... Ainsi nous pouvons dire que nous
» sommes unis d'une manière sensible non-seulement à
» toutes les choses qui ont rapport à la conservation de
» la vie, mais encore aux choses spirituelles auxquelles
» l'esprit est uni immédiatement par lui-même [2]. » Il est difficile de s'exprimer en des termes plus catégoriques. Malebranche s'était d'ailleurs lié les mains. Ne savons-nous pas de lui que Dieu « a voulu et veut sans cesse que les moda-
» lités de l'esprit et du corps fussent réciproques [3] ? » Ne savons-nous pas aussi que cette réciprocité est requise par les lois générales de l'union de l'âme avec le corps, lois qui

---

1. *Recherche,* liv. VI, Ire part., ch. II.
2. *Ibid.,* liv. V, ch. II.
3. « Il n'y a point de rapport entre des mouvements et des sentiments : il n'y en a point aussi entre le corps et l'esprit ; et puisque la volonté du Créateur allie ces deux substances, il ne faut pas s'étonner si leurs modifications sont réciproques. » *Recherche,* liv. I, ch. XII, § 5. Cf. *VIIe. Entretien métaphysique.*

ne comportent point de modifications limitées à une seule de ces deux substances, mais réclament la fidèle reproduction en chacune de ce qui se passe en l'autre? Telles, ces deux horloges de Huyghens, que Leibnitz aimait à citer en exemple : le synchronisme en est si exact que les aiguilles de part et d'autre iraient à jamais du même pas. « Toute
» l'alliance de l'esprit et du corps qui nous est connue,
» consiste dans une correspondance naturelle et mutuelle
» des pensées de l'âme avec les traces du cerveau, et des
» émotions de l'âme avec les mouvements des esprits
» animaux[1]. »

Il suit de là que le philosophe a le devoir d'étudier cette « correspondance naturelle et mutuelle » et de prendre de ces « traces » attentivement note. Il est tenu de suivre, dans leurs relations constantes avec « les mouvements des esprits animaux », les événements de l'âme ; c'est-à-dire, en langage plus moderne, de ne jamais faire abstraction, au cours de ses enquêtes psychologiques, des droits permanents de la physiologie. Sinon, il ne verra qu'une moitié des choses. Dans le livre humain, il n'aura lu de la page que le recto. Son examen a pour objet un rapport ; mais ce rapport, comment le saisirait-il, si, par esprit de système, il rejetait dans l'ombre l'un des facteurs? « La vie de
» l'homme, nous a dit l'auteur en une heureuse métaphore,
» ne consiste que dans la circulation du sang et dans une
» autre circulation de pensées et de désirs. » Étudier ce double réseau mouvant, telle est la tâche imposée à tout sincère observateur de la personne humaine. Le théoricien de la Vision en Dieu se doit à lui-même d'être un exact

---

1. *Recherche*, liv. II, 1re part., ch. v.

anatomiste et la psycho-physiologie découle logiquement de l'hypothèse des causes occasionnelles.

Un pas de plus et Malebranche atteindrait, bien au-delà de Hartley lui-même, la psychologie comparée du XIX° siècle. S'il convient de suivre, parallèlement les uns aux autres, les faits de l'organisme cérébral et ceux de la conscience, devons-nous borner notre étude à la considération de l'individu contemporain, dans le milieu où l'observation actuelle nous le montre? N'y aurait-il pas gros à gagner pour la science du moi à relier au passé le présent et à retrouver en ses ancêtres l'homme moderne? Quelle belle intuition psychologique dans cette pensée de théologien : « il y a toutes les apparences possibles » que les hommes gardent encore aujourd'hui dans leur » cerveau des traces et des impressions de leurs premiers » parents! [1] » Cette vive remarque, bien prise, ferait pressentir la théorie de l'hérédité.

On ne saurait assurément concéder à la physiologie une plus large part. Toutefois Malebranche n'aurait eu garde de sacrifier à cette science, comme le souhaite certaine Ecole contemporaine, la psychologie elle-même. Les communs principes qui lui ont interdit d'omettre ou d'atténuer le rôle de l'organisme par prédilection pour l'esprit, ne prohibent pas moins la confiscation de l'intellectuel et du moral au profit de l'organique. Il faut étudier l'être vivant et conscient sous ses deux faces avec un soin égal, car la contemplation de l'une ne saurait rien nous apprendre de l'autre. La connaissance du dehors n'accroîtra point d'un

---

1. *Recherche*, ch. VII. N'exagérons rien, ce n'est là qu'une belle « fulguration ».

fétu la science du dedans. Les deux séries de faits sont isochrones, voilà tout. Mais synchronisme ne signifie pas identité, ni même similitude. Que personne donc n'empiète sur personne, et ainsi la psychologie se trouvera sauvegardée, à son rang, avec ses moyens propres de déduction rationnelle ou d'observation introspective : car, sur son objet à elle, nulles descriptions anatomiques ne jetteront aucun jour. « Il n'y a nulle métamorphose, » déclare excellemment Théodore. « L'ébranlement du cer- » veau ne peut se changer en lumière ni en couleur, car » les modalités des corps ne sont que les corps mêmes de » telle et telle façon [1]. » On ne saurait briser plus résolument avec ceux des psycho-physiologistes pour qui la méthode d'intuition directe par la conscience est non-avenue. Aussi bien les déplacements moléculaires, les actions réflexes, les vibrations de fibres, les ondes nerveuses, fluides, *processus*, etc., auraient-ils donc le privilège de nous rendre compte soit de ce qu'est subjectivement, en son « *étoffe* [2] », une impression sensible donnée, soit de l'agrément ou du déplaisir qu'elle cause, de l'idée qu'elle évoque, de la détermination volontaire qui la suit ? Il y a plus. Comment le psycho-physiologiste est-il lui-même induit à rapprocher un événement organique quelconque de tel ou tel état mental déterminé qu'il se flatte d'expliquer par cet événement ? Le pourrait-il enfin, s'il n'avait déjà lui-même et *du dedans* observé cet état mental, de manière à ne le confondre avec nul de ses congénères ? Mais cette observation, de quelle manière l'a-t-il accom-

1. *IVe Entretien métaphysique.*
2. V. sur l'étoffe et la forme de la sensation, le chef-d'œuvre de Cournot : *Essai sur les fondements de nos connaissances*, t. I, ch. vii.

plie? Ce n'est certes pas à l'aide du microscope ; la physiologie n'opère pas de tels prodiges. Il a étudié, tout comme aurait fait un psychologue de cette École classique tant décriée, au moyen de la conscience et grâce à la réflexion sur les données du sens intérieur.

§ III. Métaphysique de la vision et de l'action en Dieu.

I. Jusqu'ici nous avons circonscrit notre étude dans les limites du moi, tel que l'observation interne permet de le saisir. Nous avons évité, pour plus d'ordre, toutes les considérations de nature à nous engager dans la philosophie première. Cependant, à chacune des étapes que nous avons franchies, la métaphysique nous sollicitait. Cette mise en demeure se faisait de plus en plus pressante. Nous ne saurions plus longtemps remettre à entrer dans la région de la pensée *a priori*. De toutes parts, les problèmes se dressent, les questions s'accumulent : chaque donnée psychologique nouvelle apparaît grosse de sous-entendus ontologiques. L'heure est venue de prendre parti entre les systèmes ; la neutralité n'est plus permise. Comme eût dit Pascal, il faut parier.

Tant qu'il ne s'est agi que de nos modalités spirituelles, impressions, inclinations, volontés, passions, pensées mêmes, la conscience venait à bout de nous édifier, pourvu que la curiosité scientifique ne lui demandât point de trop approfondir. Si l'on veut savoir où nous acquérons la connaissance que nous avons de notre personne, on devra se contenter de cette simple réponse : en nous-mêmes. Mais, dès que le moi cesse d'être seul en cause, une explication aussi élémentaire n'est plus de saison. Par exemple, nous avons dit que ni la vue ni même aucun sens ne nous révélait réellement la distance des objets perçus et qu'il y fallait l'intervention de l'entendement. Par exemple encore, nous avons affirmé que notre cerveau agissait concurremment avec notre esprit, que nos états psychiques avaient pour corrélatifs constants en notre organisme des phénomènes déterminés : vibrations, images corporelles, traces des images. Rien de tout cela ne me pouvait être chuchotté par ma conscience, faculté qui m'entretient exclusivement de moi. L'espace et les objets distants, les corps et leurs images, mon cerveau et les traces y gravées, ce sont là toutes choses dont ignore le sentiment intérieur. De quel droit en parlé-je donc et à qui suis-je redevable de pouvoir mettre sous ces divers mots un sens ?

Ce ne peut être la conscience que j'ai de mon âme et de ses modifications qui me permet d'entendre ces différents termes. Ce que nous appelons objet sensible ou corps n'est que de l'étendue configurée d'une certaine manière. Mon cerveau tout le premier ne consiste qu'en une extension dont ces traces, images corporelles, vibrations, etc., composent autant d'états. Or l'étendue et la pensée ne se peuvent ni pénétrer ni comprendre l'une l'autre : substances hétérogènes, elles contrastent absolument et sont distantes l'une de l'autre de tout le diamètre du réel. Mais je ne suis véritablement que pensée : sur ce point Malebranche partage sans restrictions la conviction de Descartes. Il ne saurait donc m'être donné de connaître par moi-même ce que c'est qu'étendue et modes de l'étendue. Si j'ai l'idée de monde matériel, d'objets sensibles, de corps et de manières des corps, cette idée me vient de quelqu'un qui ne peut évidemment être moi. Aussi bien attribuer à l'âme le pouvoir de tirer d'elle seule de semblables idées serait la rendre créatrice et la douer d'omnipotence [1]. Sans compter que notre esprit, incapable qu'il est de rien produire sinon en conformité avec un modèle, ne pourrait créer des idées qu'à la ressemblance d'originaux déjà en sa possession : ce qui nous jette dans un recul à l'infini. Veut-on que ces idées des choses soient contemporaines de chacun de nous et que le Créateur les ait produites en notre âme, aussitôt nés? Les idées des choses sont en nombre infini; comment un esprit limité tel que le nôtre suffirait-il à les contenir? Outre que la difficulté de tout à l'heure reparaîtrait : qui guiderait le choix de l'âme en cet étalage immense d'idées renfermées en son sein et comment, lorsqu'elle raisonne, discernerait-elle celles-là précisément dont elle a besoin? Hasardera-t-on enfin que l'âme n'a peut-être, pour entrer en possession de cette infinité d'objets idéaux, qu'à se contempler, elle et ses perfections [2] ? Mais elle a trop le sentiment de son humilité pour se mentir ainsi à elle-même et s'investir d'un attribut divin.

Si ce n'est pas l'esprit qui se donne les idées des choses; si, d'autre part, les corps n'émettent point jusqu'à nous des espèces qui leur ressemblent, explication discréditée et que ruine la plus superficielle critique [3], une dernière voie nous est ouverte : c'est que nous apercevions les choses en

---

[1]. Nous énumérons ici les diverses explications que Malebranche (*Rech.*, liv. III, II⁰ part., ch. II-VI), discute et rejette tour à tour, de manière que l'on soit conduit, par voie d'exhaustion, à l'hypothèse de la vision en Dieu.

[2] *Ibid.*, ch. v.

[3]. *Ibid.*, ch. II.

l'Être dont l'entendement renferme les idées de tout ce qu'il créa ; car il n'a pour connaître ses œuvres qu'à considérer les perfections qu'il renferme « auxquelles elles ont » rapport ». Or, nous savons être déjà spirituellement unis à Dieu, puisqu'il « est le lieu des esprits, comme l'espace » est le lieu des corps ». Que Dieu nous accorde de contempler en lui les rapports de ses perfections à ses créatures et nous aurons la science de l'univers. Il est vrai, dira-t-on, mais qui vous prouve que l'Auteur du monde ait pour votre âme ces complaisances ? — Bien des raisons : d'abord cette solution est conforme à la loi d'économie : il n'y a pas pour l'homme de moyen métaphysiquement moins coûteux de connaître la création divine, étant donné que cette connaissance ne lui peut venir de lui-même. En second lieu, toute autre manière de révéler à l'esprit les choses garantirait bien moins notre dépendance à l'égard de Dieu. Le troisième argument est tiré d'une observation que chacun peut faire sur soi : quand nous voulons réfléchir attentivement à quelque objet, ne commençons-nous pas par passer une revue rapide de tous les êtres en général, jusqu'à ce que nous nous soyons arrêtés à celui que nous désirons considérer de plus près? C'est dire que tous les êtres, bien que confusément, sont présents à notre esprit, fait inexplicable si l'on n'avoue que Dieu, « c'est-à-dire » celui qui renferme toutes choses dans la simplicité de » son être, » nous est lui-même présent [1]. Arnauld a beau protester contre ce qu'il estime une expérience imaginaire [2], l'attention de l'âme est bien la cause occasionnelle de notre science des réalités; mieux encore, elle est « la

---

1. Toute cette argumentation remplit le chapitre VI.
2. *Des Vraies et des Fausses Idées*, ch. XVI.

» prière naturelle par laquelle nous obtenons que la rai-
» son nous éclaire [1] ». Cette prière, Dieu l'exauce, puisque
nos travaux sont si fréquemment couronnés de succès.
Quatrième motif : éclairer n'appartient qu'à Dieu. Enfin,
Dieu n'agit qu'en vue de sa propre gloire ; il faut donc
que « la lumière qu'il nous donne nous fasse connaître
» quelque chose qui soit en lui ». Le problème tant agité
de l'origine de nos connaissances comporte dès lors cette
solution unique : c'est en notre âme que nous sentons tout
ce qui est de notre âme et en Dieu que nous acquérons
la science de l'univers étendu, des êtres qui le composent,
de ses propriétés et de ses lois.

Cette théorie, Malebranche refuse de s'en faire gloire [2].
Il l'emprunte quasi toute, assure-t-il, à saint Augustin et
il se sent fort de ce vénéré patronage. On alléguera que,
selon ce père, il n'y avait vision en Dieu que des choses
immuables, nullement des objets finis et changeants que
nos yeux contemplent. Il est vrai, mais, si saint Augustin
s'en est tenu aux vérités abstraites, c'est que, de son temps,
la subjectivité de nos perceptions sensibles était ignorée et
que l'on accordait aux objets de la vision une extériorité

---

1. *Traité de morale*, part. I, ch. v, § 4.
2. Dans une note de ses *Discussions de philosophie*, Hamilton cherche à la théorie des précédents plus directs : « La *Vision de toutes choses en Dieu* est, me semble-t-il, un simple transfert à l'homme en chair, au *Viator*, de ce mode de cognition, adopté par nombre d'anciens prêtres catholiques pour expliquer comment les saints, en tant qu'esprits hors du corps, peuvent être informés des prières humaines et, en général, de ce qui se passe sur terre. *Ils perçoivent*, dit-on, toutes choses en Dieu. De sorte qu'au vrai la théorie philosophique de Malebranche n'est que l'extension d'une hypothèse longtemps connue dans les écoles. Cette hypothèse, j'ai eu occasion de l'exprimer :

   Quicquid in his tenebris vitæ, te carne lateret,
   Nunc legis in magno, cuncta, beate, Deo. (Art. Idéalisme.)

réelle. Aussi appréhendait-il d'introduire au sein de Dieu des éléments imparfaits et corruptibles. S'il eût su, comme nous, que les couleurs ne sont que des modifications de l'âme, de purs sentiments par lesquels nous découpons, pour ainsi dire, l'étendue idéale en objets particuliers et distincts, (individuation qui en soi n'a rien de réel, mais que notre âme opère sur la substance illimitée où se résorbe toute matière,) une telle crainte ne l'eût plus retenu et il eût aperçu la vanité de ses scrupules. Il eût compris que la majesté souveraine se concilie fort bien avec l'intuition en Dieu des êtres les plus infimes, des réalités les plus éphémères [1]. Cette prétention d'avoir pour soi le grand oracle de Port-Royal jettera Arnauld hors les gonds. « Il est bien
» étrange, dit ce dernier avec hauteur, que vous ayez osé
» soutenir de nouveau votre opinion de la vue des corps
» en Dieu, après avoir été convaincu d'admettre en Dieu
» une vraie et formelle étendue semblable à celle de l'es-
» pace des Gassendistes [2] ». Accusation on ne peut plus inique : l'étendue que Malebranche situe dans le divin Entendement est exclusivement idéale [3] et ce qu'il ne pardonne pas à Spinoza, c'est, déclarera-t-il à Mairan, de l'avoir réalisée. En attribuant à la substance infinie une extension concrète, l'auteur de l'Éthique avait, selon lui, matérialisé Dieu [4].

---

1. *Rech.*, liv. III, IIe part., ch. vi ; *Réponse aux Vraies et aux Fausses Idées*, ch. vii; *Trois lettres touchant la défense d'Arnauld*.
2. Ire Lettre posthume à Malebranche (4 mai 1694).
3. « Anathème à quiconque admet en Dieu de l'*étendue formelle*. Je le
» prononce du fond de mon cœur. » (Lettre de Malebranche à Arnauld, datée du 16 juillet 1694.)
4. A Mairan qui le presse de lui signaler enfin le paralogisme dont Spinoza se serait rendu coupable, Malebranche répond : « Il me paraît toujours que
» la cause des erreurs de l'auteur est qu'il confond les idées des choses avec

De la sorte est ramené devant le métaphysicien ce problème de la perception visuelle, agité, il n'y a qu'un instant, par le psychologue. Malebranche fait preuve à le traiter d'une souplesse et d'une dextérité sans égales. Il accorde on ne peut plus heureusement les principes de sa métaphysique et les données de sa psychologie. De la *Recherche de la vérité* aux Lettres écrites durant ses dernières années, son explication ne variera point. Jamais, nous prévient-il dès ses *Éclaircissements*, il n'a prétendu placer en Dieu des idées distinctes, de manière à représenter « chaque corps en particulier [1] ». Loin de là, « je dis
» que nous voyons toutes choses en Dieu par l'efficace de
» sa substance et en particulier les objets sensibles par
» l'application que Dieu a faite à notre esprit de l'étendue
» intelligible en mille manières différentes ; et qu'ainsi
» l'étendue intelligible renferme en elle toutes les perfec-
» tions ou plutôt toutes les différences des corps, à cause
» des différentes sensations que l'âme répand sur les
» idées qui l'affectent à l'occasion des mêmes corps [2] ».
Dans ma connaissance des corps, une chose est de Dieu, l'étendue intelligible ; une de moi, le sentiment de couleur

» les choses mêmes, les idées qui seules peuvent affecter les intelligences
» avec les êtres qui ne peuvent agir sur l'esprit... Il faut bien que l'ou-
» vrage soit conforme à l'idée de l'ouvrier, *idea suo ideato*, comme il parle ;
» mais il n'est pas possible qu'il soit l'ouvrier lui-même. » (Réplique du 12 juin 1714.) Et dans une nouvelle réplique : « Si l'on objecte que l'idée de
» l'étendue est infinie, l'idée de l'étendue est infinie, mais son idéatum ne
» l'est peut-être pas. Peut-être n'y a-t-il actuellement aucun *ideatum*. »
(6 septembre 1714). Ainsi son grand grief contre Spinoza serait que ce philosophe n'a pas été suffisamment idéaliste.

1. Xe *Éclairc.*; discussion de la 3e objection.
2. Malebranche ajoute, addition pour nous très instructive : « J'ai parlé
» d'une autre manière, mais on doit juger que ce n'était que pour rendre
» quelques-unes de mes preuves plus fortes et plus sensibles. » (*Ibid.*)

dont Dieu touche mon âme à la présence des corps qu'il me fait connaître [1]. Mais, ni ces sentiments de couleurs, ni proprement ces corps ne sont en lui. « L'étendue con- » çue sans couleur est l'idée de tous les corps sans cette » modification de l'âme. Elle est donc générale et tou- » jours la même. Elle peut être vue par tous les esprits » parce qu'effectivement l'étendue intelligible, aussi bien » que les nombres, ne sont point des êtres créés et parti- » culiers. Mais la couleur rend particulière cette étendue » intelligible [2]. » Qu'Arnauld ne feigne pas d'entendre que l'on attribue de la sorte à l'âme une faculté de sentir arbitraire et capricieuse [3]. Son apologue de la statue qu'un admirateur de saint Augustin demande à un sculpteur et du bloc de marbre qu'offre ce dernier pour toute réponse, attendu que, pour dégager saint Augustin de ce bloc, il suffit d'élaguer avec le ciseau tout le marbre qui est de trop, cette sarcastique fable [4], disons-nous, porte entièrement à faux. Mais, à vrai dire, Malebranche serait en droit de reprendre à son compte l'allégorie. « Les sentiments des cou- » leurs, lisons-nous dans le premier *Entretien métaphy-* » *sique,* étant essentiellement différents, nous jugeons par » eux de la variété des corps...; de même que l'on peut » par l'action du ciseau former d'un bloc de marbre toutes » sortes de figures, Dieu peut nous représenter tous les

---

1. Ce sentiment pourrait se produire en moi, quand même il n'y aurait pas de corps présent ; mon jugement que tel corps existe puisque j'éprouve tel sentiment est donc une fausse conclusion. (*Réponse aux Vraies et aux Fausses Idées*, ch. XIII.)

2. *Contre la prévention* (réponse à la seconde des lettres posthumes d'Arnauld).

3. *Des Vraies et des Fausses Idées*, ch. XVI.

4. *Ibid.*, ch. XV.

» êtres matériels par les diverses applications de l'étendue
» intelligible à notre esprit ». L'œil n'a pas le don de morceler à sa guise l'étendue intelligible et d'appliquer comme il lui plaît, ici ou là, telles ou telles couleurs. C'est l'influence divine qui touche et modifie nos yeux de manière à les affecter conformément à la variété des choses présentes. Si bloc de marbre il y a, ce serait donc plutôt de la façon qu'imagine Leibnitz, avec des veines préformées que le ciseau devra suivre pour dégager la statue latente. De même l'étendue intelligible ne comporte que des divisions idéales et notre esprit ne s'applique à ces parties irréelles que parce qu'il reçoit des impressions caractéristiques à leur occasion [1]. Les attaques d'Arnauld n'ont pu déloger Malebranche d'une doctrine qu'il expose à Mairan dans les mêmes termes où il la maintenait contre l'auteur du livre *des Vraies et des Fausses Idées*. Nous sommes en 1714; il a gardé toutes ses positions.

II. L'esprit humain voit tout en Dieu, puisque c'est en Dieu qu'il contemple l'étendue intelligible et qu'en cette étendue l'univers entier est compris. Mais Dieu, à son tour, comment le connaissons-nous? Il semble que jusqu'ici nous ayons postulé son existence, au lieu que la logique eût prescrit de prouver d'abord la réalité de l'être parfait. Assurons-nous qu'il est, avant de nous informer si l'on connaît les choses en lui. Descartes a donné l'exemple,

1. « L'étendue intelligible n'est point localement étendue et n'a point de parties étendues...; l'idée de main qui seule est l'objet immédiat de mon esprit, peut, dans le même temps, m'affecter de différentes perceptions, couleur, froid, douleur, etc., bien que ce ne soit que la même idée d'étendue. » (Réplique à Mairan, 12 juin 1714.)

lorsqu'après avoir découvert dans l'acte de sa pensée la preuve irrécusable de sa propre existence, il a pris soin, préalablement à toute nouvelle recherche, de démontrer solidement et la réalité et la véracité divines.

Malebranche, quoi qu'en ait dit un écrivain autorisé[1], ne suit point la même marche. La vision en Dieu forme le premier chapitre de sa Théologie rationnelle. L'énoncé de son hypothèse favorite pourrait servir de préambule à sa démonstration de l'Etre absolu. Pour quiconque admet la solution qu'il a donnée au problème de la connaissance, cette suprême existence ne saurait faire doute et, sans l'inquiétude funeste[2] qui détourne de la réflexion pure notre volonté, le plus léger effort d'attention dissiperait toute incertitude. La réalité divine est prouvée « par tout ce que » nous pensons, tout ce que nous voyons, tout ce que nous » sentons[3] ». On peut même à la rigueur dire ici, comme fit saint Anselme, que, « quand il n'y aurait aucune chose » en particulier, Dieu serait, parce qu'il est par lui-même » et qu'on ne peut le concevoir comme n'étant pas[4] ». Mais à l'argument ontologique, Malebranche préfère visiblement sa preuve à lui, qui découle si simplement de toute cette métaphysique : nous ne voyons nulle chose sinon dans l'étendue infinie ; or l'infini ne se peut voir dans le fini, trop étroit pour l'embrasser ; il est donc aperçu dans le pur infini, qui est Dieu[5]. « Tout ce qui est immuable,

---

1. M. Ollé-Laprune, dans son grand ouvrage sur Malebranche (t. I, p. 254).
2. *Recherche*, liv. IV, ch. ii, § 3.
3. *Ibid.*
4. *Ibid.*, ch. xi, § 2.
5. Dans le chapitre ii du livre IV de la *Rech.*, l'argument est combiné avec la preuve de Descartes sous cette forme concise : je vois l'essence de

» éternel, nécessaire et surtout infini, n'est point une
» créature. Donc elle (l'étendue intelligible) appartient au
» Créateur et ne peut se trouver qu'en Dieu. Donc il y a
» un Dieu..... Vous voyez certainement par l'étendue
» intelligible infinie que Dieu existe et qu'il n'y a que lui
» qui renferme ce que vous voyez, puisque rien de fini ne
» peut contenir une réalité infinie[1]..» Preuve de fait et de
raisonnement tout ensemble : tout à la fois je constate et
je déduis. « Ce que l'esprit aperçoit immédiatement est
» réellement. Or je pense à l'infini, j'aperçois immédiate-
» ment et directement l'infini, donc il est. Car, s'il n'était
» point, en l'apercevant, je n'apercevrais rien, donc je
» n'apercevrais point... [2] » Loin de se cacher sous d'im-
pénétrables voiles, cette existence souveraine éclate de
toutes parts : ouvrir les yeux, c'est la contempler. La
réalité du monde même est moins évidente que celle de
son Auteur[3].

Un tel argument se passe, remarquons-le, de l'idée de
Dieu. Malebranche nous le dit expressément : nous ne connaissons point l'être parfait par une idée[4]. Nulle image,

---

Dieu ; cette essence est celle d'un être infiniment parfait ; où la voir, sinon
en l'infinie perfection elle-même ?

1. *IIe Entret. mét.*
2. *Entretien d'un philosophe chrétien avec un philosophe chinois.*
3. *Recherche*, liv. VI, IIe part., ch. VI.
4. *Ibid.*, liv. III, IIe partie, ch. VII, § 2. L'expression a parfois trahi
Malebranche et il lui est arrivé d'oublier cette catégorique déclaration.
Ainsi, dans son *Traité de morale* nous lisons : « à l'égard de Dieu il n'en
» faut juger que sur l'idée claire qu'on en a. » (Ire part., ch. V, § 18.) C'est
évidemment là un lapsus. Mais convenons que Malebranche prêtait, en
apparence, le flanc au reproche d'inconséquence qu'Arnauld lui adresse sur
ce point. Si l'idée de Dieu, dira celui-ci, est absente de notre esprit, il est
illégitime de démontrer Dieu par son essence. (2e lettre posthume d'Arnauld,
du 22 mars 1694). Aussi n'est-ce point par son essence que Malebranche dé-

nulle notion n'aurait assez d'ampleur pour contenir cet immense objet. Nous ne saurions l'apercevoir ailleurs qu'en lui. « L'infini ne se peut voir qu'en lui-même... Si » on pense à Dieu, il faut qu'il soit... Toute idée finie et » déterminée ne peut jamais représenter rien d'infini et » d'indéterminé... Vous ne sauriez tirer de votre fonds » cette idée de la généralité. Elle a trop de réalité ; il faut » que l'infini vous la fournisse de son abondance [1]. » Arnauld, qui veut s'en tenir à l'argument *a priori*, objecte que Malebranche, par le fait de nous dénier toute idée de Dieu, s'interdit de le démontrer par son essence : il y a donc sophisme à placer l'être divin en nous, avant d'en avoir prouvé l'existence, car cela revient à supposer d'abord ce que la preuve conclura [2]. Le cercle vicieux n'est qu'apparent. La théorie de la vision a cette originalité de justifier le principe dont elle émane : elle prouve Dieu en même temps que Dieu la légitime. *Consensus* de vérités et nullement pétition de principe.

III. Cause exemplaire de toutes les idées qui nous représentent les choses, ce Dieu est aussi donné comme la cause efficiente de tous les changements qui s'accomplissent dans l'univers. Rien n'agit sur rien que par la divine efficace. Autant Malebranche se montre froid pour la preuve de saint Anselme, autant il serait favorable à l'ar-

---

montrait Dieu, car il n'acceptait la preuve ontologique qu'en l'amendant. Autre objection, bien moins fondée encore : Arnauld se plaint que dans cette théorie, « nous voyons sans cesse Dieu par nos yeux corporels ». (Lettre au marquis de Roucy, 28 janvier 1684.) C'est jouer sur le mot *voir* et surtout c'est oublier que des yeux corporels ne sauraient embrasser l'infini.

1. IIe *Entret. mét.*
2. IIe *Lettre posthume.*

gument que Kant nommera cosmologique et qui démontre l'existence du premier moteur par la dépendance causale à laquelle est assujettie toute réalité contingente. Nul corps ne communique une force qu'il ne possède pas. *A fortiori*, si cette force est ordonnée, régulière. « Il faut » qu'une intelligence produise et règle tous les mouve- » ments de la matière, puisque la communication des » mouvements est toujours la même dans les mêmes ren- » contres..... » L'impuissance fondamentale où la matière se trouve de produire aucun changement nous est l'indice qu'il y a un Dieu [1].

Lorsque, plus haut, nous expliquions par des liaisons de traces dans le cerveau humain la croyance au principe en vertu duquel toute contingence se rattache, de proche en proche, à une condition nécessaire, nous rendions compte du fait et non du droit, nous retracions l'origine de notre foi, nous n'établissions pas la souveraineté d'un axiome. La causalité véritable ne repose pas sur un phénomène d'association. Elle a sa base dans la vérité nécessaire par excellence : l'existence de l'absolue perfection. Dieu est cause comme il est infini, comme il est éternel. Le premier attribut, non moins que les deux autres, se trouve impliqué dans son essence et l'on ne saurait, sans contradiction, l'en exclure. « Lorsqu'on pense à l'i- » dée de Dieu[2], c'est-à-dire d'un être infiniment parfait,

---

1. Sur ce point, v. surtout *Rech.*, liv. VI, II⁰ part., ch. III ; *V⁰ Eclairc.*; *V⁰ Médit.*; *VII⁰ Entret. mét.*

2. Nouvel exemple du *lapsus* que nous signalions tout à l'heure. Ces négligences sont inévitables pour tout système. Les métaphysiciens, pour se faire entendre, doivent parler une langue dont ils ne sont pas les auteurs et employer des expressions qui, prises mot à mot, démentiraient leurs doctrines.

» et par conséquent tout puissant, on connait qu'il y a une
» telle liaison entre sa volonté et le mouvement de tous les
» corps, qu'il est impossible qu'il veuille qu'un corps soit
» mû et que ce corps ne le soit pas. Nous devons donc dire
» qu'il n'y a que sa volonté qui puisse mouvoir les
» corps...¹ » Puisque ce Dieu est unique, unique également sera la cause. « Il n'y a qu'une vraie cause, parce
» qu'il n'y a qu'un vrai Dieu. » Ainsi donc entre ces deux
termes : être parfait, causalité, notre raison saisit une
identité absolue qui nous dispense d'entreprendre la déduction du second. « Cause véritable est une cause entre
» laquelle et son effet l'esprit aperçoit une liaison néces-
» saire. Or il n'y a que l'être parfait entre la volonté
» duquel et les effets l'esprit aperçoive une liaison néces-
» saire. »

Que l'on ne vienne pas, à l'exemple d'un paganisme idolâtre nous parler de cette entité de raison : la nature ! Un pareil mot couvre le vide, ou plutôt il est une étiquette trompeuse apposée au système rationnel des divines volontés. Il n'y a de Nature que Dieu seul ; il n'y a de lois physiques que ses décrets, à l'accomplissement desquels l'être des corps ne sert que d'occasion. « Toutes les forces
» de la nature ne sont donc que la volonté de Dieu toujours efficace. Dieu a créé le monde, parce qu'il l'a
» voulu ; *dixit et facta sunt* : et il remue toutes choses
» et produit ainsi tous les effets que nous voyons arriver,
» parce qu'il a voulu aussi certaines lois selon lesquelles
» les mouvements se communiquent à la rencontre des
» corps ; et parce que les lois sont efficaces, elles agissent

---

1. *Recherche*, liv. VI, IIᵉ part., ch. III.

» et les corps ne peuvent agir[1]. » Nous croirions lire le *de Motu*[2] et, dans la phrase que l'on vient de lire, se trouve condensée la physique générale de Berkeley et d'Edwards. Une telle physique est toute favorable à la foi religieuse et s'acquitte envers la théologie du service qu'elle en a reçu. « Si la Religion nous apprend qu'il
» n'y a qu'un vrai Dieu, cette philosophie nous fait con-
» naître qu'il n'y a qu'une véritable cause[3]. » Malebranche ne serait assurément pas contredit par les deux écrivains protestants.

Eh! quoi, dira-t-on, point de force automotrice nulle part, non pas même en nos âmes? Que reste-t-il alors de cette liberté dont il nous avait été fait don? Le métaphysicien retire-t-il si vite le cadeau du psychologue? — Nullement. La liberté, du moins telle que l'auteur l'a définie, demeure entière. Cette faculté de détourner à notre guise l'élan initial que Dieu nous imprime pour nous attirer à lui n'a jamais été mise en question. Mais, de ce que nous possédons cet inestimable privilège, gardons-nous d'inférer de là que nous soyons directement les causes des changements que notre libre volonté détermine. Vouloir et, en conséquence de la décision prise, exécuter, ce sont deux choses bien distinctes. La première seule nous appartient; la seconde relève de Dieu. Nos désirs et nos résolutions ne seraient tout au plus que les causes occasionnelles des effets

---

1. *Recherche.*
2. N'est-ce pas au *De motu* qu'une phrase comme celle-ci pourrait servir d'épigraphe : « l'étude de la nature est fausse et vaine en toutes manières lorsqu'on y cherche d'autres véritables causes que les volontés du Tout-Puissant ou que les lois générales selon lesquelles il agit sans cesse? » (*Ve Eclairc.*)
3 *Rech.*, liv. VI, IIe part., ch. III.

qui en découlent, effets que nous espérerions en vain si les lois régulières posées par le Créateur n'entraînaient leur avénement. Car d'attendre de l'Etre parfait qu'il se dépossède de son droit absolu d'initiative pour en investir quelque créature que ce soit, ne nous leurrons point de cette chimère. Un pareil miracle, ou pour dire plus juste, une aussi formelle contradiction serait au-dessus même de la Toute-Puissance. Dieu, « selon les lumières de la » raison », ne saurait transformer des êtres créés « en » de véritables causes ; il n'en peut faire des dieux [1] ». Le principe selon lequel il n'y a de causalité que l'Etre parfait domine, comme toutes les vérités éternelles [2], ce vouloir divin auquel Descartes les avait à tort subordonnées. Le Roi de l'Univers ne saurait abdiquer.

Les partisans d'une théorie plus conforme aux ambitions de l'humanité opposent au droit le fait et se prévalent d'un prétendu témoignage que leur apporterait la conscience. Quand je lève le bras, le sentiment intérieur ne me persuade-t-il pas que ce mouvement a lieu en conséquence de mon décret ? Bien plus, n'éprouvé-je pas, lorsque je veux bander un de mes muscles et par ce muscle agir sur le dehors, une sensation bien nette d'énergie dépensée et de résistance vaincue ? Ces deux arguments, dont le second défraiera l'École de Maine de Biran, ont ici peu de poids et c'est en se jouant que Malebranche les dissipe. L'erreur qui me fait attribuer à ma volonté les modifications éprouvées par mon corps en suite de mes décisions provient de ce sophisme : *post hoc, ergo propter*

---

1. *Recherche.*
2. *X⁰ Eclairc.*

hoc [1]. L'opinion qui prête à l'âme une influence sur le corps est due à la même faute : la volonté que j'ai de lever le bras a toujours précédé son effet ; je n'en demande pas davantage pour conclure que si mon bras se lève, c'est *parce que* je l'ai voulu. J'oublie que rien de créé ne saurait produire quoi que ce fût, et que mes désirs, d'où je fais dépendre mes actions et leurs suites, ne sont que des causes occasionnelles établies par Dieu, « pour » déterminer l'efficace des lois de l'union de l'âme et du » corps [2] ». Le mouvement et la vie ne sont pas, ainsi que le prétendra l'animisme, transmis de l'âme au corps. « C'est » à cause que le corps n'est plus propre à faire ses fonc- » tions que l'âme l'abandonne. A-t-on jamais vu que l'âme » ait quitté un corps sain et entier [3] ? »

Quant à cette conscience directe que nous avons d'opposer, lorsque nos muscles se tendent, énergie à énergie et de nous raidir, en quelque sorte, contre l'extérieur, impression que certaine école donnera pour la révélation intuitive de notre libre causalité, Malebranche n'entend aucunement en nier l'originalité. Mais, ce « sentiment », il l'interprète. « Je vois bien ce qui te trompe encore, déclare » la Sagesse éternelle [4], c'est que pour remuer ton bras, » il ne suffit pas que tu le veuilles ; il faut pour cela que » tu fasses quelque effort et tu t'imagines que cet effort, » dont tu as sentiment intérieur, est la cause véritable du » mouvement qui le suit, parce que ce mouvement est fort

---

1. Hume n'emploiera pas contre la croyance à la nécessité causale une autre dialectique.
2. *VI⁰ Médit. chrét.*
3. *Ibid.*
4. *Ibid.*

» et violent à proportion de la grandeur de ton effort...
» Mais ne sens-tu pas même que souvent tes efforts sont
» vains ? Autre chose est donc effort et autre chose effi-
» cace... Sache, mon fils, que tes efforts ne diffèrent de
» tes autres volontés pratiques que par les sentiments
» pénibles qui les accompagnent et que... Dieu doit faire
» sentir à l'âme de la faiblesse ou de la douleur et de la
» peine lorsqu'il y a très peu d'esprits animaux dans le
» corps ou que les chairs des muscles sont incommodées
» par le travail. » Ainsi le sentiment de l'effort n'a rien
de privilégié ; il ne nous fait nullement entrer dans l'absolu de notre nature ; comme toutes les autres affections sensibles, il s'explique par le jeu de notre organisme neuro-musculaire. Bien loin de briser au profit de notre souveraineté les chaînes de l'universel déterminisme, il constitue au contraire l'application remarquable d'une des lois préétablies qui régissent les relations du physique et du moral. Notre liberté n'entraîne pas un amoindrissement de la suprématie divine. Retenons bien cet axiome :
« Dieu ne communique sa puissance aux créatures qu'en
» les établissant causes occasionnelles pour produire cer-
» tains effets en conséquence des lois qu'il se fait [1]... »
Or notre volonté est une de ces causes occasionnelles ; en nous-mêmes, comme hors de nous, elle n'exécute rien, sauf qu'elle détermine l'initiative divine à provoquer l'effet désiré par nous. Le système de la *Vision en Dieu* s'achève en un système de *l'Action en Dieu*.

Ce continuel déploiement de l'activité d'en haut se laisse si peu deviner que nous prêtons aux objets eux-mêmes la

---

1. V° *Méditation*.

propriété de nous faire éprouver ce que nous sentons à leur présence, « quoiqu'ils ne soient point eux-mêmes pré-
» sents à l'âme, que parce que Dieu plus présent à nous
» que nous-mêmes nous les représente dans sa propre
» substance [1] ». Si les corps sont par eux-mêmes incapables de se manifester aux sens, bien moins encore peuvent-ils se déplacer les uns les autres. Inertes et aveugles qu'ils sont, comment prétendraient-ils à cette faculté causale qui ne convient qu'à une intelligence ? « Supposons que cette chaise puisse d'elle-même se re-
» muer : de quel côté ira-t-elle, selon quel degré de
» vitesse, quand s'avisera-t-elle de se remuer? Donnez-lui
» donc encore de l'intelligence et une volonté capable de
» se déterminer. Faites, en un mot, un homme de votre fau-
» teuil. Autrement ce pouvoir de se remuer lui sera assez
» inutile [2]. » La causalité ne se rencontre que dans le divin Entendement.

Parce que la véritable efficace n'appartient qu'à l'Intelligence parfaite, l'ensemble des décisions créatrices ou providentielles par lesquelles sont gouvernés êtres et phénomènes, forme un système hautement rationnel dont l'ordonnance, les belles proportions, les harmonies ineffables méritent l'admiration de quiconque a des yeux pour voir, des oreilles pour écouter et une raison pour comprendre. C'est que Dieu ne procède point, comme un empirique inhabile, par tâtonnements et par à coups. Le monde n'est point régi par des volontés particulières [3], mais bien par

---

1. *Traité de morale*, Ire part., ch. x, § 7.
2. VII° *Entret. mét.*
3. C'est là un point essentiel de la théologie de Malebranche, sur lequel il revient sans cesse dans ses ouvrages. Voir notamment son *Traité de la nature et de la grâce*.

des lois générales. Tels effets que l'homme déplore sont le prix de la simplicité et de la beauté de ces lois [1]. Un monstre, une action criminelle font assurément tache sur le merveilleux canevas de l'univers [2]. Mais pour que ces laideurs disparussent, il eût fallu que Dieu changeât l'ordre de ses voies, qu'il en compliquât et enchevêtrât les rencontres par des myriades d'exceptions [3]. Que resterait-il alors de ce bel arrangement des choses ? Pour un peu Malebranche pousserait l'optimisme aussi loin que Leibnitz et il admettrait que la hideur et le mal, au moins pour notre esthétique humaine, forment dans le spectacle de l'univers des contrastes qui ne sont peut-être pas sans « une » espèce de beauté ».

Que Dieu n'agisse, comme le prétendent certains théologiens, que par des volontés particulières, notre libre arbitre sera, au contraire, bien empêché et ce don de l'auteur des choses ne nous servira guère. Ne sera-ce pas

---

1. « Ayant eu le dessein de produire un ouvrage admirable par les voies « les plus simples, et de lier toutes ses créatures les unes avec les autres, » il a prévu certains effets qui suivraient nécessairement de l'ordre et de la » nature des choses, et cela ne l'a pas détourné de son dessein. » (*Rech.*, liv. I, 1ʳᵉ part., ch. vii, § 3).

2. « J'accorde que Dieu veut, en particulier, remuer le bras d'un assas- « sin, lorsque cet assassin lui-même le veut. Mais je prétends que Dieu ne » le veut que parce qu'il veut suivre les lois de l'union de l'âme et du » corps qu'il a établies. » (Iʳᵉ Lettre à un ami en réponse aux *Réflexions* d'Arnauld, 1686.) Cf. *Traité de la nature et de la grâce*, 1ʳᵉ part., § 18, et XIIᵉ *Entret. mét.*

3 « Un monstre est un ouvrage imparfait, quelque dessein que Dieu ait » eu en le faisant. Ne vaut-il pas mieux mettre des défauts dans les ou- » vrages de Dieu que d'en mettre dans ses desseins ? Ne vaut-il pas mieux » laisser dans l'univers les défauts visibles, que tout le monde y remarque » et soutenir que les désordres sont les suites de la simplicité des lois na- » turelles ? » (IIIᵉ Lettre en réponse aux *Réflexions* d'Arnauld). Cf. Xᵉ *Entret. mét.*, et *Entret. avec un phil. chin.*

folie à nous de traverser les desseins éternels, de nous mettre à l'abri de la pluie en cas d'orage, de combattre l'incendie si la foudre embrase notre maison? Ces actions que le bon sens commande, la loi religieuse les réprouvera; toute notre vie ne sera plus qu'un long tissu de crimes de lèse-Divinité. Au lieu de cela, dans le système des volontés générales, notre liberté a les coudées franches. Parmi ces lois constantes que Dieu a posées, il en est une qui m'enjoint de sauvegarder mon corps, de le défendre contre le dehors et, si possible, de lui assujettir la nature. « De sorte que celui qui prétendrait obéir à » Dieu en se soumettant à sa puissance, en suivant et » respectant la nature, blesserait l'ordre [1]. » Le déterminisme physique entraîne ainsi la condamnation du fatalisme moral.

Ce déterminisme rend désormais possible [2] une science des causes occasionnelles ou causes secondes, dont le système composera ce que nous appelons la nature. Toutefois il n'exclut pas, au moins à son origine, une certaine intentionnalité. Précisément parce que c'est l'Esprit créateur qui en a tissé le réseau de ses volontés permanentes, quelque but préconçu a dû tout d'abord guider la divine industrie. Il ne faut donc pas, avec Descartes, proscrire absolument le principe des causes finales. « Le premier pas de cette con-
» duite, les premiers mouvements ne peuvent être déter-
» minés par ces lois... Ainsi la première impression de
» mouvement que Dieu a mise d'abord dans la matière ne
» devant et ne pouvant pas même être actuellement réglée

---

1. *Traité de morale*, 1re part., ch. i, § 20.
2. *VIe Entret. mét.*

» selon certaines lois générales, elle devait l'être unique-
» ment par rapport à la beauté de l'ouvrage que Dieu vou-
» lait former ¹. » Vue très belle et d'une finalité discrète,
à laquelle il faut regretter que Malebranche ne se soit pas
tenu ² : la nature, en son évolution, obéit à des règles nécessaires ; mais, à la source même de ce déterminisme,
a surgi une pensée d'ordre, d'harmonie et de beauté, sur
le patron de laquelle le plan des choses fut tracé. L'acte
créateur et le choc initial échappent au mécanisme qui devait en gouverner à jamais les conséquences. Tout, dans
la nature, est nécessairement enchaîné, tout si ce n'est
l'apparition de la nature elle-même.

La métaphysique de la *Vision et de l'Action en Dieu*
relèverait ainsi d'un principe du mieux qui subordonnerait
le mécanisme universel à une harmonieuse finalité. Par là
nous serait également dictée la vraie morale. Puisque Dieu
est le foyer des intelligences et l'unique moteur des acti-
vités, nous n'avons qu'un devoir : le connaître et l'aimer,
regarder attentivement en lui, aspirer et tendre volontai-
rement vers lui. Ce devoir, n'est-ce pas notre être même
de l'accomplir ? Tout ce qui agit, avec conscience d'agir, ne
s'élève-t-il pas spontanément et invinciblement à Dieu,
suprême bien, but mystique vers lequel montent à l'envi
les amours et les désirs ? Une action qui n'aurait pas l'Être
infini pour objet au moins indirect serait en dehors du
réel et de l'intelligible, une contradiction morale. La faute
même se réduit à une interruption de ce mouvement ;

1. *Xe Entret. métaph.*
2. C'est ainsi que dans le *XIIe Entretien*, Malebranche se laissa entraîner à des excès de finalisme qui rappellent les naïvetés si souvent re-
prochées à Pline l'Ancien.

aussi n'a-t-elle pas d'essence. Proprement, « le péché n'est rien »..

Cette loi d'attraction universelle vers la Bonté créatrice régit le monde des esprits aussi impérieusement que, selon une découverte prochaine, une autre gravitation gouvernera l'univers des corps. Le principe de toute connaissance est aussi la fin de toute liberté. Ce principe, cette fin est Dieu. « Parce que sa puissance et son amour
» ne sont que lui, croyons, avec saint Paul, qu'il n'est
» pas loin de chacun de nous, et que c'est en lui que nous
» avons la vie, le mouvement et l'être : *Non longe est
» ab unoquoque nostrum; in ipso enim vivimus, mo-
» vemur et sumus* [1] ».

§ IV. Idéalité virtuelle du monde extérieur.

I. Demander si la philosophie dont nous venons de retracer les grandes lignes mérite le nom d'idéaliste serait poser une question bien tardive à laquelle l'exposé qui précède aurait d'avance répondu. Le titre seul de Vision en Dieu, communément assigné au système, ne laisse guère de place au doute. Si Malebranche était réellement et foncièrement réaliste, c'est-à-dire s'il attribuait à nos facultés le pouvoir de prendre directement possession des objets de notre science, il n'avait que faire de construire cette vaste machine théologique. A quoi bon, si notre âme perçoit intuitivement les êtres, placer au centre des existences une sorte de divin miroir qui réfléchirait dans toutes les directions, renverrait à tous les esprits les claires

---

1. *VIIIe Entret. métaph.*

images de choses en elles-mêmes inaperçues et ignorées ? Malebranche est trop respectueux de la loi d'économie pour avoir imposé à la Raison suprême un office dont notre intelligence suffirait à s'acquitter. C'est parce que la réalité matérielle est invisible et défie l'atteinte de nos facultés qu'il a recours à l'Être parfait, direct objet de nos âmes. Encore l'Esprit souverain n'intervient-il que pour communiquer à nos entendements les idées des choses et non pour nous mettre intuitivement en rapport avec les choses elles-mêmes.

Oui, en dépit de sa toute-puissance, c'est à cela que se borne la part que Dieu prend à notre savoir. Il nous admet à contempler en lui les exemplaires idéaux sur lesquels il a réglé sa création. Son œuvre, en elle-même et objectivement parlant, est en dehors de nos prises. Lui-même ne la voit point de face, si l'on peut dire ; il ne la connaît que par les relations qu'elle soutient avec son vouloir. Elle n'est saisie immédiatement, en sa concrète essence, ni par la Pensée absolue ni par nos esprits finis. Mais pour qui donc existera-t-elle et à quel titre en parler, demande à bon droit Mairan [1] ?

Dans la vie courante, il est vrai, nos sens, par une duperie de tous les jours, nous persuadent que nos doigts manient et que nos yeux contemplent les corps extérieurs. Les lois de l'union de l'âme avec le corps exigeaient ce

---

1. La critique de Mairan est remarquable : « ...Votre étendue intelli-
» gible n'est qu'une idée en Dieu, idée sans idéat [très bien corrigé par
» Cousin, au lieu d'*idéal* qu'avait lu Feuillet de Conches], ou qui n'a nul
» objet ni en Dieu, ni en moi, ni hors de ma pensée... Que sont les corps,
» si ce n'est des modifications de l'étendue?... Or, si cette étendue n'existe
» ni en Dieu, ni hors de Dieu, donc les corps n'existent pas. » (Lettre du
26 août 1714.)

mirage. Il fallait que nous vissions les étoiles au ciel, où elles ne sont pas, et les maisons dans la plaine où elles ne sont pas davantage. Étoiles et maisons ne se laissent apercevoir de nous que si elles sont immédiatement unies à nos esprits [1]. Les unes et les autres ne consistent qu'en des sensations nôtres. Mais, comme nous n'avons conscience que de ces sensations, sans aucun soupçon du jeu des organes qui les produit ; comme, d'autre part, notre âme sait ne les avoir point causées, nous commettons ce faux jugement de les tenir pour extérieures [2]. Notre connaissance objective du monde ne roule que sur nos impressions sensibles et nos idées.

Qu'à ces idées et à ces sensations corresponde ou non une réalité extérieure, il n'importe guère à notre théorie de la connaissance. Tout se passe comme s'il n'en n'existait pas. La maison que je vois est purement idéale et elle pourrait continuer d'être aperçue de moi alors même que la maison soi-disant réelle serait détruite [3]. Osons dire plus : le monde entier aurait beau s'abîmer dans le néant, nous n'en percevrions pas moins, comme par le passé, les corps qui l'occupent, pour peu que Dieu maintînt telles quelles les lois de l'union en nous de la pensée avec le cerveau [4]. Le système de nos perceptions se suffit pleinement à lui-même et il ne serait en rien rendu plus intelligible parce qu'on le doublerait de nous ne savons quel obscur corrélatif qui ne consisterait qu'en ce système matérialisé [5]. Ce serait assez qu'éter-

---

1. *Recherche*, liv. I, ch. xiv, § 1.
2. *Ibid.*, § 2.
3. *Des diverses apparences*, etc. Réponse à Regis.
4. *Eclaircissement sur l'optique.*
5. La physique de Malebranche, idéaliste comme elle est, peut, sans in-

nellement l'idée de l'étendue continuât d'affecter les esprits pour que, même en l'absence du moindre atome cosmique, ils eussent à jamais l'intuition du même univers. Notre organisme non plus ne ferait pas exception. Malebranche ne s'est-il pas enhardi jusqu'à dire que c'était en Dieu que nous sentions notre corps ? Et à l'appui de cette opinion qui, à son propre point de vue, pourrait passer pour paradoxe, il allègue l'exemple du manchot qui souffre d'un bras qu'il n'a plus. Ce n'est évidemment pas dans le bras réel que l'amputé ressent la douleur, puisqu'il l'a perdu. Mais laissons parler le contradicteur d'Arnauld ; jamais son langage n'a été plus éloquemment téméraire. « Qu'on y prenne garde, cette douleur est pour ainsi dire » étendue le long de ce bras idéal qui affecte l'âme... Il y » a donc un bras idéal qui fait mal au manchot, un bras » qui l'affecte seul d'une perception désagréable, un bras » efficace et représentatif de son bras inefficace, un bras » par conséquent auquel il est uni plus immédiatement » qu'à son propre bras, supposé même qu'il l'eût encore... » *Rideat me ista dicentem qui hæc non videt et ego* » *doleam ridentem me*[1]. » Et, en effet, Arnauld ne s'était point fait faute de s'en amuser comme d'une « imagina-

---

convénient, se passer de cette doublure concrète et matérielle. Ne nous a-t-il pas dit qu'il était indifférent à cette science, qu'il y eût ou non des corps ressemblant à nos idées ? Nous ne raisonnons pas sur ces êtres, ajoutait-il, mais sur leurs idées. « Nous devons seulement prendre garde que les rai-
« sonnements que nous faisons sur les propriétés des choses s'accordent
« avec les sentiments que nous en avons, c'est-à-dire que ce que nous pen-
« sons s'accorde parfaitement avec l'expérience : parce que nous tâchons
« dans la Physique de découvrir l'ordre ou la liaison des effets avec leurs
« causes, ou dans les corps, s'il y en a, ou dans les sentiments que nous
« en avons, s'ils n'existent point. » *Rech.*, liv. VI, IIe part., ch. vi.

1. Réponse de Malebranche à la IIe lettre posthume d'Arnauld, 1699.

» tion » tout à fait « ridicule¹ ». Il lui avait été plus facile de trouver des épigrammes que des raisons ².

II. Mais deux difficultés s'élèvent.

Et d'abord, comment un idéalisme aussi radical serait-il compatible avec la doctrine de la spiritualité de l'âme si résolument professée par Malebranche?

En second lieu, le scepticisme métaphysique n'est-il pas le dénouement obligé d'une philosophie de la vision en Dieu?

La spiritualité de l'âme implique en effet, à ce qu'il semble, une distinction de nature entre la substance pensante et le corps qui lui est uni. Or, si matière et corps ne possèdent qu'une existence idéale, n'est-il pas à craindre que toute distinction ne s'efface de l'une à l'autre; que la prétendue substance hétérogène à l'esprit n'en devienne une pure modalité? Ce raisonnement que l'on a bien des fois reproduit contre les théoriciens de l'idéalisme ne vaudrait pas contre Malebranche. A le supposer exact, qu'en faudrait-il conclure? Rien autre chose, sinon que les cartésiens eurent bien tort de faire substantielle l'étendue et que le titre de « nature » ne convient pleinement qu'à l'âme. Loin donc de courir aucun péril, la spiritualité de cette dernière s'en trouverait encore fortifiée et agrandie. Mais que l'on se rassure, la dualité du corps et de l'esprit n'est en rien compromise.

1. Ire *Lettre posthume*.
2. Arnauld excellait à présenter sous forme moqueuse les arguments démologiques : « Quoiqu'à la levée du siège de Vienne, écrit-il au marquis de Roucy, les chrétiens n'aperçussent que des Turcs intelligibles, quand les Polonais et les Allemands les perçaient de leurs épées, les Turcs réels n'en étaient pas moins bien tués. » Cette boutade résume la plupart des réfutations de Berkeley par les Écossais.

Qu'il y ait ou non une étendue concrète derrière l'étendue idéale, cette dernière n'en offre pas moins un contraste radical avec mes sensations et mes pensées. Mes idées d'étendue forment avec mes idées de sentiments, de conscience, d'entendement, de volonté, une antithèse tranchée, toute semblable à celle du *percipere* et du *percipi* chez Berkeley. Sur les premières on pourra édifier une science de la nature, science, il est vrai, toute géométrique et ne requérant que les claires notions d'espace, de mouvement et de repos[1]. Les secondes composeront les matériaux d'une science de l'âme. Et assurément il n'y a guère à craindre que le philosophe idéaliste ne confonde avec l'objet de la physique l'objet de la psychologie.

Le reproche de scepticisme n'a pas plus de consistance et Malebranche fit sagement de ne point s'en émouvoir. Aussi bien, appartient-il à ceux qui le lui adressent de faire les fanfarons en fait de dogmatisme? Arnauld et les philosophes qui suivent Descartes à l'aveugle tiennent que nos idées sont des modifications de nos esprits. C'est pour le coup que le pyrrhonisme aurait beau jeu. Des modifications de mon âme ne me disent autre chose qu'elles-mêmes; au nom de quel principe s'arrogeraient-elles le droit de m'annoncer davantage? Elles ne sauraient, comme telles, me donner la moindre lumière sur cette création à laquelle le commun des hommes se persuade à tort qu'elles correspondent[2]. De même les cartésiens dénient et avec raison

---

1. V. *suprà*, page 126, note 3.
2. « L'idée que vous avez de la créature n'est, dites-vous, qu'une modi-
» fication de votre âme. Or cette modification n'est certainement pas l'idée
» du créateur sur laquelle il a formé sa créature. Il n'est donc nullement
» certain que la chose soit conforme à votre idée, mais seulement que vous
» le pensez. Donc votre sentiment établit le Pyrrhonisme, mais le mien le

au corps toute puissance d'agir sur l'âme : mais ne se mettent-ils pas ainsi dans l'impossibilité d'expliquer comment des modalités de ma conscience sont produites par des actions corporelles et annoncent à ma pensée l'existence et l'approche d'une matière[1]? S'il est inintelligible que des corps touchent l'âme, ne possédons-nous point en cette inconcevabilité même la preuve que Dieu nous manifeste les réalités matérielles, non en elles, mais en leurs idées?

Avec les prémisses posées par Malebranche, ces fautes de raisonnement ne sont pas à redouter. La connaissance objective n'a plus rien d'une opération contradictoire accomplie grâce à l'union de deux termes hétérogènes miraculeusement soudés l'un à l'autre. Le fait de connaissance a lieu du même au même. L'idéal est contemplé dans le champ de l'intelligible par notre pensée, laquelle n'a et ne peut avoir de commerce qu'avec les idées. D'autre part, ces idées exposent de la création divine un tableau complet et ressemblant, non un douteux fantôme, puisqu'elles sont les exemplaires mêmes et les archétypes qui guidèrent et la volonté et la main de l'Auteur de la nature.

Les personnes superficielles se plaindront sans doute que notre science de l'univers ait là une bien médiocre garantie d'authenticité. Cette défiance est due au préjugé qu'elles entretiennent sur la valeur de nos idées. Les idées? Mais il

« détruit. » Réponse à la *11ᵉ Lettre posthume* d'Arnauld. C'est de l'excellente dialectique.

1. « Peut-être qu'on pourrait encore, pour embarrasser M. Arnauld, lui
» dire que Dieu ne fait rien et qu'il est inutile de créer des corps, puisque
» les corps n'agissent point sur les esprits et qu'à proprement parler, l'es-
» prit ne voit point les corps, mais, selon lui, des modalités représen-
» tatives des corps que Dieu seul cause ou peut causer dans les âmes,
» sans qu'il y ait aucun corps. » *Réponse aux Vraies et aux Fausses Idées*, ch. XXVI.

n'y a rien, se disent-elles, de plus mobile, ondoyant, léger et capricieux ! Ce sont jouets impondérables, bulles vagabondes, dont s'amuse la fantaisie. Ceux qui pensent de la sorte attachent au mot *idées* une signification étrangement inexacte. Ils oublient qu'à la différence des fantômes de notre imagination, nos idées ont une existence, une nature, des déterminations qui leur appartiennent en propre[1]. Ils oublient que, bien loin de se plier aux exigences de notre pensée plastique, c'est cette dernière qui doit s'accommoder de leurs lois inflexibles et se conformer à leurs imprescriptibles conditions. Elles sont si peu notre chose qu'elles opposent à qui les violente une résistance obstinée. Un solide ne défend pas mieux l'espace qu'il occupe contre l'invasion d'un autre solide qu'une notion géométrique sa vérité contre la notion contradictoire. « La terre me ré-» siste », dit Ariste, plaidant l'objectivité du monde matériel. Mais Théodore de lui répondre : « Et mes idées ne me » résistent-elles point? Trouvez-moi dans un cercle deux » diamètres inégaux[2] ! » Du reste il n'en saurait aller autrement. Ces archétypes sont incréés et immuables, par conséquent soustraits à toutes vicissitudes, affranchis de tout devenir[3]. La religion les suppose et la morale les invoque[4]. Ne cherchez point de cause aux idées : « elles » n'en ont point ». Le vouloir divin n'a point prise sur elles. Enfin il y a quelque futilité à rêver au-dessus d'elles un original hypothétique dont elles offriraient les copies : car elles enferment au vrai tout ce que l'on aperçoit en

---

1. *Recherche*, liv. III, II° part., ch. I.
2. *Ier Entret. métaph.*
3. *X° Eclairc.*
4. *Ibid.*

elles. « Pour moi, je crois qu'à parler exactement et en
» rigueur, rien de ce qu'on voit immédiatement n'est re-
» présenté, mais seulement présenté, qu'on ne voit que ce
» qui est, que l'idée contient ce qu'on voit en elle, que
» c'est précisément ce qu'on voit qui affecte l'âme de son
» efficace [1]. » Prenez cette déclaration en un sens phénoméniste, vous aurez la proposition fondamentale de
l'*Essai sur la Vision* et des *Dialogues d'Hylas et de Philonoüs*.

Dès lors nous n'avons plus, ce semble, à balancer et la
conclusion s'impose. Une matière, par elle-même étrangère à l'esprit, absente de Dieu et de laquelle la pensée
suprême est absente, ne saurait trouver asile dans le système de la Vision en Dieu. Elle y serait une superfluité
monstrueuse. Malebranche n'a pas dû, il n'a pas pu s'en
embarrasser.

III. Et pourtant il est vrai que ce lourd obstacle obstrua
sa doctrine. Malebranche admit l'existence de la matière :
à son corps défendant, il faut le reconnaitre, et en nous
répétant sans cesse que, si elle n'était pas, il n'y aurait nul
changement peut-être à l'ensemble perceptible des choses,
puisque rien n'empêcherait nos idées de nous montrer ces
mêmes objets sous leur apparence actuelle. Fait-il profession de réalisme, sa gêne est aussitôt visible; encore se
hâte-t-il presque toujours d'ajouter qu'il ne doit pas être
question de démontrer logiquement l'objectivité du monde
extérieur[2]. Dans sa *Recherche de la Vérité*, alors même

1. Correspondance inédite publiée par l'abbé Blampignon. Lettre au
P. Lamy, 14 janvier (1685).
2. *Recherche*, liv. I, ch. x.

qu'il convient de la nécessité où nous sommes de croire et à notre corps et à des corps ambiants, sous peine de heurter la foi, il remet autant qu'il le peut, le problème à un autre temps. « Cette question renferme trop de difficultés [1]. » Et même quelle forfanterie de parler de démonstration ! « *Une* » *démonstration exacte!* dit Théodore à son impatient in- » terlocuteur, c'est un peu trop, Ariste. Je vous avoue que » je n'en ai point. Il me semble au contraire, que j'ai une » *démonstration exacte* de l'impossibilité d'une telle dé- » monstration [2]. » Cette impossibilité résulte de ce qu'il n'y a nul rapport nécessaire entre Dieu et des créatures, l'existence de celles-ci étant « arbitraire [3] », sans nul titre à ce qu'on la déduise *a priori* du vouloir divin. S'il y a des corps, « c'est que Dieu a bien voulu en créer. Or il n'en est » pas de même de cette volonté de créer des corps comme » de celle de punir les crimes et de récompenser les bonnes » œuvres [4]. » Existe-t-il derrière les idées des originaux ? Ni l'entendement pur ni l'expérience ne me le diront. Attendons-en la nouvelle d'une révélation gracieuse; mais ne nous flattons pas de la recevoir d'un raisonnement analytique, comme nous ferions une notion morale.

Aussi la tentative d'Arnauld qui, aventureux comme toujours, se fit fort de donner une démonstration en règle — que disons-nous? il en apportait huit! — en vue d'établir la réalité des corps, n'est-elle pas prise par Malebranche très au sérieux. Les huit arguments postulent cette com-

1. *Recherche*, liv. VI, IIe part., ch. vi.
2. *VIe Entret. métaph.*
3. Notons ce mot dont usera volontiers Berkeley pour marquer la contingence des œuvres divines et de leurs lois.
4. *Ibid.*

mune prémisse empruntée à Descartes : que Dieu n'est point trompeur. La véracité divine une fois admise, il suffit à Arnauld d'alléguer : 1° notre persuasion de parler depuis que nous existons ; 2° la variété des langues ; 3° les paroles blasphématoires contre Dieu ; 4° l'écriture ; 5° le grand nombre de livres que nous nous souvenons d'avoir lus et que nous savons bien n'avoir point écrits ; 6° l'athéisme de certains de ces livres ; 7° les sentiments de douleur à l'approche du feu, la faim, la soif ; 8° le fait que, quand on ouvre les yeux, on reçoive les sentiments de lumière [1]. Malebranche se borne à répondre que ces huit raisonnements forment, peut-être, d'assez bonnes preuves, mais sont, dans tous les cas, de fort méchantes démonstrations [2]. Encore leur fait-il bien de l'honneur de les décorer du nom de preuves. Ce sont là tout au plus de simples observations d'un bon sens superficiel, qui se retourneraient assez promptement contre la thèse même qu'elles ont charge d'appuyer. Ce sont arguments à deux anses, que chacune des théories adverses peut tirer à elle et retenir.

Dans le sixième de ses *Eclaircissements*, Malebranche s'est décidément attaqué au problème transcendantal. Il a l'intention bien arrêtée de conclure à l'existence des corps. Mais, en le lisant, on se demande, comme il nous est arrivé plus haut avec Descartes : qui voudrait mettre hors de discussion la non-existence des corps tiendrait-il donc un autre langage ? A aucune des preuves généralement invoquées en faveur du réalisme le disciple, non plus que le maître, ne fait quartier. Le témoignage des sens ne nous est, selon lui, d'aucun secours. S'ils nous trompent en tant de

1. *Des Vraies et des Fausses Idées*, ch. XXVIII.
2. *Rép. aux Vraies et aux Fausses Idées*, ch. XXVI.

rencontres sur les manières et les relations, seront-ils plus véridiques, lorsqu'il s'agira de l'existence? L'exemple de l'hallucination et du rêve, le cas de l'amputé qui souffre d'un bras perdu, nous attestent assez leur faillibilité. Incapables de nous prouver la réalité de notre corps, comment démontreraient-ils celle des corps qui nous environnent? « Je ne sais pas même avec assurance
» que j'ai véritablement des mains; je ne le sais que
» parce que dans le temps qu'il me semble que je les
» remue, il se passe de certains mouvements dans une
» certaine partie de mon cerveau, laquelle, selon qu'on le
» dit, est le siège du sens commun. Mais peut-être que je
» n'ai pas même cette partie dont on parle tant et que l'on
» connait si peu. Du moins je ne la sens pas en moi... [1] »
Telle est bien, en effet, la marche régressive de la philosophie idéaliste. Désespérant d'atteindre dans le monde ambiant cette réalité matérielle dont nous sommes en quête, du moins croyons-nous un instant la saisir tout proche de nous, dans le corps que nos sens nous disent nous appartenir. Mais ce corps, à la réflexion, nous devient aussi extérieur, aussi complètement étranger que nous le serait la plus lointaine planète. Comment en prenons-nous conscience? Par l'intermédiaire de nos nerfs. De ceux-ci? Par notre cerveau. Et notre cerveau lui-même, que nous est-il? Nous ne le contemplons qu'en notre conscience, c'est-à-dire en notre pensée, substance par delà laquelle ni l'intuition ni le raisonnement ne sauraient s'élancer et où, quoi que nous fassions, la science du corps, de la terre et des cieux, demeure à jamais emprisonnée.

1. *VIe Eclairc.*

Allons maintenant droit à la preuve dont se satisfit Descartes. Le fait dont elle se réclamait est indéniable. Oui, une inclination entraînante, irrésistible, nous pousse à juger qu'il existe autour de nous des corps. Mais ce penchant ne peut tenir lieu d'évidence [1]. Où prendrait-il l'autorité d'une démonstration ? « Dieu ne nous pousse point » invinciblement à nous y rendre. Si nous y consentons, » c'est librement ; nous pouvons n'y pas consentir. » Reste donc que la Foi nous commande de croire au monde extérieur [2]. Devant cette sommation venue d'en haut, la raison n'a qu'à se courber. Malebranche est prêtre, il s'en souvient. Il a fait vœu de soumission et croire c'est obéir.

Un de nos contemporains a cru surprendre en cet appel à la foi un flagrant paralogisme. « Vraiment, déclare-» t-il, on n'a plus si bon air après cela à se moquer des » cercles vicieux de l'Aristote des Scolastiques [3]... » La difficulté avait déjà été soulevée par Arnauld qui demandait avec vivacité : « Pourquoi croire à la Bible plutôt qu'à » l'Alcoran ? » Cette objection, Malebranche sut fort bien la repousser et cela, sans quitter le terrain du rationalisme. Dans son sixième Eclaircissement, il posait l'hypothèse que Prophètes, Apôtres, Ecriture, miracles, tous éléments que la foi requiert, ne fussent eux-mêmes que des apparences. Il ne lui en fallait pas plus pour bien asseoir sa preuve. En effet, ces apparences sont telles que ma raison ne leur peut concevoir d'auteur excepté Dieu. Mêmes

---

1. « Il est vrai que nous avons un penchant extrême à croire qu'il y a » des corps qui nous environnent. Je l'accorde à M. Descartes. Mais ce » penchant, tout naturel qu'il est, ne nous y force point par évidence : il » nous y incline seulement par impression. » *VI⁰ Eclairc.*
2. *Ibid.*
3. L'abbé BLAMPIGNON, *Etude sur Malebranche.*

prémisses, dans la réplique à Arnauld : si je rejette l'Alcoran et si je crois à la Bible, c'est à cause des apparences que ce Dieu véridique m'a présentées, apparences d'Apôtres, de miracles et « d'autres motifs de crédibilité » qui justifient ma foi à la Bible et me détournent d'adhérer à l'Alcoran [1]. Dès là notre raisonnement n'a plus qu'à se dérouler. « Or, dans l'apparence de l'Ecriture Sainte, et
» par les apparences des miracles, nous apprenons que
» Dieu a créé un ciel et une terre, que le Verbe s'est fait
» chair et d'autres semblables vérités qui supposent l'exis-
» tence d'un monde créé. Donc il est certain par la foi
» qu'il y a des corps et toutes ces apparences deviennent
» par elle des réalités [2]. » L'ordre admirable et la liaison vraiment merveilleuse de ces apparences légitiment ma foi en la Révélation particulière qu'elles symbolisent. Cette foi, à son tour, implique un monde réel. La consistance et le plein qu'elle réclame pour l'œuvre divin retournent tout d'abord aux apparences qui la suscitèrent, transformées désormais en substantielles réalités. Nos idées autorisent la foi ; et, par réciprocité, la foi réalise nos idées. Grâce à ce tour d'une élégante dialectique, l'accusation de sophisme est déjouée. Il y a là, si l'on préfère, une conspiration de vérités réciproques, nullement un cercle vicieux.

Même *consensus* logique dans l'argument tel que le formulent les *Entretiens Métaphysiques*. Le caractère discursif de la preuve y est même mieux accusé encore. « Qu'il y ait ou qu'il n'y ait point de corps, il est certain
» que nous en voyons et qu'il n'y a que Dieu qui nous en

---

1. *Rép. aux Vraies et aux Fausses Idées*, ch. xxvi, § 8.
2. *VI° Eclairc.*

» puisse donner les sentiments. C'est donc Dieu qui pré-
» sente à mon esprit les apparences des hommes avec les-
» quels je vis, des livres que j'étudie, des prédicateurs que
» j'entends [1]. » Mais, quand je compare les apparences du
Nouveau-Testament, des miracles, des Apôtres, celles de la
loi des Juifs et celles des Prophètes avec l'idée de Dieu, la
beauté de la Religion et la sainteté de la morale, je me
trouve porté à croire ce que la foi m'enseigne. « Or, la foi
» m'apprend que Dieu a créé le ciel et la terre... Il y a
» des corps, cela est démontré en toute rigueur, la foi
» supposée [2]... »

IV. Démontré! Le mot semblerait sans doute bien ambitieux à Collier et à Berkeley. *Inféré* tout au plus, faudrait-il dire. Encore cette inférence n'est-elle obtenue que parce que Malebranche n'a pas poussé son raisonnement jusqu'au bout. S'il y avait apporté la même rigueur logique dont il fit montre en d'autres occasions, surtout s'il s'était cru moins enchaîné par les exigences du dogme, lui, dont l'indépendance métaphysique avait déjà scandalisé, il aurait sans peine compris que le problème, tel qu'il le posait, comportait une autre réponse. Cette solution, Collier, Berkeley, Johnson et Edwards, pieux théologiens autant qu'il pouvait l'être lui-même, la formuleront. Des apparences phénoménales régulièrement liées et soumises à des lois permanentes ne leur paraîtront pas succomber au fardeau qu'elles ont à soutenir. Elles constituent le monde de nos sens, celui dont la création nous est racontée par la Genèse, monde objectif, stable, ordonné, indépendant de

1. *VIe Entret. métaph.*
2. *Ibid.*

chaque pensée individuelle, bien qu'il ait pour théâtre unique la totalité des esprits qui le contemplent. Pourquoi donc la révélation chrétienne ne s'en contenterait-elle pas ? Et en quoi une aveugle matière, inintelligible duplicat de l'idée, serait-elle plus indispensable à la Foi qu'à la Science ?

A quoi bon, ne cessait d'écrire Mairan à son ami, une distinction entre l'étendue réelle et l'étendue intelligible ? Il lui semble que celle-ci n'entre en scène que pour parer aux inconvénients théologiques de celle-là : parce que toute étendue étant infinie, le philosophe de la Vision en Dieu se serait vu contraint, s'il n'eût admis que la réelle, de la situer en l'Etre absolu, c'est-à-dire de matérialiser Dieu [1]. Et d'engager son trop sublime correspondant à sacrifier l'étendue intelligible. — Toutefois, en un sens, Mairan se méprenait. C'est l'alternative contraire que requérait la métaphysique de Malebranche : de l'étendue réelle, du corps réel, de la matière réelle il devait, à vrai dire, faire abandon. Arnauld toujours en alerte, ne s'y était pas trompé [2]. Aussi quand on voit le maître

---

1. Lettre du 6 mai 1714.
2. Même dans la théorie de la Vision, objecte Arnauld, notre âme ne voit en aucune sorte les corps que Dieu a créés, pas plus que les sourds de naissance qui apprennent à lire la parole par les mouvements de la bouche, n'ont le sentiment des sons pour cela. Dans le système de Malebranche, le corps intelligible tient lieu du corps réel : « Il sera constant « que notre âme n'aperçoit en aucune manière les corps que Dieu a créés ; « ce qui est aussi contraire à l'Ecriture qu'au sens commun de tous les « hommes. » (Lettre au marquis de Roucy.) — Locke, également, avec une pénétration dont il n'était pas coutumier, montra que cette conséquence découlait logiquement du système : « Selon son hypothèse de la *vue de toute* « *chose en Dieu*, comment pouvons-nous savoir qu'il y a dans le monde « quelque être réel tel que le Soleil ? A-t-il jamais vu le Soleil ? Non, « mais à l'occasion de la présence du Soleil à ses yeux, il a vu l'idée du

Oratorien garder l'une et l'autre extension, on se demande s'il ne se résolut point à maintenir la seconde par politique et dans la crainte que son Platonisme ne semblât trop visionnaire aux uns, aux autres trop peu orthodoxe. Il se résigna donc à forcer son système, de manière à y faire entrer bon gré mal gré ce postulat réaliste qui en démentait et la lettre et l'esprit. De sa philosophie il consent à ne pas absolument exclure la réalité extérieure. Mais ce consentement vient-il du cœur ou ne tombe-t-il que des lèvres ?

Aussi bien cette concession ultime (après quels délais et sous combien de réserves n'a-t-elle pas été consentie !) se réduit, si on la soupèse, à si peu de chose ! Une interprétation déterminée de certains passages des livres sacrés, contre laquelle il serait après tout possible que tel ou tel exégète s'inscrivît un jour en faux, voilà quel est, en dernière analyse, le fragile support sur lequel repose l'existence objective de la matière ! On ne s'est point lassé de redire qu'en dehors de cette preuve nous n'avions pas une seule garantie, que sens, conscience et raison échouaient également à nous donner, sur ce point, la plus légère probabilité. Quelques paroles d'un livre sacré, que l'on peut diversement entendre, comme on les peut différemment appliquer, c'est à quoi se borne toute la démonstration. A quel fil ténu est suspendue, en fin de compte, cette

« Soleil en Dieu, que Dieu lui a exhibée ; mais le Soleil ne pouvant être
« uni à son âme, il ne peut le voir. Comment alors sait-il qu'il y a un Soleil
« qu'il n'a jamais vu ? Et puisque Dieu fait toutes choses par les voies les
« plus brèves, quel besoin y a-t-il que Dieu fît un Soleil pour que nous
« puissions en voir l'idée en lui quand il lui plaît de l'exhiber, alors que
« ceci pourrait aussi bien être fait sans aucun Soleil du tout ? » (*Examen de l'Opinion du P. Malebranche*, § 20.)

réalité immense, concret original dont les idées étalent les innombrables reproductions ! Biffez un mot de la Bible, la matière se dissipe. Modifiez l'acception de telle ou telle sentence évangélique, vous édifiez le monde des corps ou vous ne maintenez plus que l'univers des esprits.

Les piétistes anglais, de bonne heure conquis par l'inspiration si librement Alexandrine et Chrétienne qui anime les beaux ouvrages du Platon français, ne seront pas unanimes à le suivre en ce compromis avec le sens commun. Les premiers admirateurs accepteront et imiteront tout de Malebranche ; mais des continuateurs plus indépendants se rencontreront bientôt qui sauront distinguer et faire leur choix. La concession échappée à l'auteur des *Eclaircissements* sera reprise par eux. Ils protègeront Malebranche contre lui-même et assureront à sa doctrine la continuité logique et l'unité. Ces réalités corporelles, gratuitement introduites dans l'hypothèse sublime de la Vision en Dieu, l'opprimaient de leur poids inutile. Des disciples mieux inspirés l'allégeront de ce fardeau [1] et par eux le système idéal libre de tout lest regagnera les hauteurs.

---

1. « Malebranche déforma la simplicité de sa théorie particulière avec ce hors-d'œuvre d'un inconnu et oiseux univers de matière... Malebranche laissa peu à faire à ses successeurs protestants. Ils n'eurent qu'à omettre l'excroissance catholique. » (HAMILTON, *Discuss. de philos.* — *Idéalisme.*)

CHAPITRE V

PROSÉLYTES DE MALEBRANCHE EN ANGLETERRE —
THOMAS TAYLOR — DISCRÈTES CONTRADICTIONS

I. Dans « la Vie » qu'il a composée du « R. P. Malebranche », le P. André s'étend avec complaisance sur la grande renommée qu'obtinrent dans les principaux États de l'Europe, jusqu'en Espagne, en Italie, à Rome même, les ouvrages de son ami [1]. Il est de fait que si la doctrine de la Vision en Dieu conquit en France bien des suffrages, ce fut au dehors qu'elle compta le plus de partisans. On voit à l'étranger, non sans surprise, des écrivains peu suspects d'une bienveillance exagérée prodiguer leurs éloges à celui que nombre de ses compatriotes tiennent pour un visionnaire. Le sceptique Bayle ne tarit pas sur la beauté et la force de ses écrits [2]. Un instant même sa partialité

1. V. cette *Vie* éditée et divisée par le P. Ingold, début du chapitre vii et fin du chapitre viii.
2. Cet attrait exercé sur Bayle par Malebranche est un curieux phénomène littéraire et philosophique. V. *Les Nouvelles de la République des Lettres.*

pour Malebranche lui attira les foudres d'Arnauld. Chez nous, le succès de la doctrine nouvelle tomba assez vite : le sensualisme appauvrissant de notre XVIII° siècle faisait sentir son approche. L'heure n'était plus favorable à des spéculations qui n'avaient assurément pas pour fin de déifier les sens. Dans la patrie de son auteur, le système ne rencontra pas un seul disciple en possession de le continuer [1]. Aujourd'hui même, en un temps où les écrivains de notre âge classique ont été à l'envi glorieusement publiés, c'est pitié de dire que l'œuvre complète de Malebranche n'a pas trouvé un éditeur [2].

Parmi les nations qui firent fête aux écrits du métaphysicien français, l'Angleterre surtout se distingua. C'est là que l'idéalisme, que l'on se fût attendu à voir croître sur notre sol, devait véritablement faire souche ; là il devait conquérir des prosélytes qui donneraient à leur tour naissance à une école originale. Les témoignages ne manquèrent pas à Malebranche de l'admiration qu'il excitait chez nos rivaux. Des anecdotes que l'on jugerait imaginaires si elles n'étaient confirmées par le double rapport de Fon-

---

1. Ni le P. André, ni l'abbé de Lignac, celui-ci critique subtil, celui-là élégant esthéticien et moraliste, n'avaient l'envergure de métaphysiciens. Le Platon français ne laissa en réalité après lui ni scholarques ni école.

2. L'édition de Genoude, la plus abondante que nous sachions, ne renferme pas certaines œuvres capitales, telles que la controverse avec Arnauld. Elle est, de plus, composée sans critique et les incorrections y foisonnent. V. Cousin, si épris pourtant des belles synthèses métaphysiques, ne semble pas avoir eu un grand penchant pour Malebranche. « C'est un malade », disait-il à ses élèves, si nous en croyons son récent biographe, M. Jules Simon. Quelle appréciation erronée ! La philosophie de Malebranche respire, au contraire, la santé. Tout y est équilibré, harmonieux, uni et continu ; point de heurts, point de variations. En eût-on pu dire autant de l'éclectisme ?

tenelle[1] et du P. André, nous en sont de curieux échos. « Je sais, nous dit le premier, que dans la guerre du roi » Guillaume, un officier anglais prisonnier se consolait de » venir ici, parce qu'aussi bien il avait toujours eu envie » de voir le roi Louis XIV et M. Malebranche. » Il nous cite aussi l'exemple de lord Coddrington[2] (mort vice-roi de la Jamaïque), qui, ayant fait à Paris un séjour de plus de deux ans, était venu presque chaque matin, passer « deux ou trois heures » avec le Père. Enfin, la plus flatteuse de ces démarches, qui aurait eu de quoi enfler un cœur moins modeste, fut celle du roi d'Angleterre, Jacques II. Le P. André la mentionne en termes pompeux : « Ce prince, nous dit-il, qui venait d'acquérir une gloire » immortelle en sacrifiant trois couronnes à sa religion, » lui fit l'honneur de le venir voir à l'Oratoire ; honneur » d'autant plus considérable qu'il partait d'un saint roi, » homme d'esprit habile même et bon connaisseur dans les » matières que le P. Malebranche avait traitées[3]. » Fontenelle, énumérant tous ces faits, se demande « par quel ha-» sard la nation anglaise nous fournit tant de suffrages ». Ce sera la fin de tout ce livre de répondre à la question du malicieux apologiste. Mais il se trompait de croire que ce fût là un « hasard ». Entre l'auteur de la *Recherche de la vérité* et ses adeptes d'Angleterre il y eut non pas une rencontre, mais bien une affinité secrète et profonde qui attirait ceux-ci vers celui-là. Le cadre théologique qu'il leur offrit s'adaptait avec une aisance admirable au subjectivisme absolu qu'ils allaient peu à peu y placer.

1. *Eloge du P. Malebranche.*
2. Le P. André écrit : « Milord Wadrington. »
3. *Vie du R. P. Malebranche,* édit. Ingold, ch. vii.

« Plût à Dieu », écrivait à Norris une admiratrice de Malebranche, « que je pusse lire cet ingénieux auteur dans » sa propre langue, ou qu'il eût parlé la mienne [1] ! » Ce vœu fut en quelque mesure exaucé et Mary Astell put bientôt lire en anglais la *Recherche de la vérité*. En 1694, deux traductions parurent de ce grand ouvrage, l'une à Londres, l'autre à Oxford [2]. La première, mise sous le patronage du marquis de Normanby, présentait, dans la lettre dédicative de Richard Sault une naïve excuse pour cet emprunt fait à la littérature d'un pays ennemi : « la » traduction dans notre langue de bons livres français est » une reprise sur leur nation ». Quelle bonne fortune pour l'humanité si les peuples ne pratiquaient jamais d'autres représailles ! La traduction d'Oxford [3], que mentionne Fontenelle, avait pour auteur un maître ès-arts du collège de Madeleine, à Oxford, Thomas Taylor, évidemment familier avec notre langue, car il avait déjà donné en anglais, en 1692, *un Voyage au monde de Descartes* [4] et, cette année même, la *Comparaison de Thucydide et de Tite-Live*, par Rapin.

II. Ce Taylor ou Taylour [5] ne s'en tint pas au modeste

---

1. *Lettres concernant l'amour de Dieu*, échangées entre J. Norris et Mary Astell.
2. En 1695, paraît à Londres une traduction du *Traité de la Nature et de la Grâce* ; en 1699, à Londres également, James Shipton, M. A. donne le *Traité de morale*.
3. *Treatise concerning the Search after Truth*.
4. Du P. Le Valois.
5. « Thomas Taylour, fils de Will. Taylour, de Newton Regis, en » Warwickshire, devint boursier de « Magdalen college » en 1686, à l'âge de » dix-sept ans ; mais cette maison ayant été dissoute à l'arrivée des agrégés » papistes, par autorité du roi Jacques II, il devint « clerk d'All souls

rôle de traducteur. Il fit sienne la philosophie dont il avait publié la version et s'efforça, à ce qu'il semble, de penser et de parler pour son propre compte, en disciple de Malebranche. Nous avons de lui un sermon [1] prêché à l'église paroissiale de Burcester (comté d'Oxford), le 2 décembre 1697, dans une cérémonie d'Actions de grâces, pour célébrer « la paix heureuse et honorable » que le roi venait de conclure et dans lequel il expose, selon des principes empruntés au *Traité de la Nature et de la Grâce*, sa théorie de la Providence.

Comment l'action providentielle s'exerce-t-elle sur les desseins des hommes, de manière à faire triompher dans le gouvernement du monde le vouloir de Dieu? Le problème est délicat, parce qu'il place en présence l'une de l'autre la liberté de l'homme et la suprématie divine, deux termes que l'effort des écoles s'est consumé à concilier. Taylor examine quelles voies et méthodes peut bien suivre la Toute-Puissance pour amener les hommes à entrer d'eux-mêmes dans les plans qu'elle s'est tracés. L'hypothèse de la Vision et de l'Action en Dieu lui fournit, sans qu'il la nomme, (ce n'était pas le lieu,) une solution, à son gré, satisfaisante. Dieu dirige les pensées, les désirs et les passions des hommes dans le sens où il a décidé que leurs volontés se détermineraient. Il leur propose tels mobiles, fait naître en eux telles intentions qui appellent leur libre arbitre aussi invinciblement que l'aimant attire le fer. Et quoi de plus facile à l'Universelle Raison que de promouvoir, par cet attrait intime, nos résolutions ? Ne réside-

» college »... En 1694, il devint vicaire et « schoolmaster » de Burcester en
» Oxfordshire... » Antony Wood, *Atheniæ Oxonienses*, t. IV.

1. Publié à Londres en 1697.

t-elle pas, n'agit-elle pas au plus profond de nos cœurs ?
« Si nous considérons Dieu comme un Esprit Infini et
» Tout-Puissant, en qui nous vivons, nous nous mouvons
» et nous sommes [1], nous ne pouvons éviter de conclure
» qu'il est immédiatement présent à chacune des âmes
» qu'il a créées et qu'il est capable de les gouverner et de
» les conduire, comme elles-mêmes le sont d'animer et de
» mouvoir ces corps auxquels elles sont unies. » L'auteur
du *Traité de la Nature et de la Grâce* eût-il adhéré à la
comparaison? Nous ne nous en portons pas garant. Taylor
fait remarquer ensuite que la vertu de vouloir et la faculté
de comprendre ne nous sauraient venir d'ailleurs que du
« Père des Lumières », sous la dépendance absolue duquel
sont à jamais maintenues ces deux puissances de l'esprit.
Dieu n'a donc qu'à susciter de nouvelles séries de pensées,
à caresser des désirs, à hâter des espérances, à fortifier
des craintes, enfin à aiguillonner toutes les passions capables de favoriser son plan de bonté et de perfection universelles. L'Écriture et l'Histoire apporteraient au besoin
des exemples en abondance [2].

Les partisans de la liberté se plaindront sans doute
qu'en cette conciliation prétendue de l'omnipotence divine
avec l'autonomie humaine, la seconde soit par trop sacrifiée. Malebranche lui-même avait redouté, semble-t-il,
d'installer au centre de la vie spirituelle une tyrannie persuasive qui, si bienfaisante soit-elle, aboutit à supplanter
l'agent qu'elle est dite conseiller. C'est sans conditions qu'il
nous a dotés de l'aptitude à faire dévier, même à sus-

1. Toujours le verset de saint Paul. C'est le mot de passe de toute l'École.
2. *Sermon*, § 1, 1°.

pendre cet élan qui fait notre être moral. S'il admet qu'un appât surnaturel se fasse sentir à nos âmes pour les inviter où il est bon qu'elles aillent, ce n'est que dans le cas tout exceptionnel de la grâce et par l'entremise du souverain médiateur entre le Ciel et la Terre, c'est-à-dire de Jésus-Christ.

Au reste, Taylor a soin de faire entrer en ligne, dans son dénombrement des méthodes de la Providence, « l'effi-
» cace générale et l'action des causes naturelles » ; efficace et action dont la vigilance providentielle peut d'autant mieux disposer que, si l'on excepte l'homme, toutes les créatures se meuvent bien moins qu'elles ne sont mues. Il fait également une part au miracle, déchirure accidentelle en la trame constante des lois de la nature. La grande simplicité des règles cosmiques ne leur permet pas toujours de parer aux maux qu'entraîne l'usage pervers de la liberté humaine. « C'est pourquoi Dieu s'est réservé à
» lui-même un droit transcendant de suspendre ou de re-
» tarder l'exécution de ces lois. » Enfin, et pour ne rien omettre, les anges se mêlent aux affaires d'ici-bas, en qualité de « ministres des besoins et du bien de l'huma-
» nité ». Par tous ces moyens, Dieu garde la haute main sur tous les êtres qu'il a doués même de la vie, même du libre-arbitre et toutes les pièces de notre univers, les plus relevées comme les plus infimes, « conspirent harmonieu-
» sement à la production des effets que sa sagesse a pré-
» déterminés ».

Si réduit que se trouve le rôle de notre spontanéité dans une conception de ce genre, le prédicateur anglican n'a pas cru l'avoir encore suffisamment assujettie. Il a tenu, de plus, à lui adjoindre un correctif, en réservant à l'activité souveraine le droit de miracle. L'ensemble de cette théologie morale est, de toute évidence, fondé sur les principes que nous avons vus présider à l'Éthique et à la Cosmologie de Malebranche. Le voile d'un nouvel idiome ne déguise qu'à peine tant d'analogies.

Quelques années après, allait paraître sous le nom de Th. Taylor un essai dogmatique portant sur le même sujet. Le livre a pour titre : les *Deux Alliances*[1] *de Dieu avec l'Humanité*. La préface ne laisse planer aucun doute sur la source où le théologien anglais a puisé. « Ce » que j'offre ici, déclare-t-il à son lecteur, est appuyé » sur *M. Malebranche* ; ce n'est, en quelque sorte, qu'un » commentaire de son texte. » Et de célébrer les fertiles principes de ce Père. Les lumières qu'il fournit jaillissent à l'infini, proclame-t-il, en nouvelles découvertes, ainsi que font les étoiles fixes toutes les fois que nous agrandissons le télescope et que nous perfectionnons notre optique. Aussi souhaiterait-il que sur ces principes inébranlés on construisît un système assez riche pour faire évanouir toutes les difficultés particulières qui ont trait à la Providence et à la Grâce. Taylor s'est-il flatté d'achever un monument de ce genre ? Ce nous semble ; sinon, à quelle fin avoir composé ses « *Deux Alliances* » ?

Les deux alliances scellées par Dieu avec l'homme furent : l'une de *Justice*, quand Adam était en pleines forces et l'autre de pure *Grâce*. Par ce dernier pacte, tous les

---

1. THE TWO COVENANTS *of God with mankind*, *or the Divine Justice and Mercy explained and vindicated in an* ESSAY *designed to shew the use and advantage of some of M*[r] *Malebranch's Principles, in the theories of Providence and Grace, which for want of them have been too commonly misinterpreted and ill understood*. London, 1704.

pécheurs ont été admis à un pardon et à une félicité qui dépassent de l'infini les bienfaits du contrat de Justice. La grâce divine ne connaît pas de limites. Et de proche en proche, l'auteur est conduit à cette conclusion qui lui sert de point de départ pour des spéculations nouvelles : les Vérités ont leur source dans l'Entendement et dans la Volonté de Dieu.

En Dieu, le vouloir est étroitement uni à l'intelligence, puisqu'il ne se détermine à rien que selon l'ordre et la sagesse. « La liberté consiste en ceci que parmi cette infinie
» variété de plans et de moyens de les réaliser elle fait
» choix de telle méthode qu'il lui plaît et peut s'arrêter à
» l'une de préférence à l'autre, étant donné que nulle
» d'entre elles n'est incompatible avec sa Vertu, sa Bonté,
» ni aucun de ses attributs. De là procède un ordre secon-
» daire de vérités, que nous pouvons appeler positives et
» arbitraires, telles que les Divins Conseils et Décrets, les
» Lois Naturelles et toutes celles qui tirent leurs mesures
» du Vouloir divin. » Cette espèce subsidiaire de règles générales ne saurait admettre d'infraction. Cependant elles n'ont ni la nécessité ni l'éternité des premières. Les unes et les autres sont ce que Dieu les a faites et possèdent le degré de rigueur qu'il leur a départi : à son gré certaines, probables ou contingentes. S'agit-il de la formation et de la distribution de la matière? Des lois assurées et immuables sont, dès l'origine, en vigueur. C'est ainsi qu'au mouvement des corps leur centre a été assigné comme direction invariable et qu'aux substances spirituelles la liberté d'action fut donnée en partage. « Au
» *mouvement* des esprits, c'est-à-dire à leurs vouloirs,
» il a assigné l'indifférence entre deux alternatives et c'est

» cette indifférence, soit en Dieu, soit dans la créature, » qui sert de fondement à la contingence. » Aussi Taylor prend-il à partie ceux qui prétendent donner ces vérités contingentes pour des émanations de la Volonté de Dieu non moins nécessaires que les Vérités éternelles; qui veulent que l'Univers n'ait pas pu n'être point créé; qui, faute de s'expliquer pourquoi l'acte producteur a eu lieu en un point précis de la durée plutôt qu'en un autre, déclarent que ce monde ne comporte ni commencement ni fin, transformant ainsi en nécessité fatale l'absolue liberté du Tout-Puissant, en infinité et en éternité la contingence de la créature. C'est à redresser cette double erreur que le livre des *Deux Alliances* est principalement consacré. « Le » Vouloir de Dieu n'est déterminé nécessairement à rien, » si ce n'est à *vouloir* et *aimer* son propre Etre. Le » monde et toutes ses dépendances sont des effets arbi-» traires. » Cette vérité, une fois acceptée, éclairera d'un nouveau jour la Théologie elle-même et facilitera la solution des nombreux problèmes que soulèvent la prescience divine, la subordination du règne de la nature à celui de la grâce, la médiation du Christ, l'efficacité de la prière, le ministère des Anges.

Si docile élève que se dise Taylor, on ne saurait nier, après cette rapide analyse, certaines altérations qu'il a fait subir au modèle dont il s'est inspiré. Par exemple, lorsqu'il outre à ce point la spontanéité des causes secondes et renchérit d'avance sur le *de Motu* de Berkeley, il dépasse à l'excès la véritable doctrine du Maître, selon qui, à vrai dire, le logique et le rationnel, par conséquent une nécessité relative, pénètraient en ces enchaînements de lois naturelles et d'effets. Taylor en cela montra le chemin aux idéalistes ses compatriotes : l'un des premiers, il étendit au-delà de toute mesure ce principe de contingence qui devait marquer leur physique de son sceau le plus original.

Il y avait plus qu'une exagération, il y avait une méconnaissance profonde des idées de Malebranche dans la théorie que développait le Livre des *Deux Alliances* sur la liberté en l'homme et le Vouloir en Dieu. Taylor nous a donné clairement à entendre que, pour lui, le libre-arbitre se réduisait au pouvoir de choisir indifféremment entre des partis opposés. Or, c'est là une conception que Malebranche avait de tout temps expressément rejetée. Toujours il a proclamé que l'homme veut au mieux de son désir sans être pour cela l'esclave de ses aspirations. Bien moins encore eût-il attribué à Dieu une liberté d'indifférence. Aussi bien où donc une faculté de ce genre trouverait-elle à s'exercer? Ce ne pourrait même être au cours des causes secondes, dans l'exécution du détail des projets divins. Ne savons-nous pas que les moindres événements, au même titre que les plus considérables, sont gouvernés par des lois générales ; que celles-ci découlent d'un plan préformé; que ce plan a été lui-même préféré entre tous les autres, comme joignant à la plus complète beauté la plus grande simplicité possible? Ce monde-ci était, en conséquence, le seul qui pût et qui dût naître. C'est donc sur la théologie de Malebranche que retomberaient droit les protestations élevées tout à l'heure par Taylor, quand il se récriait contre ceux qui introduisent dans la volonté divine une sorte de fatalité. Oui, le philosophe français a mis la nécessité en Dieu, si l'on n'aperçoit de spontanéité que là où il y a indifférence. Mais, en réalité, il l'entendait tout autrement. S'il n'a voulu installer dans l'homme qu'une liberté de choix et de raison, combien *a fortiori* devait-il se refuser à placer une liberté de hasard au sein de l'Etre en qui la sagesse fait un avec le pouvoir! Sous ces réserves, Taylor nous a bien tenu parole. Il a sincèrement pris à tâche d'acclimater en sa patrie une doctrine morale dont il admirait l'élévation et la pureté. Sans doute il s'est trop préoccupé des applications théologiques que cette philosophie comportait. Nous ne voyons pas qu'il ait embrassé dans son ampleur le système entier dont certaines pièces surtout l'avaient séduit. Il a aimé de Malebranche la physique et l'éthique générale ; la grande métaphysique dont l'une et l'autre découlent n'occupa peut-être point dans son admiration une aussi large place. A la différence de Norris [1], qui accréditera chez ses compatriotes la doctrine entière de la Vision en Dieu, Taylor en a, ce semble, plutôt détaché un riche lambeau. Son goût pour un chapitre lui a fait perdre le livre de vue; l'épisode lui a masqué le poème.

III. Tous les lecteurs anglais de Malebranche n'étaient assurément point aussi élogieux que Taylor. Des oppositions déclarées accompagnèrent de tout temps les grandes popularités. Le Platonisme cartésien, si ces deux mots se peuvent accoupler, rencontra des adversaires dont tous les coups, avouons-le, ne portèrent pas à faux. Mais rien ne tombe plus vite dans l'oubli que ces publications de polémique doctrinale. Il en est, toutefois, où l'historien de la philosophie trouverait encore à glaner : par exemple les

1. Dans la préface de son livre, Taylor avait mis ses éloges de Malebranche sous le patronage de Norris.

Essais moraux de J. Lowde, parus en 1699[1], c'est-à-dire au temps où le métaphysicien de l'Oratoire était chez nos voisins à l'apogée de la faveur. Une partie de cet ouvrage est occupée par la discussion du système qui possédait alors en Norris son plus éloquent avocat. Lowde n'avait de Malebranche, croyons-nous, qu'une intelligence assez superficielle; sur tel point grave de la théorie, il se méprend du tout au tout[2]. Sa critique n'en offre pas moins quelque intérêt en ce qu'elle s'inspire du même esprit qui animera au siècle suivant les réalistes de l'Ecole Ecossaise. Tout comme feront Reid, Beattie, Oswald, il se donne pour un partisan de l'observation mentale et du sens commun.

L'hypothèse de la vue en Dieu, quelle qu'en puisse être la valeur intrinsèque, lui paraît d'une recherche oiseuse. Quelle nécessité y a-t-il donc de découvrir le mode de la connaissance humaine? « Pourquoi ce fait ne resterait-il » pas, tout comme l'union de l'âme et du corps, un phéno- » mène inexpliqué jusqu'ici et peut-être inexplicable? » En second lieu, l'alternative ultime à laquelle Malebranche nous acculait, de connaître les choses en Dieu seul, n'au-

---

[1]. MORAL ESSAYS *wherein some of Mr Lock's and Monsi^r Malbranch's opinions are briefly examin'd. By Ja. Lowde, Rector of Settrington, in Yorkshire.* London, 1699.

[2]. Par exemple, Lowde fait cette objection au système : « Dieu connaît
» parfaitement et embrasse toutes choses, mais les voir et les connaître par
» Idées, ceci est une imparfaite manière de voir et de connaître les choses,
» seulement propre à l'Homme et aux Intelligences créées ; Dieu voit et con-
» naît toutes choses d'une manière infinie, bien plus parfaite que par Idées,
» d'une manière plus convenable à la pureté et à la simplicité de la Nature
» Divine... » C'est là une difficulté bien gratuite. Dieu, selon Malebranche, n'a pas à connaître par idées. La raison universelle exhibe à l'homme les idées dont il a besoin pour connaître : elle n'a pas à se les exhiber à elle-même. L'assimilation reprochée au philosophe français est donc imaginaire.

rait pu se justifier que par l'épuisement de toutes les autres explications également reconnues inacceptables. Encore ce moyen de démonstration était-il bien valable? Peut-être la revue des hypothèses possibles avait-elle été incomplète ; peut-être quelque autre voie subsisterait-elle dont il n'était point fait mention. Cette seconde objection est au nombre de celles que Locke soulèvera[1] ; au contraire Leibnitz prendra, sur ce point, fait et cause contre Locke pour Malebranche[2]. Comme argument subsidiaire, l'auteur de la *Recherche de la Vérité* avait allégué, à l'appui de la solution qu'il préconisait, ce fait d'expérience, disait-il, que, pour penser à un objet déterminé, nous jetons tout d'abord les yeux sur l'universalité des êtres. Lowde n'estime pas que tel soit le témoignage de notre conscience. « Peut-être tous les hommes ne trouvent-ils point par expé-
» rience que ce soient la voie et la méthode qu'ils pren-
» nent dans leurs méditations respectives. Je pense plutôt
» que quand les hommes désirent fixer leurs pensées sur
» tel objet particulier, leur pensée ne vagabonde plus
» comme avant, mais se renferme en un plus étroit es-
» pace. » Arnauld avait dit de même, non aussi bien. Malebranche aurait, il est vrai, pu répondre que son nouveau critique décrivait avec justesse le second moment de l'attention réflexive, mais qu'il en négligeait le premier. Avant de se fixer au point voulu de l'horizon mental, il faut que l'esprit ait promené ses regards, si confusément que ce soit, sur tout le panorama de ses idées et de ses souvenirs.

1. *Examen de l'Opinion du P. Malebranche*, etc.
2. LEIBNITZ : *Remarques sur le sentiment du P. Malebranche, etc., concernant l'examen que M. Locke en a fait.*

Au total, la théorie de la Vision en Dieu a contre elle, s'il en faut croire Lowde, toutes les présomptions, toutes les probabilités. « Si cette opinion est une vérité, elle est
» de toutes les vérités celle qui en a le moins l'apparence ;
» tous nos sens extérieurs portent témoignage contre elle
» et nos facultés internes ne semblent la favoriser en quoi
» que ce soit ; nous comparons les idées, nous discou-
» rons et tirons les conséquences de prémisses antérieures
» exactement selon les méthodes de l'autre hypothèse. »
En d'autres termes, l'idéalisme théologique de Malebranche répugne à nos croyances les plus instinctives : sens et conscience s'unissent pour le condamner. L'immatérialisme Berkeleyen connaîtra aussi cet ordre de griefs.

IV. Un agresseur bien autrement redoutable eût été Locke, s'il avait cru devoir, de son vivant, engager l'attaque. La réfutation qu'il a laissée parmi ses œuvres posthumes, sous ce titre : *Examen de l'opinion du P. Malebranche selon laquelle on voit toutes choses en Dieu*, contenait, parmi bien des critiques frivoles, de robustes objections. L'aimable écrivain y abuse un peu trop du tour facile de discussion qui consiste à feindre de ne pas entendre les termes, les arguments et les conclusions qui vous mécontentent[1]. A ce sujet, Leibnitz dit finement : « Je remarque
» souvent que certaines gens tâchent d'éluder ce qu'on
» leur dit par cette affectation d'ignorance, comme s'ils n'y
» entendaient rien, ce qu'ils font, non pas pour se blâmer
» eux-mêmes, mais bien soit pour blâmer ceux qui par-
» lent, comme si leur jargon était inintelligible, soit pour

---

1. V. notamment § 4, 6 et 25.

» s'élever au-dessus de la chose et de celui qui la débite,
» comme si elle n'était point digne de leur attention [1]. »

Locke recourt à une dialectique de meilleur aloi, lorsqu'il dénonce, dans la doctrine qu'il combat, cette inconséquence d'avoir proclamé inconciliables l'une avec l'autre la pensée et l'étendue, tout en admettant qu'une substance spirituelle pût représenter à l'âme les figures de la géométrie [2]. Oui, l'auteur de l'*Essai* a raison, comment se peut-il que nos idées nous représentent des corps ? Que nous voyons l'étendue en Dieu, ou en la matière, là n'est pas la question. Nous la voyons, tel est le fait. D'où le pouvons-nous, si pensée et extension ne peuvent s'unir ? Il y a, en effet, là une équivoque qui n'a cessé de peser sur tout le cartésianisme et qui consiste à faire de ces deux hétérogènes, deux *substances* nécessairement, éternellement irréductibles. Cette faute persiste chez Malebranche qui, cependant, essayait en quelque mesure de l'atténuer, lorsqu'à la pensée il opposait une étendue rationnelle, tout intelligible, non essentiellement rebelle à l'esprit. Pour que l'ambiguité s'effaçât toute, il eût fallu que cette expression, l'*étendue intelligible,* désignât seulement une série de nos objets de pensée en contraste avec une autre série, bien que toutes les deux dépendissent d'une seule et même intelligence.

Des critiques diverses formulées dans son *Examen,* la plus pénétrante sans contredit est celle où Locke signale à quel point l'existence concrète d'un monde matériel, support incognoscible des idées qui le font apercevoir, déforme

1. *Remarques*, etc.
2. § 18.

le système de la vision en Dieu. Pourquoi nous parler d'un soleil matériel, puisque le seul que nous connaissions et qui soit uni à notre âme est un soleil intelligible? Et d'où vient que Dieu manque à ce point au principe d'économie, d'employer, pour nous obtenir la connaissance des choses, le réel joint à l'idéal, là où le seul idéal suffirait[1]? Plus loin encore, l'écrivain empiriste revient avec force sur cette conclusion qui s'imposerait, croit-il, à Malebranche[2] : « Comment savons-nous ou pouvons-nous
» savoir qu'il existe quelque chose comme le corps? Nous
» ne voyons rien que les idées qui sont en Dieu ; le corps
» lui-même, nous ne pouvons absolument pas le voir. Dès
» lors, comment pouvons-nous savoir qu'il existe rien de
» tel que le corps, puisque nous ne saurions, en aucune
» manière, le voir ou le percevoir par nos sens, seule voie
» que nous ayons de connaître qu'une chose corporelle
» existe? Mais, dit-on, Dieu nous montre les idées en lui-
» même à l'occasion de l'approche de nos sens par ces
» corps. Proposition gratuite et qui postule la chose en
» question. » Bayle même n'avait pas indiqué plus nettement avec quelle rigueur inflexible l'idéalisme absolu se déduisait du système de la *vision*[3].

Si l'*Examen* eût été livré plus tôt à la publicité, une mise en demeure aussi catégorique n'aurait peut-être pas trouvé sourds tels disciples trop fidèles à la lettre de la doctrine. Assurément, se seraient-ils dit, ces existences corporelles sont un monde parasitaire, mais qu'à cela ne tienne! Nous en serons quittes pour accomplir nous-mêmes

1. § 20.
2. § 52.
3. V. son *Dictionnaire*, art. Zénon.

l'œuvre de simplification à laquelle le théologien de l'Oratoire ne s'est pu résoudre. Rendons grâce à Locke de nous avoir enseigné à corriger Malebranche par Malebranche lui-même. — Mais cet opuscule ne parut qu'en 1706 et les admirateurs de Locke ne sauraient sérieusement revendiquer pour lui l'honneur d'avoir suggéré à Collier et à Berkeley la conception première de leur immatérialisme.

Et cependant Locke avait depuis longtemps à cœur cette petite réfutation. Le crédit dont l'hypothèse de la vision en Dieu jouissait auprès de certaines personnes lui avait fait, écrivait-il à Molyneux le 28 mars 1693 [1], concevoir la pensée d'ajouter à son *Essai* un nouveau chapitre où la faiblesse de cette théorie serait rendue manifeste. Molyneux, très hostile au platonisme soit ancien soit rajeuni, encourage de toutes ses forces son ami [2]. « Le P. Malebranche, dit-il dans une autre lettre, a beaucoup de notions curieuses, et quelques-unes aussi d'erronées et absurdes [3]. » Tel est également l'avis de Locke ; aussi écrit-il à Molyneux qu'il en a composé un petit traité, non terminé tout à fait et à dessein, de crainte qu'on ne le sollicitât de le livrer à l'impression. « Je n'aime pas les controverses, et j'ai une sympathie personnelle pour l'auteur [4]. » De là, ce caractère d'inachèvement que présentât l'*Examen* : sans conclure, l'ouvrage s'arrête court sur un passage où Locke reproche à Malebranche d'avoir introduit la diversité au sein de l'unité divine.

1. V. Locke, *Lettres familières*.
2. Voir sa lettre à Locke, du 18 avril 1693.
3. Lettre du 26 mars 1695.
4. Lettre du 26 avril 1695. Déjà il écrivait à la date du 28 mars 1693 : « J'ai si peu d'amour pour la controverse que je ne suis pas pleinement résolu. »

Au déclin d'une vie agitée par les tourmentes politiques, Locke ne se souciait guère de mener la campagne philosophique à laquelle Molyneux le conviait. Malebranche était encore, malgré son âge, en pleine verdeur ; il sortait, non amoindri, de sa guerre de dix ans contre le plus intrépide jouteur du siècle. Quelque répugnance qu'il eût d'instinct pour les polémiques, il acceptait toute rencontre et savait rendre blessure pour blessure. Et d'ailleurs, en Angleterre il possédait un second avec qui il fallait compter et dont Locke avait éprouvé déjà l'humeur combative : Jean Norris, qui, dès l'*Essai* paru et sans attendre une attaque plus directe contre la philosophie des idées, avait jeté son défi et marché droit au nouveau sensualisme. Locke ne s'en tint pas, pour réponse, aux épigrammes *intra parietes* de sa correspondance avec Molyneux. Il prit la plume afin de réfuter Norris. Lui fit-il cependant, comme à Malebranche, l'honneur de le craindre assez pour ne se point mesurer, de son vivant, avec lui ? Tant il y a que les *Remarques sur Norris*, beaucoup moins avancées, il est vrai, que l'*Examen*, sont également un écrit posthume [1].

---

1. *Remarks upon some of Mr Norris's Books, wherein he asserts P. Malebranche's Opinion of our seeing all Things in God.*

CHAPITRE VI

JOHN NORRIS

I. Né en 1657, à Collingbourne-Kingston (Wiltshire), John Norris parcourut avec succès, à Oxford, le cycle des études classiques. Il était, à l'âge de vingt-trois ans, élu fellow d'All Souls' College. Le camp tory et le parti de l'Eglise orthodoxe eurent, dès sa jeunesse et toute sa vie durant, ses préférences. Le culte de Platon joint au commerce de saint Augustin, la fréquentation des Alexandrins, la lecture de Descartes et des principaux modernes, décidèrent de sa vocation. Quand il commença de spéculer, l'occasion semblait propice pour une renaissance du Platonisme accommodé au goût chrétien. Cudworth et More n'avaient-ils point déjà, par leurs écrits, consacré cette alliance? Henri More surtout exerça un ascendant personnel sur le jeune diplomé d'Oxford, tout aise de faire étalage, devant le grand public, des lettres [1]

[1]. On trouvera ces lettres, qui furent écrites de 1684 à 1686, à la suite d'un Essai Moral publié par Norris, en 1688, sous ce titre : *The Theory and Regulation of Love*, ouvrage tout inspiré de Malebranche et où il est traité des deux sortes d'amour : l'un, invincible, qui tend à Dieu, l'autre, non irrésistible, qui nous attire vers les êtres finis.

qu'il avait, lui débutant, échangées avec ce vétéran de l'ontologie, sur des points obscurs de physique rationnelle[1] ou de morale transcendante. En ce commerce philosophique, Norris, dont le ton est celui d'un disciple déférent, se montre curieux d'analyse, agile à la discussion et le dialecticien blanchi décerne à son correspondant un brevet non immérité « d'esprit, d'éloquence » et, louange d'un plus haut prix, « de solide raison [2] ».

Ces aspirations néo-platoniciennes se donnèrent carrière en divers petits ouvrages tout pénétrés de piétisme et de mysticité sentimentale. Ses *Poésies,* qu'il donna en 1684 [3] et dont le succès alla jusqu'à neuf éditions, composent un mélange assez hétéroclite d'effusion rêveuse, d'érudition profane et de théologie. Quelques pièces, toutefois, comme la *Séparation,* seraient empreintes d'un sentiment plus simple et personnel, si l'abstraction, cette mort de l'art, ne les désolait. La plupart de celles qu'il ajouta dans les éditions ultérieures, chantent des sujets de philosophie sacrée. Ce sont des *Paraphrases de Psaumes;* c'est la *Passion de la Vierge mère;* ou encore la *Plainte d'Adam chassé du paradis.* En ces jeux littéraires, où les plus graves eux-mêmes s'accordent d'ordinaire quelque abandon, le lauréat d'Oxford cède au seul attrait qui guidera sa vie d'écrivain, à l'amour de l'ontologie. Sa *Collection de Mélanges* n'est que de la dialectique en vers. Aussi ne tardera-t-il pas à s'engager dans la direction où l'ap-

---

[1]. Par exemple, Norris, dans sa première lettre, demande à son illustre correspondant comment il peut y avoir un *immobile extensum* indépendamment de la matière, théorie soutenue par More en son *Enchiridium.*

[2]. Réponse de More à Norris, du 13 avril 1685.

[3]. *Poems and Discourses, occasionally written by J. Norris.* Ces poésies furent rééditées et complétées dans *A Collection of Miscellanies,* 1692.

pellent ses goûts et ses talents. Il est impatient de construire son système des choses. Mais nous disons mal : ce n'est pas sa doctrine à lui qu'il va produire ; ce sera une doctrine étrangère, d'importation toute récente et qu'il a rendue sienne, à force d'y rêver, de l'admirer, de la célébrer.

Bien au-dessus de Descartes et au niveau de Platon, de saint Jean, de saint Augustin, il place l'auteur de la *Recherche de la Vérité*, livre qu'il lut, des premiers sans doute, dans l'original et dans lequel il crut de plus en plus découvrir l'expression parfaite des virtualités de sa propre philosophie. La théologie qui s'en dégageait ne ressemblait-elle pas trait pour trait à celle qu'il avait d'instinct adoptée? Antiquité et christianisme, chefs-d'œuvres de la Grèce classique et Saintes-Ecritures, s'y mariaient à ravir. L'admiration de Norris ne reculera pas devant l'hyperbole. « M. Malebranche s'est avancé le plus loin que je
» sache en cette découverte (du monde idéal). Il est certai-
» nement le grand Galilée du monde intellectuel. Il nous a
» donné le *point* de vue, et quelques nouvelles révélations
» qui se produisent jamais, ce doit être à travers son téles-
» cope. » Ce superbe et quelque peu emphatique hommage, consigné au début de son principal écrit[1], trouverait aussi bien sa place en tête de ses autres livres. Sur quelque matière qu'il compose, toujours le même vénéré nom revient sous sa plume. Ce nom, il ne se lasse pas de l'enseigner à ses amis, de le redire à ses lecteurs. A ce chef d'Ecole il cherche partout, au besoin il inventerait, de nouveaux adeptes[2].

1. *Essai de Théorie du monde Idéal*, préface.
2. Ainsi Lady Masham, nous verrons avec quel peu de succès.

Le premier ouvrage de sa maturité, où déborde la croyance dont il était plein, porte le titre de *Raison et Religion* [1]. Il aimait à y renvoyer ceux de ses lecteurs qui désiraient s'initier aux vues de son Malebranche tant vanté. Ce livre, qui n'est pas exempt de sécheresse, le cède de beaucoup à la *Théorie du Monde Idéal*, bien qu'il en anticipe le plan général et la progression. Il se divise en deux parties : l'une, théologique, traite de l'Idée de Dieu conçu comme ayant pour essence, non la perfection, l'omniscience, ou tel attribut relativement secondaire, mais l'être absolu, l'être en soi : « Je suis celui qui suis. » Les autres caractères de la Divinité se surajoutent à celui-là qui les engendre tous, sans procéder lui-même d'aucun. La seconde partie, très imbue de théologie encore, composerait une manière de psychologie et de logique *a priori :* elle traite de l'homme, en tant que créature douée de raison et de volonté. Cette raison a en propre de connaître, mais comment y réussit-elle? D'une seule manière: elle contemple les choses en Dieu. « C'est une notion très
» fréquemment touchée par les Platoniciens, par Plotin,
» par Proclus, par Marsilius Ficinus, par saint Augustin,
» par le feu philosophe François du Hamel, dans son livre
» *de Mente Humana*, et ça et là entrevue par saint Tho-
» mas d'Aquin lui-même; mais personne que je sache ne
» l'a si abondamment, si délibérément et habilement con-
» duite que l'incomparable M. Malebranche qui, à mon
» avis, en a établi la vérité au-dessus de toutes les subtili-
» tés... [2] » Bien des arguments sont invoqués à l'appui de

---

1. *Reason and Religion, or the grounds and measures of devotion, consider'd from the nature of God and the nature of man, in several contemplations...* London, 1689.

2. IIe part. § 11.

cette hypothèse. Ainsi, la condition imposée à la science, de ne traiter que de l'universel, alors qu'en ce monde rien n'existe, sinon l'individu, exige la réalité d'un univers « Idéal ou Archétypal », enfermé dans le sein de Dieu. Ainsi encore, l'Ecriture nous apprend que l'homme a été fait à l'image de son auteur. « Or le mode de l'en-
» tendement divin consiste à consulter le monde idéal,
» c'est-à-dire à se consulter lui-même, comme diversement
» imitable et comme exhibitif des choses[1]. » Mais l'entendement accompagne en nous la volonté et le cœur. L'homme est « une créature aimante ». Or l'amour se ramène au mouvement universel et permanent qui entraîne les âmes vers le bien. Ce mouvement, à son tour, où prend-il naissance? En la même unique cause d'où émanent tous les changements physiques de l'univers, principe de production et principe de conservation, Créateur à la fois et Providence.

En 1690, Norris donna un volume de *Réflexions sur la conduite de la vie humaine*[2], suite de Méditations morales qui allait être pour lui fertile en incidents et en polémiques. Il en avait écrit la préface sous forme de lettre à la fille de Cudworth, Lady Masham, à qui, supposait-il, ne pourrait manquer de plaire son traité. L'esprit qui inspirait ce petit livre n'était-il pas le même qui avait dicté à l'éminent philosophe de Cambridge ses plus importants écrits? Mais Lady Masham était femme et une maladresse de Norris fit à son amour-propre une blessure qu'elle ne pardonna point. L'auteur ne s'avisait-il pas, en cette dédicace, de lui prodi-

---

1. Même ouvrage, *ibid.*, § xxviii sqq.
2. *Reflections upon the conduct of human life, (in a letter to the excellent lady, the lady Masham,)* 1690.

guer les consolations les plus éloquentes, mais aussi les plus inopportunes, sur une infirmité imaginaire? Pour la consoler d'avoir perdu l'usage de ses yeux, il ne pouvait mieux faire, lui écrivait-il, que d'employer les siens propres à la distraire d'une telle affliction [1]. Lady Masham n'avait la vue que faible. Elle trouva fort mauvais qu'on la fît passer pour aveugle. Locke et Molyneux surent la mésaventure; on juge s'ils en firent des gorges chaudes [2]. L'aubaine était inespérée pour ces amis de l'expérience de surprendre l'ardent métaphysicien en une aussi fâcheuse contradiction avec les faits. La fille de Cudworth manqua de philosophie et se piqua très au vif. Ce fut le système de la Vision en Dieu qui fit les frais de la vengeance. En vain, l'auteur des *Réflexions* avait-il pris soin de la sacrer, par avance, néophyte du nouveau culte. « Votre bien aimé Malebranche, » « votre excellent Malebranche, » « votre ami M. Malebranche, » lui dit-il de chapitre en chapitre [3]. Cette précaution diplomatique fut en pure perte [4]. Nous

1. Ajoutez que ces consolations avaient une allure de madrigal qui devait contribuer encore à déplaire : « ...Certes, disait la préface, puisque vous avez été si malheureuse que de perdre l'usage de vos yeux, je pense que je vous dois, Madame, cette compassion de ne pouvoir mieux employer les miens qu'à vous transmettre, pour vous consoler, les sérieuses réflexions de ma nouvelle retraite... » Et comme, de toutes les privations que la cécité entraîne, l'impossibilité de lire passe pour la plus cruelle, il lui expose la vanité de la science humaine, et, en conséquence, le néant des livres.
2. V. la très amusante et mordante lettre de Locke à Molyneux, datée de Oates, 22 février 1697.
3. 1re *Réfl.*, § 31 et 33 ; 2° *Réfl.*, § 12.
4. Locke, dans sa lettre à Molyneux, dit que lady Masham écrivit à son consolateur pour le rassurer, mais que rien n'y fit et que Norris n'en voulut pas démordre. Evidemment Locke s'amuse : car, dans la réédition des *Reflections* parue en 1691, ainsi que dans les *Treatises upon several subjects* où les *Reflections* sont comprises (1697), la dédicace à lady Masham est remplacée par une préface toute générale où l'auteur annonce son projet

ignorons si Lady Masham avait naguère professé pour l'écrivain cher à Norris ce degré d'enthousiasme. Ce que nous savons bien, c'est que, peu d'années plus tard, elle appartenait au camp ennemi. En 1696, paraissait d'elle un *Discours concernant l'amour de Dieu*, longue et médiocre diatribe contre la théorie de l'élan inné vers l'Etre parfait, contre les causes occasionnelles et la vision des choses en Dieu. « Je ne doute pas, affirmait-elle, » que si nos théologiens recevaient et prêchaient cette » opinion, comme la base sur laquelle le christianisme » est bâti, le scepticisme, bien loin d'être guéri par là, » ne s'étendît plus encore qu'il n'a fait jusqu'ici [1]. » Heureusement pour Malebranche, Norris sut lui amener de moins fragiles disciples. En des lettres qui nous ont été conservées [2], une autre distinguée philosophe, Mary Astell, exprimait pour la philosophie des Idées une admiration qu'elle n'est point dite avoir plus tard reniée.

Les *Réflexions sur la conduite de la vie humaine* suscitèrent à leur auteur encore d'autres adversaires que lady Masham. Comme quelques critiques, de ceux qui, selon le mot de Leibnitz, prennent la paille des termes pour le grain des choses, avaient prétendu, sur quelques apparences, identifier le système de la Vision en Dieu avec le dogme de « la lumière intérieure, » Norris résolut, par

d'expliquer aux hommes les erreurs qu'ils commettent dans la direction de leurs études.

1. Le piquant est que Norris l'avait jadis pressée d'écrire. Dans une dédicace qu'il lui adressait en 1688, il exprimait le vœu qu'elle laissât au monde « quelque monument de son extraordinaire génie ». Lady Masham lui donna satisfaction, mais non de la manière qu'il avait souhaitée.

2. V. *Letters concerning the Love of God, between the Author of the Proposal to the ladies and M*^{r}* John Norris*. Ces lettres sont datées de 1693. La 2e édition du livre est de 1705.

un post-criptum à son livre, de dissiper une confusion entretenue par ses contradicteurs [1]. Les quakers ne manquèrent pas à riposter de toute leur éloquence. L'un deux, dans un pamphlet intitulé « *Juste repréhension* », lui reprocha d'avoir tracé de la croyance qu'il répudiait une caricature mensongère [2]. Sa discussion avec « les Fanatiques » se prolongea quelque temps. On prétendit le maintenir quaker en dépit de lui-même. C'était donc aussi un quaker sans le savoir, que le métaphysicien de la Vision en Dieu [3] ! Voltaire, dans ses *Lettres sur les Anglais*, n'a garde d'omettre ce trait. Comme il se fait exposer par un fidèle les opinions de la célèbre secte : « Eh ! interrompt-il, » voilà le P. Malebranche tout pur. » Et son interlocuteur de lui répondre : « Je connais ton Malebranche, il était » un peu quaker, mais il ne l'était pas assez [4]. »

II. Ces attaques lassèrent si peu l'humeur militante de

---

[1]. M. Paul Janet nous signale ces lignes d'un *Traité de l'incertitude des sciences*, traduit de l'anglais, Paris, 1714 : « Un de nos savants ayant embrassé » l'opinion du P. Malebranche l'a expliquée dans un style orné de toutes » les beautés de l'élocution... Les trembleurs s'en sont tellement prévalus » qu'il a été obligé de faire une apologie afin qu'on ne le soupçonnât pas » d'être passé dans leur parti. » C'est à Norris et à son *post-scriptum* au livre des *Reflections* que fait évidemment allusion ce passage.

[2]. *A Just reprehension to John Norris for his unjust Reflections on the Quakers..., together with his false representation of their Principle of the Light... by Richard Vickris* 1691.

[3]. Cette assimilation, Lowde, dans ses *Essais moraux*, s'en défend sans la répudier tout à fait : « Des *Fanatiques*, en ces derniers temps, avaient » coutume de dire qu'ils étaient Déisés avec Dieu, et Christéisés avec » Christ (*Goded with God and Christed with Christ* :) loin de moi la pen- » sée que M. Malebranche entretienne une telle opinion ; mais la pure pré- » sence de Dieu à nos pensées n'a pas une influence nécessaire sur notre » vue des choses en lui, indépendamment de son vouloir, et ceci, M. Ma- » lebranche l'affirme. »

[4]. Fin de la lettre II.

Norris que, dans le même temps où « les fanatiques » le prenaient à partie, il se mesurait à celui dont le xviii° siècle, déjà en vue, allait, des deux côtés du détroit, faire l'oracle de l'esprit moderne. Il venait de mettre sous presse un volume de *Discours pratiques sur la Béatitude*, lorsque le chef-d'œuvre de Locke, à l'instant publié, lui tomba entre les mains. Lire l'*Essai*, l'étudier, le réfuter, lui fut l'affaire de quelques jours. C'est ainsi qu'il put ajouter en appendice à ses *Discours pratiques* ces *Rapides réflexions*[1] sur le livre de Locke, la première critique qui en ait été faite, assurément l'une des plus profondes et, en maint endroit, l'une des plus décisives.

Ce n'est pas que Norris fasse de l'*Essai sur l'Entendement humain* un cas médiocre ; il l'estime, au contraire, « un très extraordinaire travail digne du plus grand homme » et qui a droit au respect public. » Mais la philosophie qui s'en dégage lui paraît soulever d'invincibles objections. Il en est d'abord une qui renaît à chaque chapitre : pourquoi Locke n'a-t-il pas examiné quelle pouvait être la nature de ces idées dont il retraçait l'origine ? Il a prétendu raconter sans prendre soin de décrire. S'il avait approfondi davantage, aurait-il écrit que ce lui semblait « une contradiction de dire qu'il y a des vérités im- » primées en l'âme, qu'elle ne perçoit ou ne comprend » pas ? » Qu'y a-t-il donc en cela de contradictoire ? Admettons qu'il puisse « y avoir des impressions faites sur » l'esprit, dont nous n'ayons pas conscience, » la prétention de Locke ne se soutient pas et il n'a plus à tirer argu-

---

1. *Cursory reflections upon a book call'd an Essai* etc., sous forme de lettre à un ami.

ment de la non-perception de certaines impressions originelles pour en affirmer la non-existence. Or, comment se refuserait-il à une supposition impliquée en ce que lui-même a dit des enfants et de la mémoire ? Ne nous a-t-il point appris que cette dernière faculté consistait, non « en un recouvrement d'idées qui étaient *perdues*, mais » en une réadvertence ou réapplication de l'esprit à des » idées qui sont actuellement présentes, quoiqu'on n'y » fasse pas attention ? » Dès lors, que reste-t-il des beaux raisonnements édifiés par Locke sur ce fait que les enfants ne perçoivent pas les Idées prétendues innées ? — On sait quel brillant parti Leibnitz tirera de cette hypothèse d'une idéation subconsciente ; sur ce point les *Nouveaux Essais* ne feront, après tout, que remanier l'argument des *Cursory Reflections*.

Etait-ce donc que Norris tînt pour les Idées innées ? En aucune manière. Si l'on désigne par là « des caractères » originels inscrits sur l'esprit, » il déclare y croire aussi peu que l'Auteur de l'*Essai* lui-même. A son avis, c'est là du « pur jargon ». — « Vous savez, pour-» suit-il, que j'explique le mode de l'Entendement hu-» main, par la présence du divin λόγος ou monde Idéal à » nos âmes, par où nous voyons et nous percevons toutes » choses. » Ainsi donc, et la même déclaration se retrouvera dans sa *Théorie du Monde Idéal*[1], le système de la Vision en Dieu n'exige point l'innéité des principes constitutifs de notre science. L'action constante, par laquelle l'Auteur de notre être nous distribue les connaissances dont nous avons besoin et nous admet à contempler

---

1. Deuxième partie, chap. vIII. § 24, et chap. IX, § 7.

en son sein les archétypes des existences, n'a rien d'une fonction métaphysique nécessairement exercée. C'est là tout au contraire l'effet d'une bonne volonté contingente entièrement dûe au libre consentement de l'Etre qui nous la témoigne. Comment pourrait-il, dès lors, être question d'innéité? Nulle connaissance ne nous est naturelle, puisque nulle ne nous est communiquée que par la décision actuelle de Dieu. Nous voyons ce qu'il lui plaît présentement de nous faire connaître. Que l'on ne s'exprime donc point comme si les images de ce que nous contemplons avaient été déposées en nos yeux avant même qu'ils se fussent ouverts. Mais, puisqu'il en est ainsi, il ne saurait y avoir nul *a priori* dans notre perception des réalités. L'auteur des *Cursory Reflections* repousse formellement les thèses nativistes. Nous acquérons notre science, non par un gain empirique, si l'on peut dire, mais par une grâce sans cesse renouvelée et en vertu de la continuelle intercession du Verbe omniscient.

Toutefois, le système n'est pas sans admettre, à défaut d'innéité véritable, quelque chose qui en puisse offrir un équivalent relatif. « Concevons que Dieu exhibe à la vue
» de l'âme quelques vérités particulières du monde idéal,
» plus primitivement, plus clairement, plus constamment
» que les autres, et que par elles l'âme puisse être mieux
» dirigée au bien de la vie raisonnable, comme les ani-
» maux le sont au bien des sens par les instincts et les
» inclinations sensitives. C'est là tout ce que je conçois de
» strictement possible ou vrai dans cette vénérable doctrine
» à tête grise des Principes Innés. » Par cette supposition nous nous expliquerions l'apparence de nativité que présentent certaines de nos connaissances. Il suffit que Dieu

nous les étale d'une manière permanente et cela parce qu'elles jouent le rôle d'axiomes imprescriptibles bons à éclairer notre vie morale. Au regard de l'être qui nous les communique, ces idées sont assurément contingentes : que son bon vouloir se retire de nous ou seulement cesse de se manifester à nous d'une façon continue, nous serons privés de ces principes ou nous n'en aurons plus qu'une perception intermittente. Au regard de nous, que ces vérités ont toujours pénétrés de leur évidence, ne sont-elles pas tout aussi éternelles et absolues que si le doigt créateur les eût, à notre naissance, gravées dans nos entendements? Arbitraires en fait, elles nous présentent tout l'aspect, tout le décor de la nécessité. Tel est le compromis ingénieux qu'imagine le critique de Locke. Nous nous éloignons singulièrement ainsi du cartésianisme et un grand pas est fait dans le sens où s'engagera l'idéalisme avec Berkeley.

Si Locke évite de se prononcer, en ce qui concerne la nature de nos idées, par contre, il ne tarit point sur leur origine empirique. Eh! quoi, demande Norris, toutes acquises, sans exception? Quoi! celle même de Dieu? « L'é-
» trange aventure en philosophie de faire venir l'idée de
» Dieu de nos sens! » Comme s'il pouvait rien y avoir dans la nature qui représentât à nos pensées l'Etre parfait! Mais l'auteur de l'*Essai* a été le premier à le confesser : rien, a-t-il dit, ne peut donner les perfections qu'il n'a pas. Qu'il tire la conséquence de son aveu et cette vérité s'imposera inévitablement à lui : notre entendement a pour objet immédiat les idées éternelles, « l'essence om-
» niforme de Dieu ».

Locke ne répondit pas à cette discussion serrée ; mais

des admirateurs de l'*Essai* montrèrent moins de patience. Les *Remarques* qu'ils opposèrent aux *Réflexions* de Norris fournirent à ce dernier l'occasion d'une riposte dans laquelle il maintenait contre les attaques de l'empirisme la doctrine des causes occasionnelles, nos sensations remplissant vis-à-vis de nos idées l'office non de causes, mais de conditions [1]. Au reproche d'avoir passé sous silence le second mode de formation par lequel l'*Essai sur l'Entendement* rendait compte de l'origine de nos connaissances, il répondait en contestant que la réflexion fût une source d'idées vraiment distincte de la sensation. Les idées de ce nouvel ordre ne sont que la combinaison de celles du premier : la seule différence entre les unes et les autres est que celles-ci dérivent directement des sens, au lieu que celles-là en sortent d'une manière médiate. Distinction de degré, non d'origine. L'esprit peut bien méditer sur ses propres opérations ; mais la réflexion à laquelle il se livre alors n'a pas le don de faire surgir des idées inconnues totalement dissemblables des précédentes. La pénétration de Norris était ici en défaut : il ne prévoyait pas les déductions du criticisme. Combien son compatriote Burthogge faisait preuve de plus de divination !

III. Jusqu'ici Norris n'avait pas donné toute sa mesure. La variété de ces publications attestait la facilité de l'écrivain ; il lui restait à produire un corps de doctrine, où se déployât la force du penseur. Ce n'est qu'assez tard qu'il écrivit ce grand ouvrage. Depuis dix ans, il avait été

---

[1]. *A brief consideration of the remarks made upon the foregoing Reflections by the gentlemen of the Athenian Society, in the supplement to the 3d volume.* — Le ton de cette réplique est extrêmement vif.

promu au rectorat de Bemerton, riante cure jadis occupée par George Herbert. C'est là qu'en 1701 il fit paraître le premier volume de son *Essai de Théorie d'un monde Idéal ou Intelligible* [1], le second ne fut publié que trois ans plus tard. Soit modestie, soit réelle fatigue, il y parle de lui-même comme s'il sentait déjà l'approche de la vieillesse. Son dessein étant d'exposer la manière dont les choses existent en Dieu, il déclare avoir suivi le plus loin possible « sa faible lumière qui commence à brûler maintenant basse et obscure et dont le lustre évanoui l'avertit de la retraite [2]. » C'était se méconnaître soi-même et nous verrons, au contraire, pour reprendre sa propre métaphore, que la flamme philosophique brillait alors en lui de tout son éclat. Aussi bien, il y avait longtemps qu'il méditait ce livre. Ses *Réflexions*, dont la préface avait subi naguère un si malheureux destin, annonçaient que les vues exposées dans *Raison et Religion* seraient complétées en un ouvrage d'étendue auquel il avait déjà mis la main. Il se proposait alors de l'écrire en latin, sous ce titre de *Theoria Mundi Idealis sive Metaphysica Platonica* [3].

Les deux volumes de l'*Essai de Théorie* ne se continuent pas l'un l'autre : chacun forme un tout qui, à la rigueur, se pourrait suffire ; mais les deux se répondent et se parfont. L'un et l'autre agitent le même problème ; une même solution les domine ; ce qui les distingue, c'en est et le point de vue et le plan. La première partie nous trans-

---

1. *An Essay towards the Theory of the Ideal or Intelligible World.* « En deux parties, ajoute l'auteur : la première le considérant en lui-même et la deuxième en relation à l'Entendement humain ».
2. Ire part., chap. v, xi, § 8-10.
3. V. *Reflections upon the conduct of human life.* Chap. xxix.

porte, au-dessus du moi humain, jusqu'au sanctuaire le plus mystérieux de l'ontologie ; la seconde nous ramène sur terre, à l'homme, à l'âme et à ses facultés, non pour nous abandonner en ces régions plus modestes, mais pour nous reconduire de là vers les hauteurs qui nous ont été au début dévoilées. En d'autres termes, le monde intelligible est considéré d'abord directement, en lui-même et de face ; puis il est contemplé de plus loin, à la distance d'où l'entrevoit notre relative raison.

Sur la démonstration d'un état idéal des choses s'ouvre le premier volume, ou, comme s'exprime l'auteur, « la » partie absolue ». Dessinons donc une ligne bien nette de démarcation entre ces deux ordres : l'un sensible ou naturel, l'autre intelligible. Ce dernier n'est point dû à quelque *Fiat* lancé par une volonté toute puissante. Exemplaire éternel de toute essence créée, il existait bien avant que l'état sensible ne parût et il subsisterait alors que nature et création seraient anéanties. « Patrie de la Vérité...., lieu » des Esprits..., où tout est Jeunesse, Plaisir et Vie. » Ne semble-t-il pas que l'on entende quelque enthousiaste Alexandrin ?

Mais les périphrases ne sauraient tenir lieu de preuves ; une invocation poétique ne dispense point de raisons. Norris dispose donc une suite d'arguments en vue d'établir la réalité de l'état idéal. — D'abord, le fait même de la création ne s'explique que par la préexistence de modèles à la ressemblance desquels les êtres contingents furent formés : sinon, l'acte producteur aurait été irrationnel, irréfléchi, indigne de l'infinie Sagesse. En conséquence, avant d'apparaître sous la forme sensible que nous lui voyons, l'univers actuel existait déjà sous forme idéale : ainsi nous en expliquons-

nous l'ordre, la proportion, la géométrie et la beauté.
« Comme à l'empreinte de la cire je connais le sceau, de
» même le monde naturel me fait découvrir l'intelligible...
» Sans l'hypothèse d'un monde *idéal,* je ne sais que faire
» du naturel... » — Secondement, la stabilité que nous reconnaissons aux formes spécifiques des êtres atteste, en dépit d'exceptions rendues inévitables par la simplicité des lois naturelles, la fixité de leurs essences. Parce qu'ils participent d'un seul archétype, des individus possédant une nature spécifique commune se ressemblent au point que l'on croit voir en eux autant de reproductions d'un même original. De là, chez tous les hommes, cette identité de la forme intellectuelle ; de là cette unité du principe pensant, cette similitude des désirs, des instincts, des passions.
« Un homme n'est que le *duplicatum* ou la contre-partie
» d'un autre homme : chacun n'a qu'à s'étudier lui-même
» pour s'instruire de la nature d'autrui ; chacun n'a qu'à
» sentir comment bat son propre pouls pour découvrir
» quel est l'état de l'humanité. » En irait-il de la sorte, si tous n'avaient été façonnés d'après un unique sceau archétypal : d'après l'Adam intelligible ? « *Faisons l'homme* », a dit le Créateur. — Un troisième et un quatrième arguments sont empruntés aux vérités éternelles : les unes appartiennent à la géométrie, science spéculant sur des figures irréprochables qui n'en continueraient pas moins de lui fournir un immuable objet, au cas même où la matière serait annihilée ; les autres, supérieures encore à la science de l'étendue, commandent toute logique, toute morale, toute métaphysique : elles expriment des relations nécessaires. Or, qu'il ne puisse y avoir de relations du néant au néant, c'est une vérité que personne n'a jamais

contestée¹. Les essences que ces relations unissent possèdent donc, elles aussi, une valeur nécessaire. Comme Suarez l'a soutenu, la certitude de la proposition dépend de l'existence des extrêmes. — A un nouveau point de vue, la Science va réclamer un monde idéal immobile. Envisageons-la, non plus comme un effet, mais comme une cause, non dans les objets qu'elle rassemble, mais dans l'Esprit où prennent naissance les vérités qu'elle embrasse. Suppose-t-on cet Esprit contingent, contingente devient la connaissance qui en émane : or personne ne conteste que la science n'ait, pour caractère indélébile, la nécessité. Les choses possèdent donc un état intelligible. De cette conclusion naît une conséquence qui va la fortifier elle-même : puisqu'il existe des archétypes, Dieu est. « On conçoit sans peine qu'il ne saurait y avoir d'I-
» dées, d'Essences éternelles, d'éternelles Vérités, ni
» conséquemment de Science, sans la supposition d'un
» Esprit éternel... Le même raisonnement qui prouve
» contre l'*anti-Idéaliste* ne vaut pas moins contre l'a-
» thée. » Il faut à ces pensées, sur qui toute créature se façonne, un Immuable Esprit qui les pense : le monde idéal une fois admis, on ne saurait, sans illogisme, nier l'existence de Dieu.

Mais ces deux vérités : l'existence de Dieu, la réalité d'un monde idéal, se prêtent un mutuel appui ; chacune tout à la fois engendre l'autre et en procède. De là une sixième et dernière preuve qu'il existe un monde intelli-

1. Selon Norris, le *Cogito ergo sum* de Descartes serait une application de ce même principe : « ...Si je pense, dit-il, j'ai quelque propriété m'appartenant, ce qui ne saurait avoir lieu si je n'étais pas. Pourquoi cela ? Parce que de rien il ne peut y avoir d'affection. Tel est le pivot sur lequel tourne tout ce raisonnement. » Chap. II, § 38-47.

gible [1]. Quiconque sait raisonner conviendra que l'Être parfait renferme en lui toutes les perfections des créatures ; ce qui revient à dire que « sa divine essence est vraiment » exhibitive de tous les êtres, » soit actuels, soit possibles. En d'autres termes, les raisons essentielles des choses existent, puisqu'elles ont leur siège dans l'entendement de Dieu. De là à proclamer que l'auteur des êtres les connaît en lui-même, il n'y a que la distance du théorème au corollaire. « Si nous ne voyons pas les créatures en *lui*, cepen- » dant au moins pouvons-nous accorder que *lui* les voit » en *lui*-même et qu'il est son propre objet intelligible. » Ainsi, graduellement, nous rapprochons-nous de la conception finale par laquelle Norris doit clore sa philosophie. La vision des choses en Dieu par Dieu permet de pressentir la vision des choses en Dieu par l'homme. De la première hypothèse à la seconde le passage s'accomplira sans effort, comme du plus au moins, comme du genre à l'espèce. Dieu même nous offre un précédent : à son exemple, c'est en lui que nous contemplons le réel.

Non seulement les choses possèdent un état intelligible ; mais l'existence de cet ordre idéal est incomparablement plus certaine que celle de l'ordre naturel. Celui-ci en effet ne se peut déduire *a priori* ; il n'a qu'une valeur contingente ; il requiert, pour se révéler, le bon office des sens, nos pires précepteurs. Le premier seul se laisse intuitivement contempler par la raison [2]. En pourrait-il aller d'autre sorte ? Les Idées sont indépendantes de Dieu ; sa Volonté, comme son Entendement, trouve en elles ses mesures [3].

1. Chap. III.
2. Chap. IV.
3. Chap. V, I, § 8-16.

Elles guident son action providentielle, comme elles ont dicté sa décision créatrice. Un grand penseur s'est laissé effrayer par la perspective de l'infériorité où il lui a semblé qu'il placerait Créateur et Providence vis-à-vis de ces modèles intelligibles. Il a craint d'introduire la nécessité dans l'Être libre par excellence. Pour éviter ce péril, il s'est brisé contre un autre écueil : le scepticisme. Si la Souveraine Volonté est maîtresse de changer à son gré ces archétypes, les mathémathiques ne reposent plus sur une base inébranlable, les fondements de la Moralité sont minés. « Où » est la beauté intrinsèque de la vertu, où la laideur in- » trinsèque du vice ? Quelle excellence, quelle supériorité » possède la Morale, si ce n'est celle d'un rituel ou d'un » cérémonial ? L'amour de Dieu pouvait être un vice, la » haine de Dieu une vertu... » Quant aux scrupules qui retinrent Descartes, combien il lui eût été facile de les lever ! Non, Dieu ne subit point la servitude des Idées éternelles, par cette raison qu'il y a identité entre elles et son essence. Puisque la Vérité n'est point un effet de Dieu, c'est donc qu'elle ne fait qu'un avec lui. Ce même raisonnement consacre l'apothéose de la Science, désormais confondue avec la Pensée suprême, source unique de lumière où puisent sans trêve les intelligences. « Dieu est l'objet » immédiat de notre science et contemplation, la Théologie » est une plus ample étude qu'on ne présume d'ordinaire et » ceux qui ont le moins Dieu dans leurs pensées, en réalité » pensent à lui plus souvent peut-être qu'ils ne le croient, » attendu qu'ils voient toutes choses dans ses Idées [1]. » Ce n'est donc pas seulement le théologien que notre argumen-

1. Chap. vi, iii. § 42-45.

tation favorise, c'est aussi le savant dont elle a soustrait les principes aux vicissitudes du devenir. « L'intérêt de » la Science aussi bien que de la Vérité est embarqué dans » l'Hypothèse Idéale et en doit partager le destin. »

IV. Il y a un monde intelligible. La question qui se pose maintenant est de savoir si, ce monde une fois admis, nous pouvons rendre compte de l'entendement humain et le mettre en harmonie avec le système idéal. Ce sera le sujet du second volume de *l'Essai*. Malheureusement, pour cette étude, les moyens font un peu défaut : soit que l'âme ne possède aucune idée de soi, ou qu'elle ne se puisse connaître que par voie détournée, sa nature lui est à elle-même enveloppée de ténèbres. Elle ne se sait que par sentiment et conscience. — Mais alors, demandera-t-on, d'où tenez-vous que c'est bien elle qui pense ? Que savez-vous si elle ne partage pas avec le corps le privilège de penser : car enfin, comme hasardait Locke, Dieu pouvait faire, tout puissant qu'il est, en sorte que l'intelligence appartînt également à la matière ? Autant de doutes qui mettent en péril et la spiritualité de l'âme et son immortalité. Pour les dissiper, recourons à la méthode Idéale. Descartes a prouvé que l'Être pensant et l'Être étendu ou matériel ne se pouvaient concevoir qu'à part l'un de l'autre. Aucun tour de force de notre imagination ne parviendrait à les rapporter l'un à l'autre, comme deux moitiés d'un même tout, ou comme la substance et l'attribut. Autre contraste : la matière est contingente ; l'esprit, lieu des vérités, participe à la nécessité des intelligibles. C'est dire que les idées de matière et de pensée s'opposent l'une à l'autre d'une opposition absolue et, si les deux essences ne peuvent

coïncider, comment les choses mêmes qui ne sont que par ces essences y réussiraient-elles mieux? Donc il y aurait contradiction que la matière pût penser. Donc un principe réside en moi qui n'a rien de commun avec le corps. J'ai « une âme immatérielle, par conséquent immortelle. » De là également cette conséquence : « puisque toute sen-
» sation est une manière de pensée, c'est l'âme et non le
» corps qui en est le véritable sujet[1]. » Ici, l'on se demande si Norris ne s'est pas trop attaché au dogme cartésien de la dualité des substances. Cette méthode de démarcation par les idées claires est on ne peut plus décevante. On ne songeait point (et Locke à cet égard n'avait pas plus de clairvoyance que Malebranche ou Norris,) qu'à isoler tellement, dans leur clarté respective, ces deux idées, on faisait en l'une et l'autre le vide absolu. Dans peu, une philosophie novatrice se produira qui réduira à l'unité ce dualisme et cela en « exorcisant » l'idée de la matière.

Mais cette pensée, que je sais distincte et que j'affirme immortelle, qu'est-elle donc en soi, indépendamment des diverses modalités, perceptions, passions, sensations, sous lesquelles elle se laisse saisir? Hélas! la même impuissance ici nous paralyse. Ce qu'est cette pensée, « vous me
» le demanderez en vain, parce que c'est en vain que je
» me le demande à moi-même[2]. » Tant que je n'aurai pas de mon âme une autre connaissance que ce sentiment intérieur par lequel je suis informé que je pense, je n'ai guère chance d'en apprendre davantage. Et cependant, dès la vie présente, j'entrevois confusément quelque chose de ce secret. Je sais, notamment, que cette pensée est une et

1. II⁰ part., fin du chap. I.
2. Chap. III, I, § 7-11.

uniforme en sa nature, que toujours au fond se ressemble l'acte de comprendre. Toute la différence qui s'y découvre provient de la variété des objets que cette puissance se propose. « L'objet idéal est multiforme et c'est sa diversité qui » fait toute la diversité que l'on trouve dans nos pensées. » L'acte contemplateur a trop d'uniformité, partant il pèche par trop de monotonie pour que notre attention s'y porte ; au lieu que la chose contemplée touche notre curiosité par le continuel renouvellement du panorama qu'elle déroule.

Notre pensée est ou directe, quand elle se termine sur son objet idéal, ou réflexive, quand elle se replie sur elle-même[1]. Dans ce dernier cas, elle se manifeste : soit sous forme de *perception* (et alors elle est *idée*, quand nous percevons la chose comme hors de nous, *sentiment*, lorsque ce qu'elle atteint n'est autre que nous-mêmes ;) soit sous forme de *volition*, (en ce cas elle devient active, de purement passive qu'elle était.) Du vouloir relève le jugement, comme de l'entendement la perception. L'entendement ignore ; la volonté se trompe. De là une différence profonde entre les défauts afférents à ces deux facultés : « l'ignorance peut » être quelquefois excusable, l'erreur est toujours une » faute[2]. » C'est s'exprimer en Cartésien exact. Suit une série de distinctions entre la pensée active et la passive, la simple et la complexe, la claire et la confuse, l'abstraite et la concrète, la pure et l'impure[3]. Parmi ces dichotomies il n'en est pas de plus intéressante que celle qui sépare l'idée et le sentiment : le premier seul de ces faits spirituels nous permet de nous dépasser nous-mêmes. Ainsi la

---

1. Même chapitre, II, § 1-3.
2. *Ibid.*, III, § 5-11.
3. *Ibid.*, IV.VIII.

vision, cette opération si considérable dans notre existence cognitive, réunit en elle sentiment et idée ; mais ce n'est que comme perception de l'idée qu'elle procure une connaissance. A cet égard, on la peut tenir pour une manière de pensée.

Si, laissant là notre pensée proprement dite pour examiner ce qui la termine, nous comparons les uns aux autres les objets intelligibles, nous trouverons matière à bien des divisions. Mais ne relevons que les plus saillantes. Il est des intellections dans lesquelles nos pensées ont pour fin immédiate les êtres eux-mêmes. Au premier rang de ceux-ci, nous devons placer Dieu. C'est bien à tort en effet qu'un grand philosophe [1] démontre l'existence de l'être parfait par l'idée que nous en avons. Dieu ne peut se faire comprendre par quelque chose qui ne soit pas lui. A son exemple, les idées et les vérités éternelles sont éclairées d'une intelligibilité immédiate [2]. Cette intelligibilité fait défaut aux objets matériels : pour être compris, ils réclament la médiation des idées. Mais les idées, d'où les tenons-nous? C'est exactement la question qu'agite et résout le troisième livre de la *Recherche de la Vérité*. Ni l'explication tirée d'espèces émises par les objets et à leur ressemblance, ni l'attribution à l'âme d'un pouvoir de produire les matériaux de la science, ni la supposition d'une contemporanéité entre nos idées et nous, ni enfin la solution trop flatteuse aux vanités humaines qui ferait de ces objets idéaux autant de perfections ou de modalités en nos esprits, n'est de nature à nous satisfaire. Admettons donc que ces intermédiaires, par

1. Descartes.
2. Chap. v, § 14-19.

lesquels ont lieu connaissance et compréhension, soient les idées divines, c'est-à-dire les idées que le Créateur consulta pour mener à bien son ouvrage. Ces exemplaires représentatifs de toutes choses sont intelligibles en eux-mêmes. Ils le peuvent donc être aussi par rapport à nous. Intimement unies à nos âmes, les Idées peuvent sans peine se laisser contempler par nous et, grâce à leur nature représentative, nous faire comprendre tout le reste. A la différence des précédentes voies, celle qui s'ouvre ainsi devant nous est praticable. Toutefois Norris formule ses réserves. Nous ne devons pas, insiste-t-il, « outrer la matière, ou, » comme on dit en français, *pousser les choses trop loin.* » Ce que l'on vient d'établir, c'est la possibilité d'un moyen ; mais d'affirmer que les choses se passent effectivement de la sorte, il y aurait à cela quelque témérité. Le problème est trop abstrus pour que l'on avance plus qu'une hypothèse [1].

L'expression de vision en Dieu, adoptée pour désigner cette conception, ne paraît pas à Norris exempte d'équivoque. Juste au fond, elle risque de susciter cette interprétation toute matérialiste que les choses sont réellement en Dieu telles qu'on les trouve dans la nature et qu'on les voit en lui conformes aux apparences qu'elles revêtent à nos regards. Or, prenons-y garde, les objets ne résident en Dieu que d'une manière intelligible. « Les choses dans la » nature ne sont pas intelligibles en elles-mêmes, ce que » prouve avec évidence leur distance de nos esprits et » l'absurdité qu'il y aurait à supposer que nos âmes quit- » tent nos corps et voyagent par les vastes espaces de l'air » pour rendre visite au soleil et aux étoiles, toutes les fois

---

1. Chap. xii, § 1-7.

» que nous regardons ces objets éloignés. Donc elles doi-
» vent être comprises grâce à quelque chose qui a une
» union plus immédiate avec notre esprit et qui les lui
» représente, c'est-à-dire grâce à leurs Idées[1]. » Nous-
mêmes, par conséquent, nous ne voyons les objets dans le
monde idéal que comme ils y sont, c'est-à-dire sous la
forme intelligible, selon l'idée et non selon le sentiment.
De sorte qu'à proprement parler nous ne voyons réellement
rien en Dieu que ce qui est vraiment « immuable[2] ».

Il y aurait lieu, subsidiairement, de poser plus d'un problème encore : de quelle manière Dieu exhibe-t-il à nos esprits ses idées ? Y a-t-il, dans le monde intelligible, des idées particulières pour chaque chose ? Ou bien faut-il dire, avec l'auteur de la *Recherche de la Vérité*, que nous voyons les êtres par l'application diverse que Dieu fait à nos esprits de l'étendue intelligible ? « Je laisse chacun,
» dit Norris, concevoir sur cette matière comme il veut ou
» comme il peut. » Quant à lui, il préfère énumérer les titres de noblesse que réunit le système idéal. Entrevue par les Ecoles, énoncée presque par le plus grand des Pères, l'hypothèse de la Vision en Dieu ne rend pas de moindres services à l'Eglise qu'à la Science. Elle vaut contre l'Arien, contre l'athée, contre le sceptique. Elle nous place sous la dépendance directe de Dieu, nous engage envers lui à l'amour et à la gratitude. Dans le feu de l'apologie, Norris appelle les Muses à son secours. Il chante en quelques stances la beauté d'une théorie qui nous donne le Verbe divin pour précepteur unique et qui, entre tant de vertus, fonde l'humilité.

1. Chap. XIII, § 16-17.
2. *Ibid.*, § 48-50.

V. Tel est, en sa substance et en ses dispositions générales, ce gros ouvrage qu'alourdissent les redites, inconvénients inévitables d'un plan en partie double, mais auquel ne manquent ni l'abondance des vues, ni la fertilité dialectique, ni l'élévation, ni l'éloquence. L'abrégé que l'on vient d'en lire ne permet pas, ce nous semble, d'en méconnaître un instant l'inspirateur. A chaque chapitre Malebranche est présent, soit que l'écrivain anglais le suive à la trace, soit qu'il ne s'écarte de son guide que pour le rejoindre après un détour. Enumérer tous les points de doctrine où l'énoncé du disciple coïncide avec la formule du maître serait recommencer l'analyse qui précède et résumer un résumé. La description et l'évaluation de nos deux facultés mentales essentielles, volition et perception, l'une et l'autre conçues comme deux dépendances de l'entendement ; la distinction de l'idée et du sentiment ; l'invisibilité de l'âme pour elle-même ; la cognoscibilité de Dieu en Dieu seul et sans intermédiaire idéal ; cet absolu rationalisme qui s'assujettirait, si possible, la foi elle-même ; la subordination complète de l'individuel à l'universel et à l'abstrait ; enfin la démonstration de la vision en Dieu par voie exhaustive, toutes les autres solutions s'étant trouvées en défaut : ce sont là, pour ne relever que les points plus remarquables, comme autant d'articles empruntés au credo de Malebranche. Norris va où va le maître, en ralentissant parfois le pas, parfois aussi en le hâtant. On dirait, en effet, qu'au moins par l'expression il distance son guide, dans sa théorie du parallélisme entre les actions de l'âme et les événements du corps. La proposition fondamentale de la psycho-physiologie est formulée par l'*Essai* sans restrictions, sans ambages. Rencontrant la division

instituée par saint Augustin entre les choses connues des sens et celles que l'esprit perçoit par lui-même, Norris examine comment il faut interpréter cette expression : par *lui-même*. Lui fait-on signifier : sans nulle assistance du corps, « je me demande, déclare-t-il, si l'âme, tant
» qu'elle est unie au corps, agit jamais indépendamment
» de lui, même en ses plus pures et abstraites contem-
» plations... Au contraire, que les esprits au moins, ou
» les plus fines et les plus actives parties du sang, soient
» employés à toutes sortes de pensées, n'importe ce qu'est
» l'objet, ce me semble très apparent. » Quelques années plus tard, dans sa *Lettre à Dodwell*, Norris n'était pas moins explicite. Par le jeu des esprits et leur libre passage dans les fibres du cerveau, il y expliquait la naissance des habitudes même intellectuelles. — Mais une telle théorie, allait-on sans doute lui opposer, impliquait l'union obligatoire de l'âme avec le corps! — Il acceptait l'objection : car, il ne concevait guère qu'il y eût pour l'âme en cette vie aucun « état séparé, » c'est-à-dire aucun état où elle se passât du concours du corps [1]. Point de pensée sans organes, eût dit un péripatéticien [2]. — En

1. Lettre à Dodwell, § 67.
2. Aussi est-il étrange de voir que Norris critique sur ce point Malebranche, pour sa théorie de l'Imagination. Expliquer cette faculté, comme le fait le philosophe français, par le jeu de certaines images ou traces que le mouvement des esprits a imprimées dans le cerveau, lui semble une solution inadmissible. « Je ne comprendrai jamais comment une
« image corporelle consistant en linéaments matériels pourrait être l'objet
« immédiat de la Pensée ou être d'aucune manière intelligible par elle-
« même. » (II⁰ part., chap. III, VIII, § 8.) Malebranche n'a jamais rien dit de pareil. — Norris ajoute que les impressions produites par les esprits animaux jouent le rôle non d'*objets* mais d'*occasions*. C'est exactement ce qu'entendait Malebranche. Comment Norris pouvait-il supposer que l'auteur de la *Recherche de la Vérité* eût formulé une notion matérialiste aussi

revanche, sur la question de l'âme des brutes, à laquelle il consacre un chapitre entier, l'*Essai* témoigne d'une grande indécision. Le raisonnement cartésien fondé sur l'opposition absolue de l'extension et de la pensée laisse évidemment le philosophe anglais sans réponse. Cependant quelque chose en lui résiste à cette logique impérieuse et il préfère conclure comme s'il accordait aux bêtes sentiment et intelligence. Oui, ce sont des machines, il ne s'en dédit pas; mais comportons-nous à leur égard comme si elles étaient quelque chose de mieux. Après tout, « notre raison pourrait nous décevoir : il est si facile » d'errer dans l'obscur! » Et, envers ces automates, il engage ses lecteurs à faire preuve et de tendresse et de pitié. — Le cœur ou le bon sens triomphe ici de l'esprit de système; mais n'oublions pas que nous sommes en Angleterre et que le XVIII° siècle vient de se lever.

On pourrait signaler sans doute bien d'autres nuances doctrinales par lesquelles *l'Essai de Théorie* se distingue de la *Recherche de la Vérité* ou des *Entretiens métaphysiques*. Mais, à le lire de plus près, on relève des différences plus profondes qui marquent le livre du disciple d'une individualité relative. Si Norris se souvient sans cesse de Malebranche, il ne perd point de vue Platon. Au lieu de débuter, comme avait fait l'auteur de la *Recherche de la Vérité*, par une sorte de psychologie d'où il se fût élevé jusqu'aux notions divines, il a préféré d'abord s'élancer d'un bond à cette région des idées, après s'être réservé d'en redescendre pour retourner à l'humanité pensante.

« grossière et anti-métaphysique, » comme il la qualifie? Cette théorie de l'Imagination était, par avance, une application de sa propre maxime : point d'état de l'âme séparé.

Tout théologien qu'il est, il met, sans hésiter, Dieu sous la dépendance du monde idéal, sauf à identifier l'un à l'autre ces deux termes sublimes. La réalité du règne intelligible se prouve, chez lui, directement. Elle se pourrait, à la rigueur, passer de la garantie surérogatoire que lui ajoute l'existence certaine d'un Esprit infini en qui résident les essences. Bien plus : cette réalité fournit en faveur de l'Être parfait l'un des meilleurs arguments qui soient de mise pour le démontrer. En ce sens, elle prête à Dieu plus qu'il ne lui apporte.

Nous comprenons à présent la discrétion gardée par la dialectique de Norris, quand il s'agissait de déterminer quel degré de créance méritait l'hypothèse sur laquelle reposa le système de son devancier. Assurément l'éclat de cette conception éblouit le philosophe anglais ; sa foi chrétienne et ses tendances philosophiques y trouvent également leur compte. Tout ensemble elle nous laisse entre les mains qui nous ont pétris et elle dissipe les ombres qui planaient sur la transmission des idées éternelles à nos intelligences limitées. Si séduisante que soit pourtant cette explication, rien ne nous oblige à y recourir. Nous ne devons y voir, nous a-t-il été dit expressément, qu'une hypothèse, la meilleure de celles qui s'offrent à nous, mais enfin une hypothèse, par conséquent une vérité sous caution, une solution acceptable jusqu'à plus ample informé. Peut-être Malebranche estimerait-il une telle adhésion bien parcimonieuse. De l'adoption du système, Norris ne fait donc nullement une question de vie ou de mort. C'est que son platonisme ne le requiert pas nécessairement. Une seule chose lui importe d'une manière absolue : que le règne intelligible ne soit pas mis en discussion.

L'ordre transcendant une fois admis, le mystère de la connaissance s'éclaircit aussitôt. L'hypothèse de la vision en Dieu lève assurément les dernières difficultés ; mais, avant qu'elle ne se produisît, la théorie du monde idéal avait déjà résolu l'énigme.

Cette différence des positions occupées par les deux philosophes leur crée des chances inégales devant une difficulté redoutable qui se dresse contre l'un et l'autre. Cette objection, Arnauld l'avait élevée contre Malebranche, lorsqu'il lui remontrait ce qu'il y avait d'illégitime à prouver l'existence de Dieu par le secours d'une hypothèse qui ne pouvait elle-même tenir debout qu'étant donnée cette existence. Le reproche n'était pas sans une certaine apparence qui ne se pouvait dissiper que si l'on admettait entre les deux vérités une manière de réciprocité, en sorte que chacune s'étayât sur l'autre. Contre cette même objection Norris se trouve bien mieux armé. Dans le plan qu'il a suivi, l'hypothèse de la vision en Dieu ne se présente que tardivement, alors que l'existence de Celui en qui nous saisissons toutes choses est déjà acquise. La réalité de cet Être a été auparavant déduite de l'existence du monde idéal, qui se peut lui-même concevoir directement, en toute indépendance, sans qu'on le dérive de Dieu. L'auteur de *l'Essai* résume ainsi cette marche dialectique : « N'est-il pas clair que comme la science dépend » des vérités nécessaires et éternelles et ces vérités des » Essences éternelles ou Idées, ainsi ces Idées doivent » avoir leur assiette dans un Esprit éternel ? » Si l'accusation de cercle vicieux n'est que spécieuse quand on l'adresse à Malebranche, elle ne soutient même pas l'examen quand on l'élève contre Norris.

VI. En retour, il est une critique dont Norris n'a pas tenté de se justifier et qui retombe sur sa philosophie bien plus lourdement encore que sur celle de son prédécesseur. Si Malebranche a pu essuyer le juste reproche d'inconséquence pour avoir souscrit à l'existence d'un monde sensible parfaitement oiseux dans l'hypothèse qu'il préconisait, que sera-ce de Jean Norris qui a fait du règne idéal l'alpha et l'oméga de son système et selon qui, hors l'intelligible, rien n'existe, rien n'arrive, il n'y a ni science, ni Dieu, ni nature? Si jamais philosophie entraîna la non-existence de l'univers matériel, c'est incontestablement la sienne. Aussi, comment ne pas se sentir déçu, lorsqu'on l'entend, au plus fort de son argumentation idéaliste, se défendre vivement de cette conséquence et lancer cette protestation : « encore moins voudrais-je
» être soupçonné d'un goût sceptique, sous couleur de
» *doute philosophique*, pour une extravagance comme
» celle qui consiste à mettre en question l'existence de cet
» objet général et collectif des sens : un monde naturel [1]? »
A la suite de Malebranche, bien qu'avec une moindre excuse, (car il n'était pas, lui protestant, surveillé par la même orthodoxie soupçonneuse,) il fait profession de réalisme. Mais, à l'exemple aussi de son maître, la force du système le contraint de se démentir et l'élan de sa dialectique l'entraîne, de concessions en concessions, à avouer, ou peu s'en faut, l'Idéalisme absolu.

Que les objets intelligibles ne dépendent en rien de leurs copies phénoménales, que même ils pussent subsister tels quels, dans l'hypothèse d'une destruction totale des corps :

---

1. Ire part., chap. IV, § 4-5.

ce sont là pour Norris, comme pour Malebranche, autant de lieux communs et de banales vérités. Mais reprenons le chapitre de *l'Essai de Théorie*, dans lequel l'auteur s'applique à nous convaincre que l'existence de l'univers intelligible est bien plus certaine que celle du monde naturel. Sur quelles preuves, se demande-t-il, notre foi à cette dernière est-elle donc établie ? Il n'en aperçoit point d'autre que le témoignage de nos sens. D'alléguer avec Malebranche les enseignements de la révélation, ce lui semble, si l'on omet toutes impressions sensibles, un flagrant paralogisme. Pour vérifier s'il existe une révélation, ne dois-je pas faire usage de mes sens ? « Je ne suis pas autrement assuré d'une telle
» révélation que je ne le suis de l'existence de ma Bible
» où elle est contenue. Et je ne suis pas autrement assuré
» de l'existence de ma Bible ou de la présence en elle de
» tels et tels caractères, que je ne le suis de la réalité des
» autres corps. » L'argument religieux ne vaut que si on le greffe sur l'argument physique. Il ne mérite nullement le renom de démonstration privilégiée et, pour l'employer, il faut avoir déjà demandé à nos organes perceptifs la certitude. Examinons donc ce que l'on peut attendre des sens.

L'expression de *sens* peut signifier trois choses : « soit
» cette perception ou sentiment qui suit un mouvement
» corporel ou une impression faite sur le cerveau ; soit
» la faculté d'éprouver telle perception à la suite de
» telle impression ; soit une certaine texture ou configura-
» tion de quelques parties de ma machine, par où je suis
» disposé à telle impression et par elle à telle perception. »
En cette dernière signification, le mot sens ne saurait désigner qu'un organe du corps : il n'y a donc ici nulle place pour un jugement. Les deux autres acceptions con-

cernent l'âme. La première s'applique à une *modification* mentale, la seconde à une virtualité de modification : or, nulle des deux n'inclut quoi que ce soit d'un jugement. Dans aucun de ces trois cas, « il ne saurait être question » d'opérations intellectuelles, mais seulement d'états ou » manières d'être de nos âmes, comme le plaisir ou la » douleur, etc. Le sens est alors si loin de me dire qu'il y » a un monde, que strictement il ne me dit rien du tout. »

Mais, s'ils ne peuvent démontrer l'existence des corps, peut-être nos organes seront-ils capables de la sentir. Vraiment, voilà qui tiendrait du miracle! Sentir qu'une chose existe! Cela reviendrait à sentir une proposition. J'éprouve bien le plaisir et la douleur, mais non pas les corps d'où me viennent ces impressions, puisqu'ils me sont extérieurs et que je ne puis rien éprouver qui ne soit au dedans de moi. « Ce ne sont pas les corps que nous sentons, mais » la sensation... En un mot, je ne sens aucune chose qui » soit hors de moi, mais je me sens précisément moi-même » autrement modifié et existant d'une autre manière qu'auparavant. » Nous nous trouvons ainsi délogés de notre position première. Ces assurances sensibles, de qui l'on croyait pouvoir tout attendre se trouvent d'avance infirmées. « La sensation ne va pas au-delà de l'âme[1]. » C'est donc seulement l'âme que nous devons interroger et, dans l'âme, la faculté investigatrice et informatrice par excellence, la raison. Or, que nous dit le raisonnement, d'où nous inférions avec certitude la réalité d'un monde extérieur?

Il est au moins une existence que la déduction logique m'autorise à conclure de mes sensations prises comme pré-

1. Ire part., chap. IV, § 14.

misses : mon existence à moi-même qui éprouve ces impressions. Je saisis véritablement là une connexion immédiate de principe à conséquence. Aussi pourrait-on reprocher à Descartes d'avoir donné de son *Cogito* une expression trop étroite. « *Je ressens de la douleur, donc je suis*; ou : *je goûte du plaisir, donc je suis*, est un aussi bon argument que : *je pense, donc je suis.* » Mais nous aurons beau raisonner sur nos impressions, nous n'en obtiendrons rien de plus. D'elles à des choses extérieures, il n'y a nulle liaison directe. Renonçons donc à espérer de la raison opérant sur les données perceptives cette évidence intuitive sans laquelle il n'y a pas de preuve digne de ce nom. « Quant à l'existence des corps, quoique ce soit une chose qu'on ne peut sérieusement mettre en question, toutefois si l'on en demandait une stricte et rigoureuse démonstration, je dois confesser que je ne sais comment la donner, en prenant la sensation pour principe... De même que mon sens ne sent point les corps, ainsi les corps non plus ne peuvent être la cause de ce que je sens, ou du moins on peut à bon droit contester s'ils la sont ou non [1] ».

Reste sans doute la Foi, position désespérée où nous avons vu que se retranchaient de grands dialecticiens. Mais la Foi a la raison pour principe; elle ne peut donc engendrer plus de certitude que la raison. La preuve qui fait intervenir le *Deus ex machinâ* se fonde sur deux principes d'inégale contenance : 1° tout ce que Dieu a révélé est vrai ; 2° tel point particulier est révélé de Dieu. La première proposition ne laisse pour l'évidence rien à désirer et l'on peut dire qu'ici la foi égale en force la raison. Il

---

1. Même chapitre. *Ibid.*, § 18-20.

n'en va pas de même de la seconde : là, « l'évidence de la
» foi ne peut être que morale et conséquemment inférieure
» à celle de la science [1] ». L'argument de Malebranche ne
se relèvera pas d'un aussi rude coup. Et le chapitre se
termine sans que l'auteur nous ait seulement indiqué un
refuge où nous nous abritions contre ce scepticisme dont
il a, tout en le maudissant, joué la partie et préparé
la victoire. Il n'a même pas laissé les croyants en possession de la sauvegarde que leur avait ménagée la
prudence du philosophe oratorien. Sur quoi donc enfin
notre conviction réaliste reposera-t-elle? Nous avons
successivement épuisé toutes les catégories du savoir :
sensation, raison et foi. Hors de ces trois voies, comment
nous frayer un passage? C'est, nous le voyons à présent,
bien à la légère que Norris a traité le doute objectif d'opinion extravagante. Ses dédains s'accordent mal avec ses
conclusions. Si tout notre esprit est prouvé inapte à s'ex-
cuser de croire au monde extérieur, sur quelle faculté
extra-spirituelle fait-il fond pour casser le verdict unanime rendu par les puissances de notre pensée?

Les trois années qui s'écoulèrent entre les deux Parties
de l'*Essai* n'adoucirent en rien ce mépris pour tout ce qui
est nature sensible, corps et étendue. La seconde moitié de
l'ouvrage n'est qu'une longue et méthodique dépréciation
de la matière. Norris y dépouille graduellement cette substance des divers caractères que l'on incline communément à lui prêter. En premier lieu, il lui retire toute
influence causale sur nos sensations. Docile aux leçons de
Malebranche, il n'admet pas que des corps puissent jouer

---

1. Même chapitre. *Ibid.*, § 26.

à l'égard des phénomènes affectifs un autre rôle que celui de simples conditions et occasions. « C'est quelque autre être » qui est la vraie cause efficiente [1]. » — En cet endroit sans doute, le dogmatique espèrera une concession : si les opérations du corps extérieur sur nos organes ne font qu'*occasionner* nos sensations, les premières n'auront-elles pas au moins dans les secondes de véritables corrélatifs, avec lesquels elles offriront quelque ressemblance ou analogie [2] ? — Pas davantage. Il n'y a rien, ni dans les corps, ni dans leurs mouvements, d'où nos sensations se doivent naturellement induire. Point non plus en eux de qualités qui correspondent aux sentiments qu'ils sont censés exciter en nous ; point de pouvoir, comme le voulait Locke, de nous affecter diversement. Les qualités que nos sens nous révèlent n'ont, dans les corps, nulle réalité. « Réfléchissez quelle » chose morte et inerte est la matière, combien pauvre et » vide le monde matériel... C'est toute fiction... L'homme » marche parmi des tromperies et des illusions... Les beau- » tés qu'il croit percevoir sont réellement en lui-même [3]. »

Le réalisme usera d'une dernière défaite. Soit, dira-t-on, les sensations ne sont point produites immédiatement par l'action des corps ; toutefois n'en pourraient-elles pas être

---

1. II⁰ part , chap. III, IX, § 38-40.
2. Norris entend que ce soient des conditions « *arbitraires* ». Il semble qu'il y ait là un mot d'ordre chez tous les idéalistes anglais.
3. Cf. ce passage d'un *Discours* de Norris *sur l'amour divin* : « Les » Corps n ont rien en eux qui ressemble à nos sensations, ni aucun » pouvoir de les produire en nous... Ce n'est pas le soleil qui nous » éclaire, mais Dieu par le soleil. Ce n'est pas le feu qui nous donne la » chaleur, mais Dieu par le feu... Toute la matière de la création, quoi- » que dans un continuel mouvement, est cependant pour nous, c'est-à-dire » pour nos esprits, une paresseuse, morte et inactive chose. » (*Practical discourses upon several divine subjects*, t. III.)

un effet détourné? N'y a-t-il pas une matière fluide et ténue qui s'acquitterait à miracle de cette médiation entre les corps étrangers et nos organes : savoir la lumière, dont l'action sur nos yeux nous expliquerait sans peine que nous percevions l'étendue? — Recourir à cet expédient reviendrait à rendre une fois de plus cause et condition synonymes. Que la lumière doive frapper ma rétine pour que j'aperçoive les objets colorés, fort bien. Oui, cette substance est la condition de nos idées visuelles ; mais elle ne se confond point avec ces idées. Ne nous laissons point tromper par nos métaphores. La lumière ne se comporte pas à la façon d'un peintre ou d'un graveur ; elle n'épand point la couleur comme ferait un pinceau optique. A supposer qu'elle pût graver ou peindre, il y a du moins une chose qu'elle ne rendrait pas : le relief. — Mais la perspective? allèguera-t-on. — Que l'on ne nous oppose pas l'exemple de cet art qui enseigne à abuser les yeux et à juger des choses comme elles ne sont pas. Les figures de la perspective ne doivent pas être prises pour les objets mêmes de la vision, mais seulement pour des signes à l'occasion desquels nous nous formons les idées qui représentent à l'esprit ces objets. Allons plus loin. Faisons belle la part à l'hypothèse optique. Accordons que les figures soient peintes fidèlement par le pinceau lumineux. Les images que nous percevons ne sauraient s'identifier avec les objets immédiats de l'esprit et, bien moins encore, avec les idées qui nous révèlent les choses. Si l'idée fait véritablement corps avec l'image, d'où vient que, devant un objet, nos yeux ne voient qu'une image et non deux comme ils le devraient? D'où vient aussi que nous ne voyons pas les figures renversées, comme le sont leurs images [1] ? Ces

1. Chap. vii, § 16-23.

anomalies et d'autres semblables qui fourniront à de prochains idéalistes[1] le thème d'argumentation si originales en faveur de la non extériorité des choses sensibles, amènent Norris aussi près que possible de cette thèse radicale. Il découvre en de tels faits la preuve que « l'hypothèse op- » tique » est vouée à un inéluctable échec. La lumière n'a pas plus de titre que tout autre élément matériel à la dignité causale ; entre la chose extérieure et l'esprit elle n'institue nulle transition. Avec elle ou sans elle, corps et pensée demeurent dans le même éloignement l'un de l'autre. La lumière aura beau briller, elle ne fera pas à elle seule surgir une perception. Vous aurez beau croire à une matière, les Idées n'en découleront pas.

Si nous avons établi que l'intelligence n'empruntait rien au monde naturel, gardons-nous d'admettre la proposition réciproque. Sur ce point, Norris nous a dès longtemps édifiés. Sans l'interposition des idées, les choses corporelles nous échapperaient éternellement. Situées hors de l'esprit et d'une nature hétérogène à la sienne, elles ne pourraient s'unir à lui. Contingentes et entraînées par un incessant devenir, elles ne sauraient tomber sous les prises de la Science, pour laquelle ne compte que l'immuable. Concluons « que la matière n'est pas un objet » visible par soi ou intelligible par soi ; qu'elle n'est pas » l'objet immédiat de notre vision sensible ou intellec-

---

1. Norris a eu le mérite en ces pages, ainsi qu'en d'autres passages moins étendus, de comprendre toute l'importance de ce problème de la vision, dont la solution décidera virtuellement de toute théorie de la connaissance. Berkeley les avait-il lues ? Il est difficile de l'affirmer, bien que ce soit, selon nous, très probable. Mais Collier, admirateur de Norris et auquel l'*Essai sur le monde idéal* était familier, les avait certainement remarquées et méditées.

» tuelle ; que, d'elle-même et par elle-même, elle est ab-
» solument obscure, invisible et inintelligible... Sans ces
» raisons incorporelles ou Idées par où elle tombe sous
» notre connaissance, elle demeurerait inconnue, ignorée
» de la vue comme de la pensée[1]. » En parcourant cette
interminable satire contre le monde des corps, comment ne
nous dirions-nous pas : si la matière est à ce point *vide,
pauvre, obscure, invisible* et *inintelligible*; si elle n'a ni
pouvoir sur nos sens, ni part à nos perceptions, ni conformité d'aucun genre avec les impressions qui nous
affectent, à quelles fins la maintenir? Si rien ne l'exige, si
elle ne sert à rendre compte de rien, pourquoi ne pas biffer
purement cet inutile zéro? Une entité que notre esprit,
quelques facultés qu'il mette en usage et à quelques opérations qu'il se livre, ne saisira jamais ; entité qui nous
masque entièrement, comme ferait un écran infini, l'univers intelligible ; entité sans but, sans consistance et sans
portée, inefficace, inactive, « morte », identique au néant :
telle est l'abstraction stérile que, sous le nom de matière,
les analyses de l'*Essai* ont laissée subsister.

Etait-ce donc la peine de marquer au début tant de
répugnance pour ce que l'on appelait le doute sceptique
ou académique? Comment ne songeait-on pas que l'on
risquait de s'envelopper soi-même du ridicule que l'on
venait de jeter sur les négateurs du monde sensible?
Mais, au profit de qui donc, sinon au leur, a-t-on argu-
menté, discuté, réfuté, démontré? On a retiré au dogmatisme le seul appui que le grand idéaliste cartésien lui
eût assuré. Après lui avoir ravi les sens et la raison, on

---

[1]. Chap. vi, § 8-10.

lui a dérobé jusqu'à la ressource de la foi [1]. Il semblerait que l'on se fût assigné pour tâche, après avoir décrié l'idéalisme absolu, d'en établir une irrécusable démonstration. Rectifions la critique d'Hamilton qui s'étonnait que le continuateur de Malebranche n'eût pas retranché de sa philosophie l'excroissance réaliste. A la thèse dogmatique Norris a, en vérité, porté le coup de grâce. En fin de compte, avec lui, le scepticisme transcendantal a cause gagnée. Sa conception des choses aboutissait à l'immatérialisme ; à ce dénouement il s'est lui-même précipité, bien qu'il ne l'ait ni voulu ni peut-être osé voir. La loi de son système l'a emporté sur son parti-pris de la méconnaître.

VII. Après l'*Essai de Théorie*, il semble que Norris ait considéré sa tâche comme terminée. Toutefois, les attaques de Dodwell contre l'immortalité de l'âme le ramenèrent dans la lice pour défendre le vieux dogme menacé par la libre pensée grandissante. Dodwell avait appuyé la thèse de la mortalité de l'âme sur une considération qui devait plus tard exercer la critique de Kant [2]. La preuve classique d'où l'on conclut que l'âme défie le néant se fonde, comme l'on sait, sur la simplicité de cette substance. Périr, disait-on, c'est se dissoudre : or, ne se dissout que ce qui a

---

1. C'est ce que fait très bien remarquer Collier, lorsqu'il relève la censure prononcée par Norris contre « l'extravagance » des philosophes qui révoquent en doute la réalité d'un monde matériel extérieur. Mais alors pourquoi Norris, demande-t-il, s'est-il pendant trente pages évertué à en affaiblir la certitude, en montrant que ni la raison, ni les sens, ni la révélation ne nous garantissaient une telle existence et que l'argument de Descartes, dernière espérance des partisans de cette réalité, portait complètement à faux? (V. la *Clavis universalis*, II° part., chap. x, obj. 3.)

2. Cf. sa réfutation de l'argument de Mendelssohn. (V. *la Critique de la Raison pure.*)

des parties ; notre âme n'étant point composée ne saurait donc périr. A quoi l'on eût pu répondre : oui, cet argument serait valable, si l'âme se trouvait au nombre des substances étendues ; car, pour celles-là, destruction signifie corruption. Mais l'âme est une substance pensante, ce qui rend le cas bien différent. Autre nature, autre mode de disparition. Les êtres simples périssent non parce qu'ils se décomposent, mais parce qu'ils sont annihilés. Que l'âme ne se puisse corrompre, j'en conviens, accordait Dodwell ; mais, demandait-il, prouvez-moi qu'elle ne se peut anéantir ?

Dans une première dissertation qu'il intitule : *Discours Philosophique sur l'Immortalité naturelle de l'Ame* [1], Norris se couvre de l'autorité de saint Ambroise, selon qui notre immortalité ne souffre pas la comparaison avec celle de Dieu. « Il n'y a, dit ce père, qu'une substance, la » Divine, qui ne sache point mourir..... L'ange même » n'est pas naturellement immortel, et son immortalité » consiste en la volonté du créateur [2]. » A la suite de ce saint, il faut distinguer entre l'immortalité *naturelle*, qui découle des attributs de l'être à qui on l'assigne, cet être une fois donné, et l'immortalité *positive*, laquelle ne dérive pas de l'essence, mais est jointe au sujet par la volonté ou le pouvoir d'une cause extérieure. Or l'âme est naturellement immortelle, si l'on entend immortalité au sens d'incorruptibilité : il y aurait contradiction à concevoir qu'elle se désagrégeât. Son créateur même ne la saurait décomposer. « Et Dieu ne devient pas en cela un débiteur en-

---

1. *A Philosophical Discourse concerning the natural immortality of the Soul,... occasion'd by Mr. Dodwell's late Epistolary Discourse. London,* 1708.
2. *De side ad Gratianum Augustum*, liv. III, chap. II.

» vers la créature, mais seulement envers la disposition
» de son propre *Vouloir*, dont la perfection se doit aussi
» conformer aux idées de sa *Sagesse*. » Mais signifie-t-on
par immortalité l'incapacité d'être anéanti, l'âme ne possède plus *naturellement* ce caractère, puisque la nécessité
lui fait défaut, et qu'abandonnée à ses seules forces, elle
cesserait certainement d'exister; en retour, elle possède cet
attribut d'une manière positive, non de par un droit imprescriptible, mais de par la divine faveur. En d'autres
termes, elle a l'immortalité de *grâce*, au défaut de l'immortalité de *nature*.

Ce Discours fut suivi d'une *Lettre à Dodwell* [1], dans
laquelle Norris, prenant corps à corps l'argumentation matérialiste, s'appliquait à prouver que toutes les objections
qui vaudraient contre une immortalité naturelle de l'âme
venaient se briser contre une immortalité positive. Sans
doute Dieu a pu faire que l'âme fût susceptible de disparaître dans le néant; mais il n'a pu le vouloir. Quoi ! Le
Tout-Puissant n'aurait produit une créature que pour la
faire briller quelques instants et la laisser ensuite s'évanouir, comme ces bulles d'eau que soufflent les enfants
et qui crèvent à peine enflées ! Son vouloir se règle
sur son intelligence : or est-il digne de l'infinie Sagesse
d'annihiler aucune partie du système qu'elle distribua
avec tant d'ordre et de beauté? La création a été faite
sur le plan des Idées de Dieu, par conséquent selon son
essence. Comment supposer qu'il laisse rien périr de ce
qui le représente? « La matière même, qui est la projec-
» tion la plus éloignée de l'Idéalité Divine, a sa contre-

---

[1]. *A letter to M*r* Dodwell concerning the Immortality of the Soul of Man, in answer to one from him, relating to the same matter*. London, 1709.

» partie intelligible dans l'Esprit Divin et représente, au
» moins quant à l'être, son Créateur. » Or, si la matière
est à l'abri de la destruction, combien à plus forte raison
le sera l'âme pensante !

Ces arguments et d'autres analogues s'offraient à Norris
en abondance : il n'avait qu'à puiser chez son philosophe
favori. On voit par la *Lettre à Dodwell* qu'il est resté
jusqu'au bout fidèle à son maître catholique. Les souvenirs
de Malebranche emplissent ce petit écrit. Les causes occasionnelles, l'efficacité reconnue à la seule action divine,
l'optimisme, l'essence purement privative du péché, le
néant d'une matière que l'intelligible n'illuminerait plus :
tous ces thèmes philosophiques familiers aux lecteurs de
la *Recherche de la Vérité* y reparaissaient chacun à son
rang. Mais, pas plus alors que quand il composait son *Essai
de Théorie*, le spéculatif de Bemerton n'avoua la conséquence logique de la doctrine. S'il eût adhéré au monisme
absolu qu'exigeaient ses propres principes, combien, en ce
qui le concernait, était simplifiée cette controverse ! Il eût
vu clairement que le débat portait à faux. L'idéaliste, en
effet, n'a pas à se demander si la substance pensante est
sujette à la mort. Il ne saurait, sans se renier lui-même, se
poser un pareil doute. Si c'est pour la science un axiome
que la quantité d'être ne varie pas dans le monde [1], celui-là
peut-il mettre en question l'indestructibilité de l'âme, pour
qui rien n'existe, si ce n'est la pensée et les manifestations
de l'esprit?

VIII. Le *Discours Philosophique* parut en 1708 ; la
Lettre à Dodwell, en 1709. Norris touchait déjà au terme

1. Cet axiome, Norris le professait aussi. V. sa *Lettre à Dodwell*, § 37.

de sa vie. Le mauvais état de sa santé, l'insuffisance de ses ressources, (sa cure de Bemerton lui donnait un peu moins de 70 livres de revenu,) la froideur de ses supérieurs hiérarchiques, attristèrent ses dernières années[1]. On peut aussi conjecturer qu'il souffrit secrètement de ne s'être point fait dans les lettres une plus grande place. Tandis que le nom de Locke brillait chaque jour d'un éclat nouveau, l'autorité du sien s'affaiblissait peu à peu. Il avait cependant, à de certaines dates, connu la faveur de ce grand public devenu si indifférent aux travaux de sa maturité. Sa *Collection de Mélanges* avait atteint neuf éditions. Ses *Discours pratiques sur la béatitude* n'en auront pas moins de quinze[2], chiffre que l'on jugerait, même aujourd'hui, considérable. Ses vives controverses, sans cesse renouvelées, avec des sectes militantes eussent dû tenir la curiosité en haleine. Il posséda ce qui fait les grandes réputations : de sincères adeptes et des adversaires déclarés. Il vit l'aube de la gloire ; il n'en connut pas le plein midi. Bien qu'il ne soit pas parvenu à un âge très avancé, on peut dire qu'il survécut à sa propre célébrité. En 1711, date de sa mort, son nom était déjà presque tombé dans l'oubli.

C'est que Norris joua et perdit une partie décisive. Ses diverses publications avaient révélé au public son talent de polémiste et sa compétence d'érudit. Mais s'en tiendrait-il là? Se contenterait-il de populariser en son pays les théories du « Galilée » de la métaphysique? Ne s'annoncerait-il pas à son tour comme un penseur original et fécond? Il avait souvent répété que de la doctrine exposée dans la *Recherche de la Vérité* pouvait naître une conception

---

1. C'est ce dont il se plaint dans une lettre au Dr Charlett.
2. La quinzième porte, il est vrai, la date de 1728.

systématique nouvelle. « Ce grand Apelle n'a peint la » Beauté Céleste qu'à moitié[1]. » A retracer avec exactitude la moitié omise, un continuateur pouvait créer encore quelque chose de grand. Pour avoir suivi Descartes, l'auteur de la Vision en Dieu n'en avait pas moins élevé une philosophie à part. De même, ne pouvait-on faire œuvre personnelle, tout en continuant le sillon de Malebranche ?

Nous avons vu comment Norris s'y essaya. Ses contemporains ne jugèrent point qu'il eût réussi. L'*Essai de Théorie d'un monde idéal*, qui devait former son *magnum opus*, n'eut pas la fortune d'emporter leurs suffrages. Et la postérité ne s'est guère montrée moins défavorable : car c'est à peine si quelques historiens s'avisent çà et là de mentionner son nom.

Les motifs de cet échec se laissent aisément discerner. Ce philosophe ne se révéla point un penseur autonome. Sa doctrine ne fit point suffisamment époque. Elle marque assurément une phase intéressante dans l'évolution de l'idéalisme : elle signale la prise de possession de la haute philosophie anglaise par Malebranche. Il n'a tenu qu'à Norris qu'elle annonçât quelque chose de plus et ouvrît décidément, en sa patrie, l'ère du monisme absolu. Faute de cette hardiesse, elle a gardé la marque d'un système vassal. Si l'on omet, en effet, la nouveauté d'un plan qui prête à ce livre une réelle individualité, qu'a fait l'*Essai de Théorie*, sinon de reproduire en un cadre plus étendu *Raison et Religion* ? Or, ce dernier Traité, qu'était-il lui-même, sinon une adaptation Platonicienne du système de la Vision et de l'Action en Dieu ?

---

1. Préface de l'*Essai de théorie*.

Mais la grande célébrité n'a pas toujours été le lot des seuls novateurs. A l'originalité du fond l'attrait de la forme a plus d'une fois victorieusement suppléé. Locke nous a présenté un exemple éclatant des triomphes que l'art et l'à-propos savaient préparer, au défaut de l'invention. Malheureusement cet ordre de supériorité ne se remarque point non plus dans l'*Essai de Théorie*.

Certes, Norris possédait la plupart des dons qui font les grands écrivains. Sa plume a la noblesse, la suavité, le tour élégant, les rencontres aimables, qui prêtent tant de charme à son modèle français. Malheureusement il ne parlait plus la langue de son temps. L'*Essai sur l'Entendement humain* venait de mettre à la mode (et cette mode se changera bientôt en une tenue obligatoire,) un style laïque, sans pédantisme, sans lourde érudition d'École, style non de chaire, mais de salon, qui ménage cette agréable surprise si haut prisée par Pascal : d'écouter un causeur, où l'on s'attendait à entendre un magister. Les livres de Norris sont surchargés de références et tout bouffis de cléricature. Bien plus théologien que Malebranche, qui savait ne l'être et ne le paraître que lorsqu'il convenait, il combine partout et toujours à égales proportions ces deux éléments dissemblables : la raison profane et la raison sacrée, Platon et Suarez, le cartésianisme et l'Écriture [1]. De là des disparates sans nombre ; de là surtout l'aspect archaïque

---

1. Donnons-en un exemple. Norris, traitant de la pensée claire en vient à l'argument cartésien de la véracité divine. « Il n'est pas supposable que le « sage et bon Auteur de nos Etres nous donne des facultés telles qu'elles « nous trompent nécessairement..., et cela que nous les employions bien « ou mal. » Donc, tout ce que nous percevons clairement et distinctement est vrai. Or sait-on la première application que fait Norris de ce criterium ? Il y trouve la condamnation tout à la fois des *Papistes* et des *Sociniens*. (*Essai*, II° part, chap. III, VI.)

d'une œuvre moderne en son souffle mais retardataire en sa forme et en sa méthode d'exposition.

Ce n'est pas tout : la Théologie et l'École s'étaient, depuis des siècles, étroitement associées. Les mêmes pieuses bouches avaient appris, dès les hauts temps, à débiter à la fois les Pères et Aristote. Norris demeura trop fidèle à cette alliance. Ce n'est pas seulement des Livres Saints qu'il se préoccupe à l'excès, mais aussi des *Sommes* et de leur creuse logique. Sa manière n'est pas seulement d'un théologien, elle est encore d'un scolastique. Scolastique, il l'était en effet, sciemment et délibérément. Que l'on relise, pour s'en convaincre, la préface du second volume de son *Essai de Théorie :* on y verra en quelle estime il tenait le style de l'Ecole [1] et l'on s'assurera qu'il en a bien de parti-pris mis en pratique les préceptes. Mieux encore : il s'est déterminé, nous annonce-t-il, à écrire « *syllogistiquement* » et cela, « malgré l'adresse » avec laquelle un auteur réputé [2] a récemment essayé » d'avilir le syllogisme. » A cet écrivain « réputé » il riposte par une apologie sans mesure de la méthode syllogistique. Le syllogisme a, s'il faut l'en croire, la solidité et la rigueur d'une algèbre ; il abrège notre vue des choses ; il nous fournit un procédé sûr pour agencer nos pensées en raisonnements ; il constitue le meilleur criterium pour apprécier les discours d'autrui.

C'est en cela, précisément, que l'auteur de l'*Essai de Théorie* se trompa. Prononcer ce magnifique éloge de

---

1. « Quelle que puisse être leur Matière, dit-il en parlant des Ecoles, » leur forme et méthode est excellente. » Et il exprime le regret que l'éducation scolastique ait manqué à Hobbes.
2. C'est Locke, vraisemblablement, qui est ici visé.

l'École et de la syllogistique, au lendemain de Bacon, de Descartes, de Hobbes, était commettre un anachronisme. Ne savait-il pas mieux que personne que des horizons ignorés s'étaient ouverts devant la pensée spéculative? Comment pouvait-il donc espérer qu'une philosophie délivrée d'Aristote et de Porphyre s'accommodât des cadres et des méthodes du moyen âge? Comment ne comprit-il pas que des pensers nouveaux réclamaient un mode nouveau d'expression? Cette méprise, il l'expia trop, puisqu'elle lui valut, sur le tard, la tiédeur de ses contemporains et, en dépit d'une œuvre où brillent des qualités de premier ordre, l'oubli presque total de la postérité. Vêtue à la moderne, sa philosophie aurait peut-être défié le temps et tenu en échec le sensualisme de Locke. Norris a payé de sa gloire son trop de fidélité à l'Organum. Il comptera parmi les dernières victimes de *Celarent* et de *Baralipton*.

CHAPITRE VII

ARTHUR COLLIER

I. A quelques milles du poste occupé par Norris habitait un autre méditatif, d'une vigueur et d'une hardiesse de pensée peu communes, qui appartint à la même Église philosophique et qu'attendait la même destinée littéraire. Lui non plus ne sut pas forcer la renommée et l'on ne peut seulement dire que ses écrits furent oubliés, car le public n'en eut guère jamais connaissance. La fortune lui fut encore moins clémente qu'elle n'avait été au recteur de Bemerton ; il n'eut même pas cette aurore de gloire dont Norris avait connu les brillantes promesses. L'édition unique de son maître ouvrage était, à la fin du siècle dernier, à peu près perdue, bien qu'à l'étranger la valeur en eût été, par instants, soupçonnée [1]. Sans l'active curiosité du chef de l'École Écossaise, les historiens modernes de

---

[1]. Cet ouvrage fut résumé en 1717, dans le VIe vol. supplém. des *Acta Eruditorum* ; l'auteur de l'article concluait en comparant ces « paradoxes » avec ceux-là mêmes que Berkeley venait de soutenir. — Des références à la *Clavis* sont faites en 1746 par Bilfinger dans ses *Dilucidationes Philosophicæ*. En 1756, le professeur Eschenbach, de Rostock, en publia une traduction allemande, ainsi que des Dialogues d'Hylas et de Philonoüs. Sa compilation est intitulée : *Collection des plus distingués écrivains qui nient la réalité de leur propre corps et de tout le monde corporel.*

la philosophie auraient sans doute passé entièrement sous silence ce livre surprenant. C'est à la bibliothèque du collège de Glascow que Reid, par hasard, en rencontra un exemplaire [1]. Il fit du même coup la découverte de l'ouvrage et de l'auteur. Les Ecossais, si hostiles pourtant aux théories monistes, comprirent et publièrent qu'un métaphysicien hors pair venait d'être révélé. James Mackintosh, Dugald-Stewart, instituent à son sujet recherches sur recherches. A propos d'une réédition faite par les soins du docteur Parr [2], Hamilton n'hésite pas à déclarer ce philosophe l'égal de Berkeley [3] ; à quelques points de vue même, il lui attribuerait sur l'évêque de Cloyne la préférence. D'intéressants mémoires publiés par Benson [4] viennent confirmer encore les titres qui recommandent l'homme et le penseur à notre attention. Toute cette dépense de soins fut, à l'égard du grand public, en pure perte. Aujourd'hui encore le titre du livre et le nom de l'auteur n'ont point franchi le cercle de quelques lettrés. Collier est demeuré, pour la plupart des philosophes, un inconnu ; et, si l'on excepte çà et là des curieux d'érudition, personne ne prend garde à la *Clef Universelle*.

La modeste vie d'Arthur Collier tiendrait aisément en peu de lignes. Il naquit en 1680, de parents honorés qui

---

1. En 1837, Benson déclarait qu'à sa connaissance il n'existait pas plus de sept exemplaires de l'édition primitive. A Paris, la bibliothèque de l'Institut en a un en sa possession.
2. Cette réédition est comprise dans ses *Metaphysical Tracts by English philosophers of the 18th century*. (Londres, 1837).
3. DISCUSSIONS ON PHILOSOPHY, etc., § VI, *Idealism with reference to the scheme of Arthur Collier* (avril 1839).
4. *Memoirs of the life and writings of the Rev. Arthur Collier* (Lond., 1837). De très curieuses lettres de Collier y sont jointes ; Benson, arrière-petit-fils d'une nièce de Collier, les possédait en manuscrits.

n'avaient point traversé sans souffrir les épreuves d'une révolution à la fois politique et religieuse. Son père était recteur de Langford Magna (Wiltshire), dignité héréditaire dans la famille depuis plusieurs générations [1] et dont il devait lui-même, en 1704, être investi. Touchant sa jeunesse et son passage à Oxford [2], nous n'avons que peu de renseignements. A la différence de son frère plus jeune qui était aussi son compagnon d'études, il se sentit irrésistiblement attiré vers les profondeurs de la plus abstraite philosophie. « Ses écrits, remarque Hamilton, ne décèlent aucun com- » merce intime avec les œuvres des grands penseurs de » l'antiquité, et ce fut apparemment dans les extraits de » l'allemand Scheiblerus et de l'écossais Baronius qu'il » puisa tout ce qu'il sut de la métaphysique des Ecoles. » Par contre, il suffit de le parcourir pour s'assurer qu'il était imbu de Descartes et de Malebranche. Ce dernier écrivain qu'il lut, soit dans l'original, soit dans la version de Taylor [3], avait dû frapper de bonne heure son imagination. Il avait vingt-trois ans à peine, lorsqu'il adopta le point de doctrine auquel nous avons vu que des métaphysiciens formés à l'Ecole de Malebranche devaient naturellement s'arrêter. Sa conviction une fois formée, il s'exerce à traiter du sujet qui lui tenait à cœur et qu'il estimait à bon droit fournir « la clef » de la connaissance humaine. Un de ses manuscrits, qui porte la date de janvier 1708, contient le devis d'un essai en trois chapitres où est agitée la question de l'extériorité du monde visible. En 1712, il ébauche deux opuscules : l'un traite de la substance et de l'accident;

1. C'est en 1608 que Joseph Collier y fut nommé.
2. Il entra à Pembroke College en juillet 1697.
3. *La Clavis Universalis* se réfère à Malebranche d'après cette traduction.

le second, qu'il intitule *Clavis philosophica*, annonce son livre définitif. En 1713, il fait paraître la *Clavis Universalis*, avec ce sous-titre bien explicite : « Nouvelle recherche » de la vérité, consistant dans la démonstration de la non- » existence ou de l'impossibilité d'un monde extérieur. » Cette année est justement celle où Berkeley publiait ses Dialogues d'Hylas et de Philonoüs qui, s'ils ne portaient pas le même intitulé, poursuivaient et réalisaient un dessein identique.

Ce titre de « clef universelle » n'aurait-il pas été suggéré à Collier par Norris ? Nous lisons, en effet, dans un passage de *l'Essai de Théorie*, ces lignes qui ne purent manquer de produire une vive impression sur l'esprit du futur écrivain moniste : « vous pouvez voir que saint Augustin se » sert de l'Hypothèse Idéale comme d'une sorte de CLAVIS » MOSAICA par laquelle il ouvre les difficultés métaphy- » siques les plus abstruses qui concernent l'Histoire de la » Création. » L'obscur émule de Berkeley professait pour l'auteur de *l'Essai de Théorie* une grande admiration. Il le met sur le même pied que Descartes et Malebranche [1]. Il ne mentionne qu'avec force louanges le nom de ce philosophe « pour les écrits et la mémoire duquel il a une » haute estime [2] ». Lui arrive-t-il, sur un point essentiel, de se séparer du recteur de Bemerton, il s'en excuse. Il nous prend à témoin : devait-il donc abandonner tous les arguments par lesquels il a réfuté la croyance au monde extérieur, parce que celui qui les a censurés est « le grand et » excellent M. Norris [3] ? »

1. *Clavis*, part. I, chap. I, § 2.
2. *Clavis*, part. II, chap. x, obj. 2, rép. 1.
3. *Clavis*, *ibid.*, obj. 3.

Les deux métaphysiciens se fréquentèrent-ils? Le biographe Benson n'en doute pas [1]. Assurément le peu de distance qui séparait les deux cures, cette communauté d'occupations, de croyances, de goûts, tous deux prêtres de la même Église, tous deux pénétrés de Platonisme et nourris de philosophie cartésienne, rend bien improbable qu'ils ne fussent point personnellement liés. Il nous semble, dans les quelques lignes où le souvenir de Norris était évoqué tout à l'heure, lire quelque chose de plus que de l'estime, mais aussi du respect et de l'affection. Toutefois, avouons-le, nous ne pouvons que former des conjectures. Nulle trace ne subsiste, ni dans les écrits de Norris, ni dans les lettres de Collier, d'une intimité entre ces deux penseurs si dignes de se connaître et de s'aimer. Aussi bien une grande inégalité d'âge les séparait. De plus, s'ils possédaient les mêmes attaches philosophiques, également enclins l'un et l'autre à chercher dans l'idéal la substance et la raison du sensible, par contre, sur la question centrale autour de laquelle pivote, selon l'auteur de la *Clavis*, la science entière de l'homme et du monde, quel absolu désaccord! Un entretien métaphysique un peu approfondi entre les deux interlocuteurs aurait bien vite tourné court : Norris traitant « d'extravagance », qui ne mérite pas qu'on la discute sérieusement [2], le principe dont Collier devait faire la clef de voûte de son déisme. Même au sujet de leur auteur préféré, une dissidence profonde n'aurait point tardé à s'accuser entre ces deux disciples : l'un, attaché à la lettre, se serait appuyé sur le passage de la *Recherche de la Vérité* où, après bien des retards, la négation de la

1. *Collier's Memoirs*, chap. II.
2. *Essai de théorie*, vol. I, chap. IV.

matière est finalement écartée ; l'autre, fort de l'esprit, aurait tiré argument de ces retards eux-mêmes et fait valoir tant d'aveux implicites que la logique, en bien des endroits, arrache non seulement à Malebranche, mais encore à Norris, en faveur de l'idéalisme.

II. Un problème du même ordre, mais bien plus enveloppé, mériterait d'exercer la sagacité de l'historien : Berkeley et Collier se connurent-ils et y eut-il de l'un d'eux à l'autre une influence directe ? Sur l'un des termes de la difficulté, il n'y a pas lieu d'hésiter. L'idéalisme de Berkeley ne doit rien à celui de Collier [1]. Lorsqu'en 1709 parut l'*Essai sur une nouvelle théorie de la Vision*, Collier n'avait rien publié encore ; il est même douteux que l'évêque de Cloyne connût son nom. En ce qui concerne l'auteur de la *Clavis*, la question de savoir s'il est débiteur envers le grand moniste irlandais ne peut être aussi simplement tranchée. Les dates n'opposent point à cette hypothèse un obstacle insurmontable, puisque l'*Essai sur la Vision* et les *Principes de la connaissance humaine* avaient déjà paru, quand fut livré à l'impression le court chef-d'œuvre du recteur de Langford Magna. D'autre part, Collier connaissait de réputation Berkeley, dont le nom se trouve mentionné en deux lettres qu'il écrivit, l'une en 1714, l'autre en 1715, c'est-à-dire au lendemain de la *Clavis*. Mais cette considération extrinsèque ne pèse que d'un faible poids quand on la met en

---

1. Dans une lettre inédite à Percival, signalée par M. Fraser (*Berkeley*, 1884,) on trouve l'allusion suivante de Berkeley à Collier : « .... un » prêtre du Wiltshire qui a produit un livre où il avance quelque chose » que j'ai publié, il y a trois ans, dans mon traité sur la *Connaissance* » *humaine*. »

balance avec les arguments fournis par l'œuvre même de Collier à l'appui de leur entière indépendance. En premier lieu, il faudrait admettre que, par trois fois, ce dernier eût voulu surprendre notre créance : dans l'Introduction de son livre, il nous informe qu'il a agité et mûri, pendant « dix années », une conception métaphysique qu'il veut faire connaître, de peur que le monde ne finît, dit-il, son cours, sans avoir une fois cherché le comment de son existence [1] ; — dans la lettre qu'il adressa, en 1715, à Samuel Clarke et où il dit que « le livre de M. Berkeley sur » le même sujet parut peu de temps avant le sien », termes qui présentent bien cette quasi-simultanéité comme fortuite ; — enfin, dans le *Spécimen de la vraie philosophie,* où nous lisons à propos, de la *Clavis :* « Cet ouvrage, » si l'on excepte un passage ou deux dans les trois dialo- » gues du docteur Berkeley imprimés la même année que » l'autre est le seul livre sur ce sujet dont j'aie jamais ouï » parler [2]. » Si Collier s'inspira de Berkeley, il faudrait d'ailleurs avouer qu'il le lut ou l'entendit bien incomplètement. Toute la nouvelle théorie de la Vision, développée dans le petit Traité de 1709 [3], repose sur une façon de symbolisme des sens, aux termes duquel la vue résume et évoque ce que nous a antérieurement appris le toucher. A cette belle découverte psychologique l'auteur de la *Clavis* ne fait point la moindre allusion et cependant il l'effleure d'aussi près que possible, au cours de l'argument où il

1. *Clavis*. Introd.
2. De ce passage du *Specimen* nous serions porté à induire que Collier ne connut de Berkeley ni l'*Essai sur la Vision*, ni *les Principes,* mais seulement les trois *Dialogues d'Hylas et de Philonoüs.* Il n'a expressément cité que ce dernier ouvrage.
3. Cette théorie fut en 1710 complétée par les *Principes.*

réfute la prétention selon laquelle l'œil atteindrait les objets tangibles : comme si autre chose n'était pas ce qui tombe sous la vue, autre chose ce que manie le toucher [1] ! Singulier plagiaire qui, de l'œuvre qu'il a faite sienne aurait omis la plus riche page ; pauvre apprenti pillard qui dérobant une parure en mépriserait le plus rare joyau !

Enfin, deux arguments de fait, à l'appui des inductions qui précèdent, nous sont apportés par les manuscrits qu'a soit signalés, soit édités, le biographe Benson. Celui de 1708, qui contient le canevas d'un traité sur le point de savoir si le monde visible est extérieur ou non, devance d'une année le premier livre de Berkeley. Sans doute, on peut objecter que, depuis Descartes et Malebranche, l'absolue subjectivité des objets de la vision était devenue pour la plupart des philosophes un lieu commun et qu'en s'exerçant sur cette matière Collier suivait un sentier battu. Mais nous devons remarquer que le sujet de cette esquisse est précisément le même dont traite la première partie de la *Clef Universelle:* il est de là bien probable qu'en 1708 le plan de ce dernier livre se dessinait clairement dans l'esprit de son auteur et que, dès ce moment, l'idéalité des représentations visuelles lui apparaissait comme la meilleure transition à l'idéalité du monde extérieur. Ce n'est pas tout : Benson a publié, dans un appendice aux *Mémoires*, une sorte de *Credo*, en quarante-quatre articles, rédigé par Arthur Collier, à la date du 14 juillet 1709, c'est-à-dire contemporain de *l'Essai sur la Vision* [2]. Ce long formulaire résume les convictions religieuses et théologiques du recteur de *Langford Magna*.

---

1. *Clavis*, part. I, chap. II, obj. 2, § 20.
2. Ce manuscrit, nous dit Benson, (note à la fin du chap. III,) fut découvert durant l'impression des Mémoires.

Mais nous y découvrons aussi des articles significatifs où l'on peut aisément prévoir les croyances métaphysiques d'Arthur Collier dans leur étroite union avec son semi-Arianisme. Dieu, y lisons-nous, est non seulement la cause efficiente, formelle et finale de tous les êtres particuliers, il en est de plus la cause matérielle. Ce qui veut dire que « la volonté créatrice est précisément la matière substan-
» tielle de leur être ; en d'autres termes, que les choses
» particulières, comme telles, ne possèdent point de subs-
» tances distinctes, mais seulement différentes formes ou
» ressemblances avec la seule substance véritable, laquelle
» substance unique est le substratum commun à toutes les
» choses particulières [1] ». Nous y trouvons également que, lorsque Dieu voulut faire l'homme, il commença par produire son fils et que ce fils ou Homme-Dieu produisit le reste de l'humanité [2]. Quand, de la lecture des œuvres de Collier, nous revenons à ces articles de sa jeune foi, comment ne pas distinguer pour ainsi dire en ce *Credo* la miniature du monisme théologique dont la *Clef Universelle* devait jeter les bases et le *Spécimen de la Vraie Philosophie* disposer le couronnement ?

Quoi qu'il en soit, la rencontre de deux écrivains si originaux qui, dans le même pays, mais à de telles distances l'un de l'autre, semblaient s'être donné le mot pour revêtir la philosophie des idées de sa forme la plus paradoxale, demeure un phénomène unique dans l'histoire de la haute spéculation. Que deux jeunes méditatifs, l'un en sa retraite du Wiltshire, l'autre au cœur de l'Islande, aient été con-

---

1. *Appendice* A, § 5. C'est exactement la doctrine que, vingt et un ans plus tard, développera le *Specimen*.
2. *Ibid.*, § 8 et 9.

duits, à peu près en même temps, par le cours naturel de leurs lectures et de leurs réflexions, à lancer l'un et l'autre le même défi au dogmatisme séculaire, ne devons-nous apercevoir là qu'un remarquable hasard? Il n'y a rien de fortuit nulle part, ont dit et répété les sages, ni dans le domaine de la nature, ni dans celui de la pensée. En cette concomitance des deux doctrines monistes nous voyons une preuve nouvelle de la force impérieuse avec laquelle une logique intérieure portait vers l'idéalisme absolu la philosophie spiritualiste sortie de la vision en Dieu. Cette filiation, il est vrai, l'un et l'autre philosophe ne s'accordent pas à la proclamer. Des deux disciples, Collier est le seul qui témoigne au commun initiateur quelque gratitude. Non seulement il avoue sa dette envers l'auteur de la *Recherche de la Vérité;* mais on gagerait qu'il aspire à nous convaincre que sa doctrine propre forme le complément naturel des théories de Malebranche et de Norris. Au contraire, Berkeley, comme un fier fondateur qui n'entend relever de personne, ne cesse de nous donner sa philosophie pour absolument autochtone. Il répudie Malebranche, alors qu'il en est le plus imprégné. Mais le même écrivain français n'en éveilla pas moins la pensée de tous les deux. Oui, tous les deux ont osé faire ce que nous avons vainement attendu de Norris. La doctrine de la Vision en Dieu retenait, sans l'oser détacher d'elle, le monisme absolu qu'elle avait engendré. Ils séparèrent violemment l'une de l'autre; au système nouveau-né ils ont, selon l'expression d'un maître, coupé le cordon ombilical.

III. La parenté des principes adoptés par Collier et

Berkeley, l'identité des positions qu'ils ont prises, ne doivent d'ailleurs point nous faire méconnaître les dissemblances profondes d'exposition et de méthode que présentent l'une et l'autre philosophies. Ces disparates se feront sans peine sentir, à la simple analyse de la *Clavis universalis*.

Le Traité de Collier se divise en deux parties : l'une, nous ne dirons pas plutôt psychologique (car, même quand ce sont des faits de conscience qui forment le thème de la discussion, l'ontologiste se trahit à toute ligne,) mais du moins toute pénétrée de psychologie; l'autre, purement métaphysique, rappellerait par endroits la manière des Eléates ou de Platon dans son *Parménide*. La première partie semblerait d'abord la moins importante ; un peu d'attention nous convaincra qu'elle contient implicitement la seconde. La non-extériorité du monde que les yeux contemplent, tel est le point que l'auteur a pour premier souci d'établir ; cette démonstration faite, il n'aura plus qu'à déduire la non-existence et même l'impossibilité radicale d'un monde extérieur.

Avant de développer en leur ordre ces théorèmes, Collier, dans une Introduction générale, aligne une série de définitions et de propositions préliminaires. Ce n'est pas seulement pour écrire *more geometrico* qu'il procède de la sorte. Il estime ne pouvoir se trop mettre en garde contre la mauvaise foi ou l'inintelligence. Lui aussi aura constamment la crainte (et, avouons-le, l'étrangeté des réfutations tant de fois renouvelées contre l'idéalisme Berkeleyen justifiera quelque peu ces précautions,) que l'on ne dénature ses pensées. Aussi prend-il ses mesures pour rendre impossible l'équivoque. Il fixe la signification des termes principaux dont il usera, il détermine l'exacte portée qu'il conviendra d'attribuer à ses propositions fondamentales. Il écarte les malentendus ; et, sans rien relâcher en faveur de l'ignorance, s'efforce d'ores et déjà de désarmer la prévention.

Ainsi, lorsque l'auteur de la Clef Universelle soutiendra qu'il *n'y a pas de monde extérieur*, n'entendons point qu'il mette en doute l'existence des corps ou qu'il conteste la réalité des objets que nous voyons. Loin de là, il ne se montre pas moins opiniâtre que Berkeley à tenir pour réel tout ce que l'on perçoit. « C'est avec moi un premier prin-
» cipe que *tout ce qui est vu* est. Le nier ou en douter serait
» un scepticisme errant. » Comprenons donc, non point que les corps ou objets dits extérieurs n'existent pas, mais bien que rien n'existe qui puisse être dit extérieur. Ne confondons pas, en un mot, l'*existence* des corps et leur *extra-existence*.

Ainsi encore gardons-nous d'arrêter l'argumentation de la *Clavis* par cette trop facile objection : qu'à ce compte les objets de la vision devraient nous apparaître comme faisant partie de nous-mêmes ! « Je suis persuadé, » nous serait-il dès maintenant répondu, « que je vois tous les
» corps juste comme font les autres personnes, c'est-à-dire
» que le monde visible m'apparaît tout aussi bien qu'à
» quiconque, comme indépendant de mon esprit... Que
» l'on suppose Dieu créant un monde, ou n'importe quel
» objet visible accordé n'être point extérieur : eh ! bien,
» en vertu de ce fait que cet objet serait vu, il serait et
» devrait sembler extérieur à la faculté de percevoir. »
Réplique on ne peut plus heureuse, qui d'avance émousse les épigrammes du sens commun. L'illusion d'extériorité

est inhérente au phénomène de la vision ; chacun de nous, idéaliste ou réaliste, contemple comme hors de lui ce qui réellement n'est qu'en lui-même. Collier aurait pu dire, reprenant son mot de tout à l'heure, que *voir* c'est *extra-voir*. Bref, que le réalisme commun n'espère point triompher du monisme en lui opposant le témoignage apparent de nos perceptions visuelles. Pour l'un et l'autre système l'aspect de la nature reste le même : entre les deux adversaires le débat est exclusivement théorique et porte à des profondeurs où ne pénètre pas la connaissance relative de l'univers.

Ainsi enfin, quand il nous sera déclaré qu'il n'y a point de corps ni de monde indépendamment de l'esprit, prenons ce mot d'*esprit* en son vrai sens, celui de faculté intellectuelle ou perceptive et nullement de faculté volontaire. Les choses dépendent de l'esprit : cela ne saurait vouloir dire que l'esprit *cause* ses propres idées ou objets de perception. Ne commettons pas non plus ce contre-sens de croire que le monde vu par un autre que moi dépende de mon âme ou que le monde vu de moi dépende de l'âme d'un autre. Il n'y a véritablement d'extériorité qu'entre les âmes, bien que toutes embrassent un même système d'apparences. Il en est de la vue comme de l'ouïe. Dans un concert, l'assistance entend une même symphonie et cependant chacun des accords est apporté par autant de sons distincts et individuels qu'il y a d'auditeurs à les percevoir.

L'Introduction se termine par une remarque pour nous bien intéressante, car elle donnerait une portée sublime à l'idéalisme de la *Clef Universelle*. Quand il affirme que la matière dépend toute de l'esprit, l'auteur ne veut pas dire

« que la matière doive nécessairement exister en un es-
» prit créé ». Au contraire, il croit « qu'une infinité de
» mondes pourraient exister, quand bien même il n'exis-
» terait jamais un seul esprit créé ». Jusque-là nous nous
trouvons en présence d'un idéalisme tout pareil à celui de
Berkeley et d'Edwards. Mais voici où la doctrine prend
d'autres proportions et s'agrandit en un platonisme analogue à celui de la Vision en Dieu. Il y a, continue Collier,
un Univers matériel qui diffère, au moins numériquement,
de chacun des mondes matériels perçus par de pures créatures, savoir : « la Grande *Idée mondaine* de la Matière
» créée, par laquelle toutes les choses sont produites, ou
» plutôt par laquelle le grand Dieu donne des sensations à
» toutes ses créatures pensantes et par laquelle les choses
» qui n'existent pas sont maintenues et mises en ordre de
» la même manière que si elles étaient [1]. » De même Malebranche ne nous avait-il pas dit que la Suprême Cause
n'avait qu'à toucher légèrement nos esprits au moyen de
l'étendue intelligible pour que, nos sensations aidant, nous
crussions connaître intuitivement les divers objets matériels qui nous entourent ?

Ces observations préliminaires n'étaient point de trop :
nous savons à présent ce que la *Clavis* ne signifie pas et
ce qu'elle a pour but d'établir. L'auteur peut en sécurité
avancer son premier théorème : *le monde visible n'est
point extérieur.*

---

1. Par là Collier différerait nettement de Berkeley. Selon le second, Dieu, de par sa pure et arbitraire volonté, nous envoie des sensations qui composent le monde perçu par nous ; au lieu que le premier n'admettrait en Dieu qu'une volonté asservie à l'entendement : cette volonté nous envoie des sensations elles-mêmes conformes au plan idéal que renferme la Pensée parfaite où le monde est préformé.

Allégeant l'argumentation de tout l'appareil scolastique, distinctions, sous-distinctions, divisions, concessions, reprises, qui en embarrassent la marche, retraçons-en les phases successives. Bien que Collier ne le dise pas expressément, si c'est à la vision qu'il s'attaque de préférence à toute autre fonction perceptive, c'est que le commun des hommes tient la visibilité des corps pour le signe certain de leur extériorité. Le fait qu'un objet soit aperçu par eux comme au loin leur est une preuve irrécusable qu'il est effectivement hors d'eux. Ces deux termes : *visible, extérieur*, l'usage général les a rivés l'un à l'autre. Or, c'est là une association erronée qu'il s'agit de rompre. Etablissons donc que l'extériorité *réelle* d'un objet de vision ne résulte nullement de son extériorité *apparente*. En veut-on la preuve? Que l'on considère ces objets de vision, soit possibles, soit actuels, qui devraient nous apparaître comme extérieurs au même titre que n'importe quels autres et qui pourtant, de l'aveu de chacun, ne sauraient résider qu'en nous seuls. Examinons d'abord deux cas *possibles* :

Apelle se figure un centaure, par conséquent un monstre qui n'a jamais existé que dans la fantaisie des poètes. Ce monstre, il le perçoit assez vivement et distinctement pour le peindre. Or, quand il en trace le portrait, Apelle voit-il comme en lui ou comme hors de lui la bête fabuleuse? Hors de lui évidemment, aussi bien qu'objet au monde. Cependant, ni auprès, ni loin du peintre, il n'y a de centaure d'aucune sorte.

On nous reprochera de confondre ici voir et imaginer. Mais poussons l'argument. « Quand je parle de possibles..., » j'ai toute puissance à mes ordres ; j'ai la liberté de sup- » poser que Dieu lui-même produit des effets pour moi. »

Or, que l'on suppose un pouvoir tout-puissant prêt à transformer en animal visible le monstre seulement imaginé tout à l'heure. Faut-il donc, pour qu'Apelle le puisse contempler, qu'un centaure extérieur soit produit? Mais il est pour cela une voie bien plus courte et économique. Tout à l'heure Apelle imaginait, c'est-à-dire qu'il voyait d'une façon languissante; voir, maintenant, ce sera imaginer d'une manière distincte et forte [1]. A la perception imaginative qu'avait d'abord Apelle ajoutons ce surcroît de vivacité que nous avons coutume d'appeler couleur. Le centaure imaginé sera devenu un objet visible. Et cependant, de par notre hypothèse, il réside à présent tout aussi peu hors de l'esprit qui le contemple qu'au moment où Apelle se bornait à l'imaginer [2].

Préfère-t-on s'arrêter à un cas plus ordinaire? Supposons, et ce sera notre second exemple, qu'un homme ferme à midi les yeux et qu'il rêve à la pleine lune. Rien là qui ne soit familier. En tant qu'il la perçoit, cette lune existe vraiment. Le monde extérieur supposé détruit, ce même homme la pourrait encore imaginer, par conséquent voir. Que Dieu donc agisse par degrés insensibles sur l'esprit de notre songeur, de manière à lui rendre cette lune de plus en plus brillante, jusqu'à ce qu'elle resplendisse du

---

1. N'est-ce pas ici quelque chose qui ressemble fort à la distinction humiste de l'impression et de l'idée?
2. Toute cette argumentation est directement inspirée de Malebranche. Collier n'y fait que reprendre, sous forme concrète et par voie d'exemple, cette hypothèse formulée dans la *Réponse à Régis* : « Quoique Dieu n'eût « point créé de corps, les esprits seraient capables d'en avoir les idées. « Quand, ouvrant les yeux, je regarde une maison, certainement la maison « que je vois, ou ce qui est l'objet immédiat de mon esprit n'est nullement « la maison que je regarde. Car je pourrais voir ce que je vois, quand « même la maison ne serait plus. »

même éclat que celle que l'on croit admirer au ciel. Nous avons ainsi un nouvel exemple de vision possible d'un objet inhérent à notre esprit. Tant l'extériorité visible démontre mal la réelle extériorité.

De perceptions *possibles*, passons à des perceptions *actuelles*. D'abord, la liste est longue des sensations dont l'objet est renfermé dans l'âme, tout indépendant de nous qu'il paraisse : les sons, les odeurs, les saveurs, le chaud, le froid, la douleur, le plaisir, etc. Que ces choses n'existent que dans les esprits, il n'y a plus à l'établir : « la preuve a » été souvent faite, particulièrement par M. Descartes, » M. Malebranche et M. Norris, en plusieurs endroits de » leurs très célèbres écrits. » Il en est de même pour la lumière et les couleurs, qui constituent, chacun l'accordera, les objets proprement visibles. Si quelque chose semble hors de nous, c'est elles assurément : cependant la science a prouvé en toute évidence qu'elles ne l'étaient pas. Dès lors, pourquoi les Cartésiens se sont-ils montrés si peu conséquents ? « A cette occasion, dit Collier, je désire leur demander » comment il se fait que eux qui conviennent tous que la » lumière et les couleurs ne sont point extérieures, arrivent à omettre la même conclusion relativement aux » *corps*, *sujets* ou *extensions* qui soutiennent ces acci-» dents ? » D'aucuns pâlissent devant des animaux gigantesques. Il faudrait être, observe Collier, plus fou qu'eux-mêmes, pour nier qu'ils voient véritablement les fantômes qui les épouvantent. — Vous regardez la Lune ; pressez du doigt votre œil, vous en verrez deux, l'une et l'autre également extérieures et dont une au moins ne l'est pas, puisque l'on admettra bien qu'il n'y a qu'une lune au ciel. — Dans un miroir, vous contemplez le soleil et les étoiles, qui vous paraissent aussi hors de vous que possible. Direz-vous que ce sont les mêmes astres que l'on voit hors du miroir ? Mais non, puisque l'on aurait ainsi deux soleils, etc., souvent bien dissemblables. Hasarderez-vous qu'ils existent dans la glace ? Quoi ! Un monde entier dans un morceau de verre ! Reste, et il faut bien en venir à cette dernière alternative, que ces différents corps n'aient d'existence que dans votre esprit. Et Collier de conclure triomphalement : « J'ai ainsi à mon arc plusieurs cordes » dont chacune devra être brisée avant que l'arc lui-même » soit bandé d'autre manière. »

Allons plus loin : osons prendre le contre-pied de la prétention que nous venons de réfuter. Bien loin que la visibilité des objets en implique l'extériorité, *un objet n'est visible que parce qu'il n'est point extérieur.*

Reprenons l'expérience suggérée plus haut, celle du doigt appuyant sur l'œil au moment où l'on regarde le ciel. On aperçoit deux lunes, dont une seulement, affirmions-nous, peut être extérieure. Maintenant nous disons : aucune des deux ne le saurait être, puisqu'il n'y a en aucune la moindre marque d'extériorité qui fasse défaut à l'autre. Ou toutes les deux sont hors de nous ou bien nulle ne l'est. — Mais posons autrement le problème. C'est une maxime reçue par les philosophes que le semblable n'est point le même : *a fortiori* les choses qui diffèrent ne sont-elles pas identiques. Ce principe admis, la lune que j'aperçois se confondra-t-elle avec cette lune extérieure que l'on suppose voguer au ciel ? Non, car celle-là est lumineuse, plane, semi-circulaire ou cornue, si petite qu'un shilling la couvrirait ; celle-ci est obscure, opaque, circulaire, sphérique et mesure plusieurs milliers de milles de diamètre. La lune qui roule au ciel n'a donc rien de commun avec celle que je contemple.

Mais rappelons le point en litige. Il s'agit de savoir si les Etendues, les Figures, les Corps, que nous apercevons pour ainsi dire hors de nous-mêmes, nous sont extérieurs ou non. Ainsi posée, la question se dénoue d'elle-même. Pour que l'on puisse voir une chose, il faut qu'elle soit présente à l'esprit de qui la regarde et, si elle lui est présente, comment la prétendrait-on extérieure à lui, distante et indépendante de lui ?

Elargissant la controverse, Arthur Collier s'adresse successivement aux principales théories qui ont cours relativement à la vision et il les somme de confesser, chacune à son rang, la non extériorité du monde des couleurs et des formes. La première en date devra se résigner la première et convenir que cette laborieuse invention d'un intellect actif qui spiritualise en idées les images émanées des choses afin de les transmettre à l'intellect passif, ne saurait invoquer d'autre excuse que la croyance de ses auteurs en une intime union entre l'objet et la faculté. « Car, si l'âme » peut voir un objet qui ne lui soit point présent, quel » besoin y avait-il que les images de l'objet devinssent » présentes à l'âme en passant à travers les yeux ? »

« La nouvelle philosophie » professe avec Malebranche, (hypothèse dont chacun, suppose l'auteur, a ouï parler,) que nous apercevons toutes choses en Dieu. Dans l'opération visuelle, elle discerne deux éléments : la sensation et l'idée, la première révélant la couleur et la seconde la figure. Or, l'une n'est qu'une modification de la pensée ; l'autre, une découpure de l'étendue intelligible que Dieu enferme et qu'il exhibe à nos âmes. Pas plus ici que là, nous ne trouvons place pour un monde extérieur.

Restent les Aristotéliciens. Sans aucun doute, si on les consultait, ils répondraient d'une voix unanime que la matière cherchée par eux est extérieure : seulement, cette matière n'est point celle que nous voyons. Sinon, qu'auraient-ils besoin de recourir, pour la désigner, à l'*Actus entitativus*, à la *Pura Potentia*, à l'*Adulterina Cognitio*? Oui, la matière dont ils sont en quête s'étend hors de nous; mais elle se dérobe pour jamais à nos regards. Ainsi donc les philosophes sont tous, à leur insu, d'accord sur cette vérité : « que la matière extérieure est, au moins pour nous,
» invisible; et, conséquemment, que la matière visible n'est
» pas extérieure. »

Les objections, l'auteur le prévoit, ne manqueront pas de surgir. On invoquera d'abord le consentement universel de l'humanité, comme si la vérité s'imposait à coups de suffrages ! — On alléguera le prétendu fait que le toucher nous instruit de l'extra-existence du monde visible : comme si voir et toucher n'étaient point deux sensations très différentes ! « Mais, à supposer que ces deux sensations se
» confondissent, ce nous serait tout un : car, en ce cas, de
» même que la vue serait le toucher, de même le toucher
» serait la vision; or il a été démontré déjà qu'un objet
» visible, comme tel, n'est point extérieur. » Collier a donc très nettement distingué les deux domaines de la vue et du tact, si facilement identifiés par le vulgaire. Qu'il eût, moins épris d'éristique, poussé plus avant l'analyse, peut-être se fût-il enquis et eût-il découvert par quel mécanisme le premier de ces sens synthétise les données du second. Son système n'aurait eu alors rien à envier à celui de son grand émule. — Enfin, on rappellera le raisonnement célèbre

par lequel Descartes justifiait notre penchant à admettre l'extériorité du monde sensible. Mais Descartes aurait bien dû prêcher d'exemple, lui qui, à tant de reprises, s'est inscrit en faux contre nos croyances naturelles. Aussi bien en appeler de la raison à l'instinct, n'est-ce pas humilier devant les sens la faculté dont ce Dieu de qui l'on se réclame nous a pourvus pour les redresser? N'est-ce pas préconiser la déraison et faire profession de scepticisme?

IV. De la tâche entreprise, nous venons de mener à fin la moitié : il a été prouvé que l'univers visible ne s'étendait pas au dehors de nous. La discussion n'est point pour cela épuisée. La vue révèle des objets: nous avons tort d'en induire que ces objets se posent vis-à-vis d'elle. Fort bien; mais peut-être nos regards sont-ils d'insuffisants scrutateurs. Peut-être y a-t-il quelque part un univers matériel qui défie leur atteinte. Telle est la conjecture en laquelle le réalisme doit désormais placer ses espérances. Collier consacre à la renverser la seconde partie de son Traité. Neuf arguments qu'il distribue, reconnaissons-le, sans trop d'ordre, vont démontrer sa seconde proposition : *il n'y a pas et il ne peut absolument pas y avoir de monde extérieur.*

1° Un monde extérieur serait, de toute évidence, une créature, par conséquent un être contingent, temporaire. Mais alors qui nous le révèlerait? Ce ne sera point la raison, faculté qui ne connaît que de l'éternel et du nécessaire. Nous ne saurions non plus nous adresser aux sens, puisqu'un monde extérieur, comme tel, se déroberait, nous le savons, à notre vue [1]. Or, la science tient, à juste titre,

1. Cet argument prouverait, à défaut d'autres indices, que Collier choisit

pour maxime que l'on ne doit admettre la réalité que de ce que l'on connaît : « *Eadem est ratio non entis et non apparentis.* » Je conclus, sur-le-champ, qu'un tel monde n'existe pas.

2º Un monde extérieur, donc invisible, donc inhabitable, aurait été créé par Dieu : supposition absolument indigne de la suprême sagesse et qui, par cela seul, se ruine elle-même.

3º La notion d'un monde extérieur qui existe absolument implique contradiction, car l'étendue en devrait être à la fois finie et infinie.

Quelqu'un avance le concept de *carré triangulaire*. Deux personnes discutent sur les attributs de cette bizarre notion, l'une démontrant de l'idée de *triangle* que ce carré n'a que *trois* angles ; l'autre prouvant, de l'idée de carré, qu'il en doit avoir *quatre*. Que pourrait faire un assistant raisonnable, sinon de conclure que ce dont on discute n'existe pas ? « Solution qui accommoderait le différend à » l'honneur des deux parties, chacune étant dans le vrai à » l'égard des points précis qu'elle soutient et chacune » dans le faux seulement à l'égard d'un point qui les con- » cerne au même degré, savoir la supposition qu'il existe » un *carré triangulaire*, hypothèse dont elles convien- » nent. » Pour les amener à cette solution, il suffit d'accorder à l'une et à l'autre le point qui lui tient à cœur, savoir qu'un *triangle carré* est à la fois triangle et carré. Cela fait, comme chacune des parties adverses se trouve dans l'impuissance de retorquer les arguments de l'autre, l'assistant proclamera que toutes deux ont raison, ce qui revient

---

la vue comme étant par excellence le sens de l'objectivité, mais que ce qu'il en dit s'applique également à nos autres organes de perception.

à déclarer que toutes deux ont tort « ou, en d'autres termes,
» que la chose dont ils disputent n'est rien du tout ».

Nous nous trouvons ici dans un cas identique. « Il s'est
» élevé entre les philosophes une dispute concernant
» l'Etendue d'un Monde Extérieur. De ce que ce monde
» est extérieur, un parti conclut qu'il est infini ; de ce que
» le monde est créé, l'autre parti conclut qu'il est fini. Tous
» deux le supposent extérieur, tous deux créé. En même
» temps aucun des deux ne prétend répondre aux argu-
» ments du parti opposé, mais seulement se justifier lui-
» même. Et cependant l'un et l'autre accorderont que dire
» d'un monde extérieur qu'il est à la fois fini et infini
» revient à en nier l'existence. — Eh bien, je m'interpose
» comme tout à l'heure et je dis :

» — Un monde à la fois fini et infini n'existe pas du tout.
» — Or tel est le cas d'un monde extérieur.
» — Donc ce monde n'est pas.

» L'honneur des deux parties est sauf : et la majeure et
» la mineure leur appartiennent..... Qu'est-ce qui em-
» pêcherait un universel assentiment à la conclusion ? »

Nous avons tenu à reproduire *ex integro* cette discussion. Comment ne pas la mettre en parallèle avec cette antithétique de la raison pure, dans laquelle Kant renversera, les unes après les autres, sous couleur d'accorder égale satisfaction aux deux contradictoires, les prétentions les plus opposées de la pensée *a priori* ? Ce conflit de la raison avec la raison, le recteur de Langford Magna et le métaphysicien de Königsberg le terminent de la même manière. En donnant gain de cause à chacune des thèses ennemies, ils les enveloppent toutes dans une condamnation commune et les contraignent de confesser l'inanité de leurs querelles.

Quand on discute du néant, on en peut indifféremment tout dire, comme on en peut tout nier. Seulement Kant, pour dissiper le malentendu, distingue l'idéalité transcendantale et la réalité empirique de l'objet en litige, au lieu que, cet objet, Collier le supprime purement et simplement.

4° Les deux arguments qui viennent ensuite consistent en deux antinomies du même genre, que l'on dénouera comme le premier conflit : en renvoyant dos à dos les défenseurs de propositions rivales dont le commun succès fait la commune défaite. — Ainsi sera accommodé le différend séculaire qui porte sur la divisibilité de la Matière, Quantité ou Étendue. Nous disons :

Une matière qui est à la fois divisible ou non divisible à l'infini n'existe point.

Or tel serait le cas de la matière extérieure.

Donc il n'existe point de matière extérieure.

La majeure de ce syllogisme est une application étroite du principe d'identité. La mineure s'impose à qui considéré la matière comme créée, par conséquent finie, et comme extérieure, par conséquent infinie dans le nombre de ses parties. Dès lors, à moins de tomber dans un absolu scepticisme, force est bien d'adhérer à la conclusion.

5° La seconde antinomie est célèbre par l'adresse que déployèrent à la faire valoir Zénon et son École : dans un monde extérieur, le mouvement est à la fois nécessaire et inconcevable. Créé comme est l'Univers, rien ne pourra-t-il le mettre en branle ? Si fait, la puissance divine. Extérieur et infini en étendue, il ne saurait être mû, ni dans son tout : nul pouvoir ne saurait déplacer un corps infini ; ni dans ses parties : car tout mouvement suppose le transfert d'un corps à un autre à travers une ligne divisée en parties infinies elles-mêmes. Or l'hypothèse d'une semblable division engendrerait des absurdités sans fin : un nombre actuellement infini ; — le mouvement le plus court égalé au plus long [1] ; — tous les mouvements ayant même vitesse ; — tous égaux en durée, puisqu'à chaque point de l'espace correspond un point du temps [2]. « Je n'ai pas besoin, observe Collier, de montrer que ces absurdités sur le mouvement n'affectent en quoi que ce soit un monde *sensible* ou *visible*, mais seulement un monde extérieur. »

6° L'auteur revient à son sujet favori : la possibilité de la vision, et il reprend un procédé de dialectique déjà mis à profit dans la première partie de la *Clavis*. Admet-on un monde extérieur, nulle supposition imaginable, pas plus la cartésienne que l'aristotélicienne, ne rendra compte de la connaissance optique. Au contraire, « toute hypothèse qui n'aura en elle-même aucune autre fausseté que celle qui lui vient de la non-existence ou de l'impossibilité d'un monde extérieur sera la véritable explication. Car le mot vérité, en ce cas, ne signifiera autre chose sinon le *Vouloir de Dieu*, le grand auteur de la nature, qui nous fait éprouver telles et telles sensations, en vertu de telles et telles lois [3]. » Sous ces réserves, Collier est prêt à se ranger du côté de Descartes. Et, toujours occupé d'expliquer ce semblant d'extériorité que revêt le monde sensible et auquel les hommes sont déçus, il ajoute : « quoiqu'il n'y

---

1. On reconnaît l'argument d'Achille et de la Tortue.
2. Par cette considération qui, dès l'antiquité, avait été opposée à la dialectique Eléate, St. Mill prétendra réfuter le sophisme de Zénon : on peut, déclare-t-il, dans un temps fini, parcourir un espace borné divisible à l'infini, par la raison que ce temps fini est lui-même divisible à l'infini. (V. sa *Philosophie d'Hamilton*.)
3. C'est la doctrine des causes occasionnelles.

» ait pas de monde extérieur, néanmoins un monde existe
» dans la mesure où il est possible, et il était conforme à la
» volonté de Dieu que le monde visible portât en lui tous
» les caractères de ce qui est extérieur, excepté la vérité
» de fait, laquelle est absolument impossible.» Résumant ces
vues profondes, nous dirons : le monde consiste dans le système des perceptions que le vouloir divin nous fait éprouver et, si l'univers nous semble hors de nous, c'est que ce même vouloir exigeait qu'il nous apparût comme extérieur.

7° A un être subsistant par soi, tel que ce prétendu monde extérieur, on ne saurait assigner le caractère de créature. Que d'hommes, considérant la substantielle réalité du monde visible, seront dès lors entraînés à faire consister dans la simple étendue la substance même de Dieu[1] !

8° Non seulement le réalisme divinise la matière, mais il matérialise Dieu. Refuse-t-on à Dieu l'étendue, le voilà chassé de cet univers qui n'existe et ne dure que parce que l'action créatrice et providentielle lui continue l'être qu'elle lui accorda. Attribuez-vous l'étendue à Dieu : c'est le monde extérieur, cette fois, qui cède la place. Deux existences infiniment étendues ne peuvent absolument pas coexister. Reste à identifier Dieu et le monde extérieur. Or Collier met le panthéisme en demeure de se déclarer : « j'attends que quelqu'un soit assez hardi pour prendre
» publiquement la défense de cette proposition. »

9° L'Ecole elle-même nous suggère contre l'existence du monde extérieur un dernier argument. En quels termes méprisants ne s'exprime-t-elle pas sur le compte de la matière ! Saint Augustin dit d'elle : *infima omnium re-*

1. Déjà Newton et Clarke en avaient fait un attribut divin. Collier signale ici l'écueil panthéistique.

rum, prope nihil. Porphyre : *verum non ens.* Aristote : *nec quid, nec quale, nec quantum;* et Collier d'ajouter : *nec aliquid.*

Ses théorèmes ainsi échelonnés, l'auteur couronne la seconde partie de son Traité, comme il a fait la première, par la réfutation anticipée des objections qu'il prévoit. Quelques-unes de ces répliques valent que nous les relevions :

En premier lieu, de quelle manière les explications de la *Clavis* se concilieront-elles avec le texte de l'Ecriture? Nous lisons dans le premier chapitre de la Genèse : *Au commencement, Dieu créa le ciel et la terre.* Ce passage du livre sacré est, au fond, l'unique preuve sur laquelle Malebranche a fondé l'existence du monde extérieur. Or, cette phrase vise l'existence, non d'un univers invisible, mais de l'univers visible et elle signifie que ce que l'on voit n'est point à soi-même sa cause, mais tient son être d'un pouvoir supérieur. Qu'y a-t-il en ces paroles d'où l'on doive inférer l'extériorité de ce que nous apercevons? Quant aux mots : *In principio*, par lesquels débute le récit sacré, ils se peuvent entendre en ce sens, (interprétation dont Collier, nous le verrons plus loin, tirera comme théologien un important parti,) que « Dieu le père fit toutes choses par et en » son Fils ». Le texte saint, il est vrai, porte : *le ciel, la terre.* Mais les articles *le, la*, signifient similitude, non pas identité, entre le monde visible que Dieu créa et celui que perçut Adam, comme entre celui que Pierre et celui que Jean contemplent en divers temps. « Ne dois-je jamais dire que j'ai
» vu le soleil parce qu'aux termes de mon hypothèse, le
» soleil que je suis supposé voir n'est pas le même stricte-
» ment que celui que Dieu où une autre personne consi-

» dère ? » Cette fois encore, la pensée de l'auteur demeure trop enveloppée : elle trahit un soupçon, mais seulement un soupçon du tour d'exégèse qui permettra à Berkeley et à Edwards de faire front au réalisme des théologiens.

Les dogmatiques en appelleront, sans doute, une fois de plus à la nature et au consentement général de l'humanité. Nous savons déjà combien peu nous avons à tenir compte, en pareille matière, de tout ce qui est croyance instinctive. Nous laisserons-nous davantage arrêter par le démenti formel que la langue courante nous inflige? Assurément, dans le langage, « il n'y a guère un mot qui ne suppose » l'existence d'un monde extérieur. » La pensée philosophique devra-t-elle donc tenir compte de ce perpétuel sous-entendu? En bien d'autres cas, les mots sont en antagonisme avec la vérité reconnue. Tandis que l'esprit accepte le système de Copernic, les lèvres parlent celui de Ptolémée.[1] Nous savons que c'est la terre qui tourne et nous disons : le soleil se lève.

De l'accusation de scepticisme nous n'avons guère à nous émouvoir davantage. Qui nous l'adresse? Le savant Norris, le même philosophe qui tient pour néant le monde naturel comparé à l'univers idéal, c'est-à-dire le même penseur qui nie expressément *l'existence simple d'un monde visible.* Or, c'est là un Pyrrhonisme que la *Clef universelle* a sans réserves condamné[2].

Arthur Collier estime désormais sa démonstration achevée. En guise de péroraison, il vante au lecteur la fertilité

---

1. Cf. BERKELEY. *Princ. de la Conn. Hum.*, § 52.
2. N'y a-t-il pas là quelque chose comme un paralogisme? Quand les dogmatiques disent que les objets de la vision existent, ils entendent, d'une existence étrangère à la nôtre. A leur sens, prétendre que ces objets ne consistent qu'en des modalités nôtres, c'est déclarer que réellement ils n'existent pas.

des conséquences qu'entraîne son idéalisme. Le principal de ces bienfaits est le jour tout nouveau jeté sur le dogme [1] de l'Eucharistie, mystère insondable dans l'hypothèse de l'extériorité du monde sensible. La présence du Fils de Dieu sous des voiles matériels n'aura plus rien qui répugne à la raison, puisque ces voiles se réduiront à de pures apparences, derrière lesquelles nulle substance sensible ne résidera. Les accidents restant les mêmes, la chose ne subit nul changement, puisqu'ils sont eux-mêmes toute la chose. Loin donc de faire obstacle à la foi, l'hypothèse moniste sera tout bénéfice pour la religion [2].

V. Par ce raccourci de la *Clavis Universalis*, on s'expliquera sans doute l'irrémédiable insuccès que ce petit livre, si plein de choses et d'une si inventive pénétration, encourut auprès des contemporains. Comment leur patience n'eût-elle pas été rebutée par tout le réseau géométrique où étouffait une pensée puissante? Encore avons-nous, dans notre réduction, simplifié de notre mieux cette complexe machine. Si nous nous sommes plaint que Norris abusât de la logique formelle, que dirons-nous d'Arthur Collier? L'*Essai de Théorie du monde idéal* semble une œuvre toute mondaine auprès de la *Clef Universelle*. On dirait de cette dernière une Somme en miniature : définitions, axiomes, propositions, postulats, preuves, lemmes, rejet

---

1. Dogme « sur lequel, dit Collier, les Papistes ont greffé la doctrine de la Transsubstantiation ».

2. On objectera, il est vrai, que le mystère est ainsi tellement simplifié qu'il finit par ne plus exister du tout, puisque ni la substance, ni les accidents n'ont changé. Par une tout autre voie, Malebranche avait essayé, lui aussi, de rationaliser ce mystère, dans son *Mémoire pour expliquer la possibilité de la Transsubstantiation*, Mémoire dont on trouvera l'analyse dans le livre du P. André.

des objections prévues : tout l'arsenal scolastique y est sans trêve mis à contribution. Il y a vraiment là une débauche de dialectique. Ou bien encore on dirait d'une interminable manœuvre de tacticien. Il semble que l'on assiste à un siège laborieux : autour de la proposition réaliste, l'auteur prolonge ses arguments comme autant de circonvallations. Il ne nous fait point grâce d'une tranchée. Il enserre de plus en plus près la place ennemie jusqu'à ce qu'elle succombe d'épuisement.

Cette trop savante stratégie se déploie en un court espace : de là un second défaut qui n'a pas peu contribué à faire méconnaître la valeur de la *Clavis*. La concentration de pensée y devait être forcément extrême. L'abondance des artifices logiques se fait expier par la parcimonie du développement. L'idée prend rarement son libre essor. Une incidente tient lieu d'une phrase, un paragraphe d'un chapitre. De rapides allusions consolent mal le lecteur de la preuve attendue. Nous en avons eu un exemple à propos de l'antinomie de Zénon sur le mouvement. Ce jeu d'antithèse repris par Collier ne mettait, disait-il, en danger que le monde extérieur, sans affecter en rien le monde visible. Au cas où ses lecteurs demanderaient sur ce point plus de lumière, il était prêt « à leur donner la » meilleure satisfaction dont il fût capable [1] ». Que n'a-t-il donc lui-même pris les devants et tenu sa promesse, au lieu d'attendre qu'on l'y invitât? Son incomparable faculté d'intuition lui eût suggéré quelqu'une de ces raisons profondes que découvrit le génie analytique de Berkeley. Aussi se demande-t-on si cette manière ellipti-

---

1. *Clavis*, part. II, ch. v, fin.

que, chiche d'indispensables compléments, éprise de concision et comme enveloppée de mystère, ne dissimulerait point une doctrine incomplètement en possession d'elle-même et dont son auteur n'avait pas encore mesuré toute la portée.

Il était inévitable que l'écrivain se ressentît de l'aridité du philosophe. Collier parle le jargon de l'Ecole. Par de rares échappées seulement, sa pensée éclate et brille en une expression lumineuse. Presque partout sa langue est dure, raide, obscure, rebelle aux discours aimables et avare de ces fleurs du bien dire qui répandent sur les ouvrages de Berkeley tant de charme et de fraîcheur. En ce contraste surtout, l'ontologiste de Langford Magna le cède au métaphysicien de Cloyne, dont le style lucide, élégant et discrètement poétique, nous fait, avant toutes preuves, désirer d'être convaincus. Qui se sentait gagner à l'idéalisme, pouvait-il hésiter entre les riants paysages de l'*Alciphron* et les ronces de la *Clavis* ?

Mais, si incontestable que soit l'infériorité littéraire d'Arthur Collier vis-à-vis de son éloquent émule, la supériorité philosophique de ce dernier n'apparaît pas avec autant d'évidence. Les critiques que nous n'avons pas épargnées à la *Clef Universelle*, considérée comme œuvre d'art, en rehaussent, s'il se peut, l'originalité fondamentale. Oui, qu'un théologien confiné dans sa méditation solitaire, qu'un ascète de la pensée, emprisonné en sa scolastique comme dans un cloître, ait envisagé du point de vue le plus nouveau et tenté de résoudre par des explications essentiellement modernes le problème de la connaissance ; qu'il ait à la fois établi l'entière subjectivité de nos connaissances sensibles, (celles de la vision étant prises pour types,) et affirmé que ces intuitions constituaient, en plus des esprits qui les reçoivent, tout le réel ; qu'il ait clairement vu et mis en saillie l'inconséquence commise par Descartes, Malebranche et leurs continuateurs, lorsque, de prémisses tout idéales, les uns et les autres concluaient au réalisme vulgaire : de telles hardiesses attestent, en dépit de tant d'inhabiletés, une rare puissance d'invention et l'homme dont le génie spéculatif a eu ces illuminations peut soutenir le parallèle avec les novateurs les plus admirés. Ses vues, Collier n'a su les traduire qu'en un dialecte mort et c'est précisément ici le miracle. Ce clerc du moyen âge distança Locke et approcha David Hume. Berkeley a exprimé en moderne les mêmes modernes conceptions. Mais le premier écrivait d'un style passé de mode et en des formes surannées : personne n'ouvrit le livre. Le second fut de son siècle et en parla la langue : son siècle le connut et l'écouta.

A cette dissemblance du style ne se limite point l'antithèse entre les deux idéalistes. Si la même conclusion les réunit, de graves divergences philosophiques les séparent. Il en est d'abord une, qu'Hamilton, avec sa sagacité accoutumée, a fait ressortir : l'évêque de Cloyne prétend, de gré ou de force, enrôler sous sa bannière la foi naturelle de l'humanité ; il n'admet pas de désaccord entre l'opinion métaphysique qu'il préconise et la conviction universelle. « L'humanité, continue Hamilton, n'est ce-
» pendant pas idéaliste, ainsi que Berkeley le rapporte.
» C'est d'ailleurs se contredire soi-même : car, si elle est
» de son avis, pourquoi cette savante et anxieuse dispute
» contre elle ? Collier, au contraire, rejette avec consis-
» tance tout appel au sens commun. » Le début même de la *Clavis*, où l'auteur prévoit que son adversaire unique

sera le préjugé, témoigne combien il estime exceptionnel son idéalisme. Cette hostilité du sens commun ne l'afflige guère : loin de là, il y verrait plutôt l'indice qu'il est dans le vrai. Son ouvrage porte pour devise cette maxime de Malebranche : « *Vulgi assensus et approbatio* » *circa materiam difficilem est certum argumentum fal-* » *sitatis istius opinionis cui assentitur.* » On ne saurait afficher pour le consentement universel plus de mépris. Collier se croit absolument seul de son avis et ce motif le décide à retorquer des objections dont il ne dissimule point la faiblesse. Il les négligerait, « s'il avait de son » côté le parti prédominant, mais tout un monde contre » un seul est un adversaire trop considérable pour être » méprisé [1] ». Il s'exagère même l'abandon où il se suppose ; au moins il paraît trop s'y délecter. Toute son argumentation prend un ton de gageure, comme si elle visait à provoquer les protestations.

Et cependant, si aisément qu'il se résigne à une scission avec le sens commun, peut-être, sur plus d'un point, le heurte-t-il moins de front que ne fait l'auteur de l'*Essai sur la Vision*. Ce dernier violente si fort la croyance générale, pour la contraindre à déposer en sa faveur, qu'il en vient à la déformer. Que nos perceptions sensibles, à commencer par les visuelles, revêtent comme spontanément le caractère d'extériorité, c'est là un fait dont Berkeley n'a jamais voulu convenir. Si les philosophes, ne cesse-t-il de prétendre, se sont persuadés que la conscience individuelle prononçait en ce sens, c'est qu'ils lui ont mal posé la question. L'analyse psychologique aidant, il in-

---

[1]. Part. I, chap. II. *Réponses aux objections.*

voque, contre le sens commun travesti, le sens commun mieux interprété. Telle n'est pas la position qu'a choisie Collier. Non seulement il accorde que les objets de la sensation présentent une apparence d'extériorité, mais il se flatte que cette apparence est impliquée et expliquée par sa théorie. Le dessein même, suivant lequel Dieu a conçu comme possible sa création, exigeait, soutient-il, que le système de perceptions qui la compose se projetât vis-à-vis de nous comme le dissemblable devant le dissemblable. Le langage « que Dieu a parlé sur la croix et qu'ont parlé les » Apôtres », langage que nous sommes tout justifiés d'employer nous-mêmes, nous en est une preuve certaine. Ces saintes paroles, si l'on faisait abstraction de ce caractère d'extériorité inhérent à nos impressions cognitives, ne se laisseraient pas entendre[1]. Nous trompions-nous donc, tout-à-l'heure, de hasarder que des deux écrivains le moins exempt de paradoxe n'était pas toujours Berkeley ?

Enfin, dans la *Clavis*, se dessine une théorie subsidiaire qui prête à l'idéalisme de son auteur une physionomie très particulière et surmonte cette savante construction comme d'une coupole mystique. De plus en plus, la philosophie de Collier rendra au principe de substance, si fort dédaigné par Berkeley, sa place d'honneur. C'est en remontant de *substratum* en *substratum* ou, selon les termes de l'Ecriture, d'*Archè* en *Archè*, que nous serons conduits à contempler, dans le Verbe divin, l'*Archè* par excellence, d'où procèdent les esprits, ces moindres *Archai*, et, par eux, les corps ou

---

1. Le langage, selon Collier, n'est pas d'invention humaine. « Le langage
» est une créature de Dieu... Par lui, Dieu a appelé le monde à l'être quand
» il a dit : — *que la lumière soit, qu'il y ait un firmament*... et ils furent.
» — Toutes ces choses furent faites au commencement dans la *Parole* et la
» Sagesse et la *Volonté* de Dieu... » (*Clavis, De la conclusion du tout*.)

choses dites extérieures. Du même coup, la matière que nous eussions crue, par suite des analyses qui précèdent, mise au niveau du pur néant, reconquiert une consistance relative. Pur accident à l'égard de l'esprit qui la contient, elle sert de substrat aux mille modalités corporelles qui la diversifient : sorte d'hypostase ultime dans cette *descente* de Dieu au Verbe, du Verbe aux âmes, des âmes aux phénomènes, des phénomènes aux corps. Une mysticité tout Alexandrine règne dans cette fin du système. De même l'évêque de Cloyne renouvellera l'aspect de son idéalisme dans un poétique ouvrage qui devra autant à la rêverie qu'à la logique. Berkeley et Collier ont terminé leur carrière de dialecticiens en laissant un gage au sentiment et à l'intuition de l'au-delà : le premier, quand il écrivit la *Siris*, le second, quand il composa son *Spécimen de la Vraie philosophie*.

VI. Entre ce dernier opuscule et la Clef universelle, dix-sept années s'écoulèrent. Durant ce long intervalle, Collier eut tout le temps de mûrir le système dont il avait arrêté la formule concise et ardue. Les fertiles développements auxquels se prêtaient les principes qu'il avait énoncés ne purent échapper à sa pensée studieuse. On s'attendrait donc qu'en des essais moins concentrés il eût repris, pour l'éclaircir, la justifier ou l'enrichir, la théorie immatérialiste tracée en 1713. Il n'en fut rien et, depuis cette date jusqu'à sa mort, le recteur de Langford Magna découragé, faut-il croire, par l'indifférence qui avait accueilli sa tentative, renonça à courir une seconde fois l'aventure. D'ailleurs les controverses théologiques accaparaient de plus en plus son activité et son monisme allait revêtir la forme d'un panthéisme chrétien.

Toutefois, si nous ne voyons pas que Collier ait jamais entrepris de donner une suite à la *Clavis*, quelques vestiges nous sont restés d'une polémique qu'il entama pour la défendre. Polémique toute locale et qui n'arriva point jusqu'au public. De cette controverse privée nous possédons du moins, grâce à Benson [1], le plus précieux fragment : cinq lettres écrites par Collier en réponse à des objections. Deux de ces répliques portent la date de 1714 ; elles sont adressées à un grammairien et critique de ses amis, Solomon Low, auteur de nombreux volumes dont un seul, portant ce titre : *Système de Mnémonique*, eut quelque notoriété. Dans l'une, il défend l'argument d'Apelle et du Centaure, exemple qui, lui avait-on reproché, ne tendait à rien moins qu'à assimiler l'acte d'imaginer et le fait de sentir. Cette assimilation, loin de s'en défendre, il la revendique [2]. Toute la distinction, selon lui, se réduit à ceci : « dans le premier » acte, la commune cause de l'un et de l'autre, c'est-à-dire » Dieu, n'agit pas aussi fortement sur mon esprit que dans » le second. Sans quoi, les deux actes n'en feraient qu'un » ou réclameraient le même nom et il n'y aurait point de » différence entre voir et imaginer. » — Hume ne dira pas mieux. Ecartez l'opération divine, vous avez la célèbre distinction instituée par le philosophe associationiste entre l'impression et l'idée. — L'autre lettre à Solomon Low vise un certain M. Balch dont l'attaque contre la doctrine immatérialiste avait dû être vive, si nous en jugeons par l'impatience de la riposte. Collier s'y déclare le moins sceptique

1. *Collier's Memoirs*, chap. II.
2. C'est sur cette assimilation, déjà suggérée, nous l'avons vu, par Malebranche, que portait la principale argumentation de la première partie de la *Clavis*.

des hommes, attendu que ce contre quoi il bataille n'est point l'existence mais l'extra-existence des objets. Qu'on ne le pousse point, sinon il affirmera « l'existence de tout objet » *imaginé* », tant, sur ce point, il estime infaillible l'attestation des sens. Et il termine en déclarant que si l'on continue de le combattre sans se mettre en peine de le comprendre, « il en conclura que c'est à sa personne seule que » l'on en a et, en ce cas, il demandera la permission de » garder le silence ». Cette amertume nous ferait soupçonner que l'auteur de la *Clavis* n'avait point l'égalité d'âme qui permet d'affronter les batailles de la plume ou de la parole : qu'aurait-il pu dire de plus si, pendant dix années, il lui avait fallu tenir la campagne contre un Arnauld ?

Ce n'est pas qu'il ne fût tenté par la dispute : témoin l'apologie qu'il envoya à Samuel Clarke et qui semble une courtoise mise en demeure de paraître en champ clos. Le savant ami de Newton, sorte d'arbitre ès philosophie, dont les plus indépendants novateurs, tels que Berkeley, Butler, Hutcheson, vinrent plus d'une fois solliciter l'avis [1], avait, au vu de la *Clavis*, dit pour toute appréciation : « Pau-
» vre monsieur ! il me fait peine. Ce serait un philo-
» sophe, n'était l'étrange tâche qu'il s'est imposée, car on
» ne saurait non plus réfuter sa thèse, qu'il n'est lui-même
» capable de la démontrer [2]. » L'intéressé eut vent du propos et sa lettre à Clarke y répond. Il revient à son argument favori : si Clarke avait bien pris le sens de son ouvrage, il y aurait vu la condamnation formelle du pyr-

1. Sa lettre à Clarke débute ainsi : « Monsieur, j'ai entendu dire à
» ceux qui vous connaissent que vous êtes affable, courtois, prêt à donner
» vos conseils, et ceci m'encourage (bien que je vous sois inconnu) à vous
» importuner de ces deux questions... »
2. A rapprocher du mot de Hume sur l'idéalisme de Berkeley (V. les *Essais*).

rhonisme. « Le témoignage de toute perception, soit intel-
» lectuelle, soit imaginative, soit sensitive, en faveur de
» l'existence de son objet propre, est avec moi un principe
» si incontestable, si universellement justifié, si absolu-
» ment nécessaire pour ma conclusion, que je proclame
» mon adepte quiconque y adhère. » Précisément, eût pu
observer Clarke dans la lettre qu'il écrivit en réponse
et qui ne nous a malheureusement pas été conservée [1],
cette égale véracité de toutes les impressions ou opérations
mentales, bien loin de me rassurer, ne me trouble que
plus. Tant de dogmatisme m'inquiète et, selon le mot des
Provinciales, je crains à force de désirer [2].

Nous ne nous arrêtons point à l'argumentation de Collier [3] contre le Dr Waterland qui l'avait mis en cause, au cours de ses sermons sur le débat trinitaire. Nous y retrouverions les déclarations dogmatiques par lesquelles il s'est déjà lavé du reproche de scepticisme. L'existence du monde ambiant est si certaine aux yeux de l'immatérialiste que rien, si ce n'est son être propre et celui de Dieu, n'offre plus d'évidence.

La dernière de ces lettres apologétiques était adressée au révérend Shepherd, agrégé du collège de la Trinité, à Oxford. De toutes les cinq elle est la plus intéressante, en ce qu'elle relève sans effort des objections fort serrées.

---

1. Benson nous informe que toutes ses recherches pour la retrouver ont été vaines.

2. Collier avait un moyen de distinguer entre la sensation et l'imagination, le même qui lui servit à distinguer de la perception la mémoire : le recours aux causes occasionnelles. Mais il se plaît à exagérer la ressemblance, comme pour tenir sa gageure. Que Berkeley est plus avisé d'insister au contraire sur les différences !

3. Sa lettre est adressée à Mist.

Nous y trouvons aussi une preuve de la constance avec laquelle, après un laps de neuf années, (l'en-tête manuscrit porte la date de 1722,) Collier maintenait ses premiers dires. « Si la matière est extérieure, avait objecté Shepherd, alors » le corps est dans l'esprit. Alors l'être étendu existe dans » l'être inétendu : chose absurde... » Mais notre idéaliste ne se laisse pas si vite désarçonner : « Accordé qu'il soit vrai » que, selon mes principes, le corps, — j'entends le corps » visible ou vu, — existe dans l'esprit, qu'y a-t-il en ceci » d'absurde ? Vous dites : il est absurde de prétendre qu'un » être étendu peut exister dans un être inétendu ! Qu'en » savez-vous ? Mais n'avez-vous pas la preuve du contraire ? » Ne voit-on pas étendus les objets dans un miroir ? Pour- » tant ces objets existent dans l'esprit qui les voit. »

Shepherd le sommait également de retorquer ce syllogisme-ci, qui ramassait en une vive formule les principaux doutes élevés et par la foi et par le sens commun : « S'il » n'y a pas de monde extérieur, les cieux, etc., n'ont pas » été créés avant l'homme. Or les cieux ont été créés » avant l'homme. *Ergo.* — » La réplique ne se fait point attendre : « *Negatur minor*. Les cieux que je vois » maintenant ne furent pas créés avant moi, ni l'arbre » que je vois maintenant ; parce que tous deux, en tant » que vus, existent en moi. Mais il y eut des hommes » créés avant moi, en l'âme de qui un arbre existait, mais » non le même arbre que je vois. Et, avant le premier » homme, il y eut des esprits créés ; et, avant ces esprits » créés, il y a ou il y eut un esprit incréé dans lequel un » ciel tout entier et une terre existaient et existent. C'est » pourquoi *negatur major*. » Cette réfutation est fort belle et l'on cherche vainement par où les théologiens orthodoxes la pouvaient entamer. De même que Berkeley, que Johnson et qu'Edwards, Arthur Collier tenait donc les principes de sa philosophie pour éminemment propres à ruiner le scepticisme et à fortifier la piété. Dès la première heure où il spécula sur le problème de l'être et de la connaissance, il découvrit dans l'idéalisme absolu un rempart inexpugnable à l'athée. Sa fière dialectique, nous le voyons par cet aperçu de sa correspondance, ne se laissa point arracher la plus légère concession. Comme le dit justement son biographe Benson, « à un âge où peu d'hommes ont » jeté de côté les frivolités de la jeunesse, il avait, semble- » t-il, atteint un point que James Mackintosh appelle la » *pierre de touche de la sagacité métaphysique* [1] ».

VII. Le *Spécimen de la vraie philosophie* [2] nous mène à 1730, c'est-à-dire au terme, ou peu s'en faut, de la vie de Collier. Les doctrines de son premier livre tiennent plus que jamais à cœur à notre métaphysicien. Bien que le sujet de ce Discours relève de la théologie, un sous-titre de l'opuscule nous prévient qu'il y aura tout avantage à le rapprocher de la *Clef universelle*.[3] Collier se propose évidemment de continuer l'une par l'autre la philosophie rationnelle et la philosophie sacrée. C'est ici, nous informe son avertissement, une introduction au grand mystère de la science religieuse ; mais, en même temps, « cet essai » n'est pas moins qu'un système complet ou un *com-* » *pendium* de la connaissance générale ». Des points de vue nouveaux s'offriront à nous. De la psychologie

---

1. *Dissertation on the progress of Ethical Philosophy.*
2. *A Specimen of True Philosophy in a Discourse on Genesis. The first chapter and the first verse.* — Sarum, 1730.
3. « Not improper to be bound up with his *Clavis universalis.* »

rationnelle, nous nous élèverons à la plus abtruse théogonie. La terre et l'homme vont toucher au ciel.

Le discours prend pour texte le premier verset de la Genèse : Ἐν Ἀρχῇ ἐποίησεν ὁ Θεὸς τὸν οὐρανὸν καὶ τὴν γῆν. De ces quelques mots convenablement entendus surgira toute une philosophie de Dieu, de l'homme et de la création. Mais, pour réussir, il ne se faut point enchaîner au sens littéral de chaque terme. Le mot à mot n'a pour Collier nul attrait ; il entend que la lettre se plie à sa forte métaphysique. Les textes ne sont point par lui sollicités avec douceur ; il les somme de se prêter au dessein qu'il a conçu. Lui-même nous instruit de la règle très large que, du consentement de saint Pierre[1], il s'est tracée pour l'intelligence de l'Ecriture : prendre de chaque passage tout ce qu'il peut contenir, à la condition de ne se mettre en contradiction avec nul autre article. Une semblable méthode d'exégèse paraîtra un peu trop facile ; elle fait bien légèrement table rase des informations externes empruntées à l'histoire et à la critique. Quoi qu'il en soit, fort de cette unique règle, assujetti seulement à ne mettre nulle part le code de la révélation en opposition avec lui-même, Collier ne sait pas d'énigme que la première phrase de la Genèse ne tranche ou ne dénoue : « Et maintenant, s'écrie-t-il, ces simples pa-
» roles de Moïse sont comme l'épée de feu, qui tourne en
» tous les sens ou comme un miroir magique qui, à chaque
» nouveau point de vue, exhibe un monde nouveau : c'est-
» à-dire, sans métaphore, elles semblent contenir en abrégé
» l'objet entier de la science et divine et humaine, théolo-
» gique et philosophique. »

1. II Pet., I, 20.

« *Au commencement* », c'est ainsi que l'on rend d'ordinaire les deux premiers mots : « ἐν Ἀρχῇ ». Selon cette traduction, Dieu aurait commencé de créer le monde avant d'avoir fini son œuvre : sens bien pauvre et plat. Non, telle n'est pas la version qu'il convient d'adopter. Le prophète nous donne à comprendre que Dieu fit le ciel et la terre *en* et *par* quelque chose, c'est-à-dire qu'il plaça entre lui-même et son ouvrage un être ou une personne intermédiaire, différente à la fois de Dieu le créateur et des choses créées. Ce quelque chose, ce troisième être, auquel est échu le rôle de moyen terme entre l'ouvrage et l'auteur, qui sera-t-il, sinon le *Fils unique de Dieu ?* « C'est
» *en* et *par* lui que Dieu le Père, nous dit si fréquemment
» l'Ecriture, créa toutes choses et c'est lui que désigne si
» souvent le mot Ἀρχή et même l'expression Ἀρχὴ τῆς κτίσεως
» τοῦ Θεοῦ. (Col., I, 16-18). » Mais les mots : *en son fils*, ne signifient point seulement : *grâce à*, ou *par l'intermédiaire de* son fils. Il faut, de plus, entendre que ces choses, faites par lui, « existent actuellement *en* lui, comme dans leur
» plus immédiate substance ou support ». Au fils peut s'appliquer la célèbre phrase que saint Paul a prononcée de Dieu : « En lui nous vivons, etc. »

Qui possède ce premier verset, voit toute la Bible en raccourci. Ce n'est pas tout : on y peut lire un abrégé de la Philosophie elle-même. Comment l'*Archè* de la création ne serait-elle pas aussi, « en quelque propre sens, le sujet
» ou l'objet de tout ce qui est appelé science ? » Il y aurait, à en douter, une évidente inconséquence : si toutes choses existent en lui, la vraie méthode pour contempler l'être de toutes choses consistera à les considérer comme existant dans le Fils.

Mais le Fils n'est pas l'hypostase unique d'où procèdent les êtres. Au-dessous de lui, se prolonge la même loi de *procession,* comme eussent dit les Alexandrins, dont il semble que l'on voie renaître la célèbre doctrine de la descente et du retour. Sous le divin Principe, s'étagent de moindres *Archai*. Ce qui le prouve, c'est que le texte ne dit pas du ciel et de la terre qu'ils aient été produits ἐν τῇ Ἀρχῇ, mais bien qu'ils furent faits ἐν Ἀρχῇ. « Dieu a fait le » monde en général dans l'*Archè*, son fils ; et chaque » chose en une Archè particulière, chacune en sa propre » et immédiate *Archè*... Bien qu'il y ait diverses per- » sonnes et choses, dans le ciel et sur la terre, qui sont » appelées *archai* ou *substances*, néanmoins toutes se » terminent et existent en une, le Fils de Dieu. Ἀρχὴ τῆς » κτίσεως, ou substance de toute la création. » Malebranche s'était contenté de voir dans le Verbe la cause occasionnelle, entre toutes, qui présiderait aux secrètes opérations du vouloir, dans l'ordre de la nature comme dans l'ordre de la grâce. Ce rôle semble trop mesquin à Collier qui fait de la seconde des personnes divines l'instrument d'une plus vaste médiation. Substratum de toutes les existences créées, le Fils sert de support à de plus modestes substrata qui en soutiennent à leur tour de plus humbles. Sur la substance souveraine, s'étage de la sorte une hiérarchie de substances de plus en plus relatives : en toutes circule l'être qu'elles tiennent de leur commune et fondamentale *Archè*.

Ainsi, par une évolution singulière, la notion de substance, à peu près bannie du premier livre de Collier, rentre sur le tard en sa philosophie pour y obtenir la prééminence. Cette catégorie logique, mise par Locke en interdit et décidément suspectée par Berkeley, nous fait ici parvenir aux confins de la phénoménalité et atteindre les sources éternelles de l'existence. La rentrée en grâce du principe de substance opère dans l'idéalisme du recteur de Langford Magna une métamorphose plus remarquable encore : elle rend à la matière, jusque-là comptée pour zéro, un semblant de réalité. Oui, cette entité contradictoire, dont la seule supposition ne pouvait que nous précipiter dans un chaos d'erreurs, cette impossibilité pure, ce parfait néant, va se transformer maintenant en un quelque chose de positif, qui ne présentera point assurément le type irréprochable du solide et du plein, mais qui possédera assez de consistance pour servir de base à des phénomènes et devenir à son tour substratum par rapport à d'autres accidents. Le tour dialectique par lequel l'auteur du *Specimen* ramène dans sa philosophie cette ombre de réalisme est trop ingénieux pour que nous l'omettions.

Et d'abord, Collier nous recommande d'avoir présentes les démonstrations contenues dans la *Clef Universelle* : par les conclusions de cet ouvrage s'éclairera le présent discours. « Quelque intelligent, dit-il, que j'aime à suppo- » ser ici mon lecteur, je ne puis poursuivre d'un esprit » tranquille, avant de l'avoir averti que s'il n'a lu ce petit » livre, il tentera vainement de m'accompagner plus loin. » Car je continue ici dans l'hypothèse de la vérité de ce » que j'ai établi là. Que celui qui a des oreilles pour en- » tendre, entende comme il suit... » Conformons-nous à ce conseil et rattachons à la *Clavis* la cosmogonie du *Spécimen*.

Entre les substances, il y a gradation. Telle, selon le point de vue où nous nous serons placés, apparaîtra substance à l'égard de tel accident et accident par rapport à telle substance. Les accidents eux-mêmes peuvent être de deux sortes : les uns, fixes, que nous appellerons inhérents ; les seconds, mobiles, qu'à défaut d'autre terme, nous nommerons adhérents.

Ces distinctions posées, prenons l'exemple suivant : un papier dans la chambre noire représente un champ, une vache, un oiseau. Nous avons, en procédant par ordre d'inhérence : 1º la blancheur du papier ; 2º le champ ; 3º la couleur du champ ; 4º la vache ; 5º la couleur de la vache ; 6º l'oiseau ; 7º la couleur de l'oiseau. Ne peut-on pas dire que ce sont là sept accidents divers que soutient une commune substance : la feuille de papier ? Soit un autre exemple : celui d'un miroir où se réfléchit tout un monde visible, avec ses mouvements, ses distances et ses proportions. En ce miroir, nous apercevons un espace et, en cet espace, l'image de la lune. Suivant le même ordre qu'il y a un instant, nous avons : la couleur de la lune, la lune dans l'espace, et l'espace dans le miroir. L'image du papier qui tout à l'heure était aperçu dans la chambre obscure, cette même glace peut maintenant la réfléchir. Dès lors, il ne faudra plus considérer le papier comme la première et unique substance du reste, il faudra le tenir pour « un anneau in-» termédiaire de la chaîne [1], c'est-à-dire comme existant » dans l'espace, lequel espace existe *immédiatement* dans » le miroir ».

Mais cette glace enfin, où se déploie tout un monde iconique, existe uniquement, la *Clavis* nous l'a prouvé, dans l'âme de celui qui la perçoit. « Par conséquent, comme

1. On croirait lire la *Siris*, dont ce sont ici presque les expressions. Mais, cette fois, ce n'est point Berkeley qui vient le premier en date.

» l'objet visible, que nous appelons la glace, est de la
» même nature ou du même monde ou du même ordre que
» tous les corps dans l'univers, nous devons étendre à tous
» indifféremment la même affirmation : ce qui revient à
» dire que le monde visible tout entier existe dans l'âme
» de celui qui le perçoit. » Cette conclusion éclaire d'un
jour inattendu le texte de Moïse et prête à notre verset un
nouveau sens. « C'est comme si Moïse avait dit : *In mente*
» *creavit Deus,* etc., *id est,* l'Esprit ou l'Ame est l'Ἀρχή dans
» laquelle Dieu a créé le ciel et la terre. » Mais prenons
garde aux méprises et ne négligeons point la distinction
que nous avons tracée entre la substance *médiate* et
l'*immédiate*. Affirmer que le monde visible ou matériel
existe en moi, ce n'est nullement donner mon esprit pour
la première Ἀρχή ou la substance immédiate du monde visible que je perçois. « En conséquence, lorsqu'il est dit
» dans le texte que le ciel et la terre, ou le monde dit
» visible, existent dans le Fils de Dieu, ces paroles ne sau-
» raient comporter qu'une acception : en la même divine
» personne existe *médiatement* ou d'une manière *ultime* le
» monde que l'on nomme visible. Ou, si l'on préfère, de
» même que le monde visible existe *immédiatement* dans
» tout esprit humain ou créé, ainsi ledit esprit lui-même
» existe immédiatement dans le Fils de Dieu. » En dehors
du Verbe, il n'y a nul être qui puisse être proprement
appelé *ens per se subsistens ;* tout ce qui n'est pas lui mérite le nom d'accident. C'est exclusivement en ses relations
d'inhérence à la seconde des personnes divines que l'on
peut faire consister l'absolue substance ou essence d'une
créature.

Que l'on ne nous demande donc pas, soit de la matière,

soit de l'esprit, une nouvelle définition ; nous n'en avons nulle autre à proposer. Il suffit de s'en tenir à la règle qui nous prescrit d'envisager chaque chose comme existant dans une *Arché* et de rapporter l'espèce appelée corps à l'espèce appelée esprit, cette seconde à un troisième être qui s'en distingue aussi essentiellement que l'âme peut différer de la matière [1]. Cette règle nous en suggère une autre qui nous permettra de mesurer les degrés respectifs d'excellence que possèdent les choses créées. « Plus près » une substance se rapproche, par voie d'inhérence, de la » première substance de tous, qui est l'"Ἀρχή de la création, » plus elle a de perfection. Ainsi nous trouvons dans l'es- » prit plus d'excellence que dans tout le monde visible, » lequel peut sans impropriété être appelé matière origi- » nelle; celui-ci l'emporte sur la matière iconique ou sur » le monde que nous regardons comme dans un miroir. » Ce dernier enfin excelle sur celui dont nous avions parlé d'abord et qu'enfermait un morceau de papier placé dans la chambre obscure.

Dans ces conditions, on s'expliquera que Collier place la philosophie naturelle dans une dépendance entière à l'égard de la révélation. Son zèle théologique renchérit encore sur celui du recteur de Bemerton, qui prétendait abaisser la physique rationnelle à un rôle on ne peut

---

1. Le troisième être auquel, de proche en proche, tout le reste doit se rapporter, n'est autre que le Verbe, dont l'auteur du Discours nous dit : « qu'il « a condescendu à être appelé notre frère. » Il continue : « par conséquent, » de même qu'en écartant la substance de la matière pour nous arrêter sur » sa principale ou sa plus essentielle différence, nous ne pouvons manquer » de la bien définir, ainsi la même règle nous permettra de définir l'esprit » lui-même. » En d'autres termes, il faut chercher dans l'esprit la substance de la matière et dans le Verbe la substance de l'esprit.

plus humble. La science de la nature, et ce seront les conclusions du *Discours*, doit tout attendre du secours de la révélation. Par science naturelle, l'auteur déclare comprendre : « la connaissance générale des natures des choses ; » c'est-à-dire, pour qui sait entendre, la science de leur » inexistence ou de leur subordination, soit médiate, soit » immédiate, à l'égard du *Logos*, ou Fils de Dieu. » Parce que ce Fils s'est révélé dans les Écritures, les natures des êtres peuvent en partie se laisser connaître de nous. Il est donc le principal objet, la fin, l'essence de notre savoir ; il est aussi « notre logique et notre métaphysique, c'est-à- » dire, en un mot, la vérité des vérités et la pierre an- » gulaire du système entier de la philosophie. » A un semblable dédain de « la physique vulgaire » aboutit le *De motu*; mais les deux ouvrages ont employé à l'apologie de la physique sacrée des méthodes bien différentes. Le *De motu* spécule sur le principe de causalité et il exclut de l'univers toute autre influence que l'action divine ; le *Spécimen de la vraie philosophie* a réhabilité la notion de substance et assigné à la Création, pour substrat fondamental, le Verbe divin ou définitive Archê.

VIII. Cette sublime méditation métaphysique n'était point pour gagner à son auteur les sympathies des orthodoxes. Elle justifiait trop l'accusation d'Arianisme que l'on ne pouvait manquer de lancer contre lui. Dans le grand ouvrage qu'il publia l'année même de sa mort et où il avait savamment mis en code ses opinions religieuses, Collier parut s'appliquer de plus en plus à mériter le reproche d'hérésie. Ce traité dont le titre de *Logologie* [1] annonce suffisamment le

1. *Logology, or a Treatise on the Logos or Word of God, in seven sermons*

mystique dessein, allait accroître l'inégalité qui, dans le *Specimen*, séparait déjà si profondément les deux premières personnes de la Trinité. La *Logologie* se compose de sept sermons consacrés au commentaire des versets 1, 2, 3 et 14 de saint Jean. Dès le premier, nous comprenons que la théorie de tout à l'heure, selon laquelle, hors le Verbe, il n'y a pas une seule véritable Archè, sera poussée à l'extrême. De ce que le Fils unique de Dieu est *consubstantiel*[1] au Père, n'en concluez pas, insiste Collier, qu'il lui soit *coégal*. Comment pourrait-il être dit le suprême Dieu, celui dont l'*existence consiste en l'inexistence* et dont la nature est respective à un autre être qui, d'une manière absolue, s'appelle Dieu?

Les sermons suivants développaient[2], au sujet de l'Incarnation du Sauveur, une thèse bien autrement « horrible » aux vrais croyants, comme on eût dit en France. « Et le Verbe s'est fait chair, » a écrit l'Apôtre. Il n'a pas ajouté : « et il s'est fait âme. » De quel droit sous-entendrions-nous ce complément? Pourquoi, sous prétexte d'une omission dans la sainte page, en altérer, par une addition profane, la signification? Le Dieu révélé de l'Ancien-Testament est descendu de sa gloire et a daigné se rendre

---

on the 1st, 2d, 3d and 14th verses of the first chapter of St-John's Gospel. Ce livre est extrêmement rare. Ne serait-ce point à ce traité que l'avertissement du *Specimen* faisait allusion, quand il annonçait « un plus considérable « ouvrage », dont le *Specimen* ne formait qu'une manière d'Introduction ?

1. C'est ce mot, intronisé dans l'Église par le concile de Nicée, que les Pères opposaient sans cesse aux Ariens, quand ils défendaient contre ces hérétiques l'entière égalité des personnes divines.

2. « Du sujet de la Trinité, dit Benson, Collier, par une transition na-
« turelle et facile, passait à celui de l'Incarnation; et, sur cette question, à
« en juger par la vaste collection de textes de l'Écriture qu'il accumula, et
« qui reste parmi ses mss., il semble n'avoir épargné aucun effort pour ar-
« river à une opinion correcte. » (Chap. III.)

GEORGES LYON.

sujet à toutes nos misères [1] : voilà ce que nous dit l'Apôtre. Il n'est point, en ces paroles, question d'une âme humaine unie au Christ, conception incorrecte et décevante. En se faisant chair, le Verbe est demeuré dans le temps ce qu'il est dans l'éternité. L'incarnation a pu sauver l'humanité déchue, sans coûter au Fils sa propre déchéance. Homme, il resta Dieu. — C'était en revenir à l'hérésie d'Apollinaire le Jeune qui, lui aussi, avait bien consenti que le Fils, descendu parmi les hommes, fût ἐνσάρκος, mais avait nié qu'il pût être ἐμψυχός. Revêtu d'un corps sujet à nos maux, le Verbe conservait un esprit divin, exempt de nos fautes et de nos faiblesses.

IX. Des controverses politico-théologiques auxquelles Arthur Collier prit, dans sa modeste sphère, une part active, nous ne dirons que peu de mots. Le récit des escarmouches qu'il engagea nous écarterait du plan que nous nous sommes imposé. Sachons seulement que ces sortes de disputes ne le trouvèrent pas intolérant. Dans les débats sur le bill dirigé contre les « conformistes occasionnels », débats qui passionnèrent si vivement les esprits durant la première moitié du règne de la reine Anne, il semble avoir pris parti contre l'admission au sacrement de tous ceux qui n'auraient point renié leur schisme [2]. Si la thèse est exclusive, le langage dont il se sert pour la soutenir est plein de modération et de douceur. Il blâme les procédés de polémique qui consistent à mettre sur la sellette la personne

1. Sermon IV, sur le verset de saint Jean, I, 14.
2. Telles seraient les conclusions qui se dégagent d'un manuscrit que signale Benson et qui porte la date de décembre 1705. Le titre en est : *Moderation not a Virtue; or the Principles of all Low Churchmen reduced to a system and confuted*.

même de l'adversaire dont on combat l'opinion et à triompher d'un contradicteur en noircissant son caractère et sa vie. Cette action pacificatrice, il s'efforça également de l'exercer, dans sa mesure, au cours de la controverse trinitaire[1]. Aussi bien, ç'eût été inconséquence à lui de se montrer hautain et menaçant dans la dispute. Il raisonnait lui-même, selon la remarque de son biographe, avec trop d'indépendance et professait des opinions trop exceptionnelles pour proscrire chez les autres la même liberté de doctrines et de croyances.

Les dernières années du recteur de Langford-Magna furent assombries par de pénibles préoccupations. Le petit revenu de sa cure devenait chaque jour plus insuffisant. Toutes ses démarches en vue d'obtenir dans la carrière ecclésiastique un avancement auquel il avait bien droit, échouèrent[2]. Bientôt, ses ressources se resserrant, la gêne se faisant plus pressante, il vendit au collège de Corpus Christi, à Oxford, pour une somme assez médiocre[3], le retour de ce rectorat de Langford qui, depuis quelque cent vingt ans, était en la possession de sa famille. Résolution cruelle et qui dut combler pour lui la coupe d'amertume : il avait sauvé le présent, mais au prix de quel sacrifice ! Par l'abandon de l'avenir[4].

C'est ainsi que, jusqu'au bout, le contraste aura persisté

1. BENSON, chap. IV.
2. V. ses lettres à l'évêque de Sarum (du 27 janvier 1716) et à Lady Fox (du 28 mars 1716.) Celles de ses lettres ultérieures qui touchent à ses affaires personnelles attestent, nous dit Benson, de croissantes difficultés d'argent. (*Collier's Memoirs*, chap. v.)
3. 1600 guinées. (Benson.)
4. L'originalité métaphysique de Collier console mal, on le comprend sans peine, son arrière-neveu Benson, de ce manque de sens utilitaire et de cette « négligence de ses affaires domestiques. »

entre l'austère Platonicien de Langford et le brillant idéaliste de Cloyne. Collier, retiré de l'action, vécut une vie solitaire et modeste, sans fortune et sans gloire. Ainsi qu'un ascète en sa cellule, il se blottit dans sa pensée mystique; il ne rechercha et il n'obtint rien du monde. L'existence ne lui fut que déception et il mourut, sous la menace de la pauvreté, sans seulement se pouvoir promettre que sa superbe vue des choses compterait un jour des admirateurs. Berkeley, qui professa la même croyance philosophique et considéra sous le même angle l'immense univers, aura goûté toutes les joies que peut verser ce monde phénoménal. Mêlé aux hommes, lancé dans l'action, il aura sans cesse, dans sa vie comme en sa pensée, marié le concret à l'idée, uni le rêve et le réel. Il aura mené une existence magnifique; fortune, dignités, puissance d'entreprendre, grandes amitiés, rien ne lui aura été refusé. Il aura été et se sera vu célèbre. La mort ne le surprendra qu'au jour où la fatigue lui aura depuis longtemps fait désirer d'être relevé de sa charge. Quelle inégalité vraiment dans la répartition de ces deux destinées! La postérité rétablira-t-elle un jour la balance entre les deux philosophes, deux égaux après tout, deux pairs de la pensée ?

Arthur Collier pressentit un instant cette grande injustice. Le soupçon lui vint que le mérite d'avoir implanté dans sa patrie l'idéalisme absolu et déduit des principes qu'avaient popularisés Descartes et Malebranche la doctrine devant laquelle avait fléchi le courage de ces grands hommes, ne lui serait pas entièrement reconnu. Au moins espérait-il avoir rempli, au su de quelques-uns, la mission d'éclaireur; il se pouvait flatter que sa tentative obtiendrait un jour quelque estime, ne fût-ce qu'à titre de prélude à quelque plus complet ouvrage.

Nescio quid majus nascitur Iliade,

semble-t-il, toutes proportions gardées, se dire à lui-même. L'on croirait qu'il se prophétise un rival, devant qui par avance il consent à s'effacer. « Peut-être, » lisons-nous dans les dernières pages de la *Clef universelle*, « le peu que j'ai » fourni pourra-t-il décider quelque génie plus compré- » hensif à commencer où je finis et à bâtir quelque chose » de très considérable sur le fondement qui est ici posé. »

Cette prévision même n'était pas de tout point exacte. Le génie qui devait porter l'idéalisme anglais à son plus haut degré de perfection n'était pas à naître. Au moment où Collier écrivait ces lignes, allait également paraître le troisième des chefs-d'œuvre qui devaient à jamais éclipser la *Clef universelle*.

CHAPITRE VIII

BERKELEY

I

L'HOMME, LA VIE ET L'ŒUVRE

I. Dans la naïve et ignorante critique qu'il nous a laissée de l'idéalisme Berkeleyen, (ignorante, lui-même le confesse [1],) James Beattie interdit à l'immatérialiste les actions, démarches, précautions, auxquelles les autres hommes font sagement de se résoudre : car elles impliqueraient l'aveu qu'il existe un univers, une étendue, des choses, une matière. Un précipice est devant ses pas ; qu'il n'ait garde de s'arrêter au bord : ce serait convenir qu'un abîme réel est devant lui, béant. Une voiture à six chevaux descend au grand galop la route : il n'a pas à se ranger, puisque route, voiture, chevaux, n'existent que dans son esprit [2]. Qu'il s'abstienne donc de vivre à la

---

1. « Que je puisse avoir mal compris la doctrine de l'auteur est non-seulement possible, mais hautement probable. » J. BEATTIE, *Essai sur la nature et l'immutabilité de la vérité*, etc. Part. II, ch. II, § 2.
2. BEATTIE, *ibid*.

commune mode, de fréquenter ses semblables, de prendre intérêt au cours de la nature, de suivre les affaires humaines. Qu'il se détache de toute vie agissante et se recroqueville dans sa réflexion égoïste. Sinon sa conduite sera la réfutation de son système et chacun de ses actes le convaincra d'inconséquence.

Si Beattie a dit vrai, nuls Berkeleyens ne sauraient pousser la contradiction plus loin que ne fit Berkeley lui-même et il faut convenir, en ce cas, que son existence entière oppose à sa philosophie un démenti éclatant. Son goût de la méditation ne paralysa en rien son zèle pour le bonheur de l'humanité. En lui, selon une juste remarque, on ne sait ce que l'on doit le plus admirer : de la sublimité de ses conceptions ou de la noblesse de sa vie, l'une des plus belles qu'il soit donné à l'historien de raconter.

George Berkeley [1] naquit le 12 mars 1685, à Dysert-Castle, dans le comté de Kilkenny. Sa famille avait dû émigrer en Irlande vers 1670, à la suite du premier Lord Berkeley de Stratton. Il était l'aîné de six enfants. Ce pittoresque site de Dysert entourait sa précoce méditation du cadre le plus riant. Dès l'âge de huit ans, a-t-il noté lui-même, le sens critique s'aiguisait en lui et le prédisposait aux nouveautés [2]. En 1696, il entre en seconde à

1. La seule biographie autorisée que nous eussions de Berkeley, avant ces dernières années, était celle que Stock publia en 1776, et dont l'insuffisance est extrême. On sait que, dans sa belle édition des œuvres du grand évêque, M. Campbell Fraser, en possession de nombreux manuscrits, a renouvelé le sujet. (V. le volume : *Life and Letters of George Berkeley*.) Plus récemment encore, le savant éditeur, dans un petit ouvrage : *Berkeley* (paru en 1881, réimprimé en 1884,) a tiré parti d'une correspondance inédite, dont il avait eu communication, pour compléter ou corriger sur bien des points la vie de son héros. En France, le principal ouvrage consacré, depuis le travail de M. Campbell Fraser, à Berkeley et à sa philosophie, est celui de M. Penjon (1878).

2. V. son *Commonplace Book* (édit. Campbell Fraser).

l'Ecole de Kilkenny, l'Eton Irlandais. Inscrit en 1700 au Collège de la Trinité, à Dublin, il conquiert en sept ans le grade de maître ès arts ; plusieurs charges universitaires, dont celle de tuteur, lui sont alors conférées. En 1707, il publia deux essais latins anonymes : *Arithmetica* et *Miscellanea Mathematica*. Deux ans plus tard, il donnait au monde son *Essai sur une nouvelle Théorie de la Vision*, premier chapitre d'une philosophie dont le *Traité sur les principes de la connaissance humaine*, en 1710, et les *Dialogues d'Hylas et de Philonoüs*, en 1713, développèrent le dessein complet. Dans l'intervalle, Berkeley avait pris rang dans l'Eglise. Il fut ordonné diacre en 1709 ; de 1712 date son *Discours sur l'Obéissance passive*, dont quelques zélotes se feront dans la suite une arme pour le rendre suspect à l'autorité royale.

En 1713, le jeune tuteur de Dublin passe le canal et se met à Londres en relations avec Pope, Addison, Swift qui devait lui garder une amitié si fidèle. Au mois de novembre, lord Peterborough, ambassadeur près le roi Victor-Amédée l'emmène à Paris, puis en Italie, en qualité de chapelain et de secrétaire. En août 1714, Berkeley revint à Londres. Deux ans après, nouveau voyage en Italie, terminé seulement en 1720. Il rentre par la France et achève, chemin faisant, sa dissertation latine *de Motu*, dont le sujet avait été mis au concours par l'Académie des sciences de Paris[1]. A son retour, ému par la crise commerciale et financière que traversait alors sa patrie, il fit paraître un

---

[1]. Berkeley fit-il parvenir à l'Académie son *Essai* ? Rien ne le démontre. Ce qui est certain, c'est que le premier prix fut dévolu au professeur de Lausanne, Crouzas. (V. le livre de ce dernier : *Discours sur la Nature, le Principe et la Communication du Mouvement.*)

Essai en vue de prévenir la ruine de la Grande-Bretagne, opuscule où il dénonçait l'excès du luxe, l'abus des plaisirs, l'esprit d'égoïsme et de sensualité, comme les causes directes des présents mécomptes. Il est promu au doyenné de Dromore. Mais l'Irlande n'allait pas sitôt le retenir. Son imagination rêvait de nouveaux voyages. Cette fois, il ne s'agissait plus de parcourir en touriste une terre sacrée. Sa pensée caressait un roman humanitaire qu'il irait réaliser par de là l'Océan. Ecoutons comment il s'en exprime dans sa correspondance inédite avec sir John Percival [1] : « Il y a maintenant dix mois environ que
» j'ai résolu de passer le reste de mes jours à Bermude où
» j'ai la confiance que je puis être l'instrument d'un grand
» bienfait pour l'humanité.... La réforme des mœurs
» parmi les Anglais dans nos plantations Occidentales
» et la propagation de l'Evangile parmi les sauvages
» d'Amérique sont deux points de haute importance. Le
» moyen naturel d'y réussir est de fonder un collège ou
» un séminaire en quelque région propice des Indes d'Oc-
» cident où les jeunes Anglais de nos plantations puissent
» être élevés de manière à fournir leurs églises de pasteurs
» vertueux et instruits, et Dieu sait s'il en est besoin !
» Dans le même séminaire, un certain nombre de jeunes
» sauvages Américains peuvent également recevoir l'édu-
» cation jusqu'à ce qu'ils aient pris le degré de maître
» ès arts. Et alors, bien instruits dans la religion Chré-
» tienne, dans les mathématiques appliquées et dans les
» autres arts libéraux, de bonne heure imbus des prin-
» cipes et des inclinations sans lesquelles il n'y a pas

---

1. Lettre de mars 1723, signalée en 1881 par M. Campbell Fraser.

» d'esprit public, ils pourront devenir les instruments les
» plus propres à répandre parmi leurs compatriotes la
» religion, la morale et la vie civile... » Chimères, sans
doute, l'événement ne devait que trop le montrer, mais
c'étaient, on le reconnaîtra, de généreuses chimères.

De ce philanthropique rêve rien ne réussit à le détourner. En 1724, l'influence de Lady Percival lui fait obtenir le doyenné de Derry, d'un très riche revenu[1]. « Je serai
» parfaitement heureux, écrit-il, si mon projet de Ber-
» mude en est facilité. » Ce somptueux bénéfice, il demande qu'on l'en décharge, pour lui permettre de commencer sa fondation. C'est Swift qui nous en instruit, dans la lettre qu'il adressa au nouveau Lord Lieutenant en Irlande, Lord Carteret, auprès de qui il accréditait son ami : « Le por-
» teur de cette lettre, y disait-il, a institué une secte
» appelée les Immatérialistes, par la force d'un très
» curieux livre sur ce sujet... C'est un philosophe absolu
» pour tout ce qui regarde l'argent, les titres et le pouvoir. »
A Londres, où son projet d'université Américaine obtenait une vogue de jour en jour croissante, il passa quatre années à en mûrir l'exécution. En 1728, nous le retrouvons à Greenwich, tout récemment marié et sur le point de mettre à la voile pour Rhode-Island.

Berkeley débarque à Newport, à la fin de janvier 1729. Il se retire à l'intérieur de l'île, s'achète une ferme et se bâtit sa maison de Whitehall. Cette demeure, dont il avait compté faire le centre de ses opérations, se convertit pour lui en un gracieux ermitage. Le charme de l'illusion ne tarda pas, en effet, à se rompre. Abandonné à ses seules

---

1. Environ £. 1500.

ressources par l'administration de la métropole, il vit se dresser des difficultés insurmontables. Son plan était trop désintéressé pour que la politique utilitaire d'un Robert Walpole s'en éprît[1]. En octobre 1731, ce missionnaire d'un jour disait adieu à l'Amérique. Son entreprise académique avait échoué ; du moins ce romanesque épisode n'avait pas été perdu pour la philosophie. Durant sa retraite de Whitehall, il avait préparé les élégants dialogues de son *Alciphron* et conquis plus d'un partisan à l'hypothèse immatérialiste. La semence jetée dans la Nouvelle-Angleterre ne fut pas inféconde, puisqu'une petite école idéaliste en devait sortir, que domineraient les deux noms de Samuel Johnson et de Jonathan Edwards.

II. Les trois années qui suivirent furent dépensées à des polémiques de divers ordres : métaphysiques et religieuses, avec l'*Alciphron*, suite de dialogues qui prenaient à partie la libre pensée ; psychologiques, avec la *Défense et Explication de la Théorie visuelle* ; mathématiques avec l'*Analyste*, où était retorqué contre les sciences pures, leurs abstractions et leurs hypothèses, le reproche si fréquemment adressé aux théologiens d'invoquer des postulats

---

[1] « Je ne m'étonne pas de votre désappointement, lui écrivait lord Percival, le 23 décembre 1730. Le dessein était trop grand et bon pour être accompli dans un siècle où les hommes préfèrent l'obscurité à la lumière et où l'on ne considère rien qu'avec des vues politiques. Un très grand lord me demandait l'autre jour si je croyais que les Indiens pouvaient être sauvés aussi bien que nous et si je n'avais pas considéré que l'instruction tendait à rendre les plantations indépendantes de la mère-patrie, ajoutant que l'ignorance des Indiens et la variété des sectes étaient notre meilleure sécurité. Il était même fâché que nous eussions une université à Dublin et cependant ce lord est l'ornement de la noblesse par le savoir et la modération, mais il ramenait tout à la politique. » (PERCIVAL, Mss. — Cité par M. Campbell Fraser.)

incertains et d'aboutir à des conclusions inconcevables. Bermude, le collège civilisateur, l'éducation des sauvages, ne lui apparaissaient plus que dans un lointain. Rien ne le rappelait à la terre où s'était écroulée sa vision. Dès l'été de 1732, il avait légué à Yale College, de Newhaven, sa ferme de Whitehall, pour l'encouragement des études grecques et latines.

Ce fut seulement en mai 1734, que Berkeley regagna sa province natale pour ne la plus quitter qu'à la fin de sa vie. Il y rentrait comme évêque de Cloyne. Les devoirs de son ministère, l'éducation de ses enfants, la lecture des princes de la pensée antique, l'étude et le recueillement dans un opulent séjour qu'embellissaient les arts [1], n'épuisaient point son activité. La même passion humanitaire qui l'avait naguère entraîné à Rhode-Island continuait à l'animer, mais sans exiger maintenant des expéditions aussi aventureuses. Autour de lui, tout un peuple souffrait. La malheureuse île-sœur éprouvait cruellement cette condition de pays conquis, dont aujourd'hui même elle travaille désespérément à s'affranchir. La famine et la fièvre venaient s'ajouter aux maux d'une condition politique intolérable. Entre les évêques anglicans, pour l'ordinaire assez froids aux intérêts de la province [2], Berkeley fut une belle exception. Adoucir les infortunes de l'Irlande, telle devint sa constante préoccupation. Son *Querist,* paru à Dublin en 1735, nous fait connaître combien, en dépit de ses attaches officielles, ses vues sur l'avenir social de la contrée avaient de largeur et d'indépendance. Il y demande si « une orga-
» nisation tendant au bien-être de cette nation ne doit pas

---

1. Campbell Fraser : *Berkeley* (rééd. 1884.) Part. III, ch. 1.
2. *Ibid.*

» comprendre les habitants dans leur totalité ? Si ce n'est
» pas une vaine tentative de projeter la prospérité de la
» gentry protestante, à l'exclusion de la masse indigène?
» Si, à l'exemple des Jésuites qui, à Paris, admettent les
» Protestants dans leurs collèges, il ne serait pas sage à
» nous d'admettre dans les nôtres les catholiques romains,
» sans les obliger d'assister à nos offices, catéchismes ou
» conférences théologiques? » Ce que le prélat anglican
réclamait, il y a cent cinquante ans, ce sera l'honneur d'un
grand homme d'Etat contemporain de l'avoir accompli [1],
mais au prix de quelles controverses, de quelles colères et
de quelles rancunes [2] !

En même temps qu'il indiquait les moyens de conjurer la
crise morale et économique, l'évêque de Cloyne s'enquérait
de remèdes qui permissent d'atténuer les maux du corps et
peut-être de les guérir. Il crut avoir trouvé dans une substance dont il se rappelait que les Indiens d'Amérique faisaient de merveilleux emplois, l'universelle panacée. Le médicament était des plus simples : du goudron dissous dans
de l'eau. Il célèbre donc avec transport son remède ; il en
fait le baume par excellence. Son enthousiasme, qui gagne
bientôt de proche en proche, lui suggère le plus sublime
de ses ouvrages: *Une chaîne de Réflexions* ou *Siris*, sorte
de chapiteau mystique qui surmonte son idéalisme. Ce livre,
que nous étudions aujourd'hui comme l'expression dernière d'une philosophie qui, née de prémisses sensualistes,
se terminait à une métaphysique éthérée, dut, parmi les

1. M. Gladstone.
2. Dans le même ordre d'idées, signalons la *Lettre* de Berkeley aux *Catholiques romains de Cloyne*, lors du mouvement de Charles-Edouard, et, en 1749, son *Mot aux Sages*, où il conjurait les prêtres catholiques irlandais de prêcher à leur troupeau le travail et la charité.

contemporains, son succès à ses recettes médicinales. L'eau de goudron fit fureur : elle guérissait toutes les maladies. Cette vogue n'eut qu'un temps ; l'eau de goudron rejoignit la foule des remèdes qui ont eu chacun leur heure de toute-puissance et ce que la postérité retiendra de la *Siris*, ce sera cette gradation poétique par laquelle l'imagination de l'auteur nous élève des vertus végétales de la nature au feu universel, de l'éther vivifiant à l'Esprit providentiel qui soutient, meut et gouverne l'Empire entier de la Création.

Cependant la vieillesse arrivait, avec son inévitable cortège de chagrins et de deuils[1]. Berkeley aspire à la retraite. La studieuse paix d'Oxford le séduit ; il demande à résigner son évêché. Georges II, tout surpris de la nouveauté d'une telle requête, le condamne à mourir évêque en dépit de lui-même, sauf à résider d'ici-là en tel lieu qu'il lui plairait. Le prélat malgré lui réalisa son suprême désir. Il eut cette consolation de passer ses derniers jours dans la ville élue, sans autre occupation que de rééditer quelques-uns de ses livres. La mort survint pour lui, semble-t-il, inopinément, le 14 janvier 1753. Mais, quand bien même il l'aurait vue approcher, il n'en aurait conçu nulle épouvante. Ne croyait-il pas en avoir percé le mystère ? Mourir n'était-ce pas bien plutôt revivre, mais dans un état nouveau et séparé, où « l'âme s'exerce sur de nouvelles idées, sans l'intervention » de ces choses tangibles que nous nommons les corps[2] ? »

III. Telle fut cette vie si agissante et si fertile, que parcourt un sentiment unique : l'amour de l'humanité et

---

1. Le plus cruel fut la mort de son fils préféré, William, en février 1751.
2. Lettre à Samuel Johnson, citée dans l'*Appendice* de CHANDLER à sa *Vie de Johnson*.

le désir infatigable de la servir. Libre à l'éristique d'en tirer argument contre le système dont elle constituerait une réfutation magnifique. A supposer que ces vertus mêmes se retournent contre lui, comme autant d'objections péremptoires, Berkeley n'en serait pas amoindri. Mais que l'idéaliste se rassure. Cet *argumentum ad hominem* était réfuté avant même qu'on ne le produisît. En ses précoces réflexions, l'étudiant de Trinity College l'avait prévu et dissipé. « Je me tiens en toutes choses avec la foule », écrivait-il déjà. Il écartait de loin ces futiles objections : « Ne
» vous chagrinez pas. Vous ne perdrez rien, ni de réel, ni de
» chimérique... Je suis pour la réalité plus que nul philo-
» sophe. » Et ailleurs : « Je connais d'une connaissance
» intuitive l'existence des autres choses aussi bien que mon
» âme. » Ou : « le cheval est à l'écurie, les livres à l'étude
» comme auparavant. » Ou : « Les philosophes perdent leur
» matière; les mathématiciens leurs sensations insensibles;
» les profanes leur Divinité étendue. De grâce, que perd le
» reste de l'humanité ? » Ces rapides remarques, qui faisaient *in limine* justice d'une argumentation chère au réalisme, nous les trouvons dans ce précieux *Cahier de notes* [1] commencé en 1705, où les pensées occasionnelles du jeune métaphysicien se trouvaient, au jour le jour, consignées.

Autant la vie de Berkeley fut une et concordante, autant sa philosophie eut un développement ordonné et continu. Si le bien de ses semblables apparaît, du plus loin que nous pouvons jeter nos regards dans son passé, comme le mobile exclusif que son cœur ait suivi, aussi haut que nous remontions dans l'histoire de sa croyance, nous sur-

---

1. *Commonplace Book.* (Edité par M. Campbell Fraser.)

prenons son esprit captivé par l'immatérialisme. « Dès mon
» enfance, » lisons-nous à la fin de ces notes prises à l'aventure, « j'avais en ce sens un inexplicable tour de
» pensée. » Et, chose à peine croyable, ce ne sont pas les
principes de quelque vague Monisme, dont l'étudiant de
Dublin aurait déposé, en ces pages, la fuyante expression.
Ses théorèmes les plus originaux, à commencer par celui
dont Mackintosh et St. Mill lui feront gloire, comme d'une
découverte sans précédent, ses nouveautés les plus courageuses, ses paradoxes mêmes, y compris celui de se
juger exempt de tout paradoxe, presque tous les articles
enfin dont se composera sa doctrine, nous les reconnaissons
clairement énoncés, en termes brefs, mais précis, dans ce
cahier rédigé au sortir du collège. Le philosophe de l'*Essai
sur la Vision*, des *Principes de la Connaissance humaine*,
des *Dialogues*, du *de Motu*, s'y laisse apercevoir tout
entier. Les propositions essentielles de ces divers ouvrages
n'y sont assurément pas étagées dans l'ordre dogmatique
que l'auteur doit plus tard leur assigner. On les trouve
pêle-mêle, jetées sans dessein, au décousu de l'invention.
Ce sont les matériaux déjà ouvragés d'où va sortir l'édifice
et qui n'attendent plus que l'intervention d'une main ordonnatrice pour se disposer selon un plan harmonieux.

C'est d'abord la dénonciation de ces entités abstraites
auxquelles sa philosophie a voué une haine mortelle. « Point
» d'idées générales, » tel est son premier mot. C'est aussi
son axiome que l'être devient inconcevable, si on ne le rapporte pas à l'esprit. « L'existence est *percipi* ou *percipere*. » Et d'ajouter en marge : « ou *vouloir*, c'est-
» à-dire agir, » laissant ainsi poindre sa théorie causale.
— C'est l'identification de l'idée et de l'objet, selon lui

suppressive de tout scepticisme : « E.[1] — Le sens du mot
» Existence qui n'est pas une idée simple, distincte de per-
» cevoir et d'être perçu... M. Nous voyons la maison elle-
» même, l'église elle-même, puisque c'est une idée et rien
» de plus. » — C'est l'élimination de la matière, décrétée
en cette simple ligne : « Rien ne peut ressembler à une idée
» qu'une idée. » — C'est l'expérience sur l'aveugle-né, *a
priori* décrite, de manière qu'il en faille conclure l'invisibilité de la distance : « M. Toutes choses à un aveugle-né
» vues d'abord en un point. » — C'est la réhabilitation
de la connaissance sensible, trop dépréciée par les cartésiens : « S. Il y a folie aux hommes à mépriser les sens.
» Sans eux l'esprit ne pourrait ni connaître ni penser. » —
C'est la mise en évidence de la faculté volontaire, véritable
substance du sujet qui perçoit : « S. Nous mouvons nous-
» mêmes nos jambes. Nous-mêmes voulons leur mouve-
» ment[2]. Par là je diffère de Malebranche. » En retour, il
n'en différera pas sur la façon dont s'acquiert la connaissance et de l'âme et de Dieu. « S. Nous croyons ne pas con-
» naître l'âme, parce que nous n'avons pas d'idée imagina-
» ble ou sensible annexée à ce son. — S. La perception est
» passive, mais celle-ci n'est pas distincte de l'idée, par
» conséquent il ne peut y avoir idée de la volition. » —
Pour ce qui concerne Dieu, même lacune en notre entendement : « G. Absurde de prouver l'existence de Dieu par
» son idée. Nous n'avons pas d'idée de Dieu. C'est impos-
» sible. » Cette haute existence n'en comporte pas moins

---

1. Ces lettres majuscules placées en tête des différents articles du *Cahier de Notes* désignent les rubriques sous lesquelles étaient comprises les pensées résumées dans ces articles. E signifie : existence ; M : matière ; S : esprit ; G : Dieu, etc.

2. De même ailleurs : « M. Point de pouvoir actif que la volonté ».

une preuve immédiate dérivée de ce fait même que nous possédons nos idées : « Rien ne correspond à nos idées » premières au dehors, si ce n'est des pouvoirs. De là » une directe et brève démonstration d'un Être actif et » puissant, distinct de nous, de qui nous dépendons. » Et cette démonstration, c'est l'universel symbolisme réalisé par nos perceptions spéciales, qui la fournit : « S. J'ai vu » la joie dans ses regards. J'ai vu la honte sur son visage. » Ainsi je vois la figure ou la distance. » Les difficultés mêmes que ne manquera pas de soulever la théologie sont à la fois annoncées et résolues : « M. Ma doctrine s'accorde » excellemment avec la création. Je ne suppose ni ma- » tière, ni étoiles, ni soleil qui ait existé antérieurement. »

A quoi bon prolonger cette revue ? Les courts extraits que l'on vient de lire suffisent à montrer avec quelle sûreté, dès l'éveil de sa raison, Berkeley sut arrêter les grandes lignes de son système. En ce *Memento,* se trouve condensée la substance philosophique qui, durant trente années, alimentera ses écrits. Seule, l'évolution opérée par la *Siris*, ne se laisse pas soupçonner encore. C'est qu'à son point de départ l'idéalisme Berkeleyen se manifeste comme un pur phénoménisme : les abstractions, les idées innées, les entéléchies de l'ontologie classique, en sont absolument bannies. On s'y découvre aux antipodes du cartésianisme, selon qui le réel était l'intelligible et qui donnait pour illusoire tout ce qui était objet des sens. Le sensible, l'imaginable même, devient ici littéralement vrai [1]. La morale qui se dégage de cette philosophie s'annonce comme Epicu-

---

[1]. Nous lisons dans le *Cahier* : « Par idée je désigne, toute chose sensible ou imaginable. » Collier, nous nous en souvenons, abonda, par moments, dans ce paradoxe.

rienne, au moins à sa base. « Le plaisir des sens est le
» *summum bonum.* Voilà le grand principe de la mora-
» lité[1]. » Point d'idées absolues, connues *à priori* et domi-
nant, du haut de leur immutabilité, le devenir de nos perceptions : « I. Qu'advient-il des *æternæ veritates* ? Rép.
» Elles s'évanouissent. » En ses débuts, Berkeley est donc
bien de son pays et de son siècle : nominaliste décidé, pro-
fessant l'horreur de la méthode *a priori,* hostile à la dialectique des Ecoles. Tel nous le reverrons, psychologue empiriste, au cours de ses discussions sur la connaissance
visuelle. Tel encore il se montrera, dans l'énoncé de son
Immatérialisme, bien que cependant son embarras ne doive
guère tarder à se trahir lorsqu'il lui faudra concilier les
hauts concepts sur lesquels se fonde son universel symbolisme avec ce phénoménisme radical de la première heure.
Enfin, l'âge venant, et sous l'influence croissante des maîtres de l'antiquité, dans le commerce desquels il aimera de
plus en plus à chercher un refuge, son nominalisme d'antan
s'attiédira ; il en viendra à une manière de néo-Platonisme
et rabattra grandement de ce dédain pour « les vérités éter-
» nelles. » Mais, même en cette dernière période où sa philosophie apparaîtra sous un tout nouvel aspect, la méthode
ontologiste ne le comptera point parmi ses adhérents. S'il
admet d'immuables essences, ce seront des essences connues de fait. Il ne fera point pour cela défection à l'empirisme. Le trait original de sa doctrine persistera jusqu'en
son dernier chef-d'œuvre. Au terme, comme au point de
départ de sa carrière spéculative, il aura professé, si l'on
peut dire, une métaphysique *a posteriori*.

1. Cf. le Discours sur l'*Obéissance passive.*]

II

VISION ET TOUCHER. — LE SYMBOLISME SENSIBLE.

I. Si l'on interrogeait le premier homme venu sur la manière dont il apprend que les choses ambiantes lui sont extérieures, il répondrait, sans aucun doute : « je n'ai qu'à » les regarder. » La vue est, en effet, communément réputée le sens objectif par excellence. Par elle, il semble que nous nous quittions nous-mêmes pour aller au dehors et nous égarer loin, bien loin de nous. Aussi les subjectivistes de tous les temps, préoccupés d'établir que rien de ce que nous percevons ne réside vraiment hors de l'esprit, se sont-ils attaqués de préférence aux témoignages de la vision. D'un mot, d'ailleurs, il leur était facile de confondre le réalisme vulgaire : voir, c'est sentir ; toute sensation n'est qu'un état de conscience. Or comment une manière d'être en nous accomplirait-elle ce miracle de nous déplacer de nous-mêmes ? Il était donc naturel que l'immatérialisme de Berkeley débutât, comme celui d'Arthur Collier, par une critique de la perception visuelle.

L'attention du jeune psychologue de Trinity College devait d'autant plus se porter sur cet ordre de sensations qu'à l'époque où sa pensée se donna carrière, les questions relatives à la connaissance optique étaient, de toutes parts, agitées. Descartes, dans sa *Dioptrique*, Malebranche, dans la *Recherche de la Vérité*, avaient eu recours à une explication savante qui réduisait nos yeux au rôle

d'interprètes inconscients d'une divine géométrie. L'œil lit ce que Dieu écrit et l'entendement l'explique. Distance, grandeur, figure, extériorité, nous sont en elles-mêmes inconnues. N'était-ce pas une vérité reçue que les couleurs, seul objet de la vue, consistent en des modalités de l'âme? Nous ne voyons point le dehors au travers d'elles, hypothèse inconcevable; mais, à leur occasion, nous *jugeons* de ce qu'est le dehors. — Plus tard, on aborda le problème, à part de toute préoccupation métaphysique, et l'on fut conduit à se demander si l'observation *de facto* n'apporterait pas une pierre de touche aux inférences du raisonnement. De là les célèbres enquêtes sur les notions de l'aveugle-né. Bien que l'on fasse de cet *experimentum crucis* communément honneur à Molyneux, on en peut trouver chez Gassendi, bien avant la lettre à Locke, une rapide anticipation [1]. Dans les objections du médecin philosophe aux Méditations de Descartes, nous lisons en effet ce remarquable passage, concernant notre *vaste idée du soleil:*
« Voulez-vous voir comme quoi la nature n'a rien mis en
» nous de cette idée? Cherchez-la dans un aveugle-né. Vous
» verrez premièrement que dans son esprit elle n'est point
» colorée ou lumineuse ; vous verrez ensuite qu'elle n'est
» point ronde, *si quelqu'un ne l'a averti et s'il n'a aupa-*
» *ravant manié quelque chose de rond...* » Molyneux, il est vrai, posait un *puzzle* assez différent : un aveugle-né, soudain rendu à la lumière, parviendrait-il à identifier par la seule vue, sans le secours du toucher, les objets placés devant lui et dont il ne saurait que ce que ses impressions tactiles antérieures lui auraient appris ? Serait-il, par

1. La lettre de Molyneux est du 2 mars 1693. V. la Correspondance de Locke.

exemple, en état de dire : voici une sphère et voilà un cube?
— Oui, affirmait Synge [1], fort de l'analogie que présentent, somme toute, les contours tangibles de la sphère ou du cube avec les contours visibles de cette même sphère ou de ce même cube. — Non, avait hasardé Molyneux [2], car notre opéré n'a pas éprouvé encore que ce qui affecte sa vue ainsi affecterait ainsi son toucher. — Non, répond également Berkeley, par la raison qu'entre des impressions visuelles et des impressions tactiles il n'y a pas l'ombre de ressemblance ; que l'œil, à lui seul, perçoit des couleurs, sans rien de plus et que, par-delà les couleurs, nous serions fort en peine de rien situer, si le toucher ne nous y invitait ; qu'enfin nous ne voyons ou plutôt nous ne croyons voir extérieures, étendues et distantes, les choses colorées, que grâce à une connexion de tous les instants entre les perceptions de nos muscles et les impressions de notre rétine. Bref, la vision est un langage, très rapidement épelé, très promptement su, qui sert à résumer le dire du toucher. L'intelligence ne nous en est point innée, comme se persuade le plus grand nombre ; elle n'est pas davantage, ainsi que veulent quelques-uns, le fruit d'une étude savante ou de jugements compliqués, mais seulement le résultat d'une habitude aisément acquise qui nous fait rapporter machinalement ce que nous apercevons à ce que nous pourrions toucher. Expérience, association [3], cou-

1. Lettre de Synge au Dr Quayl, du 6 sept. 1695, insérée dans la Correspondance de Locke.
2. Lettre du 2 mars 1693.
3. Nous croyons, contrairement à ce que semble indiquer M. Campbell Fraser, que ces inférences quasi instinctives de la vue au toucher résultent d'une véritable association d'idées. V. notamment le § 10 de la *Theory... vindicated*. Notre interprétation est également celle de St. Mill qui s'ex-

tume¹ : tels sont les trois ressorts qui composent le mécanisme de la vision.

Cette explication toute moderne occupe l'*Essai sur une nouvelle Théorie de la Vision* ² ainsi que la *Théorie de la Vision défendue et expliquée* ³, deux ouvrages écrits à vingt-quatre ans de distance et dont le premier avait établi par la méthode synthétique ce que le second prouve analytiquement ⁴. De l'un à l'autre écrit, l'auteur n'a point varié. Il demeure intrépide en son paradoxe : l'œil n'a, par lui-même, nul soupçon de l'espace et de ses dimensions.

La Nouvelle Théorie de la Vision est trop célèbre et la discussion progressive par laquelle le psychologue y refuse successivement à la vue les notions de distances, de grandeurs, de situations, de figures, bref de toute extériorité, ont été reproduites trop de fois pour qu'il y ait lieu d'en donner ici l'analyse. On sait comment il y est d'abord postulé que la distance est invisible, attendu qu'elle ne saurait se peindre en l'œil sinon par un point, lequel demeure invariable, que la distance s'allonge ou se rapetisse. On sait aussi à quelles concomitances entre telles apparences visuelles, tels mouvements du globe de l'œil et telles idées tactiles ou motrices sont ramenées nos intuitions prétendues de l'éloignement ou de la dimension. On

---

prime ainsi : C'était la première fois que la puissance que possède la loi d'association de donner à des combinaisons artificielles l'apparence de faits ultimes était mise en évidence. » (Art. *Berkeley, sa vie et ses écrits*.)

1. Cette influence de la coutume est particulièrement marquée dans le quatrième dialogue d'*Alciphron*, § 8-9.

2. *Essay towards a new Theory of vision*, 1709.

3. *The Theory of vision vindicated and explained* (*in answer to an anonymous writer*.) 1733.

4. Dans le second ouvrage, Berkeley suppose vraie son hypothèse et il en déduit des conséquences dont il montre l'accord avec les faits.

se rappelle avec quelle facilité ingénieuse l'auteur dénouait deux difficultés qui ont souvent arrêté les psychologues : d'où vient que la Lune paraît plus grande à l'horizon que quand elle brille au milieu du ciel? Et pourquoi nous voyons droits les objets, alors que sur notre rétine l'image en est peinte renversée? La première question se résoudra d'elle-même, pour peu que l'on tienne compte des modifications alors produites dans l'apparence de la Lune : la masse atmosphérique interposée entre cet astre et nous ayant augmenté, le nombre de rayons interceptés s'est accru : de là une plus faible image. Or tout affaiblissement de l'apparence visuelle est associé par nous à l'idée d'une augmentation de grandeur[1]. De même tombe la difficulté de comprendre comment il arrive que l'œil voie droite l'image qu'il réfléchit renversée. Ceux qui jugent inexplicable ce phénomène ne s'avisent pas d'une confusion qu'ils commettent : ils comparent l'image visuelle à l'apparence tactile, rapprochement on ne peut plus trompeur. Un homme devant moi est peint en mon œil la tête

1. Berkeley fait trop bon marché de l'explication cartésienne, selon laquelle cette erreur de la vue serait due à un jugement instinctif qui nous fait croire plus grand un même objet, quand plus d'espace paraît nous en séparer : et tel est le cas de la lune à l'horizon, parce que les champs, plaines, collines, interposés entre elle et le spectateur accusent l'éloignement cette planète, ce qui n'a pas lieu quand elle est vue au milieu du ciel. Mais, d'où vient, avait-on objecté, que si je supprime cette cause d'illusion et si je regarde de derrière un mur la lune horizontale, elle me paraît tout aussi grande que si je voyais les terres qui m'en séparent ? — A quoi Malebranche de répondre, on s'en souvient : c'est qu'alors la voûte apparente du ciel semble presque plate et, par conséquent, doit causer à peu près le même effet que des terres interposées. Supprimez cet objet de comparaison, et pour cela regardez à travers un verre enfumé la Lune ou le Soleil à l'horizon, vous les verrez sensiblement de la même grandeur qu'au méridien. (MALEBR. *Des diverses apparences de grandeur du Soleil et de la Lune.* Réponse à Régis.)

en bas : je le vois cependant les pieds sur le sol et la tête en haut. Fort bien ; mais, qu'entend-on par bas et par haut? Veut-on dire le bas et le haut visibles? En ce cas, l'image de l'homme n'est nullement renversée et, ce qui le prouve, c'est qu'une troisième personne qui regarderait mon propre œil y apercevrait fort bien cet homme visible, les pieds posés sur le sol visible et la tête levée vers le ciel visible. L'image est donc droite. Quand je la dis renversée, c'est que je compare le ciel et la terre visibles avec le ciel et la terre tangibles, le haut et le bas visibles avec le haut et le bas tangibles, sans songer que d'un ordre à l'autre il n'y a pas de transition et qu'autant vaudrait comparer des sons à des odeurs, des couleurs à des parfums. Maintenez la distinction et la prétendue énigme s'évanouit.

A ces jeux d'analyse ne se borne point la « Nouvelle » Théorie. » Elle renferme autre chose qu'une gageure prestement gagnée. Cette psychologie de la vision réclame un complément : la métaphysique va le fournir.

II. Aussi n'aurait-on point la compréhension entière de l'hypothèse, si l'on s'en tenait au premier écrit de Berkeley. Dans l'*Essai*, selon la remarque de M. Campbell Fraser, il semble que le sens du toucher soit doué d'une semi-objectivité et qu'il ait le don de saisir l'extérieur. Sous-entendu inacceptable, bien vite dissipé par les ouvrages qui firent suite à l'*Essai*. *Les Principes de la connaissance*[1], parus une année après, ne laissent subsister aucune équivoque. Non, pas plus que les objets de la vision, les objets du tact ne s'étendent hors de l'esprit[2].

---

1. *Treatise concerning the principles of human knowledge*, 1710.
2. *Ibid.*, § 42-44.

Si les choses visibles composent un système de signes qui nous suggèrent des idées tactiles et motrices, ce sont des langages aussi que forment les perceptions respectives de nos différents sens. Smith l'avait bien compris, quand il disait : « Ainsi nous devons supposer avec un » ingénieux écrivain, que les idées de la vue constituent » un langage visuel, parce qu'elles suggèrent sur-le-champ » des assemblages d'idées du toucher, comme les mots » d'une langue excitent les idées qui leur répondent. Je ne » vois pas pourquoi nous ne pourrions, pour la même » raison, admettre un langage du toucher, de l'ouïe, du » goût et de l'odorat, bien que, sans nul doute, celui de la » vue soit de beaucoup le plus riche. » Oui, le plus riche et aussi le plus rapide, rapide au point de donner l'illusion de l'instantanéité. Ce sens est assurément celui dont il importe le plus de déjouer l'artifice, parce que l'humanité donne dans le piège, prend le signe pour la chose, le mot pour l'idée. Nos divers sens nous parlent divers idiomes, mais des idiomes synoptiques, qui expriment, chacun à sa manière et conformément à ses lois propres, les vérités qu'excelle à exprimer le dialecte visuel. Ces vérités elles-mêmes n'ont toutes qu'un objet : la préservation de notre vie. Nous apprenons par elles à régler nos actions en vue d'obtenir ce qui est indispensable à notre bien-être et d'écarter ce qui nous peut nuire[1]. Mais retenons bien qu'entre ces propositions naturelles et la signification que notre expérience leur découvre il n'y a aucune liaison nécessaire. La langue de la vue et celle du tact pourraient, sans contradiction, être conçues ne se correspondant pas.

---

1. *Essai sur une nouvelle Théorie*, § 57 et 147-148.

Sans contradiction aussi, l'on pourrait imaginer que l'une et l'autre présentassent un tout autre sens. Habitués, dès le plus lointain de notre enfance, à les manier et à les comprendre, nous en venons à méconnaître la contingence de leur accord. « Je vois les effets ou apparences et je sais » que les effets doivent avoir une cause ; néanmoins je ne » vois ni ne sais que leur connexion avec cette cause est » nécessaire. Une connexion nécessaire de ce genre, je » suis sûr que je n'en vois pas[1]. »

Mais un idiome ne se crée point lui seul ; des mots ne se prononcent point d'eux-mêmes. Il faut que quelqu'un ait rivé au signe l'acception ; que quelqu'un, par ce signe, se fasse entendre de qui le comprend. Cette langue emblématique de nos sens, cette *caractéristique universelle*, comme eût dit Leibnitz, qui l'a instituée, qui nous la parle? Dieu.

C'est dans le quatrième Dialogue de l'*Alciphron* que nous pourrons le mieux étudier cette filiation par laquelle la psychologie de la Vision donne naissance à une théologie rationnelle. Comme Alciphron conteste l'existence de Dieu, Euphranor (lisez Berkeley,) soutient à l'incroyant qu'il n'y a pas plus de raison de douter s'il y a un Dieu que de se demander si nos semblables existent. — Mais les autres hommes me parlent. — Ainsi fait Dieu. Oui, il s'adresse à nous en employant, pour être compris, des signes extérieurs, sensibles et *arbitraires*. N'est-ce pas d'un symbole arbitraire qu'il use, quand, à l'aide d'un point coloré peint sur notre œil, il nous fait connaître la distance ; quand, de tel ou tel assemblage de sensations, il nous fait conclure au plus ou moins de grandeur ou de petitesse, d'éloignement ou

---

1. *Theory...*, *vindicated*, § 30.

de proximité, d'objets qui ne sont point nous ? Comme les lettres de l'alphabet diversement arrangées nous disent la pensée de l'écrivain, sans que cette pensée présente avec ces lettres la moindre analogie : de même, la lumière, les ombres, les couleurs, par leurs combinaisons infinies, nous instruisent de ce que Dieu veut que nous sachions, bien qu'entre ces combinaisons et ce qu'elles nous enseignent il n'y ait d'autre rapport que celui qu'a décrété le vouloir actuel du Créateur [1].

Ce n'est pas simplement un Dieu créateur qui parle à nos yeux ; c'est aussi un Dieu Providence, toute Sagesse et toute Bonté. Et comme ce langage est de tous les instants, que nous ne cessons jamais de l'entendre, pas un moment ne s'écoule sans que se fasse sentir « l'opération » immédiate d'un Esprit. » Ce nous est tout l'équivalent d'une création continuée. Le « langage optique » apporte cet autre bienfait de donner la stabilité à l'idiome humain, de « jeter la vie sur les langues mortes, de nous rendre » aptes à converser avec les hommes des siècles et des » pays reculés [2]. »

Enfin, le Dieu auquel cette très simple méthode nous élève n'est point, comme voudrait Alciphron, une entité vide en laquelle nous pouvons loger ce que bon nous semble : le Destin, le Chaos, une nature plastique, ou tout autre principe anonyme. Le progrès dialectique ne doit pas s'arrêter à mi-chemin. « Les mêmes arguments, conclut Criton, » qui prouvent une première cause, prouvent une cause

---

1. ALCIPHRON, 4º Dial., § 11. Mais Alciphron insiste et objecte que ces rapports des signes aux choses, constants comme ils sont, devraient suggérer une connexion nécessaire. Euphranor répond que, pour résoudre l'objection, il suffit de considérer un tableau ou un miroir.

2. *Ibid.*, § 14.

» intelligente, intelligente, dis-je, au sens propre ; sage et
» bonne, dans la vraie acception des mots. » Le symbolisme
perceptif ne nous signifie pas seulement nos besoins et le
moyen de les satisfaire ; il nous prouve, il nous montre
Dieu.

Telle est la métaphysique de la théorie visuelle, d'ordinaire laissée dans l'ombre par ceux qui témoignent pour l'*Essai* le plus d'admiration. Des deux parties de la doctrine, qui cependant se répondent, ils n'ont retenu et adopté que la première [1]. Que la vue, innément, ignore de l'extériorité et de l'espace ; qu'elle n'acquière que grâce à la coutume la faculté de suggérer à l'esprit des impressions tactiles et motrices, cette thèse est devenue un lieu commun de la psychologie moderne. Le XVIII° siècle, à quelques exceptions près, s'y est rangé. Condillac, Voltaire et Diderot, Hume, Reid et D. Stewart, ne la mettent pas en question. La presque unanimité de l'Ecole anglaise contemporaine en a fait le point de départ de ses plus brillantes investigations sur la perception extérieure [2]. Cet assentiment n'a cependant pas été sans des exceptions et la théorie contraire qui attribue en propre à l'œil une sensibilité cognitive compte encore aujourd'hui de fermes défenseurs.

III. Quelques-uns se sont contentés de faire, comme on dit, une cote mal taillée. Ils ont consenti que la connais-

---

1. Ainsi St. Mill, dans son article sur Berkeley.
2. Selon cette école, l'espace nous traduit le déploiement de nos muscles. — Berkeley avait devancé, en cela même, les analyses de M. Bain, lorsqu'il disait qu'il y a *espace*, lorsque le mouvement que je fais accomplir à un de mes membres est libre ; qu'il y a *corps*, si je trouve une résistance. « Plus la résistance est grande, moins je dis que l'espace est pur. » *Princ. of Hum. Knowl.*, § 110-117.

sance des solides n'appartint pas à la vue, mais ils ont maintenu à ce sens la perception de l'étendue plane [1]. Le savant éditeur de Berkeley ne croit pas que ce philosophe ait jugé la distance à tous égards invisible, de sorte que l'œil ne perçût que de la couleur inétendue. Nous ne saurions partager l'avis de M. Campbell Fraser. Il nous paraît au contraire que Berkeley a pris un parti radical et qu'il ne s'est pas laissé arracher la plus légère concession. La vue ne sait rien par elle-même, absolument rien de l'espace ; pas plus que l'ouïe, le goût ou l'odorat, elle ne nous fait rien connaître hors nos états de conscience. Ces états, nous ne les projetons en quelque sorte devant nos regards et nous ne les alignons suivant un ordre déterminé que sur l'appel de nos facultés motrices. Or, tel est l'excès de doctrine qui, selon certains critiques, fait le paradoxe et que condamnent formellement l'observation et l'expérience.

Quelle observation ? Quelle expérience ? pourrait-on demander. Car nous soupçonnons fort que, lorsque l'auteur de *la Nouvelle Théorie* dépouille de toute notion extensive le sens visuel, il raisonne purement *a priori*. Nos yeux, en effet, ne ressemblent pas à des plaques photographiques, fixées dans la chambre noire, et sur lesquelles l'image n'a qu'à se graver. Ce sont au moins de vivantes plaques, qui ne conservent que ce qu'elles ont fait leur, par une action à la fois physique et mentale. Sentir, c'est consentir, disaient déjà les Stoïciens. On ne perçoit qu'en agissant. L'œil se meut, ne fût-ce que pour percevoir un point : or, tout mouvement constitue l'intervention d'un sens étranger, qui

---

1. C'est le cas de M. Naville. V. son article : *Théorie de la Vision*. (*Revue scientifique*, 31 mars 1877). A ce parti sembla se ranger Hamilton, après bien des fluctuations de pensée.

collabore avec la vision proprement dite, sans s'identifier à elle. Mais que saurait discerner la vue livrée à ses seules forces? Pour le savoir, il faudrait supposer des yeux dépourvus de toute activité locomotrice, c'est-à-dire imaginer l'irréalisable et concevoir l'impossible [1]. La thèse de Berkeley défie donc, à cet égard, la discussion; mais, pour la même raison, des contradicteurs la pourraient frapper d'une sorte de question préalable. Elle ne saurait, en effet, subir le contrôle de l'expérience, et cependant, sur un tel sujet, l'observation seule devrait prononcer.

Pour la troisième dimension de l'espace, il en va, ce semble, différemment. Ici les faits sont de mise et nous procurent un critérium. Or, à qui donnent-ils gain de cause? Sur le point de clore la *Défense* de sa *Théorie*, Berkeley renvoyait le lecteur à un passage des *Philosophical Transactions* où avaient été relatées les célèbres observations sur l'opéré de Cheselden. Il ajoutait : « Ainsi, » par le fait de l'expérience, ces points de théorie qui » semblent les plus éloignés de l'appréhension commune, » ne furent point médiocrement confirmés plusieurs an- » nées après que j'avais été conduit à leur découverte par » le raisonnement. » — De nombreux cas de ce genre ont été examinés et suivis de près, depuis Cheselden jusqu'à nos jours [2] et il paraît bien que tous témoi-

1. Ainsi fait, à vrai dire, M. W. James, dans sa réfutation de Berkeley et Reid (*Mind*, n° XLVII, juillet 1887 : *The Perception of Space*, III, § 4, a.)

2. Relevons, par exemple, dans les observations de Franz (*Philosoph. Trans.*, 1841,) sa troisième expérience, laquelle confirme purement et simplement les inductions de Molyneux et de Berkeley. L'opéré, à qui l'on a présenté un cube et une sphère, comprend qu' « il ne sera pas en état d'en tirer la notion du cube ou de la sphère, tant qu'il n'aura pu les toucher, avant d'avoir ressenti tactilement par le bout de ses doigts ce qu'il a vu. » Franz ajoute : « il n'avait aucune notion de la perspective des images...

gnent en faveur de l'opinion que professèrent et Molyneux et Berkeley. Les expressions par lesquelles les récents opérés marquent leur embarras et leurs tâtonnements ont beau varier, ils ne diffèrent point dans leur mode d'apprentissage. C'est en les rapportant sans cesse aux souvenirs de leur sensibilité tactile et motrice qu'ils parviennent à projeter loin d'eux, à la distance convenable, des impressions qui tout d'abord se figeaient sur eux-mêmes et se développaient sur un plan non distinct de leur propre corps [1].

Ce n'est pas que l'interprétation de ces sortes d'expériences n'ait elle-même donné lieu à bien des divergences [2] et il faut convenir que, là non plus, les faits ne concluent point d'une manière absolue. On a rappelé que les cataractes abaissées ou extraites par l'opération chirurgicale n'étaient jamais d'une entière opacité, que toujours quel-

---

« Tous les objets lui paraissaient parfaitement plans. » — A la même conclusion aboutissent les curieuses observations de M. Dufour relatées par M. Naville. (*Rev. scientif.*, 1877.)

1. « La première fois qu'il vit clairement, » lisons-nous dans le mémoire relatif à l'opéré de Cheselden, « il appréciait si mal les distances qu'il s'imaginait que tous les objets, quels qu'ils fussent, étaient au contact de ses yeux, touchaient ceux-ci (comme il le disait,) de même que tout ce qu'il touchait était incessamment en contact avec sa peau. » Ce dernier trait indique bien ce que l'opéré voulait dire quand il parlait de contact. Il entendait que les objets vus par lui semblaient adhérer à ses yeux et non pas simplement les heurter d'une sensation trop vive. L'opéré de Everard Home (*Philos. trans.*, 1807) avait la même impression : « Après l'opération, les objets semblent être, conclut la relation qui le concerne, au contact des yeux. » — M. Preyer, qui a parcouru et étudié toutes les observations de ce genre, n'hésite pas à adopter la thèse de Berkeley. (*L'Ame de l'enfant*, part. I, ch. I.)

2. Ces objections ont été rassemblées avec beaucoup de force par M. Paul Janet, qui, d'ailleurs, s'est défendu de prendre absolument position dans le débat (*Revue philosophique*, janv. 1879 : *la Perception visuelle de la distance*. Cf. du même maître : *Traité élémentaire de philosophie*.)

que filet de lumière, souvent même de vagues couleurs, filtraient à travers l'écran. Mais que prouve-t-on par là ? Que les observations de ce genre sont accomplies dans des conditions bien insuffisantes. Néanmoins, cette imperfection même, si elle est exclusive d'une démonstration sans réplique, fournit en faveur de l'hypothèse Berkeleyenne de très hautes probabilités. Puisque l'ablation de cataractes déjà douées de quelque translucidité ne suffit pas à rendre sur l'heure la perception visuelle de l'extériorité et puisque le nouveau clairvoyant doit consulter son tact pour vaincre l'illusion qui lui fait situer à sa surface des sensations par lesquelles il jugera bientôt des plus grands éloignements, une induction légitime ne nous autorise-t-elle pas à conclure que, si la cécité antérieure eût été totale, la subjectivité de la vision soudain recouvrée serait rendue bien plus manifeste encore et que l'éducation tactile nécessaire pour rectifier l'impression demanderait bien autrement de patience, de temps et de labeur ?

On a, il est vrai, contesté cette subjectivité de la vision. Que l'opéré de la cataracte n'évalue point les distances, soit ; mais, a-t-on ajouté, cela n'implique point qu'il ne puisse voir *à distance*. De même on a beau se tromper aux jeux d'un plan en perspective ; des décors de théâtre ont beau me causer le mirage de la profondeur, l'illusion, du moins, ne va pas jusqu'à me faire apercevoir comme identiques ou inhérents à moi-même décors et perspective. — Sans doute, répondrons-nous ; mais, en ce dernier exemple, la faculté de voir les distances est supposée acquise, l'association du tact et de l'œil consommée. En serait-il de même pour un aveugle-né qui aurait subitement recouvré la

vue ? On nous permettra d'en douter. Quoi qu'il en soit, c'est tout le litige et le trancher par le cas d'un spectateur au théâtre équivaudrait à résoudre la question par la question même. — Telle sera aussi notre réponse à M. William James qui, au cours d'une longue étude sur la perception de l'espace, objecte à Berkeley ce fait dont chacun peut, dit-il, s'assurer : « Au penchant d'une
» colline, que l'on s'étende sur le dos et qu'on laisse
» l'abîme du bleu remplir tout le champ de la vision ;
» que l'on s'absorbe de plus en plus profondément dans
» le mode de conscience purement sensationnel qui se
» produit, il sera impossible de ne pas éprouver qu'une
» profondeur indéterminée, palpitante et enveloppante
» en est, aussi bien que la largeur, un attribut indubi-
» table[1]. » L'observation est intéressante en sa simplicité ; le malheur veut qu'elle ne porte guère : car enfin, chez celui qui l'accomplit, l'éducation de la vue par le toucher est depuis longtemps faite et donner pour spontanée une perception qui, selon les Berkeleyens, est un fruit de l'habitude, revient une fois encore à postuler ce que refuse l'hypothèse.

Mais, poursuivra-t-on, nulle perception n'a lieu en nous que nous ne l'extériorisions : des objets colorés que nous verrions en ou sur nous-mêmes, voilà ce qui ne se peut concevoir. — Pourquoi non ? Cela se conçoit bien de nos sensations autres que les visuelles, des saveurs, des odeurs et des sons. Ces impressions diverses sont assurément rapportées à des causes distinctes de nous, mais cela grâce à une inférence rapide et en suite d'un raisonnement quasi

---

1. *Mind*, n° XLVII, *loc. cit.*

instinctif. Ce qui ne veut pas dire que nous sentions la cause elle-même : ni l'odorat ne perçoit la fleur, ni le palais le fruit. Parfums et goûts ne nous font éprouver que des modalités de nos corps. Et nos corps, c'est nous-mêmes, puisque c'est en eux que sont ressenties nos impressions. A moins que l'on ne prétende tirer une ligne qui, partant de la conscience comme centre, rayonnerait sur les divers points de la périphérie organique : on obtiendrait ainsi la perception d'un espace en longueur, largeur et profondeur, mais au prix de quelle étrange supposition !

IV. Reste une difficulté : l'on a remarqué bien des fois la promptitude et l'assurance avec laquelle de petits animaux, à peine ont-ils brisé l'œuf, vont becquetant, dans la basse-cour, les grains de millet épars devant eux et se passent d'une expérience qu'ils n'ont pas eu le temps de contracter. Fera-t-on pour eux une exception ? Mais, cette exception, l'analogie nous contraindra de l'étendre à l'homme : un seul cas d'innéité met en péril la théorie entière de l'acquisition. Telle est l'objection qui avait déjà arrêté Hamilton[1] et à laquelle, selon d'excellents juges, il n'a pas encore été pleinement satisfait. Elle offre, il est vrai, l'inconvénient de transporter le débat sur un domaine où l'observation psychologique n'a que difficilement accès : car enfin, si l'on a déjà tant de peine à pénétrer dans l'esprit d'un enfant, comment se rendre exactement compte de ce qui se passe en l'âme obscure d'un tout jeune poussin

---

1. Edit. des œuvres de Reid, t. I. *An Inquiry*, etc. ch. VI, § 20. Note d'Hamilton.

ou d'un cochon de lait nouveau-né [1] ? Berkeley serait donc en droit, comme on l'a fait observer [2], de récuser l'argument.

Cependant, même sur ce terrain ingrat, il n'est pas interdit à ses modernes partisans d'accepter la discussion. De l'aveu de tous les observateurs, la perception de la vue est extraordinaire chez les poussins à peine éclos [3]. Bien que la première tentative pour picorer son aliment ne soit nullement impeccable [4], accordons qu'elle atteigne à une véritable infaillibilité. Que s'ensuivrait-il ? Rien autre chose, sinon que ces petits animaux sont, à cet égard, doués, dès leur naissance, du plus sûr instinct. Ce leur est un grand avantage, à moins que ce ne leur soit une extrême infériorité vis-à-vis de l'homme, contraint de tout apprendre, mais qui doit à cette lente éducation d'exercer une activité bien autrement complexe et riche que ne fait l'animal [5] !
— Se récriera-t-on sur cet instinct, comme sur une vertu scolastique amenée pour les besoins de la cause ? En ce cas, il faudra reconnaître à l'animal, à ce jeune cochon de lait, par exemple, dont M. Preyer nous raconte les

---

1. V. les traits de merveilleuse précocité qu'en rapporte M. Preyer. (*Op. cit.*)

2. M. Penjon : *Berkeley*. Conclusion. iv.

3. V. les curieuses recherches de M. Douglas Spalding (*Mac Millan's Magazine*, févr. 1873.)

4. Preyer. (*Op. cit.*) Cf. Romanes : *L'Evolution mentale chez les animaux*, ch. xi.

5. « Chez l'homme, le nombre des associations possibles entre la vue et les mouvements musculaires coordonnés est si grand, comparé au nombre des associations possibles chez l'animal, au moment de la naissance, qu'il ne leur est loisible de se développer qu'au cours d'une longue enfance, d'une longue période après la naissance. » (Preyer, *Op. cit.*) De même, M. de Hartmann : « Chez l'homme, le nouveau-né semble ne rien apporter avec lui et devoir tout apprendre. »

prouesses, bien plus qu'une aptitude innée à voir la distance, mais un talent merveilleux de discerner ce qui apaisera sa faim, de coordonner ses mouvements en vue d'atteindre ce qu'il désire, bref une intelligence toute constituée. Dans ces conditions, l'argument pourrait bien être de nature à embarrasser ceux qui le manient.

Mais cet instinct n'est nullement une faculté abstraite. Il est, selon les probabilités grandissantes que réunit la théorie de l'évolution, légué à l'animal par de lointains ancêtres qui exécutaient laborieusement sans doute ces mouvements si bien adaptés que leurs descendants accomplissent aujourd'hui naturellement. Au prix de milliers d'efforts a été soudée enfin la perception visuelle à l'impression tactile. Association transmise de générations en générations et dont nous pouvons, par échappées, surprendre quelque vestige. Témoin cette instructive observation, communiquée par le Dr Allen Thomson, et que M. Romanes résume ainsi : « Il fit éclore quelques poulets » sur un tapis, et les y garda pendant plusieurs jours. Ils » ne manifestèrent aucun désir de gratter, parce que l'excitation » produite par le tapis, sur la plante de leurs pattes, » était d'une nature trop nouvelle pour appeler la mise » en action de l'instinct ancestral, mais quand le docteur » Thomson éparpilla un peu de sable sur le tapis et fournit » de cette façon l'excitation appropriée et accoutumée, » les poussins commencèrent aussitôt à gratter [1]. » Comme eût dit Berkeley, le tact de ces poulets leur parla d'abord un langage dont ils n'avaient point la clé : ils ne comprirent, ni ne bougèrent ; à peine cette langue inapprise fait-elle place

---

1. Romanes, *Op. cit.*

à l'idiome héréditaire, ils entendent bien vite et partent à la picorée.

A quoi bon continuer sans trêve une discussion sur laquelle on a tant écrit ? Le dessein principal de Berkeley ne dépend point du parti auquel on s'arrêtera. Il suffirait à notre philosophe de retenir ce dont tous conviennent : quelles que soient les attributions naturelles de la vue, la maîtresse fonction de ce sens est, en fait, de *toucher à distance*, c'est-à-dire de suggérer les impressions mêmes que sous telles et telles conditions éprouverait le toucher. Que lui faut-il de plus ? La vue, entre tous nos sens, ne deviendra un organe spécialement cognitif, que lorsque l'éducation et l'habitude en auront fait l'interprète de la faculté tactile et motrice. Ce point consenti, la conception du symbolisme universel reste intacte et l'existence de Dieu est sauve.

Enfin, à supposer même que l'hypothèse du symbolisme dût être abandonnée, qu'il fallût renoncer à cette poésie d'un monde où tout parlerait à l'homme un verbe mélodieux, ce n'en serait point fait de l'Idéalisme auquel la Théorie visuelle servait comme de préambule. Certes, ce n'est point sans bien des regrets que le Berkeleyen ferait l'abandon d'une doctrine pour laquelle le grand Irlandais s'était passionné, au sortir de l'enfance, et dont ses derniers écrits le montrent encore tout pénétré. Le développement moral de l'homme, son rôle dans la nature, ses relations avec l'Auteur des choses, en seraient compris bien différemment. Mais le principe moniste qui commande toute cette philosophie n'en recevrait nulle altération. L'examen direct de nos idées, quelles qu'elles soient, l'étude de leur essence, de leur origine, de leurs attributs, nous mène, par une voie plus brève encore, au même but que nous avait fait atteindre le symbolisme visuel. Comme le recteur de Langford Magna, l'évêque de Cloyne a bien des manières de bander son arc. Une corde vint-elle à rompre, il ne jetterait point pour cela le carquois.

III

UNIVERSEL IMMATÉRIALISME. — ESPRITS ET IDÉES.

I. Les cartésiens avaient divisé l'être en deux genres irréductibles : la pensée et l'étendue. Berkeley ne trace pas moins profonde sa ligne de démarcation : ici, les idées, là, les esprits. Tout ce que l'on perçoit, tout ce que l'on conçoit, se peut classer sous l'un de ces termes. Entre ces deux pôles se distribuent et le possible et l'actuel. Mais non, la comparaison est impropre : idées et esprits ne s'opposent point l'un à l'autre de tout le diamètre de la contrariété. Loin de là, ces deux vocables sont corrélatifs : point d'idées qui ne résident en des esprits; point d'esprits qui ne pensent au moyen d'idées.

Par idées, que faut-il entendre ? Ce terme désignera-t-il la peinture de choses distantes de l'esprit ? En aucune manière. Une idée est non pas *représentative,* ainsi que le prétendait bien à tort l'Ecole, mais *présentative.* Elle n'a pas à peindre quoi que ce soit. Une idée ne saurait ressembler qu'à une idée. Délivrons-nous donc de cette pesante obsession d'originaux extérieurs, concrets, solides,

que des copies mentales reproduiraient devant notre imagination ou nos sens. Portrait et modèle ici ne se distinguent point l'un de l'autre : nos idées constituent les objets. C'est dire que le mot matière est dénué de sens et l'on ne comprendrait pas que rien lui correspondît. Ce *tertium quid* n'a point place en notre monde : nulle idée ne le peut rendre, nul esprit ne le peut saisir. Il est l'œuvre monstrueuse d'une faculté intellectuelle qui a dévoyé : il se réduit à une abstraction. Or, autant le pouvoir d'abstraire trouve un emploi légitime, quand il se consacre à élire dans un groupe un individu pour en faire le signe de ses congénères, autant l'usage en devient vicieux, quand il se détourne à créer des êtres de raison. Locke a beau dire, il n'existe point d'idées abstraites. Que chacun interroge sa propre conscience, il constatera son incapacité radicale d'en évoquer aucune. Il pensera à *un* triangle, non, *au* triangle ; il imaginera *des* hommes, *l'*homme, non pas. Encore moins concevra-t-il une matière pure, chimérique support de ces autres abstractions également inintelligibles : l'étendue, la figure, le mouvement, le nombre [1]. « En résumé, s'il y
» avait des corps extérieurs, il serait impossible que nous
» vinssions jamais à les connaître et, s'il n'y en avait
». pas, nous pourrions avoir exactement les mêmes raisons
» que maintenant de penser qu'ils existent [2]. »

La matière abstraite ainsi éliminée, on se demandera si la philosophie naturelle n'est point proscrite à son tour : du même coup, s'évanouiraient les lois fixes qui régissent, aux yeux de la science, l'évolution des corps et le monde phénoménal serait abandonné aux caprices du

1. *Princ. of Hum. Knowl.*, § 9-13.
2. *Ibid.*, § 20.

hasard. Mais une telle crainte a son origine dans l'assimilation que l'on établit involontairement entre les idées, filles de notre fantaisie, et ces autres idées que suscitent en nos âmes des causes extérieures à nous. Aussi ne résistera-t-elle pas à la plus sommaire discussion.

Les idées perçues par mes sens échappent à ma volonté : c'en est assez pour leur assurer, vis-à-vis de moi, une solide indépendance. Elles ont une force, une vivacité, une distinction, que l'on chercherait vainement aux idées de l'imagination [1] ; elles présentent, de plus, une stabilité, un ordre, une cohésion qui font entièrement défaut aux créations de la fantaisie et qui attestent, chez celui de qui nous les tenons, une sagesse et une constance admirables. Voilà donc la nature retrouvée et la science du monde physique reconquise. « Les règles ou méthodes établies, sui» vant lesquelles la Pensée de qui nous dépendons excite » en nous les idées du sens, sont appelées les *lois de la* » *nature* et, celles-ci, nous les apprenons par l'expé» rience, qui nous informe que, dans le cours ordinaire » des choses, telles et telles idées accompagnent telles et » telles autres. » Notre science n'a donc rien perdu de sa sécurité. « Tout ce que nous voyons, sentons, entendons, » concevons, comprenons, reste aussi assuré, aussi réel » que jamais. Il y a une *rerum natura* et la distinction » entre réalités et chimères retient toute sa force [2]. » Que si l'on hésite encore, si l'on réclame un gage plus éclatant de notre foi en l'objectivité des choses sensibles, nous oserons déclarer leur existence aussi certaine que la nôtre propre : « C'est une contradiction manifeste qu'aucun objet

---

1. *Princ. of Hum. Knowl.*, § 28-30.
2. *Ibid.*, § 34-38.

» sensible puisse être immédiatement perçu par la vue ou
» le toucher et en même temps n'avoir pas d'existence
» dans la nature, puisque la vraie existence d'un être non
» pensant consiste à être perçu [1]. »

Bien cela durant le temps qu'a lieu la perception, poursuivra un critique ; l'idée alors existe, puisqu'elle me frappe et elle m'est extérieure puisqu'elle a surgi indépendamment de mon vouloir. Mais, qu'elle cesse d'occuper mon esprit, que devient-elle? Vous lui déniez une matière extérieure pour substratum, c'est fort bien ; encore faut-il que vous la reléguiez quelque part ! A moins qu'elle ne se dissipe, sitôt que l'esprit s'en détache, sauf à se reformer quand il la reconsidérera. Or le scepticisme n'en demande pas davantage. — Raisonner ainsi, répondrait l'auteur, c'est oublier que chaque esprit n'est point seul à penser dans l'univers. L'objet qui cesse de m'être présent, d'autres sujets le perçoivent, à mon défaut [2]. Il est réel et non imaginaire, parce que, telles conditions étant posées, ni d'autres esprits ni le mien ne sauraient manquer à le connaître.

Ce n'est pas tout : au-dessus des êtres, il y a leur Créateur ; par-delà les esprits finis, l'Esprit illimité, de qui le vouloir fait, par sa permanence, la fixité de notre savoir. Ce roi de la nature, nous le connaissons à toute heure ; il n'est pas un événement du monde physique, pas un acte, pas un signe révélant à l'homme un autre homme, qui n'atteste sa providence [3]. « Pour voir Dieu, nous n'avons
» qu'à ouvrir les yeux. » Mais nous ne possédons de lui

---

1. *Princ. of Hum. Knowl.*, § 85-89.
2. *Ibid.*, § 48.
3. *Ibid.*, § 145, sqq.

nulle idée, pas plus que nous n'avons une idée des autres esprits ou de notre âme propre. L'idée, redisons-le, ne saurait imiter et copier que l'idée. Chaque âme se sait par la réflexion intérieure. Or, ce témoignage de la conscience n'apporte à qui le reçoit aucune lumière directe sur l'existence des autres âmes. Que le mouvement musculaire par lequel s'accuse la volonté de mes semblables suggère à mon esprit l'idée qu'un autre homme est devant moi, cette connexion comporte une explication unique : la volonté constante du Créateur. Ecartez l'hypothèse de cette souveraine initiative, les actions des autres hommes n'offrent plus à nos regards qu'un livre indéchiffrable. Otez Dieu, nous ignorons s'ils existent. Les connaître, c'est le connaître. Hommes et nature nous signifient Dieu. Nul besoin donc, pour nous hausser jusqu'à lui, d'implorer l'assistance d'une métaphysique quintessenciée : la réflexion la plus familière suffit. Quelle vérité plus claire et plus simple que celle-ci : « il existe un Dieu, ou un Esprit
» intimement présent à nos pensées, produisant en elles
» toute cette variété d'idées ou de sensations qui conti-
» nuellement nous affectent, de qui nous dépendons abso-
» lument et totalement, bref, en qui nous vivons, nous
» nous mouvons et avons notre être [1] ? » Les harmonies de nos idées, non moins que les concordances du tact et de la vision, forment un symbolisme divin.

II. Cette méthodique et souple déduction remplit tout le *Traité des Principes de la Connaissance Humaine*[2], le plus ferme ouvrage où soit plaidée la cause de l'immaté-

1. *Princ. of Hum. Knowl.*, § 150.
2. Berkeley comptait ajouter à ce Traité une seconde partie. Tel qu'il est, ce livre forme un tout bien complet.

rialisme. Berkeley n'en a pas composé de plus vigoureux. Mais, comme sa manière y est plus dogmatique, son style plus sévère que dans ses autres écrits, la curiosité du lecteur se porte de préférence vers les *Dialogues d'Hylas et de Philonoüs*[1], cette « perle de la littérature métaphy-» sique anglaise [2] ». Jamais assurément les notions philosophiques les plus éloignées de la croyance commune n'ont été présentées sous un jour plus favorable, exprimées avec plus d'aisance dans la langue de tout le monde. On comprend que l'auteur des *Dialogues* ait été, en les écrivant, la dupe de son art et qu'il ait très sincèrement pris son système pour celui du sens commun, tant il y gardait du sens commun le style et le ton. Toutefois, ce nouveau livre n'ajoute guère au précédent, dont il recommence, selon un ordre et d'après des procédés différents, les principales démonstrations.

Le premier Dialogue est bien un petit chef-d'œuvre de discussion psychologique. Philonoüs, porte-parole de l'auteur contre Hylas, interprète du réalisme, traque l'hypothèse d'un monde extérieur avec une telle adresse qu'il la rejette enfin dans le scepticisme absolu. Cette réalité matérielle, que les seuls sceptiques pouvaient, disait-il d'abord, révoquer en doute, le pauvre Hylas, pressé par trop de questions, ne sait plus où la situer. Des qualités secondes où il l'avait d'abord logée, il la reporte parmi les qualités premières des corps, sans pouvoir l'y maintenir : car, si le monde extérieur ne se compose pas des modes de notre sensibilité, encore moins consiste-t-il en des relations abstraites suggérées par ces modes, telles

1. *Three dialogues between Hylas and Philonoüs*, 1713.
2. Préface de M. Campbell Fraser aux Dialogues.

que le mouvement, l'étendue, la forme, etc. Il n'existe point de réalités générales, mais seulement des choses particulières. Le réalisme se trouve, en désespoir de cause, réduit à confesser qu'il ne peut y avoir d'êtres corporels nulle part.

De ce scepticisme tout provisoire où Philonoüs avait laissé s'arrêter Hylas, le second dialogue nous dirige à un déisme des plus dogmatiques. La réalité d'une Ame omniprésente offre un moyen inespéré de concilier ces deux vérités également indéniables, quoique contestées, l'une par les Pyrrhoniens, l'autre par les matérialistes : — les choses sensibles ont une réalité extérieure à chacun de nous ; — cette réalité n'est pas absolument indépendante de la pensée. Que faire donc, sinon de conclure qu' « il doit » y avoir quelque autre pensée où existent ces choses ? » Notons ici que l'auteur apporte à la conception déiste exposée dans les *Principes de la Connaissance humaine*, une assez importante modification. Le Dieu des Dialogues n'est pas seulement la Volonté efficiente qui décréta le symbolisme des idées sensibles ; il est la Pensée impérissable, en qui subsistent les choses dont nos pensées éphémères n'ont qu'une vision transitoire. Il est la Νόησις toujours active, dont la constance et la pérennité assurent aux objets qu'elle contemple une objectivité sans égale. Dieu est prouvé par le monde et le monde garanti par Dieu. « Nous disons,
» déclare Philonoüs, que les choses sensibles existent réel-
» lement ; et, si elles existent réellement, elles sont néces-
» sairement perçues par une pensée infinie, il y a donc
» une Pensée infinie ou Dieu. Nous obtenons par là de
» l'existence de Dieu une démonstration directe et immé-
» diate, tirée d'un très évident principe. »

Dans le dernier dialogue, aucun point nouveau de la doctrine n'est abordé. Philonoüs s'attache seulement à dissiper les préventions qui peuvent encore inspirer quelque défiance à l'égard de son idéalisme. — Préventions du dogmatisme : Hylas entrevoit la conséquence qu'imposera Hume au système Berkeleyen. « Il suivrait de vos prin- » cipes, que *vous* êtes simplement un système d'idées flot- » tantes sans aucune substance pour les soutenir ; » à quoi Philonoüs de répliquer, non sans impatience : « combien » de fois faut-il répéter que je connais mon existence » propre ou que j'en ai conscience et que *je* suis *moi-* » *même* non pas mes idées, mais quelque chose d'autre, un » principe pensant et actif, qui perçoit, connaît, veut et » opère sur des idées [1] ? » — Préventions du sens commun : celles-là ne sauraient naître que d'une méconnaissance de la doctrine, bien à tort accusée de nier les réalités sensibles. Une fois rassuré sur ce point, le gros de l'humanité n'aura qu'indifférence pour « le destin de ces natures » inconnues et quiddités philosophiques dont raffolent » quelques-uns. » — Préventions de la foi religieuse : l'immatérialisme n'oppose-t-il pas un démenti au récit Mosaïque? En aucune façon, estime Philonoüs : « Tous les » objets sont éternellement connus de Dieu ; ou, ce qui » revient au même, ont une existence éternelle en sa » pensée ; mais, quand un décret divin fait que des choses » auparavant imperceptibles aux êtres créés deviennent » susceptibles d'être perçues par eux, alors on dit qu'elles » commencent à l'égard des pensées créées une existence » relative. » Le mot création n'enveloppe point d'autre

1. Cf. *Princ. of Hum. Knowl.*, § 139-142.

mystère. Et ainsi le système se trouve, en dépit de ses apparences paradoxales, concorder finalement avec les opinions accréditées. La conscience des fidèles ne doit en prendre nul ombrage. La théorie ne s'est un instant éloignée des croyances communes[1] que pour y revenir plus sûrement. Telle, selon Philonoüs, une gerbe d'eau jaillit vers le ciel et retombe dans le bassin d'où elle s'est élancée.

III. C'en était donc fait de la vieille conception d'un monde corporel, but de l'activité et objet de la perception. Huit ans après les *Dialogues*, Berkeley publia son *De Motu*[2], où la notion de corps était dépouillée du nouveau déguisement sous lequel elle pouvait encore faire des dupes. Les théories physiques alors reçues parlaient d'attraction, de tendances, de forces, de gravitation. Toute une scolastique naturelle s'épanouissait, prodiguant les qualités occultes et transformant les métaphores en êtres de raison[3]. Or à quoi pouvait aboutir cette terminologie, sinon à douer la matière de propriétés qui ne lui appartiennent point[4] et à la travestir indûment en un principe moteur ?

Pour faire cesser cette confusion, nous n'avons qu'un

---

1. Philonoüs un moment en convient, vers la fin du dialogue. Il y a, reconnaît-il, quelque chose de nouveau dans la doctrine. « Je ne pense pas » maintenant avec les philosophes, ni tout à fait avec le vulgaire. » Ces sortes d'aveux sont rares chez Berkeley.
2. *De motu, sive de motus principio et natura et de causa communicationis motuum*, 1721.
3. *De motu*, § 1-2.
4. Très sévère pour Leibnitz, Berkeley se montre, pour Newton, bien plus juste : l'attraction admise par ce savant n'est pas, déclare-t-il, une qualité physique, mais une hypothèse mathématique. (§ 10-20).

moyen : nous tenir en garde contre la séduction des mots et ne considérer que la nature des choses. Or, interrogeons notre raison : sous le mot corps elle ne conçoit aucune de ces propriétés qui dérivent leur signification du pouvoir par lequel nous avons conscience de mouvoir et de reposer nos membres à notre gré. Chacune de ces qualités occultes suppose l'action ; or, l'action, comme la passion, ne saurait appartenir qu'à l'âme. Par conséquent, l'âme seule est le véritable principe du mouvement. Cette vérité une fois admise, rien ne sera changé à ce que l'on enseigne sur les lois mécaniques. Que le philosophe naturel s'en tienne à ses expériences et à ses lois ; qu'il laisse à une science supérieure la considération d'un principe que ses méthodes ne lui révèleront pas. « *Cuique scientiæ provincia sua tribuatur.* » — Cette dissertation physique, où la philosophie naturelle était subordonnée à un universel spiritualisme, parachevait la doctrine des *Principes* et des *Dialogues*, en montrant avec quelle aisance une science des lois mécaniques pouvait se déployer à l'ombre de l'immatérialisme, moyennant cette seule condition : que l'idolâtrie des abstractions n'induisît pas l'expérimentateur et le physicien à franchir leur province et à substituer leurs inertes et décevantes entités au vivant principe que proclame le métaphysicien.

IV. En résumé, le monde partagé en deux ordres de réalités : les idées, marques passives imprimées sur la pensée, mais non extérieures à l'âme et les esprits, êtres conscients, intelligents, actifs, doués d'une double attribution, celle de percevoir les idées qui, par leur cours invariable, forment la nature et ses lois, celle de provoquer, par les mouvements auxquels leurs volitions donnent lieu, des notions déterminées chez les esprits avec lesquels ils entrent en rapports; au-dessus des âmes finies, la Pensée créatrice et ordonnatrice, en qui toutes les idées-images qui enrichissent la connaissance humaine se déroulent éternellement et qui a préformé toutes les connexions causales, toutes les associations fixes, dont l'expérience nous acquiert peu à peu le maniement : telle est, en raccourci, la philosophie que l'*Essai sur la Vision* avait laissé poindre et qui maintenant éclate en sa pleine maturité. On ne saurait contester à cette conception des choses sa belle limpidité. Les principes en sont familiers, la méthode claire, trop claire même au gré de quelques critiques [1], selon qui l'évêque de Cloyne aurait négligé ce je ne sais quoi d'incognoscible et de mystérieux qui prête à la nature tant de majesté. Chez lui, tout se tient, tout se suit avec une admirable continuité. S'il est vrai que l'auteur des choses agisse toujours par les voies les plus simples, Berkeley doit être bien près d'avoir surpris le plan créateur. On oublie, à l'accompagner, qu'il nous promène en terre vierge. Comment se croire si loin des chemins frayés? Il est assurément impossible de se dérober avec plus de bon sens aux exigences du sens commun.

Le miracle de cette philosophie, le trait génial qui lui assigne une place unique dans l'histoire de la haute spéculation est la fusion qu'elle opère entre deux écoles à jamais ennemies : le sensualisme expérimental et la théologie rationnelle. Pas un seul instant, remarquons-le, Philonoüs n'a fait appel à la raison pure. L'observation de tous

---

1. Ainsi M. Campbell Fraser.

les jours, l'inspection directe de nos idées sensibles, les constatations et les témoignages fournis par la conscience : son idéalisme absolu n'invoque pas d'autres prémisses. Nulle part ne figurent ces choses en soi, ni ces vérités nécessaires, si précieuses à l'ontologie. L'interlocuteur moniste se défend bien de faire le vide dans le monde : au contraire, il entend que les objets de nos sens soient, à la différence des abstractions, de subsistantes réalités. « Ne » changez-vous pas, lui demande Hylas, toutes choses en » idées ? — Non, mais bien plutôt les idées en choses. » Un empirisme métaphysique : par cette exacte antithèse se pourrait définir l'immatérialisme de Philonoüs.

Et ce n'est pas seulement dans l'ordre spéculatif que Berkeley fusionne ces deux éléments réfractaires, l'ontologique et le phénoménal. Une combinaison analogue préside également à son Éthique. Le sermon sur l'*Obéissance passive*[1], confirmé vingt années plus tard par l'*Alciphron*[2], développe une morale qui, utilitaire à son point de départ, se termine en une manière de stoïcisme chrétien. L'amour de soi, « de tous les principes le plus universel et » le plus profondément gravé dans nos cœurs, » en est la règle initiale ; le bonheur universel, but de nos aspirations et fin du Vouloir de Dieu sur l'humanité, en est la maxime médiate qui nous conduit au précepte supérieur : obéir à la loi divine. Cette loi sauvegarde l'intérêt de chacun et le bonheur de tous. Utilitarisme théologique, a fort bien dit M. Campbell Fraser. Il eût pu ajouter qu'une métaphysique empiriste ne comportait point d'autre morale.

---

1. *Passive obedience, or the Christian doctrine of not resisting the supreme power, proved and vindicated upon the principles of the law of nature*, 1712.
2. *Dialogue* I, § 16 sqq.

IV

DERNIÈRE PHASE DU SYSTÈME. — *La Siris.*

I. Si transparente que fût la doctrine soutenue par Philonoüs et Èuphranor, elle ne laissait point de prêter à quelques équivoques. L'avoir de l'esprit humain n'est pas évalué dans son entier, quand on l'a décomposé en des perceptions soit actuelles, soit remémorées, et en des intuitions directement obtenues par la conscience. Notre âme possède encore d'autres connaissances sur la nature et la valeur desquelles le *Traité des Principes*, les *Dialogues*, le *de Motu* nous ont médiocrement édifiés. En premier lieu, ces connexions que l'expérience nous permet de saisir entre les séries perceptives et dont la synthèse traduit l'ordre de la nature, comment en avons-nous l'intelligence et quel nom faut-il donner à la science que nous en acquérons ? D'autre part, si le sens intime nous fait atteindre notre personne pensante et agissante, elle ne saurait de même nous révéler l'existence d'individualités étrangères. Comment donc nous est annoncée la présence d'autres esprits et l'ubiquité de la Pensée Suprême ? De quel terme enfin désigner la représentation que s'en forme notre entendement ?

Cette difficulté, Berkeley ne fut pas sans l'apercevoir et c'est pour y parer qu'il institua par instants, outre les idées et les esprits, une troisième classe d'objets : les *notions*. Malheureusement, sur ce dernier groupe, il est très sobre d'éclaircissements et nous abandonne à nos conjectures. Nous lisons bien, dans la seconde édition des *Principes,* que « nous avons quelque notion de l'âme, » de l'esprit et des opérations de la pensée : ainsi, vouloir, » aimer, haïr... [1] » Nous croyons y trouver également que, sous cette même catégorie, rentrent les *rapports* saisis par l'entendement : « Il me paraît qu'*idées, esprits* et *rela-* » *tions* sont tous, dans leurs classes respectives, l'objet de » la connaissance humaine et que le terme idée serait » improprement employé à signifier toute chose que nous » connaissons ou dont nous avons quelque notion... [2] » Ne faut-il pas aussi voir un équivalent des notions dans cette troisième classe d'idées que distinguait, à côté de celles que les sens nous apportent et de celles que suscite le sentiment intérieur, le début du Traité des *Principes :* « ... enfin, idées formées par le secours de la mémoire ou » de l'imagination, soit qu'elles composent, divisent ou » simplement représentent les idées originellement perçues » selon les voies indiquées plus haut [3] ? » Composer ou diviser des idées simples, fournies soit par la perception extérieure soit par le sens intime [4], appartiendrait en propre à la notion.

Mais, la notion elle-même, de quelle manière surgit-elle en nous ? Faudrait-il donc attribuer à la pensée humaine une productivité propre, situer en l'âme une source vive

1. *Princ. of Hum. Knowl.*, § 27 (2º édit.).
2. *Ibid.*, § 89 (2º édit.).
3. *Ibid.*, § 1-2. Notre interprétation de ce passage est ici donnée sous toutes réserves. Tout ce qui, chez Berkeley, a trait à la notion reste très enveloppé.
4. Dans ce passage, Berkeley admet des idées tirées de la conscience. L'expression est évidemment impropre et ne saurait avoir qu'une valeur métaphorique : car il n'admettait pas d'idées des choses mentales.

d'où jaillissent les idées qui coordonnent les sensations et règlent l'expérience? On pourrait alléguer, en faveur de cette interprétation, telle phrase obscure égarée dans le Traité ¹. A vrai dire, nous ne concevons pas d'hypothèse plus éloignée de l'esprit Berkeleyen. Si l'on se persuade servir la gloire de l'évêque de Cloyne en le costumant en Kantien ², on se méprend du tout au tout. On le dépouille de son individualité propre, on le contraint de se renier. D'une part, en effet, si les notions sont l'œuvre de nos pensées particulières, elles n'ont plus Dieu pour garant et le réseau des lois naturelles devient un frivole tissu dont j'ai tiré de moi la substance. Quelle victoire pour ce scepticisme envers qui Philonoüs le prenait de si haut! D'autre part, des connaissances spontanément forgées par ma raison devront, en raison même de leur origine, contraster par leur nécessité avec les contingentes acquisitions de mon expérience. Bref, l'immatérialiste devra se convertir à l'innéité et faire à l'ontologie amende honorable.

Si les notions ne désignent ni des représentations sensibles perçues ou remémorées, ni des concepts absolus supérieurs à l'expérience, nous n'avons plus le choix et force nous est de déclarer univoques les deux expressions : notionnel et abstrait. La troisième classe de nos connaissances ne naîtra en nos pensées qu'au prix d'abstractions multiples. Quoi! Une abstraction, la notion de l'Esprit Divin! Des abstractions aussi, les notions d'âmes semblables

---

1. Celle-ci, par exemple : « le nombre est intuitivement la créature de la « Pensée. (§ 13). » Mais le contexte marque bien que le mot *créature* a essentiellement un sens négatif. Le nombre n'est pas une idée ; on perçoit des choses nombrées, les nombres point.

2 C'est la tendance à laquelle paraît céder son savant éditeur : M. Campbell Fraser.

à la nôtre ! Des idées abstraites, ces images mentales que ma conscience me suggère et sur le patron desquelles je me représente une Volonté créatrice et des esprits créés ! — Non, sans doute, Berkeley ne l'entendait pas de la sorte. Où réside l'abstraction ? Ce n'est point dans le concept obtenu, mais bien dans le procédé mis en usage pour l'acquérir. Oui, la peinture intérieure sur laquelle je lis quels doivent être et mes semblables et Dieu, est ce qu'il y a de plus concret au monde. Mais, cette peinture, pourquoi me la formé-je ? A quelle exigence cède ma raison, lorsque, derrière les copies tracées par ma conscience, elle suppose des originaux existant ? N'est-ce point parce que certaines de mes sensations m'ont révélé des actes dont je sais n'être point l'auteur ? Or, de tout mon raisonnement quel aura été le ressort caché, sinon cette vérité certaine : qu'il n'y a point d'actions sans un agent, point de changements sans une puissance productrice, bref que tout événement implique une cause efficiente ? Si donc je crois que Dieu me parle par la nature et que les mouvements de mes semblables attestent leur activité, ce ne saurait être qu'au nom du principe causal, l'un des plus hautement abstraits qui puissent guider l'entendement.

Quand il en va de la sorte pour l'idée que nous nous faisons de Dieu et de l'âme [1] d'autrui, combien *a fortiori* s'accroîtra la part de l'abstraction dans les notions que nous nous formons des rapports généraux de tout ordre qui unissent mutuellement nos perceptions ! « Il faut re-
» marquer, est-il dit encore dans la seconde édition des
» *Principes*, que toutes les relations enfermant un acte de

---

1. Dans l'usage, ces deux termes, idées, notions, peuvent être convertibles. Berkeley lui-même nous en prévient (*Princ.* § 142, 2ᵉ édit.).

» la pensée, nous ne pouvons proprement être dits avoir
» une idée, mais bien plutôt une notion des relations et
» des habitudes entre les choses. »

II. La seconde édition des *Principes* date de 1734 : or, à cette époque, Berkeley ne se montrait plus aussi intraitable en ce qui concernait la valeur et le rôle des méthodes abstraites. Sans aller jusqu'à réaliser ces sortes de notions, (excès où il ne versera jamais,) il est déjà bien oublieux de son nominalisme radical de 1710. C'est ainsi que, dans l'*Alciphron* paru deux années avant la réédition des *Principes*, bien que les idées abstraites soient toujours données pour des signes individuels dont l'emploi n'est universalisé que parce qu'ils remplacent des idées similaires quelconques [1], un rôle particulièrement efficace leur est reconnu et cela, non seulement dans l'ordre du savoir, mais aussi dans l'ordre de la pratique. D'utiles vérités découlent, pour le mathématicien et le physicien, d'abstractions telles que le nombre et la force. De salutaires effets sont opérés dans l'âme du croyant par des notions religieuses telles que la Trinité. Si abstrait soit-il, un dogme de ce genre provoque chez le fidèle des impressions émotionnelles et devient par là « un vivifiant principe opérateur qui influencera sa vie
» et ses actions [2] ». Ces concessions au conceptualisme sont déjà graves ; elles paraîtront un jour insuffisantes à Berkeley, puisque plus tard, bien plus tard [3], durant sa courte retraite d'Oxford, il donnera du *Petit Philosophe*

1. *Alciphron or the Minute Philosopher*, 1732, VIIe Dial., § 7-8. C'est en cet endroit, peut-être, que l'on a l'expression la plus complète de la théorie de Berkeley sur la nature et la fonction des signes abstraits.
2. *Ibid.*, § 11.
3. En 1752.

une troisième édition d'où seront retranchés les paragraphes apologétiques de son nominalisme passé. Il est vrai qu'à cette époque il aura publié la *Siris*.

La même arrière-pensée se dissimule sans doute sous les vives attaques que dirigea son *Analyst* [1] contre les méthodes en honneur auprès des Mathématiciens. A ne considérer que la lettre de ce petit pamphlet, on jurerait que jamais l'auteur ne se sentit moins de goût de pactiser avec les abstractions. Il y rouvre, à propos des fluxions Newtoniennes, son éternel procès contre les entités qu'empruntent à la métaphysique les savants : ainsi, les notions de temps absolu, de lieu absolu, de mouvement absolu ; ainsi, cette quantité géométrique, dont il se demande excellemment si les parties en coexistent bien, « toute quantité » étant peut-être un flux aussi bien que le temps et le mou- » vement[2] ? » Mais, en cet opuscule, quelle fin s'est au juste proposée Berkeley ? N'est-ce pas de retourner contre le mathématicien dédaigneux de toute métaphysique un *argumentum ad hominem* [3] et de le fouetter, comme dirait Montaigne, avec les verges que lui a tendues l'imprudent ? Il ne saurait sous-entendre que cette conclusion : puisque les notions abstraites, si irréductibles qu'elles soient à de claires idées, servent cependant aux sciences de la quantité, de l'espace et du mouvement, pourquoi ne trouveraient-elles pas, au même titre, leur légitime emploi dans la Philosophie première et la Religion ?

Cette évolution du système Berkeleyen, qu'annonçaient

1. *The Analyst, or a discourse addressed to an infidel mathematician*, 1734.
2. *Ibid.*, *Query*, 13.
3. M. Campbell Fraser l'a fort bien marqué.

obscurément tous ces vagues indices, ne se dessina nettement que douze années après l'*Alciphron*. Pendant cet intervalle, l'auteur des *Principes* n'avait guère écrit touchant la philosophie générale. Du moins, avait-il beaucoup médité et beaucoup lu. Platon et les Alexandrins l'avaient surtout captivé. Comment n'aurait-il pas perçu tant d'affinités secrètes qui attiraient sa philosophie vers la leur ? Et comment, de ce contact avec la doctrine de l'Académie, son propre système n'aurait-il pas reçu une poussée dans la direction qui conduit, selon Aristote, au vide, selon Platon et Proclus, à l'éternelle réalité ? L'idéalisme de Philonoüs opéra ainsi un changement de front. Pour que le public en fût avisé, il fallait un prétexte. La prédication humanitaire entreprise par l'évêque de Cloyne en vue de populariser l'eau de goudron fit naître l'occasion propice.

III. *Une chaîne de réflexions et de recherches philosophiques concernant les vertus de l'eau de goudron ainsi que divers autres sujets joints ensemble et naissant l'un de l'autre* [1] : ce titre, que portait la première édition de la Siris, en annonce bien la méthode ascendante qui, d'anneau en anneau, remontera la chaîne des vérités, jusqu'au premier et immatériel chaînon. D'où viennent à l'eau de goudron les vertus curatives dont le début de la *Siris* énumère si abondamment les effets ? Elles sont dues aux sels volatils que dégage le goudron infusé, substance qui renferme ce qu'il y a de plus fin et de plus travaillé dans le suc du pin et du sapin. « Il n'est point de chimie pareille à celle de la nature,

---

1. *A chain of philosophical reflexions* etc., 1744. C'est seulement à partir de la seconde édition que l'ouvrage porte le titre de *Siris*. Selon de Quincey, c'est *Seiris* que Berkeley aurait dû écrire.

» qui joint à l'action de la chaleur les filtrations les plus
» délicates et les plus industrieusement variées. » L'action
bienfaisante du soleil achève la préparation de ce baume
des végétaux qui contient un esprit d'où résultent leurs
qualités spécifiques. Ces esprits naturels, ces âmes végétales, s'exhalent dans l'air qui, sous l'influence solaire,
accomplit toutes sortes de prodiges.

De tous les corps dont l'air est le réceptacle, le plus
élastique, le plus subtil, celui qui communique à ce milieu
vivifiant sa vertu, est l'Ether, ou Feu invisible [1], « puissant
» agent toujours prêt à entrer en action, s'il n'était bridé
» et gouverné par la plus grande sagesse... C'est lui qui
» anime toute la masse visible..... Il entretient un cercle
» perpétuel de générations et de corruptions, toujours
» gros, pour ainsi dire, de formes qui, par une vicissi-
» tude constante, naissent de son sein et s'y replongent...
» Il paraît n'être autre chose que l'âme végétative ou l'es-
» prit vital de l'Univers. » Cet Ether, cet Esprit Igné, que
l'on ne saurait connaître en lui-même et qui ne se laisse
deviner que par ses effets, est la cause instrumentale dont
se sert avec liberté l'âme qui régit l'Univers. Cette pensée
directrice réclame des intermédiaires, au défaut desquels
notre monde deviendrait la proie du hasard. « Sans causes
» instrumentales et secondes, il ne pourrait y avoir de
» cours régulier de la nature. Et, sans un cours régulier,
» la nature ne pourrait jamais être comprise : l'humanité
» s'y perdrait à jamais, ne sachant qu'attendre ni com-
». ment diriger ses actions. » Mais, ne nous y trompons pas,
s'il faut des causes secondes, « ce n'est point pour celui

---

1. *Siris*, § 150-162.

» qui gouverne ; c'est pour ceux qui sont gouvernés[1]. »

L'antiquité avait bien compris cette influence du Feu Pur, quand, par la bouche de ses sages, elle en vantait la nature occulte et les extraordinaires effets. Mais gardons-nous, dans notre admiration pour tant de merveilles, de voir en cet élément le principe générateur de toute action dans notre univers. En réalité, l'initiative ne réside que dans l'Agent : celui-ci communique au feu, qui est l'esprit animal du monde sensible, une certaine force ; cette force, le feu la transmet au corps embrasé, c'est-à-dire à la flamme visible et, par elle, produit les sentiments de lumière et de chaleur[2]. « Dans cette chaîne on recon-
» naît que le premier anneau, aussi bien que le dernier,
» est incorporel ; les deux du milieu sont corporels, puis-
» qu'ils sont capables de mouvement, de raréfaction et de
» pesanteur. »

Est-ce à dire qu'une explication mécanique suffise, selon la prétention de Descartes, à rendre compte des effets naturels ? Nullement. On ne réussira point à en rendre compte, si l'on n'a recours à un Esprit. « Et ce n'est point
» assez de remonter de ces phénomènes actuels, par une
» chaîne de causes secondes et d'intermédiaires aveugles
» jusqu'à une divine Intelligence, comme à la cause origi-
» nale éloignée qui, après avoir créé le monde, l'a ensuite
» mis en branle. Non, nous ne saurions faire un seul pas
» dans l'explication des phénomènes, sans admettre la pré-
» sence et l'action immédiate d'un agent immatériel qui
» enchaîne, meut et dispose toutes choses selon les règles

---

1. Des lois ainsi justifiées ne sauraient posséder qu'un caractère contingent.
2. Ainsi est ramené l'universel symbolisme.

» et les fins qu'il trouve à propos ¹. » Libre au physicien de parler d'attraction et de répulsion, principes dont Newton a montré l'étendue, mais qui, loin de produire eux-mêmes les mouvements, n'expriment qu'une analogie de la nature. « Dans l'exacte vérité, tous les agents sont incor-
» porels et, en tant que tels, hors du ressort de la phy-
» sique ². » La force n'est ni corporelle ni afférente à une chose corporelle et saint Augustin disait excellemment qu'elle est à l'âme ce que l'étendue est au corps. Pour nous en convaincre, il n'est pas besoin de longs raisonnements. C'est assez d'interroger la conscience et le sens commun.
« Que chacun consulte ses propres notions, la raison ainsi
» que l'expérience, sur l'origine du mouvement, la nature,
» les propriétés et les différences respectives de l'âme et du
» corps, il percevra immédiatement, si je ne me trompe,
» qu'il n'y a rien d'actif en ce dernier ³. »

On voit combien est inacceptable l'hypothèse Démocritéenne qui assignait aux petites particules des corps une vertu automotrice. Le sensualisme a son origine dans une grave méprise. « Tous les phénomènes ⁴ ne sont, à proprement parler, que des apparences qui s'offrent à l'âme. On
» n'a jamais expliqué comment des figures et des mouve-
» ments dans les corps extérieurs pouvaient produire des
» apparences dans l'âme ⁵. » Ce qui est vrai, c'est que les phénomènes ou apparences de la nature présentent une certaine uniformité qui permet d'énoncer des lois générales.

1. *Siris*, § 234-237.
2. C'est exactement la thèse du *de Motu*.
3. *Siris*, § 238-251.
4. Remarquer ce mot : *les phénomènes*. Berkeley eût autrefois dit : *les idées*.
5. *Ibid.*, § 251.

« Celles-ci sont une grammaire pour l'intelligence de la
» nature..., par où nous sommes rendus capables de pré-
» voir ce qui aura lieu dans le cours régulier des choses[1]. »
Connaître les choses, c'est les comprendre, et les comprendre, c'est en interpréter la signification. « Strictement le
» sens ne connaît rien... Ainsi, les phénomènes de la na-
» ture sont également visibles pour tous, mais tous n'ont
» pas également appris la connexion des choses naturelles
» ou ne comprennent pas ce qu'elles signifient, ou ne sa-
» vent point par elles prophétiser. » Ce discours rationnel,
que tient aux hommes la nature, leur raconte la Providence. En nous-mêmes, à notre insu, que d'événements
bien ordonnés se produisent dont la cause est toute sagesse ! Les doigts du musicien courent sur l'instrument. De
qui tiennent-ils leur agilité ? D'une habitude ? Cela ne se
peut, car une habitude ne comprend pas. « Et, puisque ce
» n'est pas du musicien lui-même, c'est de quelque autre
» active intelligence, la même peut-être qui gouverne les
» abeilles et les araignées et meut les membres des som-
» nambules[2]. » Au-dessus des causes secondes, la véritable force motrice est toute Intelligence et Amour. « L'in-
» tellect éclaire, l'amour assemble et le Dieu souverain
» attire toutes choses. »

IV. Nous avons ici atteint l'anneau le plus élevé de la
Chaîne et, dans quelques pages, la *Siris* parviendra à sa
conclusion ? Que l'on nous permette d'interrompre un
instant notre marche ascensionnelle, pour mesurer du

1. Nous retrouvons ainsi la thèse générale de l'*Essai sur la Vision*, des *Principes* et de l'*Alciphron*.
2. *Siris*, § 257.

regard l'espace parcouru. Ne nous semble-t-il pas reconnaître, énoncées en un poétique langage, les principales théories que l'*Essai sur la Vision*, les *Principes*, l'*Alciphron*, nous ont rendues familières ? Elles entrelacent, comme d'une mystique guirlande, l'apologie de la panacée miraculeuse. La stérilité intrinsèque des causes secondes et la spiritualité de la Cause proprement motrice, dont nous saisissons en nous-mêmes une pâle imitation ; la régularité de l'ordre naturel assurée par le Créateur, non point en vue d'aucune fin transcendante, mais seulement par égard pour ses créatures raisonnables ; l'universel symbolisme selon lequel se systématisent les faits sensibles et dont notre expérience nous livre le secret : tous ces points si originaux de la doctrine antérieure, la *Siris* les a rappelés avec une brillante précision. On serait donc tenté de croire que la pensée de Berkeley est demeurée stationnaire, si quelques symptômes à peine saisissables n'inquiétaient notre curiosité et ne commençaient à trahir un mouvement tournant du système. Cet empressement à se référer aux maîtres Alexandrins ; cette préséance, de plus en plus manifestement dévolue à la raison sur nos autres organes de savoir ; ce dédain çà et là exprimé pour les sens ; ce parti pris enfin de ne plus guère désigner les perceptions sensibles que du nom de *phénomènes* et *d'apparences*, au lieu de celui d'*idées* qui leur était réservé naguère : tant d'indices n'autorisent-ils pas le soupçon que le dialecticien philanthrope a quelque peu modifié son sensualisme d'autrefois ? Que si ces divers prodromes laissaient notre conviction flottante, la dernière partie de la *Siris* achèverait de nous dessiller les yeux.

Les causes secondes, continue l'auteur, sont l'instru-

ment que le Créateur emploie et le signe proposé à l'intelligence de la Créature. Mais, cette intelligence elle-même, comment saisit-elle le sens du symbolisme ? A l'aide de quelles facultés ? « Les sens et l'expérience nous infor-
» ment du cours et de l'analogie des apparences ou effets
» naturels. La pensée, la raison, l'intellect nous intro-
» duisent dans la connaissance de leurs causes. Les appa-
» rences sensibles, quoique d'une nature fuyante, instable
» et incertaine, ayant d'abord occupé l'esprit, rendent par
» une prévention première la tâche de la pensée plus diffi-
» cile. Comme elles amusent les yeux et les oreilles et
» sont plus appropriées aux usages vulgaires et aux arts
» mécaniques de la vie, elles obtiennent aisément, dans
» l'opinion de la plupart des hommes, la préférence sur
» ces principes supérieurs qui sont le dernier progrès
» de la pensée humaine arrivée à la perfection et à la ma-
» turité. Pourtant, il est certain que les principes de la
» science ne sont objets ni des sens, ni de l'imagination,
» mais que l'intellect et la raison seuls mènent sûrement
» à la vérité[1]. » Ce n'est pas que Berkeley veuille restaurer ces conceptions abstraites contre lesquelles il a tant lutté : il ne veut ni d'un espace absolu, ni d'un absolu mouvement, notion dans laquelle ont leur fondement « celles d'existence extérieure, d'indépendance, de
» nécessité, de destin[2] ». Mais, s'il n'a nullement amnistié les abstractions, ses coups, aujourd'hui, portent plus volontiers contre le sensualisme, doctrine idolâtre qui place la réalité dans ce qui n'est qu'apparences. De ces apparences naissent, il est vrai, nos premières impressions. De

1. *Siris*, § 264.
2. *Ibid.*, § 271.

là la pensée prend son essor. Aussi, bien des gens en font-ils, ainsi que des ombres qu'elles projettent, du pur espace, par exemple, les existences primitives, stables, compréhensibles entre toutes. Cependant ces ombres ne sauraient servir d'objets à la science du réel. « Quand
» nous entrons dans la province de la *philosophia pri-*
» *ma*, nous découvrons un autre ordre de choses, la
» pensée et ses actes, qui ne dépendent pas des choses cor-
» porelles [1]. »

Ne dirait-on pas que Berkeley fait un retour sur lui-même et raconte sa propre histoire, lorsqu'il poursuit en ces termes : « ..... Le sens d'abord assiège et emporte la
» pensée ? Les apparences sensibles sont toutes dans tout :
» nos raisonnements se produisent à leur sujet ; en elles
» se terminent nos désirs ; nous ne cherchons pas au-delà
» les réalités et les causes : jusqu'à ce que l'intellect com-
» mence à poindre et à jeter un rayon sur cette scène
» ombreuse. Nous percevons alors le vrai principe d'unité,
» d'identité et d'existence. Ce qui semblait auparavant
» constituer le tout de l'Etre, se trouve, quand on prend
» une vue intellectuelle des choses, n'être plus que fan-
» tômes flottants [2]. » Mais qui donc s'était d'abord laissé assiéger par le sens ? Qui donc avait pris de flottants fantômes pour le tout des choses ? Qui donc enfin a soudain été ébloui par la lumière de l'intellect ? Qui, si ce n'est le sensualiste de l'*Essai* sur la Vision, aujourd'hui devenu le Platonicien de la *Siris* ? L'expérience sensible n'est plus maintenant pour lui que l'occasion du savoir et non le savoir lui-même. L'intellect lui a révélé un premier moteur,

1. *Siris*, § 293.
2. *Ibid.*, § 294.

invisible, incorporel, inétendu. Ce moteur n'est autre que la Pensée, laquelle « contient tout, agit sur tout, est pour » tous les êtres créés la source de l'unité et de l'identité, » de l'harmonie et de l'ordre, de l'existence et de la stabi- » lité[1]. »

Cette pensée omniprésente, à l'intuition de laquelle nous prépare notre raison, n'est point une puissance impersonnelle; elle est Dieu même. « Le sens fournit des images » à la mémoire. La raison considère ces imaginations et » en juge. Les actes de la raison deviennent pour l'enten- » dement de nouveaux objets. Dans cette échelle, chaque » faculté inférieure est un degré qui mène à une faculté » au-dessus d'elle. Et la plus haute conduit naturellement » à la Divinité : objet bien plutôt d'une connaissance » intellectuelle que d'une faculté discursive[2]. » Quant à la connaissance sensible, il n'en saurait être question. Le sens ne connaît pas plus que la raison ne perçoit. Ainsi que Platon le dit fort bien dans son *Théétète*, « la » science ne consiste pas en des perceptions passives, » mais en des raisonnements sur ces perceptions : » τῷ περὶ ἐκείνων συλλογισμῷ[3]. » Dieu se manifeste donc en quelque mesure à nous. « La force qui produit, l'intellect » qui ordonne, la bonté qui perfectionne toutes choses, » voilà l'Etre suprême[4]. »

C'est ce que les grands anciens voulaient dire quand ils préconisaient la contemplation de Dieu comme la propre méthode de connaître les âmes. Et qu'on ne leur reproche

1. *Siris*, § 295.
2. *Ibid.*, § 303. C'est principalement dans ce passage, que M. Campbell Fraser a cru voir, à tort selon nous, une anticipation du Kantisme.
3. *Ibid.*, § 305.
4. *Ibid.*, § 320.

GEORGES LYON.

pas de définir Dieu par des entités, telles que l'ordre, la sagesse et autres attributs qui n'auraient rien de substantiel. « Dans la langue de Platon, le mot *idée* ne signifie » pas purement un objet inerte, inactif, de l'entendement, » mais il est employé comme synonyme d'αἴτιον et d'ἀρχή, » cause et principe [1]. » Loin que ces idées constituent des abstractions, nous avons en elles les plus immuables des êtres, « plus immuables que ne sont les fuyants et passa- » gers objets des sens. » Si l'on étudiait Platon avec soin, en l'interprétant par lui-même, « le préjugé qui existe » maintenant contre lui tomberait aussitôt ou même ferait » place à une haute estime pour ces sublimes notions [2]. » Berkeley, en terminant, amasse les témoignages des maîtres les plus illustres qui ont vu dans l'Unité Suprême et dans la Perfection Infinie la seule existence digne de ce nom et comme le centre de l'âme. Quiconque n'a guère médité sur cet absolu Principe « peut bien être un habile » ver de terre, mais il fera indubitablement un méchant » patriote et un pauvre homme d'Etat... [3] »

V. Si l'on prenait au pied de la lettre toute cette dernière partie du livre, il faudrait avouer que l'évêque de Cloyne s'est déjugé sur le tard et qu'en ce peu de pages il a biffé l'œuvre spéculative de sa vie entière. Tout au moins, sa philosophie nous apparaîtrait brisée en deux tronçons inaptes à se rejoindre et ce serait affaire à nous d'opter pour le Berkeley de la phase sensualiste ou pour le Berkeley de la période rationnelle. Ici serait le règne des idées-perceptions, où la sensibilité présentative engen-

1. *Siris*, § 336.
2. *Ibid.*, § 338.
3. *Ibid.*, § 350.

dre toute connaissance, puisque la conscience même en dérive. Là s'étendrait l'empire des Idées éternelles et immuables, parcouru par la Raison pure, puissance privilégiée qui ignore de la contingence et de l'accident. Entre les deux est-il un passage? Peut-on sauver du reproche d'inconséquence, peut-on réconcilier avec lui-même un penseur qui, selon qu'il se confinait dans la région des sens ou qu'il s'avançait dans celle de l'intellect, a, tour à tour, taxé de chimériques, d'irréels les archétypes et assimilé à de fugitives ombres les images dues à nos perceptions?

Suivant d'autorisés commentateurs, les passages de la *Siris* que nous venons de mettre en saillie anticiperaient obscurément sur le criticisme Kantien. Berkeley, converti au Platonisme, aurait échelonné dans leur ordre hiérarchique les trois facultés génératrices du savoir : la sensibilité, l'imagination, l'intellect, cette dernière distribuant dans ses cadres les matériaux qu'elle tient des deux autres. Mais on n'a pas songé qu'une telle interprétation, grosse, nous l'avons vu, de conséquences sceptiques, puisqu'elle ne tendrait à rien moins qu'à donner l'idée même de Dieu pour un produit manufacturé par nos facultés mentales, rendait impossible tout raccord entre les deux philosophies successivement professées par le maître Irlandais. Bien plus, le conflit éclaterait au sein de la *Siris* elle-même : la première partie reprenant les théories favorites du métaphysicien *a posteriori* de naguère, la seconde formulant une hypothèse dont le seul exposé les réduirait à néant. Que signifie, en effet, ce symbolisme maintenu jusqu'à la dernière heure et suivant lequel nos sensations nous expriment le décret divin, si ce décret n'est autre chose qu'une synthèse rationnelle tirée par notre esprit de son propre fonds afin de répandre, parmi nos perceptions, l'unité, l'ordre et l'harmonie ?

Il ne nous paraît pas davantage que le tardif élève de Platon ait entendu faire réparation aux méthodes *a priori* et en revenir à l'innéité. Cette seconde supposition serait démentie, comme la précédente, par la *Siris* elle-même. Si l'on s'y range, c'est la guerre entre les deux moitiés de ce petit ouvrage. On opposera les sections aux sections ; on constituera une antinomie entre telle phrase finale qui consacre, dit-on, la méthode *a priori* et tel paragraphe antérieur où est expressément développée la thèse de l'acquisition. Si, comme l'a prétendu Berkeley au début de son livre, nous apprenons, par une expérience progressive, à entendre le discours rationnel que nous tient la nature sensible, de quel droit le même livre affirmerait-il, en ses dernières pages, que l'intelligence d'un tel langage fait partie intégrante de notre raison ? De quel droit, après nous avoir appris que les lois universelles du monde ont été arbitrairement décrétées par Dieu, pour le bien de ses créatures et en vue de permettre les relations mutuelles entre esprits créés, prétendrait-on les déduire de vérités transcendantes ?

Ne nous hâtons point trop de conclure qu'au terme de sa carrière, l'évêque de Cloyne adore ce qu'il brûla et brûle ce qu'il adora. Mais aussi demandons-nous en quoi sa doctrine s'est transformée et à quels égards les sections Platoniciennes de la *Siris* accusent vraiment une évolution. — Le changement ne porte, à notre avis, que sur deux points, hors lesquels le système a gardé le *statu quo*.

En premier lieu, Berkeley comprend d'une manière moins étroite que jadis l'expérience éducatrice par laquelle nous nous accoutumons à démêler la signification toute divine de l'univers des sens. Autrefois, son explication était un peu courte : à l'en croire, nos perceptions suffisaient à la tâche. L'esprit s'accoutumait à rassembler en séries constantes nos impressions ; guidé par la succession même des faits, il découvrait empiriquement les règles auxquelles le Créateur les avait assujettis. Mais qui donc incite la pensée à rechercher ces connexions ? Comment s'y prend-elle pour les assembler ? Quelles facultés entrent en jeu ? Quelles opérations sont requises ? Ces questions et toutes autres du même ordre n'étaient même pas effleurées. Les sens amassaient toute l'expérience et ils s'acquittaient de la coordonner.

Secondement, dans le dualisme du *percipere* et du *percipi*, tel que le décrivait le *Traité des Principes*, on eût dit que les deux termes de l'antithèse fussent placés sur le même rang. Les idées, principe de la passivité et l'esprit, seule essence active, se faisaient vis-à-vis, comme deux puissances rivales, corrélatives l'une de l'autre, mais à jamais distinctes, qu'il n'était pas moins impossible de séparer que de confondre. Or, que sont les idées par rapport aux esprits ? Des espèces émises du dehors ? Non, sans doute. Mais alors, quoi ? Des êtres *sui generis* ? Ou de consistantes modalités ? Ces problèmes, non plus, n'étaient point touchés et le lecteur devait décider selon ses propres préférences.

Sur l'un et l'autre de ces points, la fin de la *Siris* réussira peut-être à nous édifier. Et d'abord, si un processus expérimental demeure toujours la seule méthode qui permette de dérober à Dieu le chiffre secret de sa création, (l'auteur, sur cela, n'a jamais varié,) nos sens ne sont plus définis, dans ce dernier livre, les vrais interprètes du symbolisme naturel. Loin de là, une faculté leur est de beaucoup préférée, qui, jusqu'à ce moment, n'avait rempli qu'un rôle des plus effacés : la raison. Oui, c'est parce que la raison synthétise nos sensations et nos images, que nous acquérons par degrés la compréhension du plan divin. Cette faculté abstraite (ce qui ne veut pas dire qu'elle réalise des idées abstraites) et, au bout de ce travail de généralisation, se laissent entrevoir les relations permanentes que l'auteur des êtres propose à notre curiosité. En un mot, nous accomplissons une sorte d'expérience rationnelle qui, la coutume aidant, nous familiarise avec les cryptogrammes prodigués dans notre univers. Pour les déchiffrer, prenons-y garde, déductions et syllogismes ne nous seraient d'aucune aide. Nous ferions fausse route, en nous essayant à déduire d'axiomes *a priori* le cours régulier des choses. Méditer à perte de vue, dans le recueillement d'une pensée repliée sur elle-même; disposer, dans des *Sommes* scolastiques, des chapelets de sorites, serait un travail d'une parfaite inanité. La raison, pas plus que le sens, n'obtient de connaissances instantanées. « Tu mangeras ton pain à la sueur » de ton front, » a-t-il été dit à l'homme. Le pain de l'âme aussi ne saurait être gagné que par le labeur de l'âme.

Quant au rapport que soutiennent les idées-images à l'égard de l'esprit, la *Siris* est formelle et il ne peut plus être désormais question de parité et d'équipollence. Ce ne sont plus que « des phénomènes », des « semblants », des « fantômes » : l'existence proprement dite est le lot des seules Pensées. Or, si les objets des sens sont exclus de la réalité, comme, d'autre part, il n'existe nulle substance extra-spirituelle d'où émanent ces causes d'illusion, il nous faut bien, à défaut d'autre alternative, considérer ces idées comme des modifications de nos esprits, produites par la Volonté créatrice et conservatrice. De la sorte, les notions qui nous suggèrent les choses de l'âme, ne seront plus, comme dans les premiers Traités de l'auteur, reléguées à l'arrière-plan, tandis que les impressions des sens occuperaient le devant de la scène. Intervertissons les rôles. Comprenons que la perception promène devant nos esprits de mobiles emblèmes, mais que les notions spirituelles déchirent le voile qui cachait à nos yeux l'existence. L'aspect extérieur du système a changé, sans que ni la méthode suivie, ni l'essence de la doctrine, aient subi d'altérations bien profondes. Au dualisme de la première heure se substitue un pur monisme, mais un monisme spiritualiste, édifié *a posteriori* par l'intellect.

On ne se flatte assurément pas que l'explication ici proposée fasse évanouir tous les doutes. Quand un de nos contemporains[1], admirateur fervent de l'évêque de Cloyne, mettait ses contradicteurs au défi de réfuter l'immatérialisme, offrant un riche prix à l'adversaire dont un jury compétent aurait proclamé la victoire, il oubliait sans doute les sections terminales de la *Siris* et la restauration inattendue de ce rationalisme notionnel. S'il s'en fût avisé, il n'eût

---

1. M. COLLYNS SIMON. V. son livre : *On the nature and elements of the external world — or universal Immaterialism* (1862). On trouvera à la fin de l'ouvrage le prospectus des conditions suivant lesquelles fut proposé le pari. Un prix de $ 500 est offert « for a conclusive disproof of universal imma- « terialism. » Le teneur aura le droit de choisir ses douze « approvers », mais parmi des savants et des philosophes connus. Le programme de la gageure est de décembre 1847. Le plaisant est que le défi, d'une forme bien anglaise, fut relevé. V. l'opuscule : « *Pure sounds*, against *pure immaterialism*, or « that sounds are not pure sensations, written for a prize of $ 500, by An- « toine Claude Gabriel Jobert. Lond. 1850. » On a, dans cette petite publication, les lettres échangées entre M. Collyns Simon et l'auteur.

point tardé à prévoir quel parti la controverse pourrait tirer de ces ambiguités et il aurait craint pour sa gageure. A quelque commentaire que l'on s'arrête, convenons qu'un peu d'ombre ne laisse point de planer sur le Berkeleyisme à son couchant. C'est qu'aussi l'on aurait tort de trop presser le mystique traité de 1744. Pourquoi discuter ce livre comme l'on ferait une exposition *ex professo*? Ni l'auteur, ni les contemporains, ne le considérèrent sous ce jour [1]. La *Siris* n'a rien d'un code doctrinal. C'est un cantique d'actions de grâces, un *hosannah* triomphal entonné en l'honneur de celui qui dispense la vie et la guérison et devant qui se doivent prosterner sensibilité, entendement, vouloir, nature, science et philosophie.

V

MALEBRANCHE ET BERKELEY.

I. Bien que la position prise par Berkeley soit l'une des plus personnelles que métaphysicien ait jamais occupées, on ne saurait, sans manquer à la vérité de l'histoire, l'isoler absolument des doctrines contemporaines. Les points d'attache qui relient cette forme de monisme aux spéculations alors en honneur sont en trop grand nombre

---

[1]. On nous rapporte que, récemment, un de nos jeunes professeurs, au cours de ses recherches dans les bibliothèques de la ville qu'il habite, fut tout surpris et charmé de découvrir, perdue parmi les livres médicaux, la traduction française, publiée en 1745 et devenue très rare, du Traité de Berkeley. Il obtint, non sans négocier, que la *Siris* cessât d'être cataloguée comme ouvrage de thérapeutique.

pour passer inaperçus. La conception d'un idéalisme expérimental est bien, elle, génuine et appartient en propre à son auteur. Il n'en est point de même des théories qui l'encadrent ni des démonstrations qui la justifient. Berkeley a connu et pratiqué quelques maîtres, un surtout, dont l'influence sur le progrès de sa pensée se fait sentir presque en chaque page de ses écrits. Ce guide est Malebranche, dont les livres, si nous en jugeons par le *Cahier de Notes*, avaient été de bonne heure familiers à l'étudiant de Trinity College et qui, précisément à l'époque où furent rédigées ces réflexions occasionnelles, parvenait, dans le Royaume-Uni, à l'apogée de son renom. On s'attendrait donc que le grand immatérialiste irlandais eût, avec plus d'empressement encore qu'un Norris ou qu'un Arthur Collier, reconnu sa dette évidente envers l'auteur de la *Recherche de la Vérité*.

Il n'en fut rien et Berkeley, sa vie durant, ne cessa de se défendre d'avoir avec Malebranche quoi que ce fût de commun. L'autonomie de son système lui tint toujours très à cœur. Il entend être le maître chez lui et répondre, lui seul, des opinions qu'il émet. Il ne se laisse pas davantage éblouir par le prestige d'un Descartes ou d'un Locke et n'admet de conseiller que sa raison. « Je ne pique ma foi, » dit-il déjà à Trinity College, sur la manche d'aucun grand » homme [1]. » Cette fière indépendance avait été celle aussi d'un Descartes [2]. Mais d'où vient que l'autorité qu'il refuse le plus obstinément de saluer est justement celle de Malebranche ? De ce que, sans doute, selon ses justes pré-

---

1. *Commonplace Book*.
2. On sait avec quelle impatience l'auteur des *Méditations* souffrait que, sur tel ou tel point, on lui signalât des devanciers.

visions, c'est de la Vision en Dieu que ses détracteurs seraient naturellement portés à rapprocher son idéalisme.

Aussi, avec quelle insistance le jeune rédacteur du *Cahier de Notes*, ardent à protéger contre des insinuations probables l'originalité de la doctrine dont il crayonnait les grandes lignes, s'applique à faire ressortir les contrastes qui la séparent de l'hypothèse célébrée par Norris ! Par dix fois peut-être, le nom de Malebranche revient sous sa plume et toujours quelque objection accompagne la référence. Ici le philosophe Oratorien est rendu suspect de scepticisme [1], puisqu'avec lui la réalité des objets sensibles fait question ; là est prise à partie sa démonstration *in extremis* en faveur d'un monde matériel [2] ; plus loin, il lui est reproché de méconnaître ce qu'il y a d'intuitif dans la conscience que nous prenons de notre activité volontaire [3]. Ailleurs, il est vrai, son nom n'est pas prononcé et cependant des opinions sont adoptées et soutenues qui lui appartiennent bien, ne serait-ce que cette affirmation qui, de son vivant, lui avait aliéné tant de cartésiens : nous ne possédons pas d'idée de Dieu [4].

Mais, de tous ses ouvrages, celui où Berkeley proteste le plus longuement contre tout soupçon de parenté avec

---

1. « M... Je suis certain de ce dont Malebranche semble douter, savoir l'existence des corps. » (*Commonpl. B.*)

2. « I... L'Ecriture et la possibilité sont les seules preuves avec Male-
» branche. Ajoutez-y ce qu'il appelle une grande propension à penser ainsi.
» Peut-être est-il possible d'en douter. Peut-être trouvera-t-on que les
» hommes... ne sont pas si absolument persuadés de l'existence de la ma-
» tière. » (*Ibid.*) Plus bas le jeune critique revient à la charge.

3. « S. Nous mouvons nos jambes nous-mêmes. C'est nous qui voulons
» leur mouvement. En cela je diffère de Malebranche. » (*Ibid.*)

4. « G. Absurde de prouver l'existence de Dieu par son idée. Nous n'avons
» pas d'idée de Dieu. C'est impossible. » (*Ibid.*)

Malebranche, est le second Dialogue d'Hylas et de Philonoüs. L'avocat du réalisme vulgaire demande si la théorie dont son interlocuteur moniste lui a fait l'exposé n'est pas à peu près celle « que professent des modernes émi-
» nents : la vue de toutes choses en Dieu ? » Et Philonoüs de répondre : qu'il ne comprend pas comment nos idées, choses passives, pourraient appartenir à l'essence de Dieu ; qu'au reste, cette hypothèse est sujette aux mêmes absurdités que la conception commune ; qu'enfin elle rend la création inutile, puisque le monde se trouverait exister en vain. Dans la troisième édition, (celle de 1734,) Berkeley mettait plus de vivacité encore à nier cette prétendue ressemblance. « Je ne serai pas surpris, y lisons-nous, si quelques-uns
» s'imaginent que je verse dans l'enthousiasme de Male-
» branche, quoiqu'en vérité j'en sois très éloigné. Il bâtit
» sur les idées générales les plus abstraites, ce que je
» blâme. Il affirme un monde extérieur absolu ; moi, non.
» Il maintient que nous sommes trompés par nos sens et
» ne connaissons pas les natures réelles ou vraies formes
» et figures des êtres étendus : toutes choses dont je pro-
» fesse directement le contraire. Ainsi, en somme, il n'y
» a pas de principes plus fondamentalement opposés que
» les miens et les siens. »

Les années n'amortissent point ce zèle à déprécier son prétendu modèle. Plus les théories qu'il préconise offriront d'analogie avec celles dont on fait honneur à l'illustre Cartésien, plus il prendra soin de tracer une frontière qui les en sépare nettement. C'est ainsi que, dans le *Petit Philosophe*, Alciphron et Criton, faisant pour une fois trêve à leurs désaccords, s'entendent à souhait sur le peu de valeur qu'il convient d'attacher à la Vision en Dieu. Oui, au moment même où Euphranor, qui remplit ici le personnage tenu il y a vingt ans par Philonoüs, vient de faire accepter au « petit philosophe » l'existence d'un céleste Maître tout proche de nous, souverainement sage et bon, qui parle sans cesse à nos yeux et dont l'action vigilante équivaut à une création continuée, tous attributs divins abondamment énumérés dans la *Recherche de la Vérité* et les *Entretiens Métaphysiques*, Alciphron déclare dénuée pour lui de sens l'hypothèse métaphysique qui unit l'âme humaine à la substance divine et Criton concède qu'il ne l'entend guère mieux [1]. Enfin, dans la *Siris*, où cette même hypothèse est frôlée à tant de reprises, bien des noms glorieux défilent depuis Platon jusqu'à Newton. En cette revue de tous ceux qui enrichirent la Chaîne d'un nouvel anneau, Malebranche ne figure pas.

C'est que, dès le début, les contempteurs de l'idéalisme Berkeleyen en avaient prétexté les analogies avec le système de la vision en Dieu pour envelopper du même ridicule l'une et l'autre philosophies. Dans la correspondance inédite de Berkeley, une lettre, à cet égard décisive, a été signalée [2]. Après la publication du *Traité des Principes*, l'auteur voulant savoir quelle impression son livre avait produite sur le public lettré, s'était adressé à John Percival. En octobre 1710, ce dernier rapporte à son ami ce jugement formulé par Clarke et Whiston [3] : « Ils vous
» tiennent pour un habile disputeur et un limpide écrivain,
» mais ils disent que les premiers principes posés par vous
» sont faux. Ils vous regardent comme un extraordinaire

---

1. *Alciphr.*, Dial. IV, § 14.
2. CAMPBELL FRASER, *Berkeley* (réédit. de 1884, p. 74).
3. Le successeur de Newton à Cambridge.

» génie, mais ils souhaiteraient, disent-ils, que vous eus-
» siez moins appliqué vos pensées à la métaphysique, vous
» rangeant avec le Père Malebranche, Norris et un
» autre dont j'ai oublié le nom [1], tous hommes qu'ils re-
» gardent comme extraordinaires, mais d'un tour particu-
» lier et dont les travaux sont trop abstrus pour être bien
» utiles à l'humanité. » L'ironie de ces compliments dut piquer Berkeley au vif. Combien il eut de dépit de ce rapprochement avec Norris et Malebranche, nous pouvons en
juger par sa réponse à Percival, où il affirme que personne
au fond ne diffère plus que lui de ces deux philosophes.
L'insistance moqueuse de ses contradicteurs ne pouvait
manquer de le rendre injuste envers des devanciers avec
qui leur tactique était de le confondre.

II. Les hasards de ses voyages n'auraient-ils pas un instant mis Berkeley en relations personnelles avec Malebranche? Une anecdote singulière, rapportée par Stock qui
sans doute la tenait des entours de l'évêque, mentionne une
entrevue quelque peu dramatique entre les deux philosophes [2]. L'événement se serait passé en 1715. Berkeley,
qui traversait de nouveau Paris, aurait pris occasion de son
retour en cette ville pour rendre visite au maître Oratorien,
alors très malade. La conversation aurait bien vite porté
sur la doctrine des *Principes* et des *Dialogues*, connus du
philosophe français par une traduction récente. « Mais l'is-
» sue du débat fut, ajoute Stock, fatale au pauvre Male-

---

1. Peut-être Th. Taylor?
2. Stock : *Life of Berkeley*. L'anecdote a été reproduite par Advocat (*Dictionnaire historique*) et par de Quincey, qui la rapporte avec son humour ordinaire, dans sa paradoxale fantaisie : *Le meurtre considéré comme l'un des Beaux-Arts*.

» branche. Dans la chaleur de la dispute il éleva si haut la
» voix et donna si librement cours à son impétuosité natu-
» relle que son mal en eut une violente recrudescence, qui
» l'emporta peu de jours après. »

Cette pathétique historiette a déjà, par elle-même, tout un air de roman. Elle prête au patriarche philosophe qui, nous le savons, n'aimait guère la discussion verbale [1], un personnage assez ridicule et au jeune voyageur irlandais, reçu par un vieillard mourant [2], un rôle au moins indiscret. La traduction française qu'elle mentionne est presque certainement imaginaire [3]. Ajoutez que, nulle part, on ne trouve chez Berkeley d'allusion à l'événement. Les biographes de Malebranche sont également muets [4]. Enfin, à l'authenticité de cette anecdote qui déjà réunissait trop d'invraisemblances, la correspondance inédite de Percival porte le coup de grâce, car il semble ressortir de ces lettres qu'en 1715, c'est-à-dire l'année où mourut Malebranche, l'évêque de Cloyne ne quitta point l'Angleterre [5]. Il faudrait donc reléguer dans le domaine des fables cette tragique dispute sur laquelle des philosophes modernes se sont un peu trop vite échauffé l'imagination [6] et nous ne croyons pas que la gloire des deux métaphysiciens y perde grandement.

Si l'entrevue eut réellement lieu, ce ne saurait être que

---

1. On se rappelle comment il déclina l'honneur d'en avoir une avec Bossuet.
2. La dernière maladie de Malebranche fut lente et cruelle. Tout le Paris éclairé en suivait avec anxiété le progrès. (V. le récit du P. André.)
3. Du moins nous n'avons nulle trace d'une traduction française de Berkeley à cette époque.
4. Le P. André n'en dit mot.
5. V. CAMPBELL FRASER, *Berkeley* (réédit. de 1884, p. 110.)
6. Par exemple Dugald Stewart.

deux ans avant la date où la place le récit de Stock [1]. Nous savons, en effet, qu'à son premier passage en France Berkeley séjourna une quinzaine de jours à Paris et lui-même nous apprend qu'il fut question de lui ménager une entrevue avec le Père. Une lettre, qui porte la date du 25 novembre 1713 et qu'il adressait à Thomas Prior, contient ce passage : « Demain je compte rendre visite au Père Male-
» branche et l'entretenir de certains points... » Le même jour, il écrivait à Percival : « L'abbé d'Aubigné doit me
» présenter demain au Père Malebranche [2]. » Le projet fut-il abandonné ? Quelque contre-temps le fit-il remettre ? On serait tenté de le croire, puisque les lettres suivantes de Berkeley n'en soufflent point mot et que l'événement devait trop piquer la curiosité de ses amis pour qu'il leur en tût le détail. Ne se pourrait-il que ce dernier dessein, un instant conçu, eût donné lieu à la légende dont le biographe Stock s'est fait trop facilement l'écho ?

III. Peut-être nous faisons-nous illusion, mais il nous semble que si ces deux penseurs s'étaient un seul jour approchés, s'ils avaient échangé leurs vues sur le mystérieux univers, s'ils avaient ensemble éprouvé leurs doctrines, qu'une même inspiration soutient et qui tendent à une même croyance, un invincible attrait les aurait poussés l'un vers l'autre. Celui-ci aurait rabattu de son parti-pris contre une philosophie dont il a, quoi qu'il prétende, suivi l'impulsion ; celui-là aurait consenti que la vision en Dieu ne

1. Une telle conjecture serait assurément très hasardée, mais elle aurait l'avantage d'expliquer l'origine de la légende elle-même.
2. La lettre d'où est tiré ce passage fait partie de la Correspondance inédite. V. CAMPBELL FRASER, *Berkeley* (réédit. de 1884, p. 107.)

constituait pas une hypothèse de tous points irréprochable et il aurait accepté peut-être qu'un tel continuateur la redressât. Des divergences auraient sans doute persisté, que ne pouvait atténuer nul accord, parce qu'elles tenaient, si l'on peut dire, à la différence des climats philosophiques. Nul art dialectique n'aurait assurément transformé le Français en empiriste ou ramené l'Irlandais aux méthodes *a priori*. Mais qu'importait cette diversité des voies et moyens à qui se proposait même but ? La route ici pouvait être plus sinueuse, là plus unie et rapide ; mais, de part et d'autre, on aboutissait à une conclusion identique : l'existence dévolue à la seule pensée.

Que Berkeley eût retracé son idéalisme, tel qu'il nous est apparu dans ses trois premiers ouvrages, Malebranche n'avait qu'à saluer au passage nombre de vérités qui lui étaient chères : « Nos sens ne perçoivent point une
» matière extérieure ; ils ne connaissent qu'emblèmes et
» symboles, sous lesquels se devine le décret divin ! Oh !
» Que cela est bien dit ! Moi-même, dans ma *Recherche de*
» *la Vérité*, j'avais donné à entendre quelque chose d'ap-
» prochant, quand je parlais d'un langage à l'aide duquel
» nos sens nous conseillent selon notre intérêt. Et tous deux
» nous avons, en ceci, marché sur les brisées de Descartes.
» — Point de causes secondes, avez-vous dit, car toute
» force réside en Dieu seul ! C'est un principe que j'ai
» passé ma vie à défendre. — Dieu, assurez-vous, respecte
» le mécanisme de ses lois, une fois posées, et cette cons-
» tance avec soi-même est plus digne de sa perfection que
» ne serait une intervention extra-physique dans le cours
» de sa création. J'ai bien de la joie de vous entendre et
» souhaiterais que M. Arnauld fût de ce monde pour s'as-

» surer que je ne professe point seul l'opinion qui le cho-
» qua si fort. — Nous ne possédons, estimez-vous, d'idée
» ni de notre âme, ni de Dieu... C'est aussi l'une de mes
» convictions les plus arrêtées et il m'en coûta de m'y
» résoudre, puisque j'ai dû, sur ce point, me séparer de
» Descartes et de ses amis. Mais je dis comme cet ancien :
» j'aime la vérité plus encore que je n'aime Platon. —
» Vous tenez que ce qui fait partie de mon âme, l'action et
» le jeu de ma volonté, par exemple, se révèle directe-
» ment à moi dans la perception intérieure que j'en ai. Je
» ne conçois pas non plus quel autre mode de connais-
» sance l'esprit pourrait obtenir de lui-même. — Enfin, ce
» que vous dites de l'idée, laquelle ne saurait copier que
» des idées ni appartenir qu'à un esprit, me plaît infini-
» ment, quoique je n'aie point poussé jusque-là. Ce que
» j'aurais cru mien, vous l'avez rendu vôtre. Chez vous,
» par contre, j'aimerais me fixer, tant il me semble m'y
» trouver chez moi. »

« — Que ne vous y fixez-vous, ô mon père ! Devez-vous
» balancer ? Pourquoi vous résister à vous-même et vous
» raidir contre votre logique ? Cet univers intelligible, le
» seul où, suivant vous-même, nous habitions vraiment,
» subsisterait comme il est, ajoutez-vous, quand toute
» matière serait détruite ! Détruisez-la donc, cette impor-
» tune, stérile et vaine matière. La signification des saints
» livres n'en sera pas altérée. L'œuvre des sept jours
» n'aura rien perdu de sa cohésion. Les mystères que nos
» Eglises adorent différemment ne seront pas pour cela
» recouverts d'un voile plus impénétrable. Rejetez sans
» scrupule, loin, bien loin de l'âme, ce haillon du corps.
» Avec le moi de chair, s'évanouira le fâcheux épouvan-

» tail d'une matière absolue, qu'à l'exemple de Spinoza,
» vous seriez contraint bientôt de situer en Dieu. »

« — Les perspectives que vous m'ouvrez se sont plus
» d'une fois offertes à mon regard. A vous, pour qui la vie
» commence, de les mesurer hardiment. D'autres devoirs
» m'invitent. Mais, si j'accédais à vous suivre, je vous
» adresserais un appel à mon tour. Rendez à votre raison,
» à cet entendement pur qui vous inspira des déductions
» incomparables, oui, rendez meilleure justice. C'est à
» l'un des principes de cette faculté, au plus robuste, il
» est vrai, que votre foi en Dieu, en vos semblables, en
» vous-même, se suspend : à l'axiome en vertu duquel rien
» n'arrive que par une cause déterminante. Or, si toute
» abstraction est un mensonge, si nul objet de connaissance
» n'a de réalité que les sens ne l'aient fournie, ne prévoyez-
» vous pas quelle prise donne à ses détracteurs la philoso-
» phie que nous aimons et quelles armes nous livrons à ce
» scepticisme pour lequel nous avons même horreur ? Non,
» non, la raison n'a pas en vous un contempteur. Vous ne
» méconnaîtrez pas toujours celle qui vous guida à des dé-
» couvertes si belles. Le Père des lumières ne vous éclairera
» point à demi. Vous avez appris de lui que, hors la pensée,
» tout était fantôme; de lui vous connaîtrez que, sans la
» Raison, la Pensée elle-même n'est qu'une ombre. »

CHAPITRE IX

L'IMMATÉRIALISME EN AMÉRIQUE. — SAMUEL JOHNSON

I. Lorsque Berkeley était débarqué à Newport, tout à sa philanthropique chimère, il avait reçu la visite d'un jeune et distingué prêtre de l'Eglise Episcopale, qui, dès longtemps déjà, l'aimait sans le connaître et dont il s'était fait, par le seul ascendant de ses écrits, un néophyte. Cette rencontre avec un admirateur lointain devait être pour tout le monde une bonne fortune. L'amitié qu'elle inaugurait fut cause que l'immatérialisme jeta dans la Nouvelle-Angleterre quelques germes ; elle fit aussi que l'entreprise humanitaire de Berkeley n'échoua pas de tout point et que l'Amérique conserva un gage durable de son rêve civilisateur. Cet adepte, avec qui l'évêque de Cloyne devait rester jusqu'à la mort en relations affectueuses, était Samuel Johnson.

La famille Johnson était établie dans le nouveau monde depuis 1641, date à laquelle l'arrière grand-père de Samuel avait quitté Kingston-sur-Hull, en Yorkshire et fait voile sur Newhaven. Samuel naquit le 14 octobre 1696 à Guilford (Connecticut), où son père remplissait les fonctions de « diacre congrégationnel. » Nous savons, par son premier historien, qui avait entre les mains son autobiographie [1], que, dès son plus jeune âge, il révéla pour les fortes études des dons surprenants. Samuel se souvenait qu'à six ans, quelques mots hébreux distingués dans le livre de sa grand'mère, avaient fait naître en lui une vive curiosité pour cette langue, où il devait un jour exceller. Bachelier ès arts en 1714, son bagage philosophique était bien léger. La scolastique, et quelle scolastique ! obscurcissait alors, même par delà les mers, l'enseignement. Il entre dans une école supérieure et là, semble-t-il, les horizons d'une philosophie nouvelle s'étendent devant ses regards. Il rencontre l'*Instauratio Magna* de Bacon [2] qui lui cause un éblouissement. A la même époque, sans doute, il découvre Descartes, Newton et les grands modernes auxquels plus tard il aimera, dans ses écrits, à se référer.

De bonne heure, sa vocation ecclésiastique s'annonça et de bonne heure aussi des doutes l'assaillirent sur la légitimité de l'ordination Presbytérienne. Cette légitimité, il l'admettait, nous raconte-t-il, à l'époque où il était entré dans les ordres [3] ; mais bientôt ses méditations jointes à ses

---

1. *The life of Samuel Johnson, D. D., the first President of King's College, in New-York*, by Thomas Bradbury Chandler. New-York, 1805. Réédition à Londres en 1824. L'autobiographie était intitulée. : « Mémoires de la vie du Rév. Dr Johnson et diverses choses relatives à l'état et de la religion et de la science à son époque. » Le manuscrit, nous dit M. Beardsley, fut remis au Rév. Dr Chandler d'Elisabethtown. La publication en fut différée, vu les temps, et n'eut lieu que plus de trente ans plus tard, grâce aux soins du Rév. Hobart, troisième évêque de New-York et gendre de Chandler.

2. Le seul exemplaire peut-être qui fût dans le pays. (Chandler).

3. « A cette époque, l'Eglise d'Angleterre avait à peine un pied en Con-

lectures le convertirent à la liturgie de l'Eglise Anglicane. Il se décida donc, en même temps que ses amis Brown et Cutler, à partir pour la métropole afin de solliciter son ordination. L'accueil qu'il y reçut fut des plus empressés. A Oxford, il se vit conférer le diplôme de maître ès arts [1]. Enfin il regagne, en novembre 1723, son poste de Stratford. Peu de temps après son retour, il fut avisé, pour la première fois peut-être, du plan que Berkeley venait d'arrêter. « Un très pieux Doyen en Irlande », lui écrit à la date du 17 février 1725 le Rév. J. Berriman, « est sur le point
» de quitter sa situation pour aller s'établir aux îles Ber-
» mudes, où il se propose de fonder un collège, — en vue
» d'élever les indigènes d'Amérique... [2] »

Plusieurs années s'écoulèrent, comme l'on sait, avant que le projet signalé par Berriman entrât en voie d'exécution. Non seulement Johnson en connaissait de réputation l'auteur, mais il l'acceptait déjà pour son guide philosophique. Le *Traité sur les Principes de la Connaissance Humaine* l'avait charmé. Il en estimait la conclusion le plus invincible boulevard qui pût protéger contre les assauts de la libre-pensée le dogmatisme métaphysique et religieux. Aussi, avec quelle joie il saisit l'occasion inespérée d'approcher et d'entretenir le fondateur d'un tel système! Malheureusement ces entrevues ne pouvaient avoir lieu qu'à

---

necticut. » V. *Life and Correspondence of S. Johnson*, by Edwards Beardsley, New-York, 1874. Cet ouvrage est extrêmement précieux pour l'histoire de la philosophie idéaliste au xviiie siècle. M. Beardsley a eu entre les mains d'abondants manuscrits de Johnson, dont Chandler n'avait pas eu connaissance.

1. La même université devait, en 1743, lui conférer à l'unanimité le grade de docteur en théologie.

2. BEARDSLEY. *Op. cit.*, chap. III.

de longs intervalles : la distance était grande de Stratford à Newport[1]. Les occasions ne s'offraient que rarement aux deux amis de passer des journées ensemble[2]. Mais une correspondance suivie continuait, à distance, les conversations interrompues. Quelques-unes de ces lettres nous ont été conservées et suffiraient à nous prouver, si nous ne le savions d'autre part, quelle pleine possession Johnson avait prise des principes Berkeleyens.

Ce n'est pas que, dans ce commerce, le philosophe américain se bornât à fournir la réplique. « Les objections » d'un penseur sincère à ce que j'ai écrit », lui déclarait Berkeley, « seront toujours les bien venues et je ne man- » querai pas d'y satisfaire de mon mieux, non sans quelque » espoir soit de convaincre, soit d'être convaincu... » Ce que vous avez vu de moi fut publié quand j'étais » très jeune et a sans doute bien des défauts[3]. » Les objections auxquelles cette lettre fait allusion n'avaient rien de banal. Johnson n'était pas homme à partager ces appréhensions vulgaires que faisait naître, jugeait-il, une méconnaissance de la véritable interprétation que comporte la théorie. Loin de s'arrêter, comme l'on dit, aux bagatelles de la porte, c'est au plus profond du système qu'il pénétrait. Il dénonçait l'ambiguïté fondamentale à laquelle donnait lieu la distinction si insuffisamment tracée entre les notions et les idées. La réponse de Berkeley ressemble à un semi-aveu : « Quoique les notions soient vraies,

---

1. 120 milles environ.
2. Ainsi, en novembre 1730, Johnson ayant à prêcher à Newport, donna quatre ou cinq jours à Berkeley. (BEARDSLEY. *Op. cit.* chap. IV.)
3. Lettre de Berkeley à Johnson du 25 juin 1729. Berkeley s'y exprime en termes très flatteurs pour son ami. Il se fût, il est vrai, montré bien ingrat de dire différemment.

» (comme je crois vraiment qu'elles sont,) toutefois il est
» difficile de les expliquer clairement et avec consistance,
» le langage ayant été formé pour le commun usage et les
» préventions accréditées[1]. » Au moment où est donnée cette explication évasive, nous sommes encore à quinze ans de la *Siris*, dont l'auteur sera loin de se satisfaire à si bon compte.

Berkeley s'étant convaincu que son projet de fondation ne pourrait aboutir, quitta Rhode-Island et regagna la métropole. Est-ce Johnson qui lui suggéra l'idée de faire présent à Yale College de sa ferme et de sa bibliothèque[2] ? Il se peut, bien que son cœur n'eût pas besoin qu'on lui soufflât les résolutions généreuses. Ce qui est sûr, c'est qu'il choisit Johnson pour intermédiaire de la donation. La grandeur du présent effraya tout d'abord les administrateurs du collège. Que savait-on si ce magnifique cadeau ne couvrait pas quelque machiavélique arrière-pensée de prosélytisme ? Malgré ces insinuations, dont le président Stiles s'est fait devant la postérité l'écho trop complaisant[3], les *trustees* acceptèrent. Une lettre du donateur ne laissait planer aucune équivoque sur le mobile qui avait dicté la transaction : « Le doyen, déclara le rec-
» teur, me dit dans sa lettre, qu'il désire que ce soit *pour*
» *encourager la charité, l'instruction et la piété en cette*

1. Même lettre.
2. La ferme était de 26 acres et la bibliothèque comprenait un millier de volumes.
3. *Yale College. Biographical Sketches*, by Franklin Bowditch Dexter. M. A. (New-York, 1885.) V. l'extrait du journal du Président Stiles, à la date du 22 janvier 1772, jour où il apprit la mort de Johnson. « Il persuada
» au doyen (Berkeley), écrit Stiles, que Yale College deviendrait bientôt
» épiscopal et qu'ils avaient reçu sa *Philosophie immatérialiste*. Ce motif
» ou quelque autre influença le doyen... »

» *partie du monde*[1]. » Le collège le prit bien ainsi et garda de son bienfaiteur un souvenir reconnaissant[2] que la propagande philosophique de Johnson ne contribua pas peu à entretenir.

C'est ainsi qu'en disant adieu à l'Amérique, Berkeley avait laissé derrière lui une sorte de grand vicaire de la Foi immatérialiste. Samuel Johnson, si employée qu'ait été sa vie à la défense de la liturgie anglicane, ne se laissa pas entièrement absorber par ces polémiques religieuses dont ses biographes nous ont raconté le détail. La cause de l'idéalisme absolu n'eut pas en lui un champion médiocrement actif et il ne tint pas à son zèle que les démonstrations de Philonoüs et d'Euphranor ne fissent loi dans les Ecoles. Son autobiographie nous instruit des espérances qu'il avait conçues. « Il désirait que l'on pût con-
» sidérer sincèrement et étudier avec soin les écrits du
» docteur Berkeley et il fit tout en son pouvoir pour les
» faire connaître des *literali*[3]. » Il ne doutait point que ce ne fût là excellemment travailler au salut des âmes, puisque nul livre ne renfermait une preuve plus péremptoire de l'existence de Dieu et de son immédiate présence.

II. « Le Rév. M. Ruggles de Guilford avait coutume de

---

1. Même ouvrage : *Samuel Johnson.* — *Annals*, 1732-33. Réponse du Recteur à une lettre du Rév. Benjamin Colman, de Boston.

2. Même ouvrage : *ibid.* Dans une poésie anonyme imprimée à Boston, en 1733, sur les *Bienfaiteurs de Yale College*, plusieurs strophes sont consacrées à la louange de Berkeley. Beardsley, d'autre part, nous dit : « La
» mémoire de ce distingué prélat, en tant qu'il s'intéressa à l'éducation
» chrétienne, est perpétuée en Connecticut. Son nom a été donné à l'une
» de ses plus utiles et prospères Institutions : la *Berkeley Divinity School*,
» à Middleton. » (Chap. vi, note.)

3. CHANDLER. Tout le morceau duquel nous extrayons ce passage est donné par Beardsley comme faisant partie de l'autobiographie.

» dire du Dr Johnson qu'il partageait toujours l'opinion du
» dernier livre qu'il avait lu[1]. » Il faudrait, en ce cas,
supposer que les ouvrages de Berkeley furent, jusqu'à la
fin, pour notre philosophe, des livres de chevet, car il ne
cessa pas un jour d'en professer les doctrines. Et par
la plume et par la parole il soutint sans trêve le dogme
immatérialiste. Sa correspondance s'y consacre, non
moins que son enseignement. Un échantillon de cette
propagande épistolaire nous a été conservé : ce sont les
lettres qu'il échangea avec son ami Colden, très savant
homme, auteur de nombreux écrits de botanique et de
médecine et qui devint plus tard lieutenant général de la
province de New-York. Johnson lui donna successivement
communication des principaux Traités de son auteur
favori[2]. Mais Colden était un réaliste incurable, que souvent éblouissait la dialectique idéaliste, qui même parfois
adhérait à l'argument décisif, mais toujours resta rebelle
à la conclusion qui en suivait.

C'est ainsi que la *Nouvelle Théorie de la Vision* paraît à
Colden rendre compte de bien des choses ; néanmoins il
déclare n'en pas entendre le dessein essentiel. Et cependant
il souscrit au raisonnement fondamental, car il accorde
« que l'objet qui réfléchit la lumière n'est pas en un sens
» propre l'objet de la vision, pas plus qu'une cloche ou un
» autre corps sonore n'est l'objet du sens de l'ouïe. » Il se
hâte, il est vrai, d'ajouter : « Je pense que nous pouvons
» dire sans beaucoup d'impropriété que nous voyons ou
» entendons une cloche au même titre que nous la tou» chons ; mais certainement la cloche n'est l'objet immé-

---

1. *Yale College. Biographical Sketches.* Extrait du journal de Stiles.
2. V. notamment la lettre de Colden en date du 26 mars 1744.

» diat ni de la vue ni de l'ouïe ni du tact; par le raisonne-
» ment et l'expérience seule, nous concevons que les
» mêmes objets affectent tous les sens[1] ». Quel raisonnement? Quelle expérience? Il n'avait garde de l'expliquer. Comment ne comprenait-il pas que, si chaque sens est isolé dans ses propres impressions, il n'y a pas d'expérimentation au monde qui justifie l'hypothèse d'un substrat commun à nos diverses perceptions et que, par le fait de cet aveu, l'immatérialisme a procès gagné? Aussi Johnson pouvait-il s'en tenir, comme il fit, à déclarer que, selon lui, le principal but de l'auteur de la Nouvelle Théorie « avait
» été de bannir de sa philosophie la scolastique ainsi que
» tout discours dénué de signification. »

L'inconséquence de Colden ne se trahit pas moins dans ses attaques contre la théorie causale, selon laquelle rien n'agit qui ne soit doué de conscience et d'intellect. C'est le point sur lequel se concentrent ses objections; sans cesse il y revient dans ses lettres, pour protester contre l'attribution d'une faculté rationnelle et automotrice à toute cause efficiente. Veut-on que l'action implique, chez qui l'exerce, une intelligence : il demande qu'on lui définisse alors ce que c'est que matière ou tout autre être purement passif[2]. Mais il ne songeait pas que c'est précisément l'impossibilité de fournir une semblable définition, qui décide l'immatérialiste à rejeter l'hypothèse d'une matière ou d'une pure passivité. Colden a, sans le savoir, indiqué le plus sûr moyen de couper court à ses objections. Son correspondant n'a qu'à entrer dans la voie qu'il lui a frayée. Johnson n'y manque pas : « Un pouvoir d'action sans un

1. Même lettre.
2. Lettre de Colden, du 2 juin 1746.

» principe automoteur est ce dont je ne puis me former
» aucune notion et un aveugle principe d'activité, — à le
» supposer possible, — bien loin d'offrir le moindre avan-
» tage, serait désastreux pour la nature[1]. »

Mais, quel motif avons-nous d'associer, d'identifier même, dans l'agent, ces deux choses : la spontanéité et la connaissance, quand il serait si naturel de les disjoindre ? Johnson l'apprend à son ami, avec une précision toute Berkeleyenne : « En fait, nous trouvons que tous ces mouvements et ces
» actions dans la nature sont conformes aux lois et aux
» règles les plus sages, visent toujours quelque fin utile;
» qu'elles doivent, par conséquent, dépendre d'un principe
» très sage et avisé. Il me semble donc qu'il y a répugnance
» à placer l'intelligence et l'activité en des principes diffé-
» rents. En effet, supposez-vous dans la matière un aveugle
» principe d'action, encore devez-vous le concevoir latent
» sous la force éternellement directrice d'un principe in-
» telligent et avisé. Or, comme il n'appartient pas à un
» philosophe de multiplier sans nécessité les êtres et les
» causes, il me paraît clair que nous ne devons imaginer
» nulle autre source d'action, sinon le principe intelligent
» qui, nous le savons d'après notre âme propre, possède
» en fait et doit, par nature, posséder un pouvoir auto-
» moteur..... » Aux termes de cette analyse, la théorie Berkeleyenne de la causalité peut alléguer trois arguments : ce fait général que, nulle part, le mouvement ne paraît régi par le hasard, mais au contraire atteste une constante finalité ; — cet axiome métaphysique, désigné sous le nom de loi d'économie, qui interdit le recours à plusieurs

---

1. Réponse de Johnson, du 19 juin.

principes, là où un seul peut suffire ; — enfin la perception directe que nous avons, par notre conscience, d'une intime union entre la faculté d'agir et celle de concevoir. Ces trois raisons concourent à nous convaincre. La vieille maxime : οὐδὲν μάτην couronne le double témoignage de l'observation physique et de l'expérience intérieure. Cette très habile déduction comblait fort à propos une lacune de la cosmologie Berkeleyenne.

Mais Colden ne se rendit point. Le *de Motu*, qu'il lut peu après, ne fit que l'engager davantage à la résistance. Ce Traité, qui n'a d'autre objectif que de réduire l'apparent mécanisme de la nature à une manifestation régulière et ordonnée de la Sagesse Divine, fortifia, loin de les dissiper, ses préventions. « L'auteur, se plaint-il, a » l'art d'embarrasser et de confondre ses lecteurs en un » style élégant; c'est le plus grand jongleur de mots [1]. » Johnson ne se décourage point pour cela. En d'autres lettres, il revient à la charge. Un récent écrit de son ami [2] lui semble contenir telle concession inespérée dont il se flatte de tirer parti : « Vous dites très véritablement (§ 9) : » *nous n'avons pas d'idée de la matière ;* où il est clair » que par matière vous signifiez un quelque chose qui n'est » l'objet ni de nos sens, ni de nos esprits. Alors de quel » emploi est-il en philosophie ? Pourquoi ne pas complè- » tement nous en passer ? Pourquoi ne pas supposer que » ce que vous appelez son action est l'action de cet Esprit » Tout-Puissant en qui nous vivons, nous nous mouvons et

---

1. Lettre de Colden, du 19 novembre 1746.
2. *Principles of natural Philosophy*, ouvrage dans lequel, écrit Colden à la date du 27 janvier 1747, il a lui-même considéré cette question du fondement de la vraie religion ; il en demande à Johnson son avis.

» avons notre être ? Pourquoi ne pas considérer la nature
» comme le glorieux système des opérations grâce aux-
» quelles, suivant des lois fixes par lui instituées, c'est-à-
» dire suivant les lois naturelles, il affecte perpétuellement
» et avec une variété infinie d'objets, nos sens et nos es-
» prits. Ainsi sera-t-il suffisamment rendu compte de tout,
» au lieu que la matière, dont nous n'avons point d'idée, ne
» peut rendre compte de rien [1]. » Cette page, que l'évêque de Cloyne eût sans nul doute approuvée, enferme la quintessence de la philosophie immatérialiste : la Pensée omniprésente, unique principe d'action, est manifestée aux hommes par les innombrables emblèmes que leur sensibilité leur découvre.

Dans cette controverse toujours amicale et mutuellement complimenteuse, il est visible que l'avocat du réalisme perd peu à peu du terrain. Il a beau maintenir que nous avons l'idée d'un je ne sais quoi, extérieur à nous, qui ne saurait être toute passivité, combien est précaire cette hypothèse d'une substance anonyme ! Aussi, laissant là matière, force, causalité physique, change-t-il bientôt son point de mire. C'est un théologien qui lui parle : il va porter l'offensive sur le terrain de la théologie. « Monsieur,
» si vous attribuez toute action immédiatement à ce *Tout*
» *puissant Esprit, en qui nous vivons, nous nous mou-*
» *vons, et avons notre être, toute nature étant, comme*
» *vous dites, un système de ses incessantes opérations,* je
» ne vois pas comment quoi que ce soit peut être au sens
» propre un mal et il semble que le fondement de la mora-
» lité soit purement sapé. En d'autres termes, ce me pa-

---

[1]. Lettre de Johnson, du 15 avril.

» raît une sorte de spinozisme¹. » Le coup était bien porté, mieux même que ne soupçonnait Colden. Cette accusation, en effet, que l'on verra dans la suite tant de fois renaître, compromettait bien autre chose encore que la causalité spirituelle admise par Malebranche et Berkeley. Le trait frappe et ébranle le système entier de l'idéalisme absolu, qui, parce qu'il ne laisse subsister dans le monde que la Pensée et la Volonté créatrices, semble ne pas distinguer entre l'œuvre des sept jours et son auteur. Le Panthéisme : tel serait donc l'écueil où se brise fatalement la philosophie immatérialiste! A la menace d'un tel naufrage, comment des hommes d'Eglise ne se sentiraient-ils point pris de frayeur?

Johnson ne s'émeut pas et, avec une rare dextérité, il détourne bien vite le redoutable argument. Son correspondant l'a mal entendu. Quand il parlait de l'opération immédiate du Tout-Puissant, il n'entendait nullement que rien n'agit indépendamment d'elle, car ç'eût été mettre en question s'il existe des êtres en dehors de Dieu et de nos idées. « L'évêque Berkeley, pas plus que moi, n'a jamais
» révoqué en doute l'existence ou les actions d'autres
» esprits inférieurs créés, agents libres et sujets du gou-
» vernement moral. Tout ce qu'il soutient est qu'outre ces
» deux sortes d'êtres, l'une active, l'autre passive, il n'en
» est point de troisième ; qu'il n'y a d'êtres actifs que
» l'Esprit, la Divinité et l'intelligence créée; d'êtres pure-
» ment passifs, que les objets des sens; que nul medium
» agissant n'intervient entre les actions de la Divinité et
» nos Esprits... Voilà selon moi les premiers principes de

---

1. Lettre de Colden, du 18 mai 1747.

» son système¹. » La réplique était décisive ; elle demeure toujours valable. L'accusation de panthéisme est encore une de celles que l'on dirige le plus fréquemment contre les diverses philosophies idéales. Un Parménide, un Plotin, un Fichte y peuvent prêter. Mais comment atteindrait-elle une doctrine qui distingue, autour de l'Esprit central, une infinité d'êtres substantiels, actifs, autonomes, intuitivement informés d'eux-mêmes et à l'égard desquels la nature dite inanimée ne consiste qu'en un assemblage de phénomènes et de signes ?

Cette discussion métaphysique n'accaparait point l'activité de Johnson. D'autres soins le réclamaient aussi. De toutes parts surgissaient des projets de fondations universitaires. La nouvelle Angleterre, préludant à sa prochaine indépendance, méditait de former elle-même les éducateurs de sa jeunesse, de se créer des organes de science, qu'elle n'eût pas à attendre du bon plaisir de la métropole. En 1749, on discute le devis d'un collège à Philadelphie. L'illustre Franklin, qui venait de publier un vaste plan d'Institut Académique, fit appel à l'expérience de Johnson, tenta même, mais inutilement, de l'engager personnellement dans l'entreprise².

Cette émulation pédagogique avait gagné New-York, où l'on décida l'érection d'un Collège³. En 1754, à l'una-

---

1. Lettre de Johnson, du 7 juin.
2. « ...Le caractère que nous avons présenté de vous aux autres trustees » et la lecture de vos lettres concernant l'Académie les a rendus très dési- » reux de vous engager dans ce dessein, comme une personne dont l'ex- » périence et le jugement seraient de grand usage pour former les règles, » établir au début de bonnes méthodes et dont la renommée de savoir lui » donnerait une réputation... » Lettre de Franklin, du 9 août 1750.
3. M. Beardsley nous dit (*op. cit.*, ch. VI), que, sur ces entreprises, John-

nimité, les administrateurs choisirent Johnson pour Président. Il hésita longtemps à quitter Stratford et ce ne fut point sans peine que l'on triompha de sa résistance.

III. A l'exemple de Berkeley, Samuel Johnson ne sépara point de sa philosophie l'action et, dans l'existence de l'un comme de l'autre, la gnose et la pratique s'accompagnèrent. De cette connexion entre le savoir et le faire, le philosophe américain est celui des deux qui nous offre, en un sens, l'exemple le plus hardi. Il osa ce que son maître avait omis d'entreprendre. Réfutant *ipso facto* le reproche banal si souvent adressé au Berkeleyisme de n'être qu'un jeu subtil et raffiné, bon à divertir quelques doctes, mais inintelligible à la foule, il tenta d'encadrer dans le système un abrégé succinct des méthodes et des sciences. Il fit descendre l'hypothèse des hauteurs de la métaphysique ; il la rendit plane et accessible au commun des hommes, aux enfants eux-mêmes. Oui, par un tour de force sans précédent, il voulut présenter les plus abstrus principes de l'immatérialisme comme autant de vérités élémentaires dont les faciles énoncés se disposeraient en une manière de catéchisme, où se succéderaient sans effort tous les principes générateurs du savoir humain. En même temps, ici et là, Johnson continuait ou éclairait le dessein de son modèle. Les amendements et compléments qu'il adopta nous seraient encore précieux, quand ils ne feraient que nous aider, là où l'intention de Berkeley demeure flottante, à la mieux fixer.

Les *Eléments de Philosophie*, parus en 1752, et dont

son avait sollicité, obtenu et adressé à Franklin les conseils de Berkeley, lesquels semblent avoir été soigneusement suivis.

Franklin publia à Philadelphie, l'année suivante, une seconde édition, se divisaient en deux parties : *Noetica* et *Ethica* [1]. La première traitait de la pensée, de ses objets, de ses opérations ; la seconde, de la morale, de ses principes et de ses lois. Dans sa préface à l'édition de Philadelphie, l'auteur avouait hautement sa dette non seulement envers le métaphysicien irlandais, mais même envers des précurseurs auxquels l'évêque de Cloyne avait rendu moins de justice. Au nom de Berkeley il associait non seulement celui de Locke, mais ceux aussi de Norris et de Malebranche [2].

Ce manuel pédagogique s'ouvre par une *Introduction à l'Etude de la philosophie*. Johnson y dessine une vaste classification des objets qui forment la *Cyclopedia*. Une dichotomie accréditée la domine : la division en *Science* et *Art*. Dans la *Science*, il y aurait lieu de distinguer deux branches principales : la *Philologie,* ou étude des mots et des signes, laquelle comprend la Grammaire, les langues, la Rhétorique, l'Histoire, la Géographie, la Poésie, ainsi que l'Arithmétique, la Géométrie, l'Histoire Naturelle, le Dessin et la Musique ; — la *Philosophie,* ou recherche des choses, laquelle, selon la définition de Cicéron, embrasse la connaissance de Dieu et de nous-

---

1. THE ELEMENTS OF PHILOSOPHY *containing :* I. *The most useful Parts of Logic, including both Metaphysics and Dialectic or the Art of reasoning...;* II. *A brief view both of the speculative and practical part of Moral philosophy...,* by Samuel Johnson. Épigraphe empruntée au § 350 de la *Siris*. Nous suivons ici la troisième édition, parue à Londres en 1754. L'édition primitive portait en sous-titre : *Noetica, or things relating to the mind or understanding* ; — *Ethica, or things relating to the Moral behaviour*. Elle était dédiée à Berkeley.

2. Nous serions nous-même injuste d'oublier celui de Fénelon que Johnson joint à ceux-là.

GEORGES LYON.

mêmes. « Il est nécessaire que nous soyons capables de
» nous former de claires idées et conceptions de ces êtres
» ou choses, soit corps, soit esprits, sur lesquels porte
» notre contemplation. » Les études qui nous y rendent
habiles sont la Logique, ou art de raisonner, les hautes
Mathématiques, la Mécanique, la Physique et ses dépendances, enfin la considération du monde moral. Cette dernière donne lieu à l'Ethique, à la Pneumatologie ou Doctrine des Esprits et à la Théologie. Le fait de notre existence à l'état de société entraîne pour la Philosophie morale deux compléments : l'Economique, ou la règle de la vie de Famille et la Politique, c'est-à-dire l'art du gouvernement soit civil, soit ecclésiastique [1].

Laissant au philologue l'examen des signes représentatifs de nos pensées, abordons cette étude des réalités qui ressortit au philosophe. Les premiers d'entre les êtres, ceux qui se font connaître immédiatement, puisque, pour les comprendre, chacun de nous n'a qu'à consulter sa propre conscience, ce sont les Esprits. « Nous savons avoir
» en nous-mêmes un principe de perception, d'intelli-
» gence, d'activité et de spontanéité conscientes... A
» l'aide des autres Esprits ou Intelligences, soit exté-
» rieures, soit supérieures à nous, et élaguant toutes limi-
» tations et imperfections, nous l'étendons même à cette
» grande et suprême intelligence, universelle génératrice
» des Esprits créés [2]. » Selon leur présente condition, les hommes consistent en des esprits unis à de grossiers

---

[1]. V. également la *Synopsis*, ou plan général de division des sciences, que Johnson a mise en appendice à sa grammaire anglaise-hébraïque. (Londres, 1771).

[2]. *The Elements*, etc. *The first Principles of Metaphysics and Logic*, ch. I, § 1-2.

corps tangibles sans lesquels ils ne sauraient ni percevoir, ni agir. Ce dualisme de notre nature n'a rien en soi de nécessaire, mais il est une « constitution purement arbi- » traire de celui qui nous a faits ce que nous sommes [1]. »

Les perceptions et actions que les esprits ou reçoivent ou accomplissent portent sur les idées. Sous ce mot *idée*, les modernes englobent « tout objet immédiat de l'Esprit, » soit sensible, soit intellectuel, ce qui le rend synonyme » de *pensée*. » Platon le consacrait à désigner l'exemplaire original des choses dans l'entendement divin ; peut-être vaut-il mieux en confiner l'application « aux objets im- » médiats des sens et de l'imagination, ce qui en fut la » signification originelle, et employer l'expression de *no-* » *tion* ou de *conception* pour marquer les objets de la » conscience et du pur intellect. De la sorte, on évitera » de confondre ce qui diffère de tout le ciel [2]. » C'est du Berkeley de la *Siris* que s'est donc inspiré Johnson, du transcendantaliste qui attribuait aux concepts de la raison, comme aux intuitions de la conscience, une valeur pour le moins pareille à celle des informations phénoménales transmises par la sensibilité.

Comme le Berkeley de la *Siris* également, il n'accorde à nos connaissances qu'une origine *a posteriori* : « On peut » dire que nos esprits sont créés à l'état de pures *tabulæ* » *rasæ*, c'est-à-dire qu'ils n'ont nulle notion d'aucun objet, » quel qu'il soit, proprement créée en eux, ou concréée » avec eux [3]. » Mais la difficulté qui, dans la *Chaîne de Considérations*, restait entière, est, avec Johnson, très

1. Même ouvrage, ch. i, § 3.
2. *Ibid.*, § 4.
3. *Ibid.*, § 5.

nettement tranchée. Il soumet les notions à la même causalité productrice que les idées. Celles-là, pas plus que celles-ci, n'ont pour auteurs les esprits qui les reçoivent ; les secondes comme les premières, ont, dans l'activité de Dieu, leur origine. Les notions, telles que Johnson les définit, sont de véritables sensations intellectuelles imprimées en nos âmes par le même sceau qui y marque nos sensations organiques. Si nos esprits possèdent les unes et les autres, c'est « grâce à un perpétuel commerce avec le Père » suprême, l'Esprit. »

Les idées proprement dites comportent des degrés différents. Ce sont d'abord les simples perceptions que nos organes nous font avoir des objets *ab extra*. Chaque sens a les siennes, qui lui appartiennent en propre : le toucher a la résistance, l'étendue, la figure, le mouvement, etc. ; la vue a la lumière, les couleurs, et ainsi des autres. Ces idées simples se prêtent à une extrême multiplicité de combinaisons fixes ou idées composées. De là provient cette variété des corps individuels dans la nature : homme, cheval, arbre, fruit. « Et, de toutes ces diverses combinaisons reliées » ensemble de manière à composer un très beau, très utile » et harmonieux *Tout*, se compose ce que nous appelons » l'universelle Nature ou le Monde entier, sensible et na- » turel [1]. » En ceci, Johnson innovait : il semblait admettre que ces idées composées, celle même d'un univers, laquelle synthétise toutes les autres, étaient déposées telles quelles en nos esprits par la même cause efficiente de qui nous tenons toute impression sensible. Berkeley, avec plus de prudence, avait laissé pendant le problème de leur forma-

1. Même ouvrage, ch. I, § 6.

tion, et ses derniers écrits permettaient de sous-entendre que des opérations intellectuelles déterminées devaient en avoir préparé la perception par l'esprit.

Simples ou complexes, « les idées ou objets des sens » ne peuvent nous venir que d'une cause toute puissante. Or, dans la connaissance qu'ils en obtiennent, nos esprits restent entièrement passifs. Donc l'existence de Dieu est d'ores et déjà démontrée [1]. Mais, par delà ces idées, faut-il supposer des modèles dont elles ne seraient que les reproductions éphémères? Oui, si l'on veut se perdre en un scepticisme inextricable. En effet, « il nous est impossible » de concevoir ce qui est hors de nos esprits, ce que sont » ces originaux prétendus et si ces idées que nous avons » en offrent ou non de justes ressemblances [2]. »

Gardons-nous donc de distinguer entre les objets des sens et les choses réelles. Convenons que « toute la réalité » de celles-ci consiste dans leur stabilité, leur consistance, » c'est-à-dire dans le fait qu'elles soient, d'une manière » constante, déployées à nos esprits ou produites en eux, » dans le fait qu'elles soient maintenues en des connexions » mutuelles, conformément à des lois naturelles fixes que » le suprême *Père des Esprits* s'est établies à lui-même, » qu'il suit dans son action permanente sur nos esprits et » dont il s'interdit de dévier, sauf en des occasions ex- » traordinaires, comme dans le cas des miracles. »

Au premier rang des lois naturelles qui gouvernent les séquences de nos perceptions, il faut placer celle qui associe aux impressions de la vue les perceptions du toucher. Les premières, si absolument distinctes des secondes, ne les en

1. Même ouvrage, ch. ɪ, § 7.
2. *Ibid.*, § 8.

traduisent pas moins. « Comme les *choses tangibles* sont
» les choses immédiatement capables de produire le plaisir
» ou la peine sensible ou plutôt d'en être accompagnées,
» conformément à la présente loi de notre nature, suivant
» laquelle on les conçoit comme étant proprement les
» choses réelles, ainsi la même loi stable de notre nature
» fait que les objets immédiats de la vue ou *choses visibles*
» leur sont toujours unis comme leurs signes [1]. » Mais
Johnson ne s'en tient pas à ce point de vue qui est celui de
la *Nouvelle Théorie de la Vision*, amendée par les *Principes de la connaissance*. Il ne se contente même point du
platonisme un peu vague de la *Siris*; il pousse jusqu'à
l'idéalisme transcendant de Norris, dont il se plaît, d'ailleurs à invoquer l'autorité.

Tout ce morceau a de la force, et peu connu comme est
l'ouvrage, mérite qu'on le détache. « Ce n'est pas qu'on
» puisse douter qu'il y ait, extérieurement à nos esprits,
» des *archétypes* de ces idées sensibles réelles ; mais alors
» ils doivent exister en quelque autre esprit et être des
» idées tout comme les nôtres, attendu qu'une idée ne peut
» ressembler qu'à une idée, et que dans sa nature même
» toute idée implique une relation à un esprit qui la perçoit ou dans lequel elle existe. Mais alors ces *archétypes*
» ou originaux et leur mode d'existence en cet éternel
» Esprit doivent différer entièrement du mode de leur
» existence dans nos esprits... En lui elles doivent exister
» comme les originaux, en nous seulement comme de
» faibles copies, de la manière qu'il croit convenable de
» nous les communiquer, suivant les lois qu'il a établies [2]. »

1. Même ouvrage, § 9.
2. *Ibid.*, § 10.

On ne saurait plus adroitement adapter au platonisme de Malebranche et de Norris cet axiome Berkeleyen qu'une idée ne comporte de ressemblance qu'avec une idée. Les archétypes renfermés dans la Pensée éternelle ne sont donc point les choses elles-mêmes, sous leur forme en quelque sorte transcendante ; ce sont des Idées analogues aux nôtres, quoique infiniment plus parfaites. Ce complément de doctrine eût-il mérité l'adhésion de l'évêque de Cloyne[1] ? Nous l'ignorons ; mais, ce qui est bien certain, c'est qu'elle jette un commencement de clarté dans la profonde et obscure *Siris*.

IV. Cette clarté devient bien plus vive, lorsque Johnson passe de la considération des sens à l'examen de nos conceptions. La faculté qui nous acquiert ces dernières n'est autre que la conscience ou aptitude à percevoir des objets *ab intra,* en les demandant à la réflexion directe sur le dedans de nous-mêmes. Par elle, nous savons que nous sentons ; qu'à l'occasion de ces sensations, nous éprouvons du plaisir ou de la peine ; qu'à leur sujet, certains pouvoirs de notre esprit entrent en jeu. Par elle, nous nous découvrons capables, quand nous avons eu quelque perception sensible, « d'en retenir dans notre esprit une sorte de sens interne » ou souvenir. » Par elle, nous obtenons l'intuition du *pur intellect,* ou faculté de penser à « des objets abstraits ou » spirituels, tels que les relations entre nos diverses idées[2]. » Mais le terme le mieux approprié à signifier les conceptions de ce genre est bien moins celui d'idées que celui de *notions*. A leur tour, ces notions seront : ou simples, par

---

1. Berkeley mourut l'année même de la publication et il ne lut pas la dédicace qui lui était adressée.
2. *The Elements*, etc., ch. I, § 12.

exemple, celles de perception, de conscience, de volition, d'affection, d'action ; « ou complexes, comme celles d'Es-
» prit, Ame, Dieu, Cause, Effet, Proportion, Justice, Cha-
» rité. De toutes ces dernières est formé le monde spirituel
» ou le monde moral [1] ».

Mais, qu'il s'agisse des idées ou des notions, que l'objet présenté à la pensée frappe les sens, qu'il soit évoqué par le souvenir ou saisi par l'entendement, une même « lumière
» intellectuelle » nous illumine, à l'égard de laquelle nos esprits demeurent complètement passifs [2]. A cet éclat ni les yeux ni les intelligences ne se peuvent fermer. Les vérités de l'entendement ne s'imposent pas avec moins de force que les évidents témoignages de la perception. « La néces-
» sité est pour moi la même d'adhérer à ceci : que j'*existe*,
» que je *perçois*, que j'*exerce librement mon activité* et
» de souscrire à ceci : que je *vois des couleurs* ou que
» j'*entends des sons*. Je suis aussi parfaitement certain
» que deux et deux font quatre, ou que le tout est égal à la
» somme de ses parties, que je suis sûr d'avoir chaud ou
» froid ou de voir le soleil quand je le regarde en plein
» méridien par un beau jour [3]. »

---

1. Selon Johnson, les notions comprendraient les idées que nous avons de nos états, de nos opérations, ainsi que des principes généraux. Plusieurs de ces idées semblent être données par lui (§ 12) comme ayant surgi *après* et *moyennant* abstraction, sans avoir été cependant produites *par* l'abstraction. C'est en ce sens que nous avons proposé de concilier les apparentes contradictions de Berkeley dans la dernière phase de sa philosophie.

2. Ce point qui, selon nous, est commun à l'évêque de Cloyne et à Johnson, a une très grande importance, en ce qu'il ruine toute tentative d'adaptation du rationalisme berkeleyen au kantisme. Si nos esprits reçoivent, sans y contribuer, leurs conceptions, ils n'ont donc pas la faculté latente de les amener devant le regard de la raison, après les avoir tirées de leurs profondeurs.

3. *The Elements*, ch. I, § 13.

Que si l'on me demande de quel foyer rayonne cette clarté irrésistible, il n'y a pas non plus lieu d'imaginer deux explications distinctes, l'une pour les idées, l'autre pour les notions. « Je n'ai pas d'autre moyen de concevoir com-
» ment je viens à être affecté de cette lumière intellec-
» tuelle intuitive dont j'ai conscience sinon en la dérivant
» de l'universelle présence et action de la Divinité ou
» d'une communication perpétuelle avec le *Père des Lu-*
» *mières* [1]. » L'influence immédiate de Dieu fait surgir en nos raisons les premiers principes sur lesquels l'esprit règle son progrès dans la découverte, dans le raisonnement aussi bien que dans l'action.

Aussitôt mis en possession de quelque variété d'objets et assisté de cette vive lumière intérieure, l'esprit n'a qu'à comparer ses idées et ses conceptions pour prendre conscience des vérités les plus générales qui président à sa science. La première dont il soit pourvu est celle d'être : elle a sa source dans le sentiment d'exister ainsi que dans la foi sans réserves en la réalité des objets de perception. D'où cette inférence : « Je perçois et agis, donc
» je suis. Je perçois tel objet, donc il est; non que son
» existence dépende de mon esprit, mais bien de cet esprit
» qui me met en état de le percevoir. Comme percevoir et
» agir, être perçu et agi, implique l'existence, ainsi c'est
» une contradiction qu'une même chose soit et ne soit pas
» en même temps, car ce serait en même temps perce-
» voir et ne percevoir pas, agir et n'agir point, être perçu
» et non perçu, agi et non agi [2]. » De là suit une distinction entre l'âme et le corps ; de là, le contraste entre l'être qui

1. Même ouvrage, ch. i, § 14.
2. Chap. ii, § 1-2.

a commencé d'être et celui qui a toujours existé ou l'unité parfaite, ὁ ὄντως ὤν, en qui « doivent exister originellement » toutes ces vérités nécessaires et éternelles dont nos es-» prits sont pourvus, soit par démonstration, soit intuiti-» vement [1]. »

Johnson ne se lasse point de revenir sur cette preuve pour laquelle l'auteur de *la Recherche de la Vérité* avait marqué sa prédilection. « Comme nous n'avons pas de no-» tion de la Vérité sans un esprit qui la perçoive, l'exis-» tence éternelle et nécessaire des vérités nous conduit à » inférer l'existence nécessaire d'un éternel esprit. Ce doit, » être, par conséquent, dans cet éternel esprit que nous les » regardons, ou plutôt c'est par notre communication avec » lui que leur connaissance nous éclaire. » De qui est-ce là le langage ? D'Euphranor dans l'*Alciphron ?* Ou du Théodore des *Entretiens Métaphysiques ?* Jamais on n'a mieux mis en évidence que l'Universel Immatérialisme et la Vision en Dieu, malgré de superficielles disparates, étaient deux hypothèses sœurs.

Si le principe selon lequel toute vérité réside en une Pensée nous a permis de remonter jusqu'à une divine Νόησις, cette maxime, que tout ce qui a commencé d'être dépend de quelque autre existence, nous reporte, d'antécédent en antécédent, jusqu'à une première cause qui n'a jamais eu de commencement. Cette dernière est la seule qui agisse véritablement. Ce que nous appelons causes naturelles n'est en réalité qu'inertie et mérite bien plutôt les noms de « signes, occasions, moyens ou instruments [2]. » La

---

1. Même ouvrage, ch. II, *Ibid.*, § 3.
2. *Ibid.*, § 5. *Signes* est le terme qu'employait Berkeley ; *occasions*, celui dont usait Malebranche. L'association ici des deux termes atteste

véritable causalité est libre, intelligente et ne s'exerce qu'en vue de fins préconçues. La détermination des causes finales, marques manifestes d'un plan délibéré dans l'arrangement des moyens, forme la meilleure part de la Science de la Nature [1].

A la suite de ces notions fondamentales, Johnson étudie les concepts généraux qui commandent notre savoir : la nécessité et la contingence, le fini et l'infini, la possibilité et l'impossibilité, la perfection et l'imperfection, la beauté et l'harmonie, la substance, le temps et l'espace, l'unité, le nombre, l'identité, etc [2]. Bien qu'il décrive le mécanisme de la généralisation de la même manière qu'avait fait Berkeley, il ne professe nullement pour les idées abstraites le mépris que leur avait témoigné le *Traité des Principes* ou l'*Alciphron*. Loin de là, il estime (dessein qui nous avait paru sourdre confusément dans la *Siris*,) qu'un grand effort de réflexion et d'abstraction doit nous dégager de la sujétion des sens et faciliter cette expérience rationnelle par laquelle se font percevoir les notions relatives aux esprits. Ces dernières, tout originales d'ailleurs, n'ont pas une « substantialité » moindre que nos idées des corps. Si même entre les unes et les autres il y avait dissemblance, ce serait aux notions que reviendrait l'avantage pour l'évidence et la réalité [3].

Les jugements et les raisonnements, les affections et les passions, le vouloir et la liberté, la méthode à suivre pour approcher de plus en plus de la perfection : tels sont les sujets

combien les deux philosophies, aux yeux de Johnson, étaient parentes.
1. Même ouvrage, ch. II, § 7.
2. *Ibid.*, § 10-26.
3. *Ibid.*, § 27.

des chapitres suivants. Et cette *Noétique* qui débutait en empruntant ses principes à la métaphysique la plus éthérée, se termine par un programme pratique et détaillé des matières qui doivent, selon l'âge, être enseignées aux enfants [1].

V. L'Ethique de Johnson [2] a le même point de départ que la morale enseignée dans le *Discours de l'obéissance passive* : l'intérêt personnel conçu comme le premier fondement du devoir. « Le Bien moral consiste à choisir et » à faire librement tout ce que la vérité et la droite raison » nous dictent de choisir et de faire en vue de notre bon- » heur [3]. » Mais la philosophie pratique de Johnson se rattache bien plus visiblement que celle de Berkeley à la métaphysique idéaliste. A la suite de Shaftesbury, de Hutcheson, de Turnbull, il admet la réalité d'un *sens moral* qui ne fait qu'un avec ce que l'on nomme également loi de la raison et conscience. « C'est, ajoute-t-il, une sorte de » sens rapide et presque intuitif du juste et du faux, déri- » vant, à ce que je conçois, de la perpétuelle présence et » irradiation de la Divinité dans nos esprits [4]... » Ainsi serait maintenue au système entier une remarquable continuité, puisque la même opération divine qui grave la vérité dans les esprits imprimerait dans les consciences la règle du devoir. La communion toute céleste d'où procède la science créerait aussi la moralité.

C'est pourquoi les prolégomènes spéculatifs de la morale devront, dès après la description de l'homme, de ses gran-

---

1. *The Elements*, etc., ch. VI.
2. Même ouvrage : *Premiers principes de la Philosophie morale.* (2º édition, Philadelphie.) C'est dans le livre un Traité distinct, l'*Ethica* de la 1ʳᵉ édition.
3. Introd., § 7.
4. *Ibid.*, § 15.

deurs et de ses imperfections, traiter de l'essence et de la puissance divines. L'existence d'un Créateur incréé a été prouvée dans la Noétique ; l'Ethique ne prend pas cette démonstration moins à tâche. Trois arguments y sont employés : l'un, célèbre depuis Descartes, consiste à chercher, au-dessus de chacun de nous et des autres êtres imparfaits, la cause qui nous a fait exister ; une seconde preuve, fréquemment invoquée par Malebranche, conclut de ce qu'il y a des vérités éternelles à l'existence nécessaire d'un Esprit, « dans lequel elles existent éternellement et qui » les exhibe en diverses mesures à tous les autres esprits, » selon leurs capacités et applications respectives [1] ; » le troisième raisonnement enfin, employé par Berkeley et qu'ici l'on complète en un sens tout Platonicien, se fonde sur la certitude que possède chacun de nous de n'être point la cause de ses diverses impressions sensibles. Ces impressions « doivent donc être les effets constants d'une » Cause intelligente, intimement présente et sans cesse » agissante en moi, qui produit continuellement dans mon » esprit des sensations correspondant aux Archétypes » dans l'*Intellect omniscient*, suivant certaines lois stables » ou règles fixes qu'il s'est établies à lui-même et que » l'on nomme communément Lois de la Nature [2]. »

Ce symbolisme sensible dont les innombrables combinaisons constituent un très beau et très utile Tout, lequel n'est autre lui-même que le Monde naturel, atteste un auteur « non seulement infiniment puissant et sage, mais » de plus infiniment *aimable* et *bienveillant* [3]. » Par ce

1. Part. I, ch. II, § 10.
2. *Ibid.*, § 11.
3. *Ibid.*, § 12.

langage tout arbitraire que me tiennent les choses, Dieu
« me découvre d'une manière invariable son esprit et sa vo-
» lonté ; il me parle pour ainsi dire, me dirige pour agir et
» me conduire moi-même dans toutes les affaires de la vie. »
Et, l'hyperbole le portant, Johnson s'élève à une réelle
éloquence : « Je dis que, tout à la fois, *nous voyons et*
» *sentons son universelle présence,* car il est manifeste
» que l'on peut aussi exactement le dire un objet des sens
» qu'aucune personne humaine. Que vois-je en effet, quand
» je regarde un Roi ? Ce n'est pas l'esprit ou l'âme, en
» laquelle consiste proprement la personne et qui, dans sa
» nature, ne peut pas être un objet des sens. Je vois seu-
» lement la forme et la couleur d'un homme, vêtu d'ha-
» bits somptueux. De même, je ne puis voir Dieu, en
» tant qu'il est un Esprit et, comme tel, invisible ; mais
» je le vois aussi véritablement, que dis-je ? plus mani-
» festement que je ne fais un homme mortel comme moi.
» Car je le vois en chaque forme visible, dans toute la
» nature. Je le contemple dans les modifications innom-
» brables de la *Lumière* et des *Couleurs*, à travers toute
» la Création : là il est partout présent, pour ainsi dire
» habillé de lumière comme d'un vêtement [1]. » — Mais
quoi ! dira-t-on peut-être, y a-t-il en cette page rien de
plus que la paraphrase de quelques aphorismes jetés
dans l'*Alciphron* [2] ? — Oui, il s'y trouve quelque chose d'autre et qui appartient en propre à Johnson : à savoir une
transposition morale des hypothèses avancées en physique et en psychologie par Berkeley. Dieu nous est
présent, non seulement dans l'ordre du savoir, mais aussi

1. Part. I, ch. ii, § 15-16.
2. Dialogue iv.

dans l'ordre de la pratique. Il ne s'adresse pas moins à notre conscience active qu'à notre entendement. Le symbolisme qu'il agence dans la nature sensible le fait connaître de nos cœurs aussi clairement que de nos pensées. Nous avions tort de prétendre, tout à l'heure, que l'égoïsme était à la base de cette Ethique. Non, la morale de Johnson ne va pas, comme celle que prêchait le Sermon *sur l'Obéissance passive*, de l'intérêt égoïste à Dieu. Un enseignement divin en est la première maxime. La loi de Dieu et le souci de mon bonheur forment en se combinant et le principe et la fin de la morale. Tout ce que je perçois, ressens, comprends, prévois, m'est un discours de l'universel Auteur et, parce que chaque phrase, chaque mot de ce discours respire l'amour et la tendresse, je n'ai qu'à suivre l'impulsion qu'il me donne pour réaliser à la fois sa volonté et mon bien.

Dès lors, il ne reste plus au « déontologiste », comme dirait Bentham, qu'à proclamer la loi de bienveillance, qui régit le monde moral aussi universellement que l'attraction gouverne le monde physique[1]. L'assurance où je suis que Dieu a tout fait pour sa gloire et que mon intérêt me commande de respecter ses desseins me permet d'instituer une Ethique appliquée. Le précepte initial, d'où sortiront les diverses classes de devoirs, sera celui qui me prescrit « d'exercer mon entendement en m'instruisant de toute la
» constitution des choses, de manière à acquérir une juste
» appréciation des divers genres ou degrés du bien et du
» mal, et à toujours préférer un plus grand bien à un
» moindre, un moindre mal à un plus grand[2]. » Cette

1. *Premiers principes*, etc., part. I, ch. II, § 17.
2. Part. II, ch. I, § 7.

connaissance obtenue, il suffira de déduire quels devoirs nous lient envers nous-mêmes, envers Dieu, envers nos semblables [1].

Johnson clôt sa morale sur une prière philosophique [2]. Pouvait-il mieux faire, pour terminer ses *Principes*, que de s'adresser à celui qui nous envoie les pensées révélatrices de la science aussi bien que les suggestions inspiratrices du devoir ?

Si nous voulions condenser encore cet abrégé et ramasser en quelques lignes les idées particulières à l'immatérialiste Américain, nous dirions que, tout en suivant de bien près son modèle Irlandais, il a cependant fait mieux que d'accommoder, tel quel, à un plan pédagogique l'idéalisme Berkeleyen. Il en a, d'une vue très juste, discerné les fissures et ne s'est point épargné à les combler. Sur les notions, sur ces connaissances abstraites laissées par son devancier dans la pénombre, il a porté une curiosité investigatrice. Il a dégagé la théorie explicative qui semble se chercher dans la *Siris*. Au même titre que les images des sens, il a fait des idées intellectuelles les impressions de Dieu sur nos âmes, impressions actuelles, non préétablies ou incréées en nous. En même temps qu'il mettait en relief ce caractère acquisitionnel de toutes nos connaissances, même des rationnelles, il proclamait la forme archétypale des idées et leur inhérence à la pensée divine, menant ainsi à bien et par la voie la plus naturelle la réconciliation entre l'évêque de Cloyne et le philosophe de l'Oratoire. Enfin il atténuait ce que présente de paradoxal une Ethique utilitaire à sa base et théologique à son

1. Part. II, ch. ii-v.
2. Chap. vii.

sommet. Il lui a suffi pour cela de mieux continuer que n'avait fait son guide l'hypothèse du symbolisme universel et de la prolonger jusque dans la morale particulière. Le devoir, comme la science, relève de la sage et bienveillante volonté qui veille sur la Création. Un principe un et identique parcourt d'un bout à l'autre, dans la sphère de l'action comme dans celle de la pensée, la doctrine idéaliste : savoir et pratique ont leur source dans la pensée omniprésente. Grâce à Johnson, l'immatérialisme Berkeleyen satisfait sans réserves à la devise Aristotélicienne : οὐκ ἀγαθὸν πολυκοιρανίη · εἷς κοίρανος [1].

Ne fût-ce qu'à ce titre, la philosophie enseignée par le premier président de King's College méritait de ne point passer inaperçue.

VI. Cependant les contemporains ne prêtèrent pas aux *Eléments de philosophie* grande attention. Cette indifférence fut très cruelle à Johnson, si nous en jugeons par la lettre que Franklin lui écrivit pour le consoler. Son glorieux ami le gronde de regretter une publication, il est vrai, bien froidement accueillie ; il lui annonce la réimpression de son livre en Angleterre, où les bons juges ne manquent point. De là sans doute les *Eléments* retourneront avec plus de célébrité dans leur patrie [2]. Une nouvelle édition parut, en effet, à Londres en 1754 ; mais là aussi le silence devait se faire sur l'ouvrage et la prédiction amicale de Franklin ne fut point confirmée par l'événement.

Un dernier écho de cette publication nous parvient dans la correspondance de Johnson et de Colden. Le natu-

1. Métaph., A, 1076, a.
2. Lettre de Franklin, du 15 avril 1754.

raliste philosophe en est toujours demeuré à son objection favorite et la dialectique des *Eléments* n'a pas eu le don de faire évanouir ses doutes. — Pourquoi, insiste-t-il, douer le pouvoir causal de cet attribut : l'intelligence ? Que toute cause doive être active, qu'entre l'inertie et l'incapacité de produire il y ait parfaite identité, fort bien. Mais il eût fallu s'en tenir là. « Je ne suis pas convaincu que » l'intelligence soit pour toute action un concomitant » essentiel, car alors je ne pourrais, sans le supposer » intelligent, concevoir l'action d'un moulin[1]. » Johnson à cet argument obstiné oppose sa non moins tenace réponse : séparer de l'intelligence la causalité, c'est former une conception discordante et en même temps multiplier les êtres en pure perte. D'ailleurs, Colden n'a-t-il pas, dans ses propres livres, admis l'initiative d'un Être intelligent de qui dérive l'action corporelle, confessant ainsi que la matière servait à cet Être d'instrument ? « En sorte que ce que vous » appelez l'action d'un moulin ou d'une montre n'est en » réalité qu'une série de passions jusqu'à ce que vous » veniez au principe de l'intelligence, qui se trouvera, en » fin de compte, être également le principe de l'action [2]. » Anneau secondaire de la chaîne des principes, avait dit l'auteur de la *Siris ;* simple occasion pour la volonté omnisciente de s'exercer, avait répété le philosophe du *Traité de la nature et de la grâce ;* série de passions successives, dit au même sens Johnson. Pas plus dans sa correspondance que dans son enseignement, le premier Président de King's College n'aura laissé entamer le dynamisme spiritualiste que Malebranche avait hérité de

1. Lettre de Colden, du 20 décembre 1752.
2. Réponse de Johnson.

Descartes et qui préside au système de Berkeley comme au sien.

La philosophie des *Éléments* fit plus d'un prosélyte parmi les jeunes universités Américaines. Si elle échoua devant le grand public, la faute en est aux circonstances dans lesquelles elle se produisit. Un monde à peine né, en qui la vie s'éveille et qu'anime l'impatience jalouse de conquérir sa place au soleil, n'a pas la quiétude et le recueillement indispensables pour se complaire aux hypothèses transcendantes d'un spéculatif. Son attention se porte ailleurs : vers l'agitation, vers la lutte. L'origine, l'essence de nos idées, ce sont là des problèmes qu'il remet à un autre temps. L'antithèse de l'esprit et des choses n'intéresse pas encore sa curiosité, toute concentrée, pour l'instant, sur le fait et l'action. Quand les sociétés auront assis leurs institutions, assuré leur lendemain, les lettres et les arts pourront fleurir, la spéculation la plus raffinée aura pleine licence de se donner carrière. Jusque là, les choses du dehors occuperont et inquiéteront les âmes, de préférence aux mystères de la vie intérieure. Les nations aussi ont pour premier souci d'exister. Il faut d'abord vivre : on idéalisera et immatérialisera ensuite tout à loisir.

A Londres, le manuel de Johnson paraissait en un moment non moins inopportun. De plus en plus, la philosophie de l'esprit perdait en Angleterre du terrain. Le pur sensualisme prenait sa revanche et l'heure avait sonné où l'analyse phénoméniste devait déduire des doctrines chères à Philonoüs et Euphranor un scepticisme radical. Encore si les *Eléments de philosophie* avaient présenté l'immatérialisme sous un tout nouveau jour ! Si, par un effort d'originalité, l'auteur de *Noetica* eût inauguré, pour la défense du Berkeleyisme, quelque dialectique ignorée ! Peut-être l'attention générale s'y serait-elle arrêtée et le déclin du système en eût-il été ralenti !

Mais non. Johnson s'était tellement identifié à son maître qu'il semblait ne faire que le commenter et de la manière dont Berkeley se fût commenté lui-même. Rarement on vit écrivain entrer à ce point dans la pensée de son modèle et en revêtir aussi exactement la personnalité. On croirait que l'auteur d'*Alciphron* se soit, en quittant la terre Américaine, dédoublé ; qu'il y ait donné naissance à un autre lui-même, partageant sa foi, parlant son style, voyant toutes choses sous le même angle, raisonnant, discutant, concluant, comme lui-même ou avait fait ou aurait dû faire. Que si, de temps à autre, son Sosie amende ou parfait ses conceptions, c'est dans le sens précis que commandait la logique intérieure de sa méthode et de son hypothèse propres. Jamais peut-être philosophie n'exerça sur un admirateur, lui-même subtil et exercé, un ascendant aussi absolu. Il y a, en vérité, une originalité relative à se pénétrer aussi profondément de principes que l'on emprunta et à mieux comprendre les exigences d'une hypothèse, à leur donner plus entière satisfaction, que n'avait fait l'inventeur.

Johnson ne s'était pas seulement approprié de son grand ami les croyances, les démonstrations, les méthodes dialectiques, l'expression élégante et imagée. Il l'imita encore dans sa vie et dans son caractère. Travailler au bien des hommes fut également sa constante ambition. Le même zèle philanthropique ne cessa jamais de l'enflammer. Son premier biographe nous assure, avec une naïveté touchante, que Johnson, s'il eût pû, aurait rendu toute créature humaine complètement heureuse. Et quel admirable éloge que ce mot de Beach : « je puis le dire sans hyperbole, » je ne sache pas avoir jamais conversé avec lui sans m'être » ensuite trouvé meilleur [1] ! »

Quand arrivent ses derniers moments, c'est encore le souvenir et l'exemple de l'évêque de Cloyne qui occupent l'esprit de ce parfait disciple. Le jour même où il allait s'éteindre, il s'entretint de son maître. « Il exprima le vœu, dit » Chandler, qu'il lui fût donné de ressembler, en la ma- » nière de sa mort, à son bon ami l'évêque Berkeley, qu'il » avait grandement aimé et dont il avait toujours estimé » heureuse la fin. » Presque aussitôt, il expira. C'était le 6 janvier 1772, jour de l'Epiphanie.

[1]. CHANDLER, *Life of Johnson*.

CHAPITRE X

L'IMMATÉRIALISME EN AMÉRIQUE (SUITE). — JONATHAN EDWARDS

I. Peu de noms, au XVIIIe siècle, obtinrent autant de célébrité que celui de Jonathan Edwards. C'est en des termes dithyrambiques que, de nos jours encore, critiques et historiens ont vanté la vigueur logique et la puissance constructrice d'un écrivain qu'ils tiennent, comme ont fait Mackintosh, D. Stewart, Robert Hall, Fichte même, pour le plus grand métaphysicien que l'Amérique ait encore produit[1]. Qui sait, se sont-ils demandé, jusqu'où se fût élevé ce génie original, si, au lieu de naître en une terre à demi-sauvage, loin des traditions de la philosophie et de la science, il fût apparu dans notre ancien monde et y eût reçu la directe impulsion de l'esprit moderne ? Peut-être prendrait-il place entre Leibnitz et Kant, parmi les fondateurs

1. « Le plus grand théologien de son siècle, le plus habile métaphysicien de la période entre Leibnitz et Kant. » (*Yale College. Biographical Sketches*, by Franklin Bowditch Dexter.) « Le plus original et le plus pénétrant penseur qui ait encore paru en Amérique... » (*A History of American Literature*, by Moses Coit Tyler.) M. Leslie Stephen le met sur le même rang que Benj. Franklin. (*Hours in Library*, t. II.) V. aussi Fr. Ueberweg : la philosophie en Amérique.

de systèmes immortels, au lieu que l'œuvre qu'il a laissée se réduit à une théologie sublime et barbare, qui étonne notre raison et indigne notre cœur, objet tout à la fois de frayeur et d'admiration.

Dès l'enfance, il se révéla un disputeur intrépide et un piétiste militant. Il était né en 1703, à Windsor (Connecticut), paroisse dont son père était ministre évangélique. Le goût de controverser, plume en main [1], le posséda de bien bonne heure, s'il est vrai, comme le conjecture son biographe Sereno Dwight, qu'il avait dix ou onze ans quand il composa une pressante riposte à cette prétention émise par quelque petit voisin : que « l'âme était matérielle » et séjournait avec le corps jusqu'à la résurrection. » A moins que chacun des deux enfants n'eût été lui-même un écho et qu'il ne faille chercher dans la thèse comme dans la réfutation rien de plus qu'une leçon bien comprise et bien retenue [2].

A treize ans, il entra à Yale College. Il y parcourut avec un grand succès le cycle scolaire. En 1722, il reçut la licence de prêcher. A cette date il faut reporter les soixante-dix Résolutions, d'un si ardent mysticisme, par lesquelles il s'étudiait à demeurer toujours, de pensée et de cœur, en communion avec Dieu [3]. Il prend, en 1723, à New haven,

---

1. « Il paraît toujours avoir été la plume en main. » *Vie du Président Edwards*, en tête de l'édition complète de ses œuvres, par S. E. Dwight. New-York, 1830.

2. La réplique d'Edwards est de tour ironique : «...Je désirerais connaître la coutume du royaume avant de jurer fidélité. Je voudrais savoir si cette âme matérielle réside avec le corps dans le cercueil ;... je voudrais savoir de quelle forme elle est, ronde, triangulaire, ou carrée... J'ai peur que lorsque le cercueil cèdera, la terre ne tombe et l'écrase... » (*Memoirs of J. Edwards.*)

3. V. *Memoirs*. Ces résolutions, qu'il relisait une fois chaque semaine,

son degré de Maître ès-arts, est élu tuteur au Collège. Il abandonne cette fonction, sur l'offre du ministère qu'il avait reçue de Northampton. Le 15 février 1727, il est ordonné et il prend place dans la congrégation Évangélique. La carrière s'ouvrait toute grande à son ambition d'apôtre. Là, il lui serait loisible de dogmatiser et de catéchiser. Aussi bien sa sombre doctrine était déjà toute arrêtée dans son esprit. Non qu'il s'y fût arrêté sans bien des luttes avec lui-même. Nous avons, sur ce point, ses confidences. Enfant, des objections sans nombre s'élevaient dans sa pensée contre le dogme « d'un Dieu sou-
» verain, choisissant pour la vie éternelle à son gré les
» uns, laissant périr à jamais les autres et à jamais souf-
» frir en enfer. » Mais, à la longue, ces doutes tombèrent; sa conscience s'accommoda d'un article de foi qu'il avait longtemps jugé « horrible » et qui finit par le satisfaire pleinement. Dès lors, il eut son siège fait. Une providence implacable, qui dispense comme il lui plaît le salut et la damnation, une sorte de Fatum chrétien, cause unique et première à laquelle toute existence, dans l'ordre moral même, est assujettie et sous le bon plaisir de qui nous devons, nous, intelligents automates, nous prosterner dans la prière et le tremblement : tel est le Dieu qu'il se fit gloire de prêcher aux hommes. A répandre cette foi, selon lui régénératrice, il dévoua sa vie et il eût, pour la propager, affronté le martyre.

Aussi, en dépit de ce que cet ultra-Calvinisme avait de désolant, sa brûlante parole, que soutenaient et une érudition sacrée à toute épreuve et une dialectique sans

---

sont d'une âme qui s'est fait une constante loi de vivre dans la pensée de la mort, de Dieu et de l'éternité.

rivale, opérait-elle des miracles. Il crut constater à Northampton une véritable résurrection de l'esprit religieux. La piété enfantait sous ses yeux des prodiges, qui ne le cédaient en rien aux hauts faits des convulsionnaires de Saint-Médard et où, visiblement, se marquait à lui le doigt de Dieu. Il faut lire le récit qu'il a publié des « Con- » versions surprenantes » opérées à Northampton [1]. L'exaltation piétiste dont il y est fait preuve dépasse toute imagination. La vie que notre enthousiaste y raconte des deux « saintes » Abigail Hutchinson et Phœbe Bartlet, dont il recommande à ses lecteurs l'exemple édifiant, compose un épisode bon à figurer dans quelque Traité de pathologie mentale [2].

Sa réputation de prédicateur gagnait de proche en proche. Le sujet de quelques-uns de ses sermons les plus goûtés (il les rééditait dès 1738,) indiquera suffisamment le cruel pessimisme où se portait son imagination de Voyant : *justification par la Foi seule ; — la Justice de Dieu dans la Damnation des pécheurs ; — les pécheurs dans la main d'un Dieu courroucé.* Ce dernier, au dire de Dwight, fut à Enfield le signal d'un retour à la Religion. Et cependant, quel enseignement on y trouve ! Combien peu propre à attirer les cœurs ! On ne conçoit pas un christianisme plus dur et plus insensible. Les mystères de la vengeance divine sont le thème désespérément uniforme de tous ces discours. L'orateur s'y délecte jusqu'à nous révolter. On se demande, selon la remarque d'un de nos contempo-

---

1. *A faithful narrative of the surprising work of God in the conversion of many hundred souls in Northampton..., in a letter to the Rev. Dr Colman,* 1736 (publiée en 1737.)

2. *A faithful narrative...*, § III.

rains[1], si c'est un homme de chair et de sang qui a pu, par exemple, prononcer l'épouvantable sermon dont le titre seul est un défi à la pitié : *les méchants, uniquement utiles en ce qu'ils seront détruits.* Veut-on connaître l'une de ces utilités auxquelles par sa seule ruine contribuera le pécheur ? Écoutons Edwards : « Quand les » saints dans le ciel jetteront leurs regards sur les damnés » dans l'enfer, ils en éprouveront mieux le sentiment de » leur propre bonheur... Quand ils regarderont les dam- » nés et en verront la misère, comme le ciel retentira de » louanges célébrant la justice de Dieu à l'égard des mé- » chants et sa grâce envers les saints ! Et combien d'un » plus vaste cœur encore ils glorifieront Jésus-Christ leur » Rédempteur d'avoir bien voulu mettre en eux son » amour, son amour expirant ! De les avoir distingués » jusqu'à verser son sang et offrir son âme en sacrifice » afin de les racheter de cette misère et de les porter à une » telle félicité[2] ! » Insensibilité de sectaire, égoïsme de fanatique, vraiment indignes de la belle âme en qui la folie de système pouvait à ce degré tarir les sources de la charité ! Combien plus humaine, l'attitude qu'en son Jugement Dernier Michel-Ange a prêtée à la mère du Sauveur, quand il l'a peinte suppliante et éplorée à la vue du Christ Justicier qui repousse et précipite les contempteurs de sa Loi !

Cette théologie de fer, comme il arrive si souvent aux doctrines violentes, remuait bien plus fortement les cœurs que n'eût fait une prédication aussi éloquente, mais plus

---

1. LESLIE STEPHEN, *Hours in Library*. V. le chapitre sur J. Edwards, que cet écrivain étudie exclusivement au point de vue théologique et moral.
2. *Wicked men useful in their Destruction only.* Texte pris d'Ezek., XV, 2-4. Ce sermon est daté de juillet 1744.

mesurée[1]. Les Églises sollicitaient de toutes parts le concours d'Edwards. Ses publications n'obtenaient pas moins de succès que ses homélies. Quelques-unes devinrent de véritables bréviaires aux mains des ministres Évangélistes : ainsi, ses *Pensées sur la renaissance religieuse de la nouvelle Angleterre en 1740*. D'autres, par l'étroitesse de la sélection qu'il y instituait pour discerner et admettre les parfaits croyants « au repas du Seigneur, » soulevèrent d'orageuses controverses. Son traité des *Qualifications... pour la Communion*[2], où étaient posées des règles trop rigoureuses, en vue de prévenir l'introduction dans l'Église chrétienne de membres sur qui la grâce ne serait pas descendue, déchaîna la tempête. Le Conseil assemblé l'accusa d'avoir altéré les prescriptions de l'Écriture et causé un grand trouble parmi le peuple dont il avait la garde. Edwards dut donner sa démission. En 1751, il accepte à Stockbridge le poste de ministre que lui avait offert la Congrégation.

C'est vers ce temps que ses réflexions furent plus particulièrement appelées sur le problème dont il devait populariser une solution si radicale : l'âme humaine est-elle, comme le prétendaient les écrivains Arminiens, douée de libre arbitre ? Depuis longtemps son opinion était faite à ce sujet. Mais il n'avait pas eu encore à la formuler systématiquement. Réfuter les partisans du libre arbitre ; établir

---

1. « Dans les choses de religion, remarque Hume excellemment, les hommes prennent plaisir à être terrifiés et nuls prédicateurs ne sont si populaires que ceux qui excitent les plus horribles et les plus sombres passions. » (*Tr. nat. hum.*, part. III, § 9.)

2. *An humble Inquiry into the rules of the word of God concerning the Qualifications requisite to a complete standing and full communion in the visible Christian Church*, 1746.

que cette notion, bien loin d'être requise par nos concepts de devoir et de vertu, de responsabilité et de sanction, en entraînerait au contraire la négation formelle ; substituer à cette idée contradictoire le principe, aussi satisfaisant pour le métaphysicien que pour le psychologue, d'une *nécessité morale :* tel fut l'objet de sa *Recherche sur la liberté du Vouloir*, celui de tous ses livres qui obtint le plus de célébrité [1]. On n'a jamais dépensé au service de la cause déterministe une argumentation plus variée et plus pressante. La réduction à l'absurde de la liberté dite d'indifférence y est menée de main de maître. La parfaite compatibilité des conclusions nécessitariennes avec les principes théoriques et pratiques sur lesquels repose toute morale y est défendue avec un art que ni Hume, ni Bentham, ni St. Mill, n'ont surpassé.

Il serait long de suivre Jonathan Edwards dans le détail de sa vie de missionnaire. Son ardeur infatigable à prêcher la pure foi apostolique lui valut bien des encouragements et de fortifiantes félicitations. En 1757, il fut élu pour succéder à Aaron Burr [2], comme Président du collège de Princeton. Sur les instances des *trustees*, il se résolut d'accepter ; mais, peu de temps après qu'il avait pris possession de son poste, il tomba malade de la petite vérole et mourut le 22 mars 1758, en pleine connaissance, l'esprit serein et le cœur allègre, tout à l'espérance de paraître devant ce Dieu dont il avait si éloquemment dit les menaces et en qui, peut-être, durant cette suprême crise, il

---

1. *A careful and strict Inquiry into the modern prevailing notions of that* Freedom of Will, *which is supposed to be essential to moral agency, virtue and vice, reward and punishment, praise and blame.*

2. Son gendre.

entrevit plus de douceur. Ses adieux aux siens leur sont encore une exhortation stoïcienne : « Pour vous, mes en- » fants, vous n'allez plus avoir de père ; ce sera pour vous » tous, je le souhaite, un encouragement à chercher un » Père qui ne vous abandonne jamais. » Et comme il entendit que l'on pleurait auprès de lui : « Confiez-vous en » Dieu, murmura-t-il, et vous n'aurez pas lieu de crain- » dre. » Ce furent ses derniers mots.

II. L'histoire de la philosophie religieuse présente peu de figures aussi originales que celle du Président Edwards. Mais ce n'est pas l'évangéliste de Northampton, où le missionnaire de Stockbridge, que nous avons à étudier ici. Jonathan Edwards nous intéresse à un titre plus particulier. Il se trouve, en effet, qu'au moins durant une période de sa vie de penseur, ce sombre théologien souscrivit aux principales données du système immatérialiste. Des manuscrits posthumes, publiés par S. Dwight, contiennent une défense en règle de la subtile hypothèse : défense, il est vrai, que nous ne possédons qu'ébauchée, mais dont certains fragments égalent, pour l'énergie de la déduction, les pages les plus renommées de son traité sur le libre arbitre [1]. Ou plutôt, non : dans cette esquisse ne se trahit nulle velléité d'apologie. Une intention exclusivement didactique la parcourt. L'auteur, qui a inscrit en tête de ses notes ce titre : l'*Esprit*, nous apprend qu'il se propose d'écrire l'histoire naturelle du monde mental et de se livrer à une enquête sur la nature de l'âme humaine, considérée au double point de vue de la faculté de comprendre et de

1. V. l'Appendice aux *Memoirs* : *Remarks in mental Philosophy*. — *The mind*.

celle de vouloir, en tant qu'elle est passive et en tant qu'elle agit. Or il se trouve que ce devis de description morale forme le canevas très précis d'une psychologie idéaliste.

Que ce manuscrit nous offre mieux que de simples memoranda notés au hasard de la lecture, nous en avons la preuve, non seulement dans l'ordre constructif suivant lequel l'esquisse est disposée [1], mais, considération d'un plus grand poids, dans le fait que l'auteur ne s'astreint nullement à reproduire trait pour trait l'immatérialisme des maîtres, tel, par exemple, que Samuel Johnson l'avait résumé. Sur un point capital, nous voyons dès l'abord qu'il n'hésite pas à se séparer de l'idéalisme classique. Il nie qu'une réelle hétérogénéité de nature distingue de l'inclination le vouloir. Il ne voit « dans les actes impératifs de » la volonté rien autre chose que l'inclination prépondé- » rante, relativement à ce qu'il faut faire en ce moment [2]. » C'est, en moins de mots, ce qu'il soutiendra contre Taylor et Chubb, lorsqu'il combattra la croyance arminienne à la liberté. Au reste, s'il abonde, au même degré que Hume, dans le sens du déterminisme, il se montre tout aussi sensualiste que Locke [3] et Berkeley purent l'être : « Toutes les » idées commencent avec la sensation ; il ne peut y avoir » aucune idée, aucune pensée, aucune action de l'esprit, qu'il

---

1. Après le *Titre* détaillé, vient une *Introduction*. Suit l'énumération des sujets à agiter « dans le Traité de l'Esprit. » Enfin se succèdent les principaux articles qu'Edwards comptait développer. C'est donc bien un projet d'exposition doctrinale, projet aux divisions encore mal ordonnées, ainsi qu'il était, ce semble, arrivé à Berkeley dans son *Commonplace Book*.

2. *Sujets à agiter dans le Traité*, § 12.

3. D'après les renseignements des biographes, l'*Essai* fut le premier livre de philosophie dont s'éprit Edwards, celui qui exerça sur son esprit la plus vive influence. Ce ne put cependant pas être Locke qui lui inculqua l'idéalisme.

» n'ait d'abord reçu des idées de la sensation ou de quelque
» autre voie équivalente, où il soit entièrement passif en les
» recevant. » Ce que Locke n'a point su faire, ce qui sera
l'œuvre propre de David Hume : à savoir, l'explication associationniste des lois qui gouvernent les combinaisons de
nos pensées, Edwards l'anticipe expressément. Examinant
quelle peut être la raison des connexions par lesquelles
nos idées s'accompagnent ou s'appellent l'une l'autre et
dans quelle mesure on serait autorisé à les faire dériver de
telle ou telle relation primordiale, du rapport causal, par
exemple, il ajoute : « Est-ce que le tout ne pourrait pas se
» réduire aux relations suivantes : *association d'idées,*
» *ressemblance de quelque sorte, disposition naturelle* en
» nous, quand nous voyons une chose commencer d'être,
» à supposer qu'elle résulte d'une cause ? A noter : com-
» ment ces lois, par lesquelles une idée en suggère et en
» amène une autre, sont une sorte de mutuelle attraction
» d'idées [1]. » — Mais, ces idées elles-mêmes, d'où les recevons-nous ? — Edwards va nous l'apprendre : « Aurait-il
» jamais pu, demande-t-il, rien y avoir de tel que la Pensée,
» sans des idées extérieures immédiatement imprimées par
» Dieu, soit conformément à quelque loi, soit d'une autre
» manière ? » Cette hypothèse, nous la connaissons bien et
une telle question, si négligemment posée qu'elle soit,
équivaut à une profession de foi philosophique.

Les fragments qui suivent et que réunit ce titre général :
L'Esprit, ne sont pas pour infirmer nos présomptions. Assurément il y aurait témérité à tenter de ressaisir le fil
conducteur qui devait assembler ces articles épars ; toute-

---

1. *Sujets à agiter,* etc., § 43.

fois, il nous sera permis, sans grand abus de conjectures, de leur assigner une commune fin. Il y a, par exemple, tout lieu de présumer que le rédacteur avait pris pour point de départ de son exposition idéaliste les conclusions subjectivistes adoptées par la nouvelle psychologie. Vue et toucher, s'il faut l'en croire, ne nous informent que de nous-mêmes. « Les idées que nous avons par le sens du toucher sont » autant de pures idées que celles que nous avons par le » sens de la vue[1]. Or, nous savons que tous les objets de la » vue sont des existences purement mentales, attendu que » toutes ces choses avec tous leurs modes existent dans un » miroir, où tout le monde conviendra qu'elles n'existent » que mentalement[2]. » Et, comme ce que nous appelons un corps se réduit à la couleur, à la figure, plus un pouvoir de résister, il n'y aurait donc rien en l'objet d'extérieur à l'esprit sinon la résistance ? Mais ce dernier attribut, à son tour, « n'est rien autre chose que l'actuel déploiement du » pouvoir de Dieu : donc le pouvoir de résister ne peut » rien être, sinon la constante loi ou méthode de cet actuel » déploiement. » Quant à vouloir placer la résistance en dehors de notre pensée, ce serait tenter l'impossible. Car, qui dit résistance suppose un quelque chose à quoi l'on résiste et toujours la question reviendrait : quel est ce quelque chose de *résisté* ? Au contraire, si nous situons dans le monde spirituel la force réagissante, toutes ces difficultés s'aplanissent. « Il est aisé de concevoir la résistance

---

1. *The Mind*, § 27, *Existence*. — Cette position est celle que Berkeley a prise dans le *Traité des Principes*, dissipant l'équivoque à laquelle pouvait prêter la *Nouvelle Théorie de la Vision*.

2. C'est presque ici une phrase de Berkeley ; c'est du moins un de ses arguments de prédilection.

» comme un mode d'une idée. Il est aisé de concevoir un
» semblable pouvoir ou manière constante d'arrêter une
» couleur ou de lui résister. On peut résister à l'idée, elle
» peut se mouvoir et s'arrêter et rebondir.....[1]. Le monde
» est par conséquent un monde idéal. La loi de création et
» la succession de ces idées est constante et régulière. »
D'où, ces deux corollaires : « Il serait impossible que le
» monde existât depuis l'éternité sans un esprit; nous
» apprenons la nécessité de l'éternelle existence d'un Esprit
» qui embrasse tout et dont la négation jetterait dans des
» contradictions inextricables [2]. »

De nombreux articles, et ce sont peut-être ceux où Jonathan Edwards fait preuve de la plus rare dextérité logique, visent ensuite à concilier avec la science et à protéger contre les paralogismes du sens commun le système dont il vient de poser les principes. L'auteur américain ne se met pas moins en garde que l'évêque de Cloyne contre les fausses interprétations de sa pensée[3] et il veille avec un soin égal à prévenir les équivoques. Ainsi, quand il dit que le monde, c'est-à-dire l'univers matériel, n'existe nulle part ailleurs que dans l'esprit, il recommande que l'on ne prenne point ses expressions au sens littéral. « On n'a pu vouloir dire que le
» monde entier fût contenu dans l'étroite enceinte de quel-
» ques pouces...; nous devons nous souvenir que le corps
» humain et le cerveau lui-même n'existent que mentale-
» ment, de la même manière que les autres choses et ainsi

---

[1]. Cf. MALEBRANCHE, *I*ᵉʳ *Entretien métaphysique,* § 8, lorsque Théodore dit à Ariste : « ...Je vous accorde que votre plancher vous résiste. Mais pensez-vous que vos idées ne vous résistent point? »

[2]. *The Mind,* § 28, Coroll. I et § 30, Coroll. II.

[3]. Cette crainte de la « *misapprehension* » avait été aussi partagée par Samuel Johnson.

» ce que nous appelons *lieu* est une idée également[1]. »

Les objections tirées des rapports étroits que l'expérience nous fait relever entre le physique et le moral ne sont pas moins aisément dissipées. Cette prétendue connexion entre l'âme et le corps se ramène, en dernière analyse, à une relation entre pensées. « Il est à peine besoin
» de dire que la dépendance des idées de sensation à l'é-
» gard des organes corporels n'est que la dépendance de
» certaines de nos idées à l'égard de certaines autres... La
» dépendance de nos idées à l'égard des organes est la
» dépendance de nos idées vis-à-vis de nos corps..., en
» tant qu'ils existent mentalement[2]. » Cette subordination même nous permet en quelque manière de donner au sens commun une satisfaction relative. « L'âme, en un
» sens, a son siége dans le cerveau ; et ainsi, en un sens,
» le monde visible existe hors de l'esprit ; car, certaine-
» ment, en un très propre sens, il existe hors du cer-
» veau. »

Qu'une fois ces précautions prises, le philosophe idéaliste ait toute liberté de cultiver, selon les méthodes reçues, les sciences de la nature ; que son droit demeure entier d'exprimer ses sensations et ses pensées dans la langue de tout le monde : c'est une vérité sur laquelle Edwards ne se lasse pas de revenir. « Découvrir les rai-
» sons des choses dans la philosophie naturelle est seule-
» ment découvrir la proportion suivant laquelle Dieu agit.
» Et le cas est le même, en ce qui concerne ces propor-
» tions, soit que nous supposions ou non le monde seule-

---

1. *The Mind*, § 34.
2. § 51. On ne peut dénouer plus élégamment une des difficultés les plus spécieuses qui aient été élevées contre l'Idéalisme.

» ment mental, au sens où nous l'avons pris. — Bien que
» nous supposions l'existence de tout l'Univers matériel
» absolument dépendante de l'idée, toutefois nous pouvons
» parler à l'ancienne manière, avec autant de propriété et
» de vérité que jamais [1]. » Nous pourrons, par exemple,
dire que Dieu créa telle quantité d'atomes, de telle forme,
de tel volume, leur imprima une direction, leur communiqua une vitesse déterminées et que les changements naturels qui forment dans l'Univers une série continue n'ont pas d'autre origine. « Toutefois, peut-être tout ceci
» n'existe-t-il parfaitement nulle part, sinon dans l'esprit
» divin. Si l'on demande : qu'est-ce qui existe dans l'es-
» prit de Dieu et comment ces choses y existent-elles ? Je
» réponds : c'est sa détermination, son soin et son des-
» sein, que les idées soient unies à jamais précisément
» ainsi, et de la manière qu'il convient à une série sem-
» blable [2]. »

De même, et grâce à la simple hypothèse d'une action divine ordonnatrice, tomberont les objections fondées sur l'ignorance actuelle où les esprits créés peuvent être d'objets cependant réels. A supposer même que nulle intelligence finie ne fût présente pour percevoir les êtres, ceux-ci n'en auraient pas moins, dans l'Entendement éternel, une manière de substantialité. « L'existence de choses qui ne
» sont pas actuellement dans des esprits créés consiste
» seulement dans le pouvoir ou la détermination de Dieu,
» en vertu de laquelle, sous des conditions données, telles
» et telles idées seraient suscitées dans des esprits créés [3]. »

1. *The Mind*, § 34.
2. *Ibid.*
3. *Ibid.*, § 36.

Un objet ne disparaît donc pas pour tomber dans le néant par le seul fait que ni moi ni personne, dans le monde fini, n'en prend conscience. Les meubles que renferme cette chambre supposée déserte ne rentrent pas dans le non être, parce que nul œil ne les contemple. « Comment ces choses
» existent-elles? Je réponds : il y a eu dans les temps
» passés un tel cours et une telle succession d'existences
» qu'elles doivent être supposées, former, aux termes du
» commandement divin, la série complète de l'ordre des
» choses. Or, il y aurait, si on ne les admettait, d'innom-
» brables effets qui seraient disjoints et déjetés hors de
» leurs séries[1]. » Et que l'on n'allègue pas ces infiniment petits qui ne sauraient exercer qu'une influence insensible. D'autres esprits, doués d'une pénétration supérieure, pourraient peut-être percevoir les moindres changements. A la longue, d'ailleurs, ces infimes altérations feront sentir leurs conséquences. Si peu qu'un atome, placé sur le trajet d'un globe de plomb lancé lui-même dans le vide avec la vitesse d'un boulet de canon, en ralentisse la marche, au bout d'un million d'années, le globe de plomb aura parcouru peut-être un million de pouces de moins qu'il n'eût fait. « Ainsi le moindre atome, par son existence ou son mou-
» vement, cause une modification plus ou moins grande
» dans tout autre atome de l'univers. Ainsi, à la longue, la
» modification sera rendue très sensible. Ainsi, avec le
» temps, l'Univers entier différera du tout au tout de ce
» qu'il eût été sans cela[2]. »

De nouveau, nous rejoignons la conception des choses qui a vulgairement cours et nous avons toute latitude de

1. *The Mind*, § 40.
2. *Ibid.*

revendiquer comme nôtres, sauf à en mieux déterminer la portée, les croyances généralement reçues. Ainsi, c'est une opinion universelle que les organes des sens envoient à l'esprit des idées. Or, comment cela se peut-il, si les organes n'ont eux-mêmes qu'une existence mentale ? « Ré-
» ponse : étant donné que nos organes sont des idées, la
» connexion que nos idées soutiennent avec tel et tel mode
» de nos organes se ramène à la constitution établie par
» Dieu, selon laquelle certaines de nos idées seront, suivant
» un ordre et une loi établis, en connexion avec certaines
» autres et en suivront comme de leur cause[1]. » Il n'y a nul empêchement à ce qu'il soit fait mention par l'idéaliste de l'union du corps et de l'âme. « Uni à un corps, l'Esprit per-
» çoit plus fortement les choses parmi lesquelles se trouve
» le corps et là il peut produire immédiatement des effets :
» en ce sens, on peut dire que l'âme est dans le même lieu
» que lui. C'est la loi que nous appelons *union entre l'âme*
» *et le corps*. Ainsi l'âme peut être dite se trouver dans le
» cerveau, en ce sens que ce n'est que moyennant les chan-
» gements qui s'y produisent qu'elle reçoit les idées ve-
» nues du corps[2]. » Dans ces conditions non plus, rien ne s'opposerait à ce que l'idéaliste souscrivît au principe d'où la psycho-physiologie a pris naissance et qu'ailleurs Jonathan Edwards a lui-même ainsi formulé : « Union de l'âme
» avec le corps. L'Esprit est de telle manière uni au corps
» que chaque action de l'esprit entraîne, selon toute proba-
» bilité, un changement dans le corps[3]. » Et *vice-versâ*, — suffirait-il d'ajouter, pour que la proposition coïncidât avec

1. *The Mind*, Coroll.
2. § 2. *Place of Minds*.
3. § 4.

l'axiome par lequel Malebranche avait devancé la psychologie contemporaine [1].

III. Mais nous savons que toutes nos ressources mentales ne se limitent pas aux idées reçues par le canal des sens et dont nos perceptions ont été ou l'occasion ou la cause. Il en est d'autres, auxquelles leur généralité et leur haut degré d'abstraction prêtent une importance exceptionnelle. Sur l'origine et l'essence de ces dernières, les idéalistes se sont, comme l'on sait, partagés : les uns inclinant à leur reconnaître une valeur transcendante, les autres ne leur assignant qu'une provenance phénoménale. En ce désaccord, de quel côté le rédacteur du *Mind* s'est-il rangé?

Il serait difficile de répondre en toute assurance et force nous est de convenir que, prises au pied de la lettre, les Notes donnent successivement raison aux deux thèses adverses, à la nominaliste aussi bien qu'à la réaliste. Par maint endroit, Jonathan Edwards, retraçant la genèse de nos idées universelles, ne raisonne pas autrement que ferait un élève de Hobbes. Une secrète faculté d'associer instinctivement les images perçues ensemble explique, à son avis, la formation en nous de ces notions. « Si une personne
» étrangère à la terre voyait un homme et s'entretenait
» avec lui; si, longtemps après, elle rencontrait un autre
» homme et s'entretenait avec lui, l'analogie exciterait
» immédiatement en elle l'idée de cet autre homme et ces
» deux idées se trouveraient ensemble dans son esprit pour
» le temps à venir, oui, en dépit d'elle-même. Qu'elle en vît

---

1. Cf. notamment, MALEBRANCHE, *VIIe Entretien métaphysique*. D'ailleurs et Edwards et Malebranche conçoivent la possibilité pour l'âme d'un état séparé, mais en des conditions dont nous sommes ignorants.

» un troisième et qu'après elle en trouvât des multitudes,
» il y aurait un genre, ou une Idée universelle formée dans
» son esprit, naturellement, sans son aveu ni dessein [1]. »
Les psychologues associationnistes s'empresseraient d'applaudir. Et, en fait, c'est bien selon les procédés de cette Ecole qu'Edwards analyse nombre de nos idées, par exemple, celles d'espace, de nombre, de durée, de vérité même, qu'avait particulièrement tenues en honneur l'école *a priori*.

L'espace n'est imaginé par nous que coloré. Otez de notre esprit la couleur, nos idées d'étendue et de mouvement nous abandonnent aussitôt. « Quant à l'idée qu'un aveugle-
» né pourrait se former de l'Espace, de la Distance, du
» Mouvement, ce ne serait rien qui ressemble à ce que nous
» appelons de ces noms. Tout ce qu'il pourrait se repré-
» senter ne serait que certaines sensations ou impressions
» qui, en elles-mêmes, ne ressembleraient pas plus à ce
» que nous désignons par Espace, Mouvement, etc., que la
» douleur causée par l'égratignure d'une aiguille ou les per-
» ceptions du goût et de l'odorat [2]... » Cet aveugle-né ne se figurerait le mouvement que sous la forme d'une succession de ses sentiments, selon leur ordre de durée. Que l'esprit considère une suite de différences entre ses idées et y mette un ordre, la notion de *nombre* prendra naissance en lui. Cette suite elle-même lui donnera la notion du temps [3]. Qu'il remarque l'affaiblissement de certaines idées qui « se
» fanent et vieillissent », il les reconnaîtra comme *passées* [4].

1. *The Mind*, § 43.
2. *Ibid.*, § 13, Coroll. C'est la thèse même de Berkeley.
3. § 56.
4. § 57.

Enfin une analyse également obtenue *a posteriori* nous édifiera sur le sens qu'il convient d'attacher aux mots de *vrai* et de *faux*. « La vérité est la perception des relations » qui sont entre les idées. Le faux est la supposition de » relations inconsistantes avec ces idées elles-mêmes, non » leur agrément avec les choses du dehors. Toute vérité » est dans l'esprit et seulement là [1]. »

Jusqu'ici, Jonathan Edwards a raisonné en phénoméniste et l'origine acquisitionnelle de nos plus précieuses notions n'a point paru faire doute pour lui. Mais feuilletons à nouveau le *Mind* et nous verrons se dessiner non moins nettement la thèse de l'innéité. Chacune des réductions sensualistes que nous venons d'énumérer a, dans les Notes d'Edwards, sa contre-partie expresse où la méthode *a priori* reprend bien l'avantage. Ainsi le même psychologue qui ramenait toute étendue à une succession de perceptions de couleurs, nous déclare par ailleurs que l'espace, « en tant que » nous en avons une idée simple, est un être nécessaire [2]. » De même, à la définition du Vrai qui nous était donnée tout à l'heure, en succède une nouvelle qui nous transporte, loin de l'expérience, vers le Platonisme le plus éthéré : « La » Vérité, en général, peut être définie la concordance et » l'agrément de nos idées avec celles de Dieu. » Et, revenant par un léger circuit à son idéalisme fondamental, l'auteur ajoute que, si on lui demande en quoi consiste le vrai par rapport aux réalités hors de nous, il répondra : « la vérité, quant aux choses extérieures, est la concor- » dance de nos idées avec ces idées ou cette suite et série » d'idées qui sont suscitées dans nos esprits, selon l'ordre

1. *The Mind*, § 6.
2. *Ibid.*, § 9.

» établi et la loi de Dieu ¹. » D'où ne tardera pas à découler ce très simple corollaire : « en un sens strict on peut dire
» que Dieu est la vérité elle-même ². »

Il y a plus. Quel est le grand ressort de toute notre logique discursive? N'est-ce pas « cette naturelle, inévi-
»·table et invariable disposition de l'esprit, quand il voit
» une chose commencer d'être, à conclure certainement
» qu'il y en a une cause ; ou, s'il voit une chose être d'une
» manière très ordonnée, régulière, exacte, à conclure
» que quelque dessein la régla et disposa ³ ? » Les deux axiomes de causalité et de finalité (encore le second semble-t-il ne servir qu'à parfaire le premier,) sont les colonnes qui soutiennent notre science de la nature. On les retrouve sous tous nos raisonnements relatifs à l'existence. Le principe de cause, Jonathan Edwards n'hésite pas à le proclamer contemporain de notre pensée elle-même.
« Quand nous voyons une chose commencer d'être, nous
» connaissons intuitivement qu'il y en a une cause ; ce
» n'est point par voie de raisonnement, ni par un argu-
» ment d'aucune sorte. C'est un principe inné, en ce sens
» que l'âme est née avec lui. » L'auteur du *Mind* se fût, selon toute vraisemblance, défendu de commettre en ceci la moindre contradiction et la valeur *a priori* que sa métaphysique assignait à nos idées nécessaires n'infirmait sans doute en aucune manière à ses yeux les données sensualistes de sa psychologie. Quoi d'inconcevable à ce que l'âme, en fait, acquière, par un processus phénoménal déterminé, des idées marquées, en droit, d'un caractère absolu?

1. *The Mind*, § 10.
2. Comment, ici encore, ne point penser à Malebranche ?
3. *Ibid.*, § 54. *Raisonnement.*

Peut-être, s'il avait mis la dernière main au livre que promettait cette suggestive ébauche, aurait-il démontré la possibilité d'un tel accord et épargné aux partisans de l'immatérialisme bien des fluctuations.

Au reste, la doctrine indiquée dans les Notes, comme celle qui se laisse deviner sous l'œuvre religieuse d'Edwards, constitue essentiellement une philosophie de la causalité. Dans l'ordre mental, ainsi que dans l'ordre soit physique, soit ontologique, l'idée de cause sert de pivot à tout le système. Cette idée, notre imagination pouvait bien à la rigueur nous en figurer le schéma, mais elle n'avait point le don de la produire. Comment l'expérience engendrerait-elle le concept sans lequel il ne saurait y avoir d'expérience? Ne nous y trompons pas : le monde des sens n'étale à nos yeux qu'une parodie de la causalité. Tout, dans le règne du relatif, est conséquence et effet. Pour atteindre une cause non indigne de ce nom, nous devons nous élever jusqu'à Dieu. L'action divine, en sa constance, son dessein, sa prévoyance, accomplit ce qui arrive et compose ce qui est. Elle fait tout l'être, dans le physique comme dans le moral, dans l'univers des corps aussi bien que dans le monde des esprits.

Oui, c'est à l'initiative créatrice et providentielle que se réduit même notre concept de substantialité. « Ce qui,
» véritablement, fait la substance de tous les corps est,
» dans l'Esprit de Dieu, l'Idée infiniment exacte et précise
» et parfaitement stable, jointe à son Vouloir constant,
» que les mêmes choses nous seront à nous et aux autres
» esprits graduellement communiquées, suivant certaines
» méthodes et lois établies [1]. » Les hommes ne se trompent

1. *The Mind*, § 13, Coroll.

donc pas de supposer que les modalités des corps enveloppent une substance latente. « Tout le monde aperçoit à
» première vue que les propriétés des corps ont besoin de
» quelque cause qui à chaque moment les fasse continuer,
» aussi bien que d'une cause de leur première existence.
» Par conséquent, tout le monde accorde qu'il y a quelque
» chose qui est là et qui soutient ces propriétés. Eh! oui,
» vraiment, il y est sans aucun doute ; mais les hommes
» ont coutume de se contenter de dire simplement que c'est
» quelque chose. Tandis que ce quelque chose est *Lui* par
» qui tout existe [1]. »

La même puissance formatrice donne l'être aux esprits. A cette source surnaturelle personnes et choses ont puisé tout ce qu'elles possèdent de substantialité. C'est donc au sens littéral qu'il faudrait prendre le mot de saint Paul tant de fois cité par les écrivains idéalistes. Matière et Pensée manifestent Dieu. « Quand nous parlons de l'Etre en général,
» on doit comprendre qu'il s'agit de l'être divin, lequel est
» infini : par conséquent il faut tenir tous les autres pour
» néant. Les *Corps*, nous l'avons montré, n'ont pas pro-
» prement d'être à eux. Quant aux Esprits, ils sont les
» communications du Grand Esprit original [2]. » Cette fois, le panthéisme n'est plus seulement en perspective : le rédacteur des Notes y a bel et bien versé. La menace si souvent agitée devant l'idéalisme se réalise enfin. Ce monde, d'où la matière a été bannie, s'abîme en Dieu [3]. Plus avisé,

---

1. § 61. *Substance*.
2. § 45. *Excellence*. Cf. la Dissertation d'Edwards : *on God's Chief End in Creation*.
3. Dans sa remarquable étude sur J. Edwards, M. Fisher essaye, mais sans y réussir, d'écarter cette conséquence. (*Discussions in History and Theology*, New-York, 1880.)

Johnson, à l'exemple de son maître, avait eu soin de placer, en face de la Pensée Directrice, un univers d'âmes individuelles, agissantes et libres, essentiellement distinctes de l'Esprit qui les créa. Une sorte de contrepoids était ainsi opposé au dogme de la Puissance Souveraine. En déniant à l'homme toute initiative morale, en le dépouillant, lui et les autres esprits, du libre arbitre, l'auteur du *Mind* a rompu l'équilibre. L'être divin n'a plus devant lui que le vide et en Dieu l'apparence de monde que nous sommes s'est résorbée.

Il y a bien un fait qui embarrasse très fort Jonathan Edwards et dont il renonce, ce semble, à chercher une explication plausible : la conscience que prend chacun de nous de sa propre identité [1]. Il ne suffit pas que Dieu joigne ensemble diverses de nos pensées, pour que la série d'idées ainsi réunies constitue un moi capable de connaître et de se souvenir. Que je disparaisse et qu'au même moment un être surgisse qui possède les mêmes pensées que moi, dans l'ordre où elles se sont succédé en moi et avec l'impression de les avoir eues, je ne serai point pour cela rendu identique à lui. « Je n'y suis d'aucune sorte intéressé, » n'ayant point de raison de craindre ce que cet être doit » souffrir, d'espérer ce dont il jouira [2]. » Un quelque chose d'irréductible à une simple séquence de pensées : voilà ce que j'appelle moi, ce qui subsiste identique à travers le va et vient des idées, ce qui se ressaisit sous le devenir phénoménal, ce qui se fixe dans la conscience et se

---

1. *The Mind*, § 72. « L'identité de la personne est ce qui semble n'avoir jamais été expliqué. » A comparer l'aveu de St. Mill, dans son *Examen de la Philosophie d'Hamilton*.
2. § *Ibid*.

prolonge dans le souvenir. L'évidence de cette inexplicable identité est le seul motif qui pourrait empêcher Edwards de disperser le sujet pensant en des modalités de l'esprit divin. C'est la réserve expresse qui distingue sa métaphysique du panthéisme absolu professé par un Spinoza.

IV. Cette faible barrière qui sépare de l'*Ethique* la philosophie du *Mind*, Edwards aurait-il fini par l'abaisser? Toutes les conjectures sont permises, puisque le livre annoncé par les Notes n'a pas été fait. Un voile de mystère entoure d'ailleurs cette esquisse, dont on ne sait, de science certaine, ni la date ni l'occasion. S. Dwight, qui a été le premier éditeur du *Mind*, nous informe seulement que le manuscrit contenant ces pages était joint à trois autres écrits : à en juger par l'écriture, le *Mind* était, nous assure-t-il, le plus ancien des quatre et Edwards en avait dû commencer au collège la rédaction[1]. De sorte que ce projet de philosophie idéaliste qui honorerait assurément la maturité d'un écrivain, aurait été jeté sur le papier par un écolier de seize ou dix-sept ans ! Ni S. Dwight dans sa biographie, ni M. Tyler dans son histoire de la *Littérature Américaine*[2], ne con-

---

1. S. Dwight donne, dans l'ordre suivant, ces quatre séries de notes manuscrites : la première est intitulée : « *The Mind* »; la seconde, sans titre, se compose de Notes sur la Science naturelle ; la troisième est intitulée : « *Notes on the Scriptures* » et la quatrième : « *Miscellanies* » : cette dernière consiste surtout en remarques sur les doctrines de l'Ecriture. Les Remarques qui portent ce titre : « The Mind, » semblent, prétend Dwight, avoir été composées par Edwards, « soit pendant, soit aussitôt après sa lecture de « l'*Essai* de Locke ». Mais il ne se met guère en frais de démonstration pour justifier son inférence.

2. « Ces étonnants *memoranda* écrits par ce jeune garçon de seize ou » dix-sept ans... » (TYLER, *A History of American Literature,* London, 1879, t. II, ch. xv, § 9.) *Etonnants* serait bien le mot.

çoivent à cet égard le moindre doute. Que disons-nous ? Une telle précocité métaphysique ne suffit pas à leur admiration. Ils veulent que les Notes sur la *Science naturelle* soient à peine postérieures au *Mind*. Et d'énumérer les intuitions scientifiques incroyables que renferment ces remarques, où l'on voit devancées nombre de découvertes qui allaient faire la gloire du siècle. Matière éthérée, compressibilité de l'eau, étoiles fixes comparées à des soleils, explication des phénomènes électriques toute voisine de la théorie de Franklin, diverse réfrangibilité des rayons lumineux, lois du son, origine des couleurs, etc. : sur tous ces points et sur bien d'autres encore, cet enfant prodige aurait fait preuve d'une merveilleuse divination [1]. On l'a comparé à Pascal [2] ; c'est trop de modestie. Il eût réuni plusieurs Pascal en lui-même, le jeune étudiant qui aurait à ce point tout inventé : métaphysique, astronomie, physique, science de la nature, science de l'au-delà. Et, par un double miracle, il se rencontrerait qu'un pareil génie, de qui les dons intellectuels dépassaient de beaucoup ceux d'un Galilée et d'un Newton réunis, aurait tourné court !

A l'appui de sa conjecture, S. Dwight n'allègue guère qu'une raison : l'écriture du manuscrit ; encore ne s'aperçoit-il pas que ses arguments concordent mal, puisqu'ici il nous apprend que la main d'Edwards, d'appliquée et régulière qu'elle était d'abord, alla se gâtant avec les années [3], et qu'ailleurs, il déclare ces divers cahiers de notes écrits

1. TYLER, *ibid.* V. l'Appendice de Dwight : *Notes on natural Science.*
2. FISHER, *Op. cit.*
3. Enfant, au dire de Dwight, son écriture était ronde et très lisible, à vingt ans angulaire et moins distincte et, quand il commença à prêcher, de moins en moins lisible (ses lettres exceptées.)

d'une manière informe [1], comme par un commençant. — Si l'on pouvait raisonner *a priori* en pareille matière, on serait tenté de conclure que cette sorte de *Commonplace Book* fut rédigé sensiblement plus tard que S. Dwight ne le suppose, soit qu'Edwards eût consigné sur ces feuilles ses pensées comme elles lui venaient, soit (alternative que les intitulés du *Mind* rendent la plus probable,) qu'il eût longtemps élaboré le plan d'une sorte de περὶ τῆς Ἀληθείας, à la manière des anciens physiologues, où il aurait fait tenir, en un corps de système, les principales vérités de la philosophie et de la science.

Quoi qu'il en soit de ce problème qu'une comparaison méthodique des manuscrits d'Edwards permettrait seule d'élucider, il est du moins une affirmation de son biographe qui ne soutient pas l'examen. Entraîné par le désir de magnifier à tout prix son héros, (un héros dont la puissante figure n'avait pas besoin, pour mieux nous frapper, de tout cet appareil de légende,) S. Dwight veut que le précoce auteur du *Mind* ait ignoré les chefs-d'œuvre de la philosophie Berkeleyenne et qu'il ait tiré de son propre fond l'immatérialisme qu'il y expose [2]. La simple lecture de ces Notes prouve le contraire. Il y a là une évidence interne, contre laquelle nulles inductions ne sauraient prévaloir. Parmi les fragments du *Mind*, s'il y en a qu'ins-

---

1. « Most unformed cast. »
2. De même Tyler, *Op. cit.* Ce dernier historien commet d'abord une erreur quand il avance que Johnson ne devint immatérialiste que par suite de ses entrevues avec Berkeley. Nous savons positivement le contraire. Johnson connaissait Berkeley, par ses ouvrages, bien avant l'entreprise des Bermudes. — Il ajoute qu'Edwards dut aller, par le mouvement naturel de sa pensée, à l'idéalisme, comme avait fait Berkeley lui-même. Mais nous avons vu à quel point Malebranche avait frayé la voie à ce dernier.

pire une pensée entièrement personnelle, il en est aussi où l'on reconnaît clairement, soit un résumé, soit une amplification d'arguments développés ou dans les *Principes de la Connaissance Humaine* ou dans les *Dialogues d'Hylas et de Philonoüs*.

Que Jonathan Edwards ait eu connaissance de l'un ou l'autre de ces livres, peut-être même des deux, tout nous porte à le croire. M. Campbell Fraser qui avait, comme d'instinct, pressenti un Berkeleyen dans l'auteur du *Mind* [1], avance que le jeune métaphysicien de Yale reçut au collège même les leçons de Johnson. C'est un peu trop se hasarder. Il faut, en effet, se souvenir, selon la remarque de M. Fisher [2] que, si Johnson fut tuteur à Yale de 1716 à 1719, une partie seulement des élèves suivirent à Newhaven, de 1717 à 1719, son enseignement. Or, Edwards était au nombre de ceux qui passèrent ces deux années à Wethersfield. Non, il n'est pas nécessaire de supposer que la conversion de Jonathan ait eu lieu sous l'influence directe du Berkeley Américain. Il est plus économique d'admettre qu'il connut la philosophie immatérialiste et s'en éprit, comme avait fait Johnson lui-même, à la lecture des chefs-d'œuvre anglais qui, publiés de 1709 à 1713, eurent tout le temps de pénétrer à Yale et d'y éveiller la vocation métaphysique du jeune spéculatif [3].

Dans ce même ordre de conjectures, serait-il improbable que l'étudiant de Yale eût aussi puisé chez d'autres que l'auteur des *Principes* les éléments de son idéa-

---

1. *Life and Letters of George Berkeley*, chap. v et, du même auteur, *Berkeley*, 1884, fin du chap. III et note 1.
2. *Op. cit.*
3. C'est l'avis de M. Fisher.

lisme ; qu'il eût également pris connaissance, soit par Malebranche lui-même, soit par Norris, du système de la Vision en Dieu? Les rapprochements avec cette hypothèse renommée, pour laquelle Johnson nous a marqué son admiration, s'imposent au lecteur du *Mind*. Par instants, Edwards parle le langage de la *Recherche de la Vérité*. Il en a du moins, ce semble, adopté la notion angulaire : celle d'un Esprit divin en qui nous lirions les vérités éternelles au même titre que les réalités contingentes et de qui l'activité ferait notre être aussi bien que notre vouloir. Cependant, si séduisante cette supposition soit-elle, on ne saurait dissimuler que les preuves positives lui font défaut, puisqu'enfin Jonathan Edwards ne se réfère nulle part à Malebranche, pas plus d'ailleurs qu'il n'a mentionné Berkeley.

V. En lisant le *Mind* et les *Notes sur la Science Naturelle,* on s'attendrait qu'une doctrine philosophique dont Edwards se montra, durant la première période de sa vie, si profondément imbu, eût plus tard à nouveau sollicité sa plume et qu'il y eût dépensé l'effort de sa maturité. Il n'en fut rien. Le projet qu'annonce le *Mind* ne fut pas mené à fin et les tendances hardiment immatérialistes qui s'accusent en ces fragments ne se donnèrent nulle part ailleurs satisfaction. Emporté par les passions du temps et par sa fougue propre dans les luttes de la théologie sacrée, Jonathan Edwards se détacha des abstraites discussions qui l'avaient un instant captivé. Répudia-t-il entièrement ses convictions métaphysiques d'autrefois ? Toutes traces de son primitif système sont-elles absentes de ses écrits et de ses sermons? M. Fisher ne le pense pas. A défaut de claires citations et de références nominatives, il lui semble

surprendre une allusion au Berkeleyisme en ce passage du discours posthume d'Edwards sur le *Péché Originel*, l'un de ses plus farouches écrits : « Le cours de la nature, ainsi
» que le démontrent les récents progrès de la philosophie,
» est certes ce que notre auteur dit lui-même qu'elle est, à
» savoir seulement l'ordre établi que respecte l'entremise
» et l'opération de l'auteur de la nature. » Un peu plus bas, la même idée reparaît : « Là où le mot *nature* est accordé
» sans conteste, on ne signifie rien de plus qu'une mé-
» thode établie et un ordre d'événements institué et li-
» mité par la divine sagesse [1]. » Mais cette vue n'est pas spéciale à Edwards, qui l'attribue lui-même à l'adversaire contre lequel il dispute, c'est-à-dire à l'arminien Taylor. La philosophie Cartésienne l'avait, on peut le dire, vulgarisée et nous savons qu'en la faisant sienne, Berkeley avait suivi l'exemple de ses grands devanciers. « *Les
» récents progrès de la philosophie* » que mentionne Edwards peuvent assurément désigner cette doctrine déjà classique, comme ils peuvent constituer une allusion bien plus générale.

C'est dans le moins exclusivement théologique de ses écrits, en sa célèbre *Inquiry on the Freedom of the Will*, qu'il serait naturel de rechercher les vestiges de l'idéalisme résumé dans le *Mind*. Presque partout, l'auteur y parle la langue du réalisme courant, comme s'il y avait effectivement un monde extérieur et comme si les objets de la perception possédaient hors de l'esprit une réalité.

1. *The great Christian Doctrine of original Sin defended.* Part. VI, chap. II. M. Fisher eût pu ajouter que, dans le Traité sur la *Liberté du Vouloir*, Edwards parle également de ces connexions invariables qui existent entre la volonté humaine et ses antécédents, mais c'est pour en tirer argument contre le libre arbitre.

Mais, de cela même on ne saurait rien induire, puisque nous avons appris par le *Mind* que l'immatérialiste avait le droit absolu d'employer, sans se démentir, le style de tout le monde. Tel avait aussi été l'avis de Collier et de Berkeley. Cette tyrannie du langage établi est, au reste, dénoncée par Edwards, dans le présent traité, avec la même vivacité qu'avaient mise ces deux philosophes à en signaler les maux. « Le langage, dit-il, est très pauvre en
» fait de termes bons à exprimer avec précision la vérité
» concernant nos propres esprits, leurs facultés et leurs
» opérations. Les mots furent d'abord formés pour expri-
» mer les choses extérieures et ceux que l'on applique à
» exprimer des choses internes et spirituelles sont presque
» tous empruntés et employés dans une sorte de sens figu-
» ratif. De là, pour la plupart, l'extrême ambiguïté et le
» vague de leur signification...[1] » Que faire, sinon de nous plier à un joug qu'il serait au-dessus de nos forces de secouer? Le tour réaliste de l'expression dans l'*Inquiry* ne serait donc nullement la preuve qu'Edwards professât le matérialisme du sens commun.

Si l'idéalisme est demeuré (ce qu'en l'état rien ne nous atteste,) sa pensée de derrière la tête, le moraliste de la *Recherche sur le Libre Vouloir* n'a pas du moins subordonné le système à l'arbitraire divin, comme firent Berkeley et Johnson. Son Dieu n'a rien d'un autocrate de qui le *sic volo, sic jubeo*, crée la vérité qui prétendra ensuite à nos respects. Loin de là ; pas plus que l'homme, Dieu ne possède un libre arbitre dont le caprice lui tiendrait lieu de raison. La loi absolue du déterminisme moral ne régit pas

---

1. *On the Freedom of the Will*, part. IV, § 7.

moins sa volonté que la nôtre et il n'en résulte pour lui nulle déchéance, puisque ce déterminisme est dicté par son infinie sagesse. « Ce n'est ni un désavantage, ni un
» déshonneur pour un être d'agir nécessairement de la
» manière la plus excellente et la plus heureuse, en vertu
» de la perfection de sa propre nature[1]. » Agir invariablement selon ce que prescrit l'entendement souverain : tout autre mode d'opération serait indigne de la Toute Puissance. Volontiers Edwards ferait, à l'exemple de Spinoza, consister la spontanéité créatrice et providentielle dans l'exercice d'une libre nécessité. Il dénombre ainsi les principaux attributs de son Dieu : un *pouvoir* universel et infini, une *autorité* absolue, un *vouloir* « original et
» indépendant de tout ce qui lui est extérieur ; » enfin, « une
» *sagesse* parfaite, originale, se suffisant à elle-même, indé-
» pendante, laquelle détermine son vouloir. » Et que l'on n'accuse pas cette déduction d'amoindrir à nos yeux le maître de la nature ! Il y va de sa gloire, au contraire, à ce qu'en toute chose sa volonté ait pour guide sa raison.
« Si le vouloir divin n'était pas nécessairement déterminé
» à ce qui, en chaque cas, est le plus sage et le meilleur,
» il serait forcément sujet à quelque degré d'aveugle
» contingence et, en ce même degré, exposé au mal[2]. »
Dans ces conditions, il n'y aurait nul empêchement à ce qu'Ewards situât dans la Pensée Divine des archétypes immuables sur lesquels la Création eût été façonnée et où notre science puiserait une inviolable garantie. Cette vue toute Platonicienne perçait déjà dans le *Mind;* et la Théologie morale du Traité sur la *Liberté du Vouloir*

1. *Freed. of the W. Ibid.*
2. *Ibid.*

ne ferait que la confirmer. De la sorte, Edwards prendrait parti pour Malebranche contre Descartes, pour le conceptualisme de la *Siris* contre le sensualisme des *Principes de la Connaissance*.

VI. Mais bannir le libre arbitre et de la terre et du ciel était changer du tout au tout l'assiette de l'idéalisme. Berkeley avait désigné comme *primum cognitum* la perception immédiate que nous obtenons, par la conscience, de notre vivante personnalité. Aux termes de son hypothèse, il nous suffisait, soit de multiplier, soit de parfaire ce type saisi en nous-mêmes, pour inférer et d'autres esprits et Dieu. Avec Edwards, rien de pareil. Ma conscience est muette sur ma nature. Cette faculté ne peut m'entretenir de ma liberté, puisque l'autonomie du vouloir ne m'a pas été dévolue. Et, à supposer que j'en fusse doté, (chose inconcevable,) il y aurait à en douer Dieu une induction illégitime, puisque cette absolue spontanéité serait exclusive de sa haute perfection et que toute action émanée de lui doit suivre irrésistiblement de sa seule sagesse.

Mais dénier à Dieu le libre arbitre, ne sera-ce point rendre indémontrable cette suprême Existence ? — En aucune manière. Toute la nature, au-dedans de nos âmes comme au-dehors de nous, compose un réseau serré d'événements et d'effets assemblés par les rigides liens de la causalité. Ce vaste déterminisme, qui ne gouverne pas moins rigoureusement l'élan des volontés que la chute des graves, est réglé, en son plus lointain principe, par l'opération divine, laquelle subit à son tour la loi de la sagesse immuable. La réalité de l'auteur des choses se déduit donc strictement de cette vérité : que nul effet n'est imputable au hasard, principe qui n'a rien de contingent ni de transitoire, puisqu'il fait comme partie intégrante de notre pensée et que l'auteur du *Mind* l'a proclamé *a priori*.

Par malheur, ce principe, si absolu soit-il, n'a rien en lui qui nous puisse éclairer sur l'essence de la cause souveraine. D'elle est né le monde ; choses et personnes ne relèvent que d'elle : c'est tout ce que nous en connaissons. Combien une telle notion n'est-elle pas indigente ! Le terme de cause est, comme disent les métaphysiciens, d'ordre purement quantitatif. Or, ce qu'il nous fâche d'ignorer, ce sont les modes qualitatifs de cet Etre, sans qui rien n'existerait. *Fatum* aveugle, force inconsciente, ou choc atomique ? Puissance idéale ou réalité concrète ? Chose ou âme ? Personne ou fait ? Berkeley n'eût pas été en peine de répondre. Mais Edwards serait moins à l'aise, lui qui refuse à l'homme même la libre activité et qui renonce à découvrir en quoi peut bien consister cette identité merveilleuse que la mémoire prolonge et ressaisit en chacun de nous. Quel exemple emprunter, demanderons-nous alors, sur lequel se puisse, toutes proportions gardées, concevoir un Esprit Divin ? Nous-mêmes, que sommes-nous au juste, dans un tel système ? Un assemblage, non de sensations, mais d'idées, plus un quelque chose d'inconnu qui fait que cet amas se connaît, qu'il se sent un et identique à travers la durée. Le mot d'esprit ne pourra signifier pour nous rien de plus, quel que soit l'être de qui nous le prononcions. Par conséquent, dire du monde que la cause première en est un esprit absolu, c'est concevoir, au-dessus de toute existence créée, une multitude innombrable de ces idées dont je ne suis qu'une série partielle et transitoire, sans que je puisse entrevoir d'autre distinction entre mon chétif moi-même et cette infinie collection. Mais pourquoi ne pas suivre jusqu'au bout la loi de la doctrine ? Osons en dérouler les conséquences extrêmes. Avouons que c'est un vain artifice de tracer une ligne de démarcation entre les idées qui s'unissent en moi d'une union éphémère et celles qui sont à jamais jointes en Dieu. Puisque celles-là ne diffèrent point de celles-ci et puisqu'en dehors des unes et des autres les expressions de personnalité, d'unité substantielle, de libre arbitre, de spontanéité, de moi conscient, sont des désignations vides, donnons-nous pour ce que nous sommes au vrai, c'est-à-dire pour des moments divers que traverse le développement de l'universelle pensée. Chaque âme flotte, passe et s'écoule, vague perdue dans l'inépuisable océan de l'Idée.

En répudiant le libre arbitre, Edwards s'est retiré le droit de conserver aux divers esprits cette individualité agissante que Berkeley leur avait expressément reconnue. Il reste bien idéaliste, mais il n'affranchit de la matière l'esprit que pour l'asservir au Destin. Son immatérialisme est inévitablement entraîné à se confondre avec le panthéisme. Pour éviter ce dénouement, il y aurait bien une ressource : renoncer à toute enquête sur l'existence et la nature de ce Dieu trop problématique et ne point porter les regards par delà les idées qui, en se conglutinant, forment le moi humain, car au-dessus d'elles ne règne que le néant. Mais Jonathan Edwards aimerait mieux brûler tous les livres de la philosophie plutôt que d'adhérer à cette compromission impie. Et, quand il y souscrirait, qu'aurait-il gagné au change? D'échouer dans le scepticisme. Il n'aurait repoussé Spinoza que pour se jeter dans les bras de David Hume.

VII. Ces conséquences radicales, le panthéiste libre penseur Dudgeon [1] et le Pyrrhonien David Hume s'appliquaient en Angleterre, chacun selon ses vues propres, à les tirer de l'idéalisme absolu. Faut-il attribuer à la crainte de cette contagion la défaveur que les autorités universitaires d'Amérique témoignèrent au système Berkeleyen? Ce qui est sûr, c'est que, parmi la jeunesse studieuse de la Nouvelle-Angleterre, la métaphysique immatérialiste ne fut pas encouragée longtemps. Nous pouvons, en effet, augurer de ce qui advint dans les autres grandes Ecoles par ce que nous savons s'être passé au Collège de Princeton (New-Jersey.) En cet établissement illustre, qui a produit dans bien des genres des hommes remarquables, le Berkeleyisme compta d'abord de décidés partisans. Les tuteurs donnaient l'exemple de l'enthousiasme. L'un d'eux, Mériam, se distingua par son zèle contre le réalisme [2]. Mais cette propagande dut s'interrompre et la philosophie du sens commun cesser de faire des recrues, le jour où fut préposé au Collège un chef épris de la méthode Ecossaise et résolu de n'accorder à toutes les subtilités idéalistes ni trêve, ni quartier.

C'est en 1768 que le Collège de Princeton élut pour son président le Dr John Witherspoon, homme d'une grande

---

1. Ce serait le sujet d'une intéressante monographie que la vie et l'œuvre de ce David Dudgeon qui s'achemina de lui-même, sans guide ni conseiller, à une manière de monisme dont ses contemporains se scandalisèrent fort et qui lui valut bien des persécutions. En 1732, il publie le *Monde moral*, où il nie toute distinction essentielle entre le bien et le mal. En 1737, paraissent ses *Lettres philosophiques sur l'Être et les attributs de Dieu*, où il supprime toute différence entre esprit et matière, Dieu et créatures, en même temps qu'il fait porter exclusivement notre connaissance sur des idées. Mais, à vrai dire, Dudgeon se rattacherait bien plutôt à Spinoza qu'à Berkeley.

2. Mc.-Cosh. — *The Scottish Philosophy* (London 1875.) Art. 23.

énergie morale et dont la forte direction exerça sur les destinées de cette maison une influence durable. Au dire du Président Ashbel Green, quand Witherspoon fut nommé, les théories Berkeleyennes étaient, à Princeton, en pleine vogue¹. Les tuteurs attendaient avec quelque impatience son arrivée, « comptant soit le confondre, soit le convertir. » Ils en furent, suivant le même historien, pour leur courte espérance et les débats tournèrent autrement qu'ils n'avaient prévu. Le nouveau Président se mit, dès le début, en campagne contre le système, maniant avec une extrême habileté l'arme du ridicule ², tant et si bien qu'il « extirpa du » collège ³ » cette néfaste philosophie.

Ce que dut être le contre-enseignement qui allait réhabiliter, au collège de Princeton, la doctrine de la matière et du monde extérieur, on s'en peut faire une idée par les Conférences de *Philosophie morale* que Witherspoon a laissées⁴. Nous y trouvons le thème des leçons qu'il. développait devant son auditoire. C'est un cours sommaire de philosophie générale qui s'en tient à la méthode de Locke, amendée par le spiritualisme Ecossais. A l'exemple du célèbre empiriste, Witherspoon fait découler de deux sources nos diverses connaissances : de la sensation et de la réflexion. Mais, avec Reid et D.-Stewart, il professe que l'on ne saurait dissocier

---

1. Mc. Cosh, *ibid.*, d'après Samuel D. Alexander. (*Princeton College, during the 18th Century.*)
2. *The life of Ashbel Green, begun to be written by himself.* (New-York, 1849.) V. le chapitre v, où il est parlé de « cette ironie et ce sarcasme que « Witherspoon avait toujours à sa disposition, » à propos d'un incident politique où le Docteur montra beaucoup de caractère.
3. *The Princeton Book, by Officers and Graduates of the College.* (Boston, 1879.)
4. John Witherspoon, *Works* t. III : *Lectures on Moral philosophy.* (Philadelphie, 1802.)

l'impression reçue par le sens et la supposition qu'un objet extérieur l'a produite. Que les deux faits soient inséparables, c'est là, juge-t-il, un principe premier qui défie toute analyse et sur lequel s'appuient tous nos raisonnements subséquents. Quiconque rejette cette vérité fondamentale échouera forcément dans le scepticisme.

Comme Beattie et Oswald, il ne paraît pas que le Président de Princeton College se fît de la doctrine qu'il réfutait une notion bien exacte. « L'Immatérialisme, affirmait-il, » fait disparaître la distinction entre le vrai et le faux. J'ai » l'idée d'une maison ou d'un arbre en un certain lieu et » je dis que cela est vrai : c'est-à-dire qu'à mon opinion, » il existe réellement une maison ou un arbre en ce lieu. » D'autre part, je me forme l'idée d'une maison ou d'un » arbre comme pouvant exister en ce lieu. Si vous pré- » tendez qu'après tout il n'y a nulle part ni arbre, ni mai- » son, ni lieu, je demande où est la différence [1]. » Après cette rapide réfutation, Witherspoon se flatte d'en avoir fini avec un système qu'il traite de « ridicule tentative, » impuissante à gagner personne et tenue en mépris par qui la comprend.

La véhémence du verdict n'avait d'égale que la frivolité des considérants. Les tuteurs Berkeleyens, que toute cette

---

1. « Un avocat de ce système, continue Witherspoon, veut que la vérité » consiste dans la vivacité de l'idée : manifestement rien n'est plus faux. » Je puis former de quelque chose qui n'existe pas une idée aussi distincte » que d'une chose qui existe mais qui est absente de ma vue. J'ai une bien » plus vive idée de Jupiter, de Junon et de beaucoup de leurs actions, » d'après Homère et Virgile, encore que je ne croie pas à leur existence, que » je n'ai de bien des choses que je sais être arrivées dans ces quelques » mois ». C'est dit agréablement, mais l'argument porte à faux contre Berkeley, pour qui nulle confusion n'était possible entre les idées des sens ou de la mémoire et celles de l'imagination. (Witherspoon, *Op. cit.*, *Lect.* II.)

mercuriale visait à guérir, auraient eu beau jeu à la convaincre d'*ignoratio elenchi*. Ils n'avaient qu'à ouvrir les *Dialogues d'Hylas et de Philonoüs* ou les *Eléments* de Johnson, pour y voir annoncée et retorquée cette futile réduction à l'absurde. Si philosophie au monde évite de confondre les objets de l'imagination et les réalités des sens, n'est-ce pas l'immatérialisme, selon qui les secondes se succèdent dans un ordre régulier et inflexible dont les premiers sont affranchis ? Le critérium de la vivacité a pu suffire à Hume qui est un sceptique; jamais le dogmatisme de Berkeley ne s'en est contenté.

Voilà ce que les auditeurs de Witherspoon auraient pu répondre, si la déférence ne leur eût interdit d'avoir raison contre lui. Entre le détracteur de l'idéalisme et les jeunes Berkeleyens la partie, à Princeton, n'était pas égale. L'autorité de Président compensait et au delà l'insuffisance de la dialectique. Quoi qu'il en soit, les défections à l'immatérialisme ne se firent pas attendre. L'un des premiers à renier l'hérésie irlandaise est le gendre et le successeur de Witherspoon, Stanhope Smith, qui formulera en ces termes sa foi réaliste : « Quelque médium que la nature puisse » employer pour unir l'objet avec l'organe du sens, que » ce soit une image, une idée, ou tout autre fantôme sen- » sible, c'est sans aucun doute l'objet lui-même, non son » idée que le sens découvre [1]. » En d'autres termes, postulez la solution, vous en aurez fini avec le problème. Cette pétition de principe résume toute la méthode philosophique qui va désormais régner sans partage sur les Universités Américaines.

---

1. STANHOPE SMITH, *Lectures on moral and Political Philosophy*.

CHAPITRE XI

L'IDÉALISME BERKELEYEN EN ANGLETERRE — DAVID HUME

I. L'immatérialisme de Philonoüs et d'Euphranor avait fait en Amérique plus d'une conquête. Eut-il même fortune, en cette Angleterre où il était éclos ? Nous n'en avons nul indice. Si le système y gagna des prosélytes, ce furent assurément des partisans bien discrets et leur adhésion n'a guère laissé de traces. En retour, nous savons pertinemment que la philosophie des idées souleva, parmi les lettrés de la métropole, nombre de protestations et que les livres qui l'avaient révélée au public n'y comptaient guère moins d'opposants que de lecteurs. Cette hostilité se prolongea durant tout le xviii⁰ siècle, comme l'on peut voir par les travaux de la philosophie Ecossaise et l'intarissable polémique anti-Berkeleyenne qui les remplit. Elle avait pris naissance du vivant de l'évêque de Cloyne. Dès la publication de ses premiers chefs-d'œuvre, Berkeley, ainsi qu'en témoigne sa correspondance inédite avec Percival[1], put se

---

1. *Berkeley*, by Campbell Fraser (rééd. 1884). V. le chapitre iv, où sont donnés de cette correspondance quelques extraits que l'on aimerait plus abondants.

convaincre de la défaveur presque universelle que les préjugés courants répandaient sur son idéalisme.

De même que Descartes après les *Méditations*, le métaphysicien Irlandais, quand il eut donné ses *Principes de la Connaissance Humaine*, souhaita de connaître quelle impression cet ouvrage avait produite sur le public qui lit et qui pense. Il se remit sur un de ses amis du soin de l'en instruire. Sir John Percival lui fut un Père Mersenne, — pour l'affectueux zèle s'entend ; car, en ce qui concerne l'intelligence des problèmes philosophiques, il y aurait cruauté à pousser le rapprochement. Percival est le premier à décliner toute compétence et il est trop visible que Berkeley possède en lui un pauvre avocat[1]. En revanche, il apporte une conscience extrême à relater toutes les critiques, sans omettre les plus désobligeantes, qui, de toutes parts, viennent assaillir le semi Platonisme de son ami. Beaucoup ne se donnaient point la peine d'ouvrir le Traité. « Je n'ai eu qu'à dire le sujet de votre livre des Principes » à quelques fins esprits de mes amis ; ils l'ont aussitôt » tourné en ridicule et se sont refusés à le lire... » Un médecin, au vu du titre, diagnostique chez l'auteur la folie et conseille un régime. Un évêque se prend de pitié pour le présomptueux que la frénésie d'innover a pu jeter en cette démence. Un autre, plus éclectique, estime qu'il faut laisser chacun donner carrière à son ingéniosité et oppose à paradoxe paradoxe et demi : n'y a-t-il pas en ville un homme qui fait bien mieux que nier la matière, puisqu'il refuse

---

1. « Je n'ai pas été moi-même capable de discourir sur le livre, l'ayant lu trop récemment ; aussi bien ne puis-je, quand je m'y mets, être en état de l'entendre entièrement, eu égard à l'insuffisance de mes études philosophiques. » Lettre du mois d'août 1710. (C. Fr., *Op. cit.*)

aussi toute existence à chacun de ses semblables ? — La réponse de Berkeley laisse percer, comme il était naturel, un assez vif désappointement. Et lui, l'ami de ce sens commun avec lequel il prétendait se ranger contre les doctes, il jette au consentement général le même défi superbe que Collier avait emprunté à Malebranche pour l'inscrire comme épigraphe en tête de sa *Clef universelle* : « Le fait que l'on se » récrie communément contre une opinion me semble si » peu prouver qu'elle soit fausse que l'on en peut à aussi » juste titre tirer argument pour établir qu'elle est vraie. » Quoi ! On le compte parmi les sceptiques, parmi ceux qui, comme ce « visionnaire » de Londres, ne sont même pas assurés de leur être propre ! Un tel contre-sens le confond. « Quiconque lira mon livre avec attention verra » qu'il y a opposition parfaite entre les principes qu'il con- » tient et ceux des sceptiques, et que je ne mets rien en » question de ce que nous percevons par les sens [1]. »

La seconde lettre de John Percival n'apportait pas de meilleures nouvelles. Cette fois, les critiques, et quels critiques ! deux savants illustres Clarke et Whiston, dont le premier était investi d'une autorité philosophique souveraine, avaient bien consenti à lire l'ouvrage, mais c'était pour en porter, à peu de chose près, le même jugement que ceux qui ne l'avaient point regardé. Vainement Berkeley remit-il à son ami une lettre à leur adresse pour obtenir d'eux l'exposé des raisons qui leur avaient dicté cette con-

---

1. Campbell Fraser. (*Op. cit.*, *ibid.* Lettre de Berkeley, septembre 1710.) Quand on se rappelle que le livre des *Principes* annonçait une seconde partie, laquelle ne fut sans doute jamais écrite, on se demande si le découragement causé par l'accueil qu'avait reçu la première, ne le fit point renoncer à tenir sa promesse.

damnation sommaire. Clarke s'y refusa, « par crainte d'être
» entraîné dans une dispute sur un sujet déjà clair pour
» lui[1]..... » Berkeley ressentit vivement ce dernier mécompte. On a peine, en vérité, à voir le plus grand métaphysicien du temps se faire humble et suppliant devant ce médiocre théologien pour obtenir de lui ne fût-ce que l'honneur d'une réfutation[2]. Tant de mauvais vouloir ne fit point faiblir sa croyance. « Pour ma part, écrit-il à Percival, de
» même que j'abandonnerais sans retard l'opinion que j'ai
» embrassée si je voyais contre elle une bonne raison, de
» même on m'excusera, j'espère, de m'y ancrer d'autant
» plus que je ne me heurte qu'à d'opiniâtres et générales
» assertions du contraire. » Il n'était guère possible de porter plus loin la modestie. Ce que l'auteur des *Principes* demandait, ce n'était même point des approbateurs. Il se contentait que les dédaigneux consentissent à motiver leurs répugnances. Il se résignait bien à une sentence défavorable, mais à condition qu'on ne lui en tût pas les *attendu*.

II. Bien des années plus tard, il put goûter enfin cet amer contentement de lire un réquisitoire en forme dressé contre son système. En 1735, André Baxter publiait sa *Recherche sur la Nature de l'âme humaine*, où il établissait la dualité de l'esprit et du corps et rejetait comme également erronés le matérialisme et l'idéalisme absolu[3]. Pour combattre la seconde des deux théories extrêmes, il

---

1. Ainsi du moins s'exprime un ami de Clarke, auquel Percival s'était adressé. (Lettre de Percival, du 28 décembre 1710. C. Fr., *Op. cit.*, *ibid.*)
2. Lettre de Berkeley, du 19 janvier 1711. (*Ibid.*)
3. *An Enquiry into the nature of the human soul, wherein the Immateriality of the Soul is evinced from the principles of reason and philosophy.*

ne pouvait mieux faire que de s'attaquer au Traité des *Principes* et aux *Dialogues*. Une importante section de son ouvrage a donc pour objet la réduction à l'absurde de l'immatérialisme Berkeleyen[1]. Mais, ainsi qu'il arrivera tant de fois dans la suite, ce fut bien moins une réfutation qu'une satire, où presque partout les traits moqueurs tenaient lieu de démonstrations.

Cette satire est d'ailleurs vivement menée et Beattie même ne fera pas mieux. On ne s'y lasse pas de mettre l'idéaliste en opposition, par sa vie de tous les instants, avec ses principes propres. Est-ce, en effet, sérieusement qu'un homme se persuade qu'il n'a ni patrie, ni parents, ni corps matériel, qu'il ne mange, ni ne boit, ni n'habite une maison[2]? Qu'a même à faire un idéaliste d'écrire pour nous endoctriner? « Le Doyen Berkeley, en apprenant aux
» hommes à se défier de leurs sens, leur enseigne à se
» défier en premier lieu de son livre : chaque mot, chaque
» ligne qui s'y trouve, n'est qu'une idée comme les autres
» choses; toutes ses actions et grandes entreprises ne sont
» que *pur rêve et que chimère*[3]..... » Est-il besoin de faire observer combien ces railleries étaient futiles? Que Baxter eût seulement relu le troisième Dialogue d'Hylas et de Philonoüs, il se les serait certainement épargnées, car il y aurait vu avec quelle persévérance Philonoüs se défendait d'altérer en rien la réalité sensible et se faisait fort d'asseoir plus solidement que philosophe au monde notre science de la nature.

---

1. *An Enquiry*, etc., vol. II, sect. II. *Dean Berkeley's scheme against the existence of matter and a material world examined, and shewn inconclusive.*
2. *Ibid.*, sect. II, § 1.
3. *Ibid., ibid*, § 11.

Il en va de même d'un procédé dont les écrivains réalistes ont, jusqu'en ce siècle, abusé et qui consiste à ridiculiser le système par la simple substitution, dans le langage familier, du mot *idée* au nom de la chose réelle que l'on veut dire. Ici encore il faut réclamer pour Baxter la priorité : « Je » demande quelle sorte de philosophie constitueraient des » propositions comme celles-ci : ... les *idées* des espaces » *parcourus* par une *idée* qui tombe, sous l'*idée* de son » propre poids, sont comme les *idées* des carrés des *idées* » du temps : car ici tout doit être exprimé par *idées*, leurs » objets étant impossibles[1]. » Un pareil style serait, en effet, plaisant et en voici l'unique raison : tandis que l'on a l'idéalisme sur les lèvres, le réalisme, dans cet exemple, demeure au fond de la pensée. Derrière ces *idées* que j'appose à chaque nom de chose, je m'obstine à voir la chose elle-même, distincte et indépendante de la notion qui la désigne, et je m'amuse d'entendre que l'on fait jouer à la notion le personnage de l'objet. Or, cette arrière-pensée secrète est la négation même de la thèse Berkeleyenne, d'après laquelle l'idée se confond avec la chose elle-même[2]. Bref il est facile de rire aux dépens de l'immatérialisme surtout si l'on a d'abord pris soin de le défigurer.

N'exagérons rien cependant. Toutes les objections de Baxter ne sont point aussi frivoles. Il en est dans le nombre qui mériteraient d'être retenues, parce que, si faiblement déduites qu'elles paraissent, elles mettent à découvert les points vulnérables de l'hypothèse. Ainsi, quand l'écri-

---

1. *An Enquiry*, etc., *ibid.*, § 20.
2. En fin de compte, la grande *misconception* de Baxter consiste en ce qu'il s'opiniâtre à traiter comme *representatives* les idées, alors que Berkeley les a conçues comme *présentatives*.

vain réaliste met son adversaire en demeure d'appliquer à l'esprit la méthode d'élimination sous laquelle a succombé la notion de matière; lorsqu'il lui remontre que « l'*activité* » et la perceptivité, seules propriétés grâce auxquelles » nous inférons l'existence de la substance spirituelle, ne » sont point cette substance, mais des qualités lui apparte- » nant, non plus que la *figure*, le *mouvement*, etc., ne sont » la chose corporelle [1], » on ne saurait méconnaître qu'il anticipe l'un des plus redoutables assauts auxquels l'immatérialisme devra faire front. Si le raisonnement est valable, continue Baxter, lorsqu'il s'agit de la substance matérielle, il ne garde pas moins de force à l'égard de toutes les autres substances, à commencer par la Divine ? Mais le polémiste s'en tient là ; il ne songe point à porter plus avant la guerre sur les terres ennemies. Or, dans les termes généraux où il les énonçait, ces deux difficultés, relatives, l'une à l'existence spirituelle en général, la seconde à l'être divin en particulier, n'avaient rien d'insurmontable. Car enfin Berkeley eût pu répondre que la réalité, tant des âmes particulières que d'un Dieu créateur, résultait en toute évidence à ses yeux du principe de causalité. Chaque volition a son origine dans une âme et l'agencement symbolique des idées sensibles que la nature dispose devant nous ne peut être dû qu'à un auteur parfait. Que l'on commence donc par ruiner la notion causale, au risque il est vrai de tout engloutir, pensée et choses, dans un nihilisme logique. Ou, si l'on ne l'ose, que l'on reconnaisse enfin à l'idéaliste le droit d'affirmer et des âmes et un Dieu.

III. Ce parti radical, auquel Baxter n'avait point su

1. *An Enquiry. Ibid.*, § 8.

se résoudre, est celui qu'allait prendre, peu d'années plus tard, non un détracteur de la méthode Berkeleyenne, mais le philosophe même qui devait le plus intrépidement peut-être la mettre en œuvre. C'est en 1739 que parurent les deux premiers livres de ce *Traité de la Nature Humaine* dont l'insuccès rendit Hume si injuste dans la suite pour celui de ses écrits où ses admirateurs s'accordent à chercher l'expression la plus achevée de ses vues et qui restera, malgré lui-même [1], son chef-d'œuvre. L'évêque de Cloyne en eut-il communication? Si oui, il dut se sentir charmé et terrifié tout ensemble : il était trop épris d'exquise dialectique pour ne pas apprécier la subtilité sans égale avec laquelle le nouvel analyste mettait en pratique un art dont il avait lui-même si bien connu le secret. Comment, d'autre part, ne point être pris d'effroi devant ce travail d'universel émiettement, conduit selon les procédés et conformément aux règles dont il avait été, autant, sinon plus que Locke, le législateur?

Oui, David Hume continue Locke, en ce sens que, tout comme l'auteur de l'*Essai*, il fait dériver d'éléments exclusivement sensibles ce qui est intellectuel en l'homme et en ce que la perception aidée de la réflexion engendrerait, s'il faut l'en croire, toutes nos connaissances. Mais il est, par-dessus toutes choses, l'héritier de Berkeley [2], à tout le moins du Ber-

---

1. V. *An Enquiry concerning human Understanding*. Dans son Avertissement au lecteur, Hume s'excuse de l'erreur qu'il commit en publiant son précoce Traité.

2. Cette influence de Berkeley sur Hume est mise en lumière par M. Compayré dans sa *Philosophie de David Hume* (ch. i.) Elle n'est pas moins expressément signalée par Th. H. Green qui va jusqu'à dire, dans sa pénétrante Introduction aux œuvres de Hume : « Il écrivit en ayant constamment Berkeley devant l'esprit. » (Introd. i).

keley des *Principes* et de l'*Alciphron*. Locke avait admis des corps, reconnu des *substrata* matériels : Hume rejette absolument corps et substrata. Il s'en tient à nos idées perceptives, seule réalité dont nous prenions possession. Un monde objectif qui s'étendrait à l'infini, parallèlement à nos notions, serait une superfétation dont il ne veut à aucun prix [1] et qui ne doit point trouver place dans son sensualisme. Tout être que j'atteins par la perception ou le raisonnement ne consiste qu'en mes impressions. Mais des impressions sont des modalités mentales. Il n'y a donc nulle impropriété à nommer le phénoménisme de Hume une philosophie de l'âme. Par là ce fin psychologue se rattache directement à la tradition cartésienne. Il est, à maints égards, un arrière-neveu de ce Malebranche, pour qui ses Essais témoignent d'une si haute estime [2] et auquel il a fait en ses écrits, ce nous semble, plus d'un emprunt [3]. Seule-

---

1. « La philosophie nous informe que toute chose qui apparaît à l'esprit n'est rien qu'une perception, qu'elle est discontinue et dépendante de l'esprit ; tandis que le vulgaire confond perceptions et objets et qu'il attribue une existence continue, distincte aux choses mêmes que nous sentons... » Hume. *A Treatise of human nature*, Part. IV, § 2. Cf. *An Enquiry conc. hum. Und. XII*, part. I.

2. Établissant, dans les premières pages de son *Enquiry*, un contraste entre la philosophie facile qu'attendent tous les succès et la philosophie abstruse, moins en faveur devant le public ; entre l'éclat présent du nom de Cicéron et l'éclipse actuelle du nom d'Aristote, il ajoute : « La Bruyère passe les mers et maintient toujours sa réputation ; mais la gloire de Malebranche est confinée à son propre pays et à son propre siècle. » (§ 1.)

3. En voici deux exemples : A la fin de la part. I de son *Traité*, Hume parlant de la rapidité avec laquelle l'imagination suggère les idées à l'instant même où l'esprit les réclame, montre cette faculté « courant d'un bout à l'autre de l'univers et rassemblant ces idées qui appartiennent à un sujet. On croirait que le monde intellectuel tout entier était soumis à notre vue. » C'est presque, en propres termes, l'explication psychologique qui valut à Malebranche, de la part d'Arnauld, tant de lazzis. Dans la partie suivante, (§ 5,) s'annonce une psycho-physiologie de l'erreur, qui rap-

ment, partout où le métaphysicien de l'Oratoire écrivit : *intelligible*, c'est : *sensible*, que devait lire cet infidèle imitateur.

Locke avait prêté à la pensée un certain pouvoir d'abstraire et il avait paru reconnaître aux objets sur lesquels portent nos généralisations une semi-réalité, ouvrant ainsi la porte toute grande aux entités des rationalistes. L'analyse par laquelle Berkeley résolvait ces abstractions prétendues en de simples idées particulières, auxquelles l'annexion de termes procurerait une signification plus extensive, est littéralement adoptée par Hume, qui déclare cette réduction « l'une des plus importantes découvertes opérées dans la » République des Lettres [1]. » Dans le *Traité de l'Esprit Humain*, cette théorie des idées abstraites a une extrême importance; elle est, avec l'énoncé des lois d'association et du principe d'habitude, la clef qui ouvre les principales difficultés : le problème de l'étendue sensible, notamment, se résout par elle de la manière la plus aisée du monde et sans qu'il soit nécessaire de recourir ni, comme les uns, à une sorte de géométrie innée à l'homme, ni, ainsi que les autres, à un universel jeu d'emblèmes que le bon vouloir de la Providence perpétuerait devant nos yeux [2]. Mais, tandis que « le grand » philosophe » dont il se réclame [3] s'est arrêté à mi-chemin,

---

pelle d'extrêmement près les pages de la *Recherche de la Vérité* où nous avons trouvé une description physiologique de l'Imagination. Dans l'*Enquiry*, § 7, Hume analyse l'idée de connexion nécessaire et c'est, selon toutes probabilités, à un *Eclaircissement* de Malebranche qu'il emprunte le thème de sa discussion contre la théorie qui fait remonter à Dieu seul la production de tout effet. Mais ici il ne se souvient de Malebranche que pour le réfuter.

1. *A Treatise*, liv. I, part. I, § 7.
2. Part. II, § 5.
3. C'est ainsi qu'il désigne lui-même « le Dr Berkeley. » (Part. I, § 7 et la note.)

le psychologue du *Traité de la Nature Humaine* ne s'est laissé, dans le développement logique de ses prémisses, retenir par aucune crainte, ni des paradoxes moraux, ni des conséquences religieuses.

De quel droit, en effet, la philosophie issue du phénoménisme qu'inaugurèrent le *Traité des Principes* et les *Dialogues* avait-elle abouti à un dogmatisme spiritualiste et théologique ? Un Dieu, des esprits, le moi, qu'était-ce tout cela que des abstractions, c'est-à-dire des idées particulières que l'emploi d'un signe généralise, c'est-à-dire, de par la méthode que le Berkeleyisme a préconisée, des composés d'images et, en fin de compte, des dérivés d'impressions ? Que suis-je ? Un amas de sensations. Les autres Esprits ? Des amas analogues. Dieu ? Un amas indéfini. Tel est, si l'on demeure conséquent, la seule métaphysique que le nominalisme d'un Philonoüs autorise.

Cependant Berkeley s'était cru maître de maintenir intactes, sans déroger à ses propres axiomes, les croyances communes en l'âme et en Dieu. Mes idées sensibles, déclarait-il, me viennent de quelqu'un qui n'est point moi-même et le système entier de ces idées est l'œuvre d'un auteur que je me figure, (sauf à en étendre démesurément les attributs,) analogue à moi-même et, comme moi, doué d'une active volonté, avec cette seule différence que le vouloir en lui n'a point de limites. Cette démonstration était le fort de son dogmatisme et le principe qui veut que tout vienne d'une cause lui servait, ainsi que naguère à Descartes et à Malebranche, de boulevard contre le doute et l'irréligion.

Ruiner ce rempart séculaire, dissoudre en petites impressions qu'une relation stable mais contingente, invincible mais acquise, aurait agglomérées, la massive notion sur laquelle reposait le spiritualisme classique, fut la mission propre, dirons-nous la gloire ? de David Hume. Son exposition du principe de causalité est à bon droit réputée l'une des merveilles de la philosophie moderne. S'attaquant à la notion favorite des anciens et des modernes dogmatiques, il lui a livré un assaut digne d'elle : *a fair play*, comme diraient ses compatriotes. La tactique est si ingénieuse que l'on oublie, à la suivre, quelle négation désolante en sera le couronnement.

IV. Quiconque est un peu versé dans l'histoire des systèmes sait que l'auteur du *Traité de la Nature Humaine* dénie à la raison toute aptitude à rechercher comment a pu apparaître en nos pensées le principe de cause et d'effet ; que l'explication en est demandée par ce philosophe à une relation spéciale entre nos idées, ou pour mieux dire, entre des copies de nos impressions ; que cette relation, d'ordre absolument subjectif, (il ne saurait, dans le sensualisme de Hume, être question que du sujet et de ses modalités transitoires,) consiste dans la conjonction constante que l'imagination établit entre nos diverses impressions et leurs concomitants habituels. Ainsi, idées, relations d'idées, association, coutume : c'est en ces termes contingents que se décompose le soi-disant axiome éternel et inné dont on est convenu, depuis Descartes, de faire la clef de voûte de la physique, de la morale et de la religion.

Sur un point peut-être de cette claire théorie, les interprétations ont pu varier. Ce n'était pas tout de ramener à ses éléments générateurs le principe objectif par excellence, il restait à rendre compte du caractère de nécessité

qui l'accompagne et qui l'investit d'une certitude sans pareille. Il est un complément de ses réductions que Hume s'est fait une règle de ne jamais omettre. Dès l'illusion démasquée, toujours il a soin de s'enquérir des raisons qui font que l'illusion s'était produite. Or, ici le semblant de nécessité se dissipe, comme tous les mirages de la raison, sans qu'il soit besoin d'invoquer un autre chef d'explication que les communs principes qui président à la psychologie du Traité : les impressions et les idées. Qu'est-ce que la croyance? C'est la vivacité de la perception que j'éprouve ou que je me remémore [1]. Mais cette vivacité peut passer de la perception proprement dite aux idées que l'esprit est enclin à lui associer : la première renvoie aux secondes sa force, comme un réflecteur sa lumière aux objets ambiants. Ce serait même là, au dire de notre philosophe, « une maxime générale dans la science de la nature hu-
» maine [2]. » D'autre part, rappelons-nous qu'au début du livre une distinction a été posée entre les impressions de *sensation* et celles de *réflexion*, ces dernières provenant de la façon dont l'âme est affectée par ses propres idées, quand son attention s'y porte. Les impressions réflexives laisseront, en s'éloignant, des copies d'elles-mêmes : elles donneront donc naissance à de nouvelles idées, celles-ci à d'autres impressions et ainsi de suite [3]. De même les nuages du ciel se changent en gouttes de pluie et de cette pluie se

---

1 *A Treatise*, etc. Part. III, § 5.

2. *Ibid.*, § 8 : « J'établirais volontiers comme une maxime générale dans
» la science de la nature humaine que, quand quelque impression nous de-
» vient présente, non-seulement elle transporte l'esprit aux idées qui sont en
» relations avec elle, mais qu'aussi elle leur communique une partie de sa
» force et de sa vivacité. »

3. Part. I, § 2.

peuvent reformer des vapeurs grosses à leur tour de nouveaux orages.

Ces prémisses posées, il semble que nous tenions la solution de notre problème. « C'est par habitude, dit Hume, » que nous faisons la transition de la cause à l'effet; et » c'est de quelque impression présente que nous emprun-» tons cette vivacité répandue par nous sur l'idée corré-» lative ¹. » — Dès lors ne pourrait-on concevoir que les choses se passent ainsi : la disposition habituelle qui m'entraîne à rattacher un conséquent à un antécédent, disposition en qui se résume toute la causalité, m'affecte, quand j'y pense, par une impression réflexive *sui generis*. Cette impression, comme telle, retourne sa vivacité et son énergie aux idées qui lui sont relatives et l'accompagnent normalement. De là, une recrudescence de force dans l'adhésion qu'entraîne l'axiome causal, recrudescence qui passe et repasse de l'idée de cause à l'impression que cette idée engendre, de cette impression aux idées qui en naissent et qui, augmentée, fortifiée par des millions d'expériences convaincantes, va sans cesse se multipliant ². En résumé, « la nécessité est quelque chose qui existe dans » l'esprit, non dans les objets. » Et lui-même définit en ces termes le concept qui nous occupe : « une cause est un » objet antécédent et contigu à un autre et ainsi uni avec » lui que l'idée de l'un détermine l'esprit à former l'idée de » l'autre et l'impression de l'un à former une plus vive » idée de l'autre ³. »

1. Part. III, § 13.
2. *Ibid.*, § 14.
3. L'interprétation que nous proposons serait, nous semble-t-il, fortifiée encore par l'explication que, dans la quatrième partie du *Traité*, (§ 2,) Hume adoptera de la croyance que nous avons en l'existence continue d'objets

Il n'est, remarquons-le bien, dans toute cette analyse, rien qui implique quoi que ce soit d'étranger, nous ne disons pas à nous-mêmes, mais même à nos mobiles perceptions. Il n'y a eu nul besoin de franchir le système clos des phénomènes nôtres. Les métaphysiciens sont donc mal venus à placer, soit en des agents étrangers, soit dans la Divinité elle-même, l'efficacité causale. Cette énergie « ap-
» partient toute à l'âme qui considère l'union de deux ob-
» jets ou plus dans tous les cas passés. »

Que reste-t-il maintenant de la prétention théologique d'après laquelle la source de tout mouvement et de toute l'action serait en Dieu seul [1]? Rien évidemment. Aussi Hume argumentant contre les Cartésiens leur oppose-t-il cette considération qui ne met pas en moindre péril le Berkeleyisme entier : « Si chaque idée est dérivée d'une
» impression, l'idée de Divinité procède de la même ori-
» gine et si nulle impression, soit de sensation, soit de
» réflexion, n'implique aucune force ou efficacité, il est
» également impossible de découvrir ou même d'imaginer
» dans la Divinité un principe actif de ce genre. » L'auteur engage, il est vrai, ceux que choquerait « cette opinion ab-
» surde et impie, » à confesser qu'il leur manque l'idée adéquate d'efficacité dans un objet. Mais le moyen pour le philosophe Irlandais? Descartes, en toute rigueur, se pouvait résigner à un tel aveu : il avait d'autres preuves de l'existence divine en réserve. Mais l'argument causal est

---

extérieurs : explication parallèle à sa déduction de la causalité. Une propension nous incline à regarder comme identiques nos perceptions, lesquelles pourtant sont, en réalité, interrompues ; cette propension est née de quelques vives impressions de la mémoire, lesquelles jettent sur cette fiction leur vivacité.

1. Part. III, § 14.

le seul dont Euphranor et Philonoüs disposent : ce concept renversé, la théologie Berkeleyenne est à bas.

Si tout essai de ramener à un attribut divin notre notion de pouvoir et d'énergie doit fatalement avorter, l'illusion n'est pas moindre de se flatter qu'on la fera naître de l'activité volontaire directement perçue en notre propre esprit. Hume démontre l'inanité d'une théorie qui, un siècle plus tard, fera concevoir tant d'espérances. Il établit combien serait trompeur le raisonnement en vertu duquel nous transférerions à la matière la faculté prétendue que saisit en nous la conscience. « Considérons simplement » que la volonté, qui est ici prise comme une cause, n'a » pas plus de connexion observable avec ses effets que » n'en a, avec son propre effet, aucune cause matérielle... » Aucune impression interne n'a d'énergie apparente, pas » plus que n'en ont les objets extérieurs. »

Mais ce n'est plus seulement la théologie Immatérialiste qui s'est écroulée. Voici que chancelle sur ses bases le spiritualisme dont cette théologie était l'achèvement. Sur le modèle de mon âme j'inférais, au dire des Berkeleyens, et d'autres âmes et un esprit Créateur. Or, comment concevais-je mon âme ? Sous la forme d'une liberté qui se sent et s'éprouve. Mais, si toute notion de puissance efficace est vide, *a fortiori* tiendrai-je pour vaine celle d'un libre pouvoir. Combien, par suite de ces analyses, nos idées d'âme, de moi conscient, de Pensée Divine, ne seront-elles pas anémiées ! Que reste-t-il pour donner le plein à ces divers concepts ? Est-il possible seulement de leur maintenir quelque objectivité ?

Abstraction faite de la causalité spirituelle, nous possédons un dernier élément qui semble garantir au moi une valeur originale : c'est l'identité que, la mémoire aidant, lui-même s'attribue. Assurons-nous si cet *ultimum quid* aura meilleure fortune et résistera mieux à la méthode de morcellement qui vient de faire dans la science mentale de si grands ravages.

Quelques mots, jetés par Hume en guise de précaution oratoire, nous mettent dès l'abord en inquiétude. Nulle question, nous prévient-il, n'est plus abstruse que celle de l'identité : il y faut la plus profonde métaphysique. Or, que nous dit la philosophie ? Que rien n'apparaît à l'esprit qui ne soit une perception ; que, d'autre part, entre nos perceptions nulle continuité ne se laisse saisir, mais qu'elles nous apparaissent comme successives et indépendantes. Lors donc que, pour fortifier encore l'uniformité que nous attribuons aux objets imaginaires de nos sensations, nous prêtons à ces objets une existence continue, que faisons-nous, sinon de céder une fois de plus au prestige de notre imagination? « La pensée glisse le long de la succession » avec la même facilité que si elle ne considérait qu'un » seul objet et par suite elle confond la succession avec » l'identité [1]. » L'erreur réaliste ne vient point d'autre part. Un entraînement irrésistible porte la faculté trompeuse entre toutes à feindre la permanence d'un système d'existences étrangères à nos sensations. « Le passage » coulant de l'imagination, le long des idées de perception » qui se ressemblent, nous fait leur attribuer une parfaite » identité. La manière interrompue de leur apparition » nous fait les considérer comme autant d'êtres qui se » ressemblent mais qui sont distincts et apparaissent après

1. Part. IV, § 2.

» certains intervalles. La perplexité qui naît de cette contra-
» diction produit une propension à unir ces apparences par
» la fiction d'une existence continue. » A supposer qu'il y
eût identité entre nos sensations, le dogmatisme vulgaire
n'en serait pas moins inexcusable d'admettre l'existence continue d'objets indépendants de nos perceptions, puisque ces
dernières seules tombent sous nos prises. Combien plus l'hypothèse de cette continuité paraîtra gratuite, s'il est établi
que de nos impressions aussi l'identité est absente et que l'universel devenir ne régit pas moins fatalement notre vie intérieure que l'existence hypothétique des prétendus objets ?

Les philosophes ont beaucoup parlé du moi ; ils ont redit
à satiété que nous percevions la continuité de notre existence et que ce clair sentiment de notre identité parfaite défiait la contradiction. Cet accord général n'en impose pas
à Hume. Constant avec sa méthode, il demande de quelle
impression pourrait bien découler l'idée du moi. — D'aucune
évidemment, puisque la personne est, non pas une impression, mais ce à quoi l'on suppose qu'appartiennent impressions et idées. Or, tout objet irréductible à un fait impressionnel est non avenu pour l'auteur du *Traité de la Nature
Humaine*. A cette entité réfractaire il manque la caractéristique et comme l'estampille du réel. Aussi bien, le
témoignage du sens intérieur ne fait que confirmer ici la
déduction. « Pour ma part, affirme Hume, quand j'entre
» le plus intimement dans ce que j'appelle moi, je ren-
» contre toujours telle ou telle perception particulière de
» chaud ou de froid, de lumière ou d'ombre, d'amour ou
» de haine, de douleur ou de plaisir. Je ne peux jamais à
» aucun moment m'attraper *moi-même* sans une per-
» ception et, hors de la perception, je ne peux rien obser-

» ver[1]. » Qu'est-ce donc qu'un homme ? « Un faisceau ou
» une collection de différentes perceptions qui se succè-
» dent l'une à l'autre avec une inconcevable rapidité et
» sont dans un flux et un mouvement perpétuels. » Que si,
tenant pour non avenue la déposition de notre conscience,
nous donnons tête baissée dans les notions d'un moi et d'une
âme substantielle, c'est que, dans notre zèle de maintenir
chez les divers objets auxquels nous rapportons nos sensations une manière de continuité, nous dissimulons les
interruptions de nos propres perceptions sensibles. L'imagination n'est pas en cela, d'ailleurs, la seule coupable.
Elle a pour complice la mémoire, faculté qui mesure la
succession de nos perceptions et par ses seules forces
réussit à fonder la notion d'identité. La mémoire invite
bientôt la pensée à franchir les bornes entre lesquelles s'es-
pacent les souvenirs de nos actions et à prolonger indé-
finiment la permanence de la personnalité.

V. Ainsi s'est engloutie la planche de salut laissée, espé-
rions-nous, au dogmatisme. Le monde des objets et l'efficace de Dieu ont été entraînés dans la même ruine : du
moins il semblait que l'âme se restât à elle-même. Et maintenant, cette âme à son tour se trouve n'être qu'un dernier
mensonge, qui va rejoindre dans le néant toutes les autres
fables de la fantaisie ! Hors de nous, rien, au moins que nous
sachions. Au-dessus de nous, personne, dont l'existence et
l'action puissent être, nous ne disons pas prouvées, mais
seulement conçues. Au dedans de nous, nul centre qui
persiste identique à soi, comme un point immobile, parmi
l'incessant va et vient des phénomènes. Tout le réel est

1. Part. IV, § 6.

relégué dans un je ne sais quoi qui passe entre un semblant de moi et un semblant de nature, sous l'empire d'un semblant de causalité. Ce je ne sais quoi d'insaisissable, d'ondoyant et de divers, l'analyse le décompose en perceptions dont ce que l'on appelle emphatiquement le moi n'est qu'un tas, un assemblage (*a heap, a bundle*.) Dans ce je ne sais quoi, venu j'ignore d'où, se manifestent, je ne soupçonne pas comment, des affinités inexplicables, d'où naissent les soi-disant principes, axiomes, lois, archétypes, vérités éternelles, que définissent en phrases pompeuses les métaphysiciens. Mais tous ces grands mots, dont se farde notre ignorance, n'en imposent pas au penseur et, dès qu'il rentre en lui-même, il s'aperçoit que sa science n'est qu'expérience et que, sauf sa perception immédiate, il ne saisit ni vérité ni réalité.

On s'explique, après une telle dévastation, cette sorte de tristesse philosophique qui s'empare de Hume, au moment où il va clore ce terrible livre de *l'Entendement* [1]. Il s'effraye, tout le premier, du désert que sa critique a partout créé. Métaphysiciens, logiciens, mathématiciens, théologiens, il se sent abandonné de tous. Au-dehors, il ne découvre, déplore-t-il, que dispute, colère et calomnie ; au-dedans, il ne rencontre qu'erreur et ignorance. « Quand nous ramenons l'entendement humain à
» ses premiers principes, nous trouvons qu'il nous conduit
» à des sentiments qui semblent tourner en ridicule toutes
» nos peines, toute notre industrie passée et nous décou-
» ragent de futures recherches. »

---

1. Part. IV, § 7. Cette conclusion est fort belle et d'un sentiment très sincère. Il s'en dégage, comme moralité, un conseil de modestie spéculative dont toutes les écoles peuvent assurément faire leur profit.

On s'est souvent demandé si l'auteur du *Traité de la Nature Humaine* et de la *Recherche sur l'Entendement* avait délibérément fait œuvre de Pyrrhonien. Parmi ses admirateurs, les uns ont voulu qu'il se soit livré à une manière de jeu d'esprit; les autres, qu'il ait, de parti pris, dépeint, en le poussant au noir, le scepticisme intransigeant, afin de mieux détourner son lecteur des principes et de la méthode qui mènent au doute absolu. Et, de fait, on ne peut contester que son langage ne soit, par instants, bien sévère aux détracteurs de la science, aux matérialistes, aux athées. Parle-t-il des absolus sceptiques, c'est pour les traiter « d'extravagants[1] »; de l'hypothèse Spinoziste, il la taxe de hideuse[2]. Il a pour les dogmes favoris du théologien, tels que la vie future, des sollicitudes, vraiment adorables[3]. Dénier à Dieu une influence effective sur les créatures est une opinion qu'il taxe « d'impie » et d' « absurde[4]. » Dans une note d'allure mystérieuse, il souscrit à l'argument des causes finales en faveur d'une providence[5]. La bonne foi du Pyrrhonisme est mise par

---

1. Part. IV, § 2.
2. *Ibid.*, § 5. « Ce fameux athée, » l'appelle-t-il en ce passage. Si l'on veut qu'il y ait en tout cela de l'ironie, ce serait une ironie que recouvre un voile singulièrement épais et qui se serait prise à son propre piège. D. Hume a sans doute la même prétention que tous les penseurs de son pays, (ainsi Darwin, Spencer, St. Mill,) de philosopher aussi hardiment qu'il lui plaît, sans menacer en rien les croyances reçues.
3. Part. III, § 9, où il signale « l'universelle négligence et stupidité des » hommes à l'égard d'un état futur, où ils montrent une incrédulité aussi » obstinée qu'ils font une crédulité aveugle en d'autres occasions... »
4. Et cela au cœur de la discussion où il réduit à néant la thèse qui ramène à Dieu toute causalité ! (*Ibid.*, § 14.)
5. « La même imperfection accompagne nos idées de la Divinité; mais » ceci ne peut avoir d'effet ni sur la religion, ni sur la morale. L'ordre de » l'univers prouve un esprit tout puissant, savoir un esprit dont le vouloir » est constamment *accompagné* de l'obéissance de toute créature et de tout

lui en suspicion et au cas où l'on s'informerait s'il adhère
à la secte, voici sa réponse : « ...Ni moi, ni personne ne
» fut jamais sincèrement ou constamment de cette opi-
» nion. La nature, par une nécessité absolue, nous a dé-
» terminés à juger, aussi bien qu'à respirer et à sentir...
» Lutter contre le scepticisme, ajoute-t-il joliment, c'est
» se battre sans antagoniste [1]. » Dans ses *Essais,* il con-
seillera de mettre les Pyrrhoniens au pied du mur et de
leur poser cette question péremptoire : que veulent-ils ?
Car, si on les prenait au mot, « toute action cesserait im-
» médiatement et les hommes tomberaient dans une lé-
» thargie totale [2]. » Un peu plus loin enfin, il se sépare de
l' « ingénieux Berkeley, dont les écrits forment les meil-
» leures leçons de scepticisme qu'on puisse trouver, » et
dont les arguments ont ceci en propre « qu'ils n'admet-
» tent pas de réplique et ne produisent pas la conviction.
» Leur seul effet est de causer cet étonnement, cette ir-
» résolution et cette confusion momentanée qui est le
» résultat du scepticisme. »

S'il en est ainsi, ce sera à nous de retourner à David
Hume sa question : lui-même, que veut-il ? Et à quoi tend
son *Traité?* Une philosophie qui pulvérise l'être en phéno-
ménalités subjectives, la science en impressions fuyantes,
desquelles on ne peut avec assurance rien nier ni rien
affirmer, n'est-ce point là au premier titre ce que tout le
monde appelle scepticisme ? Ces malédictions que l'auteur

» être... » (*Ibid.*) Dans ce passage, il semble que l'illustre sensualiste se
souvienne de Malebranche, qui appliquait de cette même manière et au
mouvement des êtres inorganiques et à l'activité des créatures conscientes
la loi des causes occasionnelles.

1. Part. IV, § 1.
2. *Enquiry,* etc., XII, part. I².

lance contre des conclusions qui, au total, ne diffèrent en rien des siennes propres, ces appréhensions qu'il manifeste, ces hésitations, ces tristesses découragées qui le prennent, ces appels réitérés qu'il fait au goût de l'action et au sentiment de la vie pour rejeter dans l'oubli ses négations spéculatives, comme on secoue au réveil l'obsession d'un rêve importun : ne serait-ce point là autant d'indices que Hume est sceptique, bien sceptique, plus sceptique qu'il ne pense, comme dit ce bouffon de comédie? Il exécute ce tour de force réclamé tant de fois aux Pyrrhoniens par leurs adversaires, de douter de son propre doute. Il est en cet état d'adoxie parfaite dont, à l'encontre de Hamilton, son grand disciple Stuart Mill affirmera la fréquente réalité : alors que, dira-t-il, il nous arrive de n'être pas tout à fait certains d'être incertains.

Ironie des choses ! Ce scepticisme à outrance, si complet qu'il se renonce et se chasse lui-même, comme ces médicaments qui, selon le mot de Timon, s'emportent eux-mêmes en emportant le reste, le dialecticien empiriste y parvient en suivant la méthode de l'homme qui professa le dogmatisme le plus ferme et qui mit sa gloire à couper toute retraite au doute irréligieux. Les maîtres Écossais, ces croyants aguerris ne s'y trompèrent pas. Par delà Hume, ils allèrent en droite ligne à l'évêque de Cloyne et, par delà le grand docteur Irlandais, ils visèrent Malebranche et Descartes, premiers fauteurs, estimaient-ils, de cette doctrine d'abdication. Qui donc, sinon ces illustres précurseurs, avait donné et le précepte et l'exemple du doute objectif? Qui donc, sinon eux, avait enseigné aux hommes à se passer du monde matériel extérieur, sans que la science humaine s'en ressentît? Ce doute, c'est en vain que leurs disciples immédiats et qu'eux-mêmes s'ingénièrent à le pallier. Un continuateur plus conséquent s'est rencontré qui s'y est tenu et qui, généralisant la méthode, a tiré de « *l'époque* » cartésienne, héritée par Malebranche et Norris, transmise à Collier, Berkeley, Johnson, Edwards, son corollaire définitif : une maxime d'universelle incroyance.

Aussi, l'Ecole réaliste a-t-elle fait, de proche en proche, remonter la responsabilité de ces conclusions désolantes à quiconque professa la philosophie de l'idée. Si, aux mains de l'évêque de Cloyne, l'idéalisme dévia dans la direction sensualiste, on veut que la faute en revienne à Malebranche dont toute l'œuvre compose cependant une magnifique apothéose de la Raison ! Si, par une nouvelle dégradation, David Hume réduisit à néant et le principe de causalité et la prérogative divine et le moi conscient, on en accuse Berkeley, pour qui le concept de cause, la toute-puissance de Dieu, la réalité de la personne agissante dominaient toute discussion !

Dans cette dernière phase de l'évolution accomplie par l'idéalisme au xviiie siècle, c'est peut-être la négation du moi et, par contre-coup, l'élimination de toute identité, qui précipita le plus violemment la philosophie analytique de Hume dans un scepticisme désespéré. Mais c'est peut-être aussi par ce point que cette même philosophie apparaît comme la plus vulnérable à son tour. Car enfin, comme l'a très bien vu un pénétrant commentateur, de cet écrivain [1], le concept d'identité une fois mis à l'écart, les explications développées dans le *Traité de la Nature Humaine* et

---

1. M. Green, *Introd. to Hume.*

dans les *Essais* ne se soutiennent plus un seul instant. Supposé que le rejet de cette notion se fût produit au début du *Traité*, l'analyse de la loi causale était rendue impossible : car, si le moi ne désigne qu'une agglomération mouvante d'éléments discrets et si nous ne percevons de continu nulle part, de quel droit recourir, comme principal chef d'explication, à une *succession* d'impressions et d'idées, définitivement organisée par l'association habituelle ? Qui dit succession dit un permanent qui recueille les faits successifs, rapporte au présent le passé, remonte et descende à volonté la ligne de la durée : tous actes irréalisables à un pur « amas », à un simple « faisceau. » Les mots de *temps*, d'*espace*, d'*analogie*, d'*association*, doivent être effacés de notre vocabulaire. Que le philosophe associationniste s'abstienne donc de recourir à un langage dont chaque mot lui infligerait un démenti. Qu'il se borne, comme Cratyle[1], à remuer le doigt, pour signifier la loi de l'infinie métamorphose.

C'est là que la dogmatique écossaise eût dû frapper. Hume avait tout le premier senti que tel était bien l'endroit faible de sa philosophie[2]. Les faits, ces seuls témoins dont sa critique tint compte, prononçaient contre lui. Si mes impressions varient sans cesse par leur face, pour ainsi dire, exhibitive, elles présentent, par leur face affective, une indéniable uniformité. Elles ont toutes ceci en commun que je les perçois comme miennes ; un fil les joint et

---

1. Arist., *Métaph*., Γ. 1010 a.

2. « Après une revue plus exacte de la section relative à l'*identité personnelle*, je me trouve embrouillé dans un tel labyrinthe que je ne sais ni comment corriger mes premières opinions ni comment les rendre consistantes. » (*Appendice au Traité*.)

les aligne : ma mémoire. C'est là un point d'expérience, dont la théorie de Hume non seulement ne rend pas compte, mais entraîne la méconnaissance radicale.

Mieux avisés, Reid et ses amis eussent fait converger en ce sens leur polémique. Mais ils préférèrent généraliser leur attaque et sacrifier à l'étendue de l'assaut la précision. Ils ont donc rouvert le problème entier de la connaissance, inaugurant une réaction résolue contre le mouvement immatérialiste qui, depuis la *Recherche de la Vérité*, avait entraîné les meilleurs esprits de leur siècle et de leur patrie. En face du sujet pensant, ils ont restauré et le monde extérieur et la matière. Afin de couper court à toutes les subtilités de la dialectique, ils ont eu soin, par définition, d'attribuer à l'impression perceptive cette vertu d'atteindre intuitivement son objet. L'extériorité des choses sensibles défiait dès lors la critique. Ils pouvaient, après ce coup d'énergie, philosopher à leur aise. Contre le postulat qu'ils avaient imposé, ni les déductions de la Vision en Dieu, ni les théorèmes de l'immatérialisme, ni les analyses mentales à la manière de Hume, ne pouvaient prévaloir. Le réalisme était décrété.

CONCLUSION

Les succès de la prédication Ecossaise auraient pu faire craindre que l'idéalisme ne se relevât point des coups multipliés que lui portait l'Ecole du sens commun. Il en guérit cependant. Au siècle suivant, la philosophie de l'idée aura depuis longtemps repris et agrandi son domaine, quand déjà la doctrine de Reid et de Dugald Stewart ne sera plus qu'un souvenir.

L'analytique de Hume, dont le réalisme avait fait un épouvantail, inspirera des dispositions très différentes. Les uns, peu sujets au vertige, ne concevront nul émoi de la catastrophe rendue, leur prédit-on, imminente par cette méthode de fractionnement psychique à l'infini. Décidés à en courir l'aventure, ils reviendront sur les pas du subtil psychologue, s'engageront dans les mêmes sentiers que lui et déploieront des ressources de génie vraiment inépuisables à suivre l'itinéraire qu'il avait si aisément et si simplement achevé. Au cours du voyage, le même insurmontable obstacle qui l'avait retardé, les arrêtera, et, presque de nos jours, nous entendrons un Stuart Mill s'avouer déconcentanché devant ce fait énorme de la vie mentale :

le souvenir. L'auteur du *Traité de la Nature Humaine* mit à déduire son hypothèse une telle perfection de logique qu'il n'a point laissé, ce semble, à glaner après lui et que les plus habiles n'ont réussi dans la même voie qu'à la condition de l'imiter.

Les autres, sincèrement alarmés des conséquences que l'associationnisme entraîne en morale, en théodicée, en psychologie même, en ont appelé de l'analyse empirique à la réflexion *a priori*. Au plus profond de cet esprit conscient où l'on ne leur montrait que relativité, devenir et contingence, ils ont tenté de faire jaillir quelque nécessité. Réveillé de son sommeil dogmatique, Kant imaginera des procédés nouveaux d'investigation mentale et à la simple observation empirique il substituera la réflexion pure. Grâce à cette méthode, il élèvera un système intermédiaire entre le sensualisme de Hume et le rationalisme cartésien. Contre le premier il maintiendra la valeur de l'expérience *a priori* ; contre le second, l'illégitimité des recherches supra-phénoménales. Comme Berkeley avait assis sur le sensualisme sa théologie, de même il édifiera une métaphysique avec le scepticisme pour base. Ce n'est que par une façon de coup d'Etat dialectique, que sa morale livrera passage à l'absolu et au transcendant.

A bien des égards, il peut sembler que le criticisme ne soit que le développement de germes Humistes et Berkeleyens. Le maître de Königsberg n'a-t-il pas même renchéri sur les deux idéalistes anglais, puisqu'avec lui nulle existence n'est concevable qui n'ait été inconsciemment modelée par le sujet pensant ? Et cependant on se figure mal l'auteur des *Principes de la Connaissance* et celui du *Traité de la Nature Humaine* désertant leurs points de vue respectifs pour souscrire aux conclusions des trois *Critiques*. Entre la psychologie de Hume, laquelle exige avant toute chose que chaque notion, chaque principe se puisse, de proche en proche, dissoudre en impressions et le néo-rationalisme qui admet *in limine* des synthèses *a priori*, préalables à la plus élémentaire expérience, l'on n'aperçoit pas de transition possible. On ne saurait passer d'une méthode à l'autre, corriger ou parfaire celle-là par celle-ci. Qui se range à la seconde répudie *ipso facto* la première. Il faut choisir. Aussi s'explique-t-on que, pour les associationnistes orthodoxes et, au premier rang d'entre eux, pour le direct héritier de Hume, J. Stuart Mill, la révolution opérée, dans la science de l'esprit, par la *Critique de la raison pure,* ait été comme non avenue.

Quant à l'évêque de Cloyne, on ne voit pas beaucoup mieux comment une conciliation se ferait entre les principes qui lui tiennent à cœur et ceux qui ont inspiré le métaphysicien allemand. La déduction *a priori*, que s'est jusqu'à la fin interdite le métaphysicien Irlandais, est l'âme même du Kantisme. Ce n'est pas tout : les notions abstraites, impitoyablement proscrites par le Berkeley des *Principes*, règnent souverainement dans les trois *Critiques*. Elles peuplent la pensée humaine, la nature, le ciel, sous les noms divers de catégories, de formes *a priori*, d'idées pures, d'impératifs. Il faut changer le mot de Hume et appeler chacun de nous, tel du moins que nous conçoit Kant, un faisceau d'abstractions. Toutes ces entités qui ramènent, ou peu s'en faut, une manière de scolastique, eussent-elles trouvé plus de faveur auprès du Berkeley de la *Siris* ? Oui, peut-être, au cas où elles auraient la vertu de réédifier, par dessus nos têtes, cet univers d'archétypes et d'immuables vérités à la transcendance desquelles il parut, sur le tard, se convertir. Mais il n'en est rien. Ces abstractions, au contraire, entraînent l'élimination du monde idéal, dont elles composent en nous une contrefaçon subjective, sans nul moyen de nous assurer si de réels modèles leur correspondent nulle part. C'est donc en pure perte que le néo-platonicien de Cloyne se serait, pour joindre Kant, fait à lui-même défection. La scolastique abstraite l'aurait reconquis, sans le sauver pour cela de ce pyrrhonisme qu'il abhorrait. Valait-il la peine de renier le nominalisme, c'est-à-dire, en fin de compte, d'effacer l'œuvre de sa vie, si, même à ce prix, les choses en soi lui échappaient?

Ne nous étonnons donc point si, tandis que le rationalisme Kantien va parcourir une carrière triomphante et engendrer une brillante mais aventureuse philosophie de la nature, l'idéalisme *a posteriori* garde des adeptes qui s'en tiendront, ceux-ci au sensualisme de Hume, ceux-là à l'empirisme métaphysique de Berkeley. L'histoire mériterait d'être écrite des nouvelles destinées réservées durant notre siècle, dans la patrie de Norris et de Collier, comme en celle de Johnson et d'Edwards[1], à la doctrine originale qui avait allié, avec tant d'art, la métaphysique cartésienne et l'empirisme Baconien. Même de nos jours, la philosophie de l'idée est demeurée vivace en Angleterre. Le devant de la scène spéculative y est occupé par des écoles brillantes qui masquent à nos yeux les arrière-plans profonds où se tiennent les héritiers de l'immatérialisme. Ces derniers

1. Nous avons eu l'occasion de signaler un remarquable exemple, dans l'Amérique contemporaine, de cette renaissance Berkeleyenne. (V. dans la *Revue philosophique* de novembre 1883 notre article : Le monisme en Angleterre, W. CLIFFORD.)

n'ont d'ailleurs à témoigner nul parti-pris contre les hypothèses semi-physiques, semi-psychologiques qui accaparent aujourd'hui la curiosité générale. Bien plus, ces hypothèses, à les supposer établies, se peuvent à la rigueur disposer dans les cadres de leur philosophie propre. Il y a place, au sein de l'idéalisme, pour une doctrine de l'évolution, comme pour une psycho-physiologie.

Le conflit de l'immatérialisme avec les jeunes écoles n'éclate que du moment où, peu satisfaits de fournir une conception, ici cosmique, là biologique, acceptable après tout même aux Berkeleyens, évolutionnistes et psycho-physiologistes prétendent seuls tenir la clef des problèmes qu'agitent et le psychologue et le métaphysicien. Ils ne s'avisent pas combien leur ambition est peu justifiée, puisqu'ils prennent pour point de départ le point d'arrivée de la philosophie mentale. Les hautes difficultés qu'ils se croient appelés à aplanir, ils ne songent pas que leurs hypothèses initiales les supposent levées. Ainsi qu'on l'a osément soutenu [1], la tentative accomplie par les théoriciens de l'évolution, en vue d'expliquer et l'origine et les transformations de la connaissance, n'aboutit que parce que les *data* dont ils se sont servis impliquent et cette connaissance et la conscience même préformées. Grâce aux concepts nécessaires de l'intelligence actuelle et sans en avoir entrepris la critique préalable, ils ont pu raconter la genèse de cette intelligence et le processus de son adaptation à une réalité extérieure elle-même postulée. C'est dire que l'évolution, ou toute autre théorie du même ordre, ne saurait se donner pour une philosophie générale qu'à la

---

1. Non sans causer parmi les admirateurs de M. Spencer quelque émotion. (V. GREEN : *M. Herbert Spencer and M. G. Lewes.*)

condition de débuter par une flagrante pétition de principe.

Moindres encore seraient les titres de la psychologie physiologique à supplanter, nous ne disons pas la métaphysique, mais simplement la psychologie analytique, telle que Berkeley et Hume la pratiquèrent. Outre qu'elle exige, pour classer ses rapprochements et échelonner ses observations propres, les informations dont est seule en possession sa rivale, elle n'institue ses recherches et ne mène à bien ses découvertes qu'en mettant en jeu des concepts directeurs dont elle doit, bon gré, mal gré, admettre sans examen la validité. Bien plus, ainsi qu'Edwards l'avait compris, ce que l'on appelle un fait physiologique est improprement nommé de ce nom ; du moins, cette qualification doit-elle être tenue pour ultérieure et dérivée. Primitivement, ce fait est psychologique, c'est-à-dire que, pour moi et immédiatement, il consiste en un état de conscience défini, en une représentation de ma mémoire, en une modification de ma sensibilité, bref, en une idée, dont je suis après cela libre de rendre compte à l'aide de telle ou telle hypothèse naturelle. Mes perceptions, mes organes, mes nerfs, mon cerveau même, par conséquent toutes les actions réflexes, tous les phénomènes d'irritation ou d'excitation, tous les processus physiologiques auxquels on a d'ordinaire recours, n'apparaissent à ma conscience réfléchie que comme des modalités mentales. La même illusion réaliste qui fit commettre à l'école Écossaise et aux éclectiques, en France, de si évidents cercles vicieux, subjugue le physiologiste à son tour quand il prétend rendre superflue, par ses méthodes, toute psychologie de la conscience[1].

---

1. La philosophie naturelle, remarque fort bien Green, « valable comme

Sachant l'origine de la querelle entre l'idéalisme et la psycho-physiologie, nous connaissons le moyen de conclure entre les ennemis le traité de paix. *Sua cuique scientiæ tribualur provincia*, avait sagement dit l'auteur du *De Motu*. Que chacun reste sur ses terres, sans empiéter sur le domaine de l'autre. Ou, si un même génie s'ingère en l'une et l'autre science, qu'il maintienne entre les deux une frontière inviolée, comme tel souverain, deux fois couronné, ménage les aspirations respectives des empires distincts qui reconnaissent sa loi. Aussi bien, loin de tenir pour indifférente l'étude de l'homme organique, la philosophie idéaliste en a, l'une des premières, proclamé l'incomparable importance. Que disons-nous ? Les deux plus illustres précurseurs de l'Ecole ont prêché d'exemple, en se conformant sans doute aux vues scientifiques du temps, mais sans que leur métaphysique fût pour rien dans les méprises de leur physiologie. Le même maître selon qui, hors mon acte de penser, tout donne prise au doute, écrivit ce *Traité des Passions*, si haut prisé par tel éminent physiologiste de notre siècle. Et c'est une théorie organique de la sensibilité et de l'imagination qui inaugure la *Recherche de la Vérité*.

A la différence de bien des systèmes, l'idéalisme ne barre en aucune manière la route au savant. Toutes les conceptions du biologiste et du physicien se peuvent traduire en sa langue le plus naturellement du monde. Il lui suffit, partout où le vulgaire met les mots : *choses, corps et substances*, d'employer les expressions de *perceptions* et

> toute autre science, dans son propre département, prend pour accordé
> précisément ce que la métaphysique, comme théorie de la connaissance,
> cherche à expliquer. » (*Introd. to Hume*, § 198.)

d'*idées*, partout où le réalisme commun forge, entre des réalités extra-mentales, une chaîne causale objective, de s'en tenir aux lois synthétiques de nos impressions : lois subjectives, en ce qu'elles sont comprises dans la sphère de nos pensées ; mais constantes, invariables, au besoin nécessaires, en ce qu'elles ne sont pas l'œuvre éphémère de la sensation. Nul progrès scientifique des modernes ne paraît, comme on l'a justement observé, avoir mis en péril les explications Berkeleyennes et il n'y a pas de découvertes qui ne se puissent décrire en style de perceptions et de phénomènes [1].

En pourrait-il, d'ailleurs, aller différemment ? Qui supposera que l'investigation des causes naturelles soit jamais entravée par la doctrine qui a précisément pour essence de consacrer sans restrictions les droits illimités de notre savoir ? Nier l'existence de la matière, n'est-ce pas écarter de l'horizon scientifique tout *block-stone* opposé à la curiosité rationnelle ? N'est-ce pas interdire tout arrêt mis à la déduction ou à l'analyse ? N'est-ce pas déclarer que rien, en son ultime fond, n'est inaccessible et inconnaissable ? N'est-ce pas, avec Leibnitz, proclamer le principe de l'universelle intelligibilité ? N'est-ce pas, enfin, rendre à la pensée humaine un service analogue à celui dont elle était, suivant Lucrèce, redevable à cet Epicure qui, en refusant aux dieux toute action sur le monde, déroba la nature au caprice et à l'arbitraire. Encore l'arbitraire et le caprice se laissent-ils en quelque mesure pénétrer au profond regard du psychologue, au lieu que la matière, cet indéterminé, ce non-être, ainsi que la nommaient les anciens,

---

1. M. CAMPBELL FRASER, *Berkeley*, ch. v, note (rééd. 1884).

essence aveugle, substance amorphe, quiddité étrangère à la sensibilité comme à l'intelligence, se dressait devant l'humanité, comme un sphinx impénétrable, décourageant la pensée et désespérant le cœur.

Si l'idéalisme ouvre devant la science une carrière infinie, il ne se montre guère moins libéral pour la philosophie proprement dite. Ce serait en effet une méprise grave de l'emprisonner dans les termes stricts d'une formule particulière, de le concevoir comme une petite chapelle hors laquelle il n'y aurait qu'hérésies. Loin de là : nulle doctrine n'est plus compréhensive. Son nom désigne une vaste tribu philosophique, parmi laquelle trouvent place bien des familles diverses. Aussi ne faudrait-il pas que la doctrine mère fût rendue solidaire des hypothèses secondes qui s'en sont détachées. La fortune de l'idéalisme n'est pas emportée toute en la nacelle d'un philosophe. On ne la saurait pas plus enchaîner aux destinées de la Vision en Dieu qu'au sort de l'immatérialisme anglo-américain. On conçoit fort bien, au contraire, que cette doctrine se meuve sans cesse entre deux Écoles extrêmes, dont chacune a ce seul tort de croire la traduire exclusivement. Pourquoi n'aurait-elle pas, qu'on nous permette la comparaison, ses *tories* et ses *whigs :* les uns la concevant, sous la forme d'un haut rationalisme, assez semblable à celui que Platon, les Alexandrins, Malebranche et Norris professèrent ; les autres, la phénoménalisant, si l'on peut dire, et la circonscrivant dans les bornes de la sensibilité, comme firent le Berkeley des *Principes,* David Hume et nos modernes associationnistes ? Selon ces derniers, le perceptif seul apparaît à la connaissance directe et seul compose toute réalité ; selon leurs émules, le sensible, au moment où ma pensée s'en empare, est déjà tout baigné d'intelligence. L'impression phénoménale : voilà le fait initial et vraiment intuitif, assurent les premiers. A quoi les seconds de répondre, comme fit le savant James Hutton : « Une personne, avant de » pouvoir dire ou penser : je *vois* ou j'*entends*, etc., doit » avoir dit ou pensé : *je sais*. La sensation n'est une » source de connaissance que dans la mesure où elle est » une information de l'esprit [1]. » A vrai dire, ni les uns ni les autres n'épuisent l'hypothèse commune et un Hégélien avancerait, non sans apparence, qu'ils se partagent la vérité.

C'est cette élasticité remarquable qui a permis à la philosophie de l'idée de varier sans se démentir et, née sur la terre française, de prospérer sur le sol anglais. Il s'est produit, par suite de cette émigration, une adaptation complète du système au milieu nouveau, mais sans que se soit déformé le principe générateur. Par une dégradation continue, l'idée s'est faite sensible, de rationnelle qu'elle était, comme, de sensible, elle peut tout aussi aisément, sous une influence réactive, redevenir rationnelle. Des dissemblances superficielles ont pu parfois donner le change et aux contemporains et à la postérité. Si Taylor, John Norris, Arthur Collier, ont mis leur gloire à placer leurs spéculations sous le patronage de l'initiateur cartésien, Berkeley et ses disciples immédiats ont cru de bonne foi avoir *e nihilo* créé leur monisme. N'avaient-ils pas fait table rase des notions abstraites, des vérités nécessaires, de la psychologie rationnelle, de la métaphysique pure et

---

1. V. son remarquable traité de philosophie générale : *An Investigation of the Principles of knowledge and of the Progress of Reason from Sense to Science and Philosophy*. — Édimbourg, 1794.

des axiomes innés ? Hé ! oui, assurément, et c'est en cela qu'ils donnèrent la marque anglaise à la doctrine importée. Mais, en dépit de ce contraste, quelle influence n'exerça pas, sur la direction de leur pensée, l'inspiration à laquelle ils se défendaient d'avoir obéi ! Où cette influence cesse et où leurs tendances propres prévalent, c'est quand ils infléchissent dans un sens tout épicurien une philosophie mentale directement empruntée au Platon Français.

Marquer la continuité du développement doctrinal qui, par Burthogge, Taylor, Norris, Collier, Berkeley, Johnson, Edwards, devait insensiblement aboutir, de la métaphysique la plus transcendante, au sensualisme le plus subjectif, tel a été l'objet de ce livre. Si de notre historique une conclusion se dégage, n'est-ce pas, qu'après tout, l'antagonisme est moins radical entre les spéculations de l'ontologie et les analyses de l'empirisme que ne le feraient supposer les controverses des Écoles ? N'est-ce pas que tout espoir de conciliation n'est point à jamais interdit ? Ce qui a eu lieu peut se reproduire encore. Or, si philosophie au monde est en possession d'opérer cet accord, c'est assurément celle à qui se peut appliquer le mot de cet ancien : il y a plus d'une place dans la maison de Jupiter. L'idéalisme a prouvé, par son histoire, qu'il ne se laisserait confisquer à aucune secte. Un dans son principe, il a varié dans sa forme, à mesure que la pensée spéculative renouvelait elle-même ses points de vue. De Descartes à Hume, la théorie a oscillé d'un pôle à l'autre de l'esprit humain : de la raison *a priori*, à la perceptivité contingente. De là vient qu'aujourd'hui encore elle donne satisfaction à des aspirations contraires. On a souvent répété que tout homme qui méditait sur l'énigme des choses et croyait en deviner le mot était, bon gré mal gré, disciple d'Aristote ou de Platon, n'eût-il de sa vie ouvert les livres de ces deux maîtres. De même, quiconque souscrit à l'hypothèse négative d'un monde matériel relèvera, quelques prétentions qu'il ait à l'indépendance, de Malebranche ou de Berkeley.

FIN.

TABLE DES MATIÈRES

Introduction..	1
Chapitre I. — Descartes..	17
Chapitre II. — Le Cartésianisme en Angleterre. — Hobbes. — Locke..	47
Chapitre III. — Richard Burthogge...........................	72
Chapitre IV. — Malebranche (Psychologue, métaphysicien, précurseur de l'idéalisme absolu).......................	97
Chapitre V. — Prosélytes de Malebranche en Angleterre. — Thomas Taylor. — Timides contradicteurs.............	174
Chapitre VI. — John Norris....................................	193
Chapitre VII. — Arthur Collier................................	241
Chapitre VIII. — Berkeley......................................	294
Chapitre IX. — L'immatérialisme en Amérique. — Samuel Johnson...	371
Chapitre X. — L'immatérialisme en Amérique (*Suite*). — Jonathan Edwards..	406
Chapitre XI. — L'idéalisme berkeleyen en Angleterre. — David Hume...	444
Conclusion...	470

VERSAILLES, IMPRIMERIE CERF ET FILS, RUE DUPLESSIS, 59.

ANCIENNE LIBRAIRIE GERMER BAILLIÈRE ET Cie
FÉLIX ALCAN, ÉDITEUR

CATALOGUE

DES

LIVRES DE FONDS

(PHILOSOPHIE — HISTOIRE)

TABLE DES MATIÈRES

	Pages.		Pages.
BIBLIOTHÈQUE DE PHILOSOPHIE CONTEMPORAINE.		PUBLICATIONS HISTORIQUES ILLUSTRÉES	13
Format in-12	2	RECUEIL DES INSTRUCTIONS DIPLOMATIQUES	13
Format in-8	4		
COLLECTION HISTORIQUE DES GRANDS PHILOSOPHES	7	INVENTAIRE ANALYTIQUE DES ARCHIVES DU MINISTÈRE DES AFFAIRES ÉTRANGÈRES	14
Philosophie ancienne	7		
Philosophie moderne	7	ANTHROPOLOGIE ET ETHNOLOGIE	14
Philosophie écossaise	8	REVUE PHILOSOPHIQUE	15
Philosophie allemande	8	REVUE HISTORIQUE	15
Philosophie allemande contemporaine	9	ANNALES DE L'ÉCOLE LIBRE DES SCIENCES POLITIQUES	16
Philosophie anglaise contemporaine	9	BIBLIOTHÈQUE SCIENTIFIQUE INTERNATIONALE	17
Philosophie italienne contemporaine	10	Par ordre d'apparition	17
		Par ordre de matières	20
BIBLIOTHÈQUE D'HISTOIRE CONTEMPORAINE	11	OUVRAGES DIVERS NE SE TROUVANT PAS DANS LES COLLECTIONS PRÉCÉDENTES	22
BIBLIOTHÈQUE HISTORIQUE ET POLITIQUE	13	BIBLIOTHÈQUE UTILE	31

On peut se procurer tous les ouvrages qui se trouvent dans ce Catalogue par l'intermédiaire des libraires de France et de l'Étranger.

On peut également les recevoir *franco* par la poste, sans augmentation des prix désignés, en joignant à la demande des TIMBRES-POSTE FRANÇAIS ou un MANDAT sur Paris.

PARIS
108, BOULEVARD SAINT-GERMAIN, 108
Au coin de la rue Hautefeuille.

MARS 1888

Les titres précédés d'un *astérisque* sont recommandés par le Ministère de l'Instruction publique pour les Bibliothèques et pour les distributions des prix des lycées et collèges. — Les lettres **V. P.** indiquent les volumes adoptés pour les distributions de prix et les Bibliothèques de la Ville de Paris.

BIBLIOTHÈQUE DE PHILOSOPHIE CONTEMPORAINE
Volumes in-12 brochés à 2 fr. 50.

Cartonnés toile. 3 francs. — En demi-reliure, plats papier. 4 francs.

Quelques-uns de ces volumes sont épuisés, et il n'en reste que peu d'exemplaires imprimés sur papier vélin; ces volumes sont annoncés au prix de 5 francs.

ALAUX, professeur à la Faculté des lettres d'Alger. **Philosophie de M. Cousin.**
AUBER (Ed.). **Philosophie de la médecine.**
BALLET (G.), professeur agrégé à la Faculté de médecine. **Le Langage intérieur et les diverses formes de l'aphasie**, avec figures dans le texte. 2ᵉ édit.
BARTHÉLEMY SAINT-HILAIRE, de l'Institut. **De la Métaphysique.**
* BEAUSSIRE, de l'Institut. **Antécédents de l'hégélianisme dans la philosophie française.**
* BERSOT (Ernest), de l'Institut. **Libre Philosophie.** (V. P.)
* BERTAULD, de l'Institut. **L'Ordre social et l'Ordre moral.**
— **De la Philosophie sociale.**
BINET (A.). **La Psychologie du raisonnement**, expériences par l'hypnotisme.
BOST. **Le Protestantisme libéral.**
BOUILLIER. **Plaisir et Douleur.** Papier vélin.   5 fr.
* BOUTMY (E.), de l'Institut. **Philosophie de l'architecture en Grèce.** (V. P.)
* CHALLEMEL-LACOUR. **La Philosophie individualiste**, étude sur G. de Humboldt. (V. P.)
COIGNET (Mᵐᵉ C.). **La Morale indépendante.**
COQUEREL Fils (Ath.). **Transformations historiques du christianisme.**
— **La Conscience et la Foi.**
— **Histoire du Credo.**
COSTE (Ad.). **Les Conditions sociales du bonheur et de la force.** (V. P.)
DELBŒUF (J.). **La Matière brute et la matière vivante.** Étude sur l'origine de la vie et de la mort.
* ESPINAS (A.), professeur à la Faculté des lettres de Bordeaux. **La Philosophie expérimentale en Italie.**
FAIVRE (E.), professeur à la Faculté des sciences de Lyon. **De la Variabilité des espèces.**
FÉRÉ (Ch.). **Sensation et mouvement.** Étude de psycho-mécanique, avec figures.
— **Dégénérescence et criminalité**, avec figures.
FONTANÈS. **Le Christianisme moderne.**
FONVIELLE (W. de). **L'Astronomie moderne.**
* FRANCK (Ad.), de l'Institut. **Philosophie du droit pénal.** 2ᵉ édit.
— **Des Rapports de la religion et de l'Etat.** 2ᵉ édit.
— **La Philosophie mystique en France au XVIIIᵉ siècle.**
* GARNIER. **De la Morale dans l'antiquité.** Papier vélin.   5 fr.
GAUCKLER. **Le Beau et son histoire.**
HAECKEL, prof. à l'Université d'Iéna. **Les Preuves du transformisme.** 2ᵉ édit.
— **La Psychologie cellulaire.**
HARTMANN (E. de). **La Religion de l'avenir.** 2ᵉ édit.
— **Le Darwinisme**, ce qu'il y a de vrai et de faux dans cette doctrine. 3ᵉ édit.
* HERBERT SPENCER. **Classification des sciences**, trad. de M. Cazelles. 4ᵉ édit.
— **L'Individu contre l'État**, traduit par M. Gerschel. 2ᵉ édit.

Suite de la *Bibliothèque de philosophie contemporaine*, format in-12,
à 2 fr. 50 le volume.

* JANET (Paul), de l'Institut. **Le Matérialisme contemporain.** 4ᵉ édit.
— * **La Crise philosophique.** Taine, Renan, Vacherot, Littré.
— * **Philosophie de la Révolution française.** 3ᵉ édit. (V. P.)
— * **Saint-Simon et le Saint-Simonisme.**
— **Les Origines du socialisme contemporain.**
* LAUGEL (Auguste). **L'Optique et les Arts.** (V. P.)
— * **Les Problèmes de la nature.**
— * **Les Problèmes de la vie.**
— * **Les Problèmes de l'âme.**
— * **La Voix, l'Oreille et la Musique.** Papier vélin. 5 fr.
LEBLAIS. **Matérialisme et Spiritualisme.**
* LEMOINE (Albert), maître de conférences à l'Ecole normale. **Le Vitalisme et l'Animisme.**
— * **De la Physionomie et de la Parole.**
— * **L'Habitude et l'Instinct.**
LEOPARDI. **Opuscules et Pensées,** traduit par M. Aug. Dapples.
LEVALLOIS (Jules). **Déisme et Christianisme.**
* LÉVÊQUE (Charles), de l'Institut. **Le Spiritualisme dans l'art.**
— * **La Science de l'invisible.**
LÉVY (Antoine). **Morceaux choisis des philosophes allemands.**
* LIARD, directeur de l'Enseignement supérieur. **Les Logiciens anglais contemporains.** 2ᵉ édit.
— * **Des définitions géométriques et des définitions empiriques.** 2ᵉ édit.
* LOTZE (H.). **Psychologie physiologique,** traduit par M. Penjon.
MARIANO. **La Philosophie contemporaine en Italie.**
* MARION, professeur à la Faculté des lettres de Paris. **J. Locke, sa vie, son œuvre.**
* MILSAND. **L'Esthétique anglaise,** étude sur John Ruskin.
MOSSO. **La Peur.** Étude psycho-physiologique, trad. de l'italien par F. Hément (avec figures).
ODYSSE BAROT. **Philosophie de l'histoire.**
PAULHAN. **Les Phénomènes affectifs et les lois de leur apparition.** Essai de psychologie générale.
PI Y MARGALL. **Les Nationalités,** traduit par M. L. X. de Ricard.
* RÉMUSAT (Charles de), de l'Académie française. **Philosophie religieuse.**
RÉVILLE (A.), professeur au Collège de France. **Histoire du dogme de la divinité de Jésus-Christ.**
RIBOT (Th.), direct. de la *Revue philos.* **La Philosophie de Schopenhauer.** 2ᵉ édit.
— * **Les Maladies de la mémoire.** 4ᵉ édit.
— **Les Maladies de la volonté.** 4ᵉ édit.
— **Les Maladies de la personnalité.** 2ᵉ édit.
— **Le Mécanisme de l'attention.** (*Sous presse.*)
RICHET (Ch.), professeur à la Faculté de médecine. **Essai de psychologie générale** (avec figures).
ROISEL. **De la Substance.**
SAIGEY. **La Physique moderne.** 2ᵉ tirage. (V. P.)
* SAISSET (Emile), de l'Institut. **L'Ame et la Vie.**
— * **Critique et Histoire de la philosophie** (fragm. et disc.).
SCHMIDT (O.). **Les Sciences naturelles et la Philosophie de l'inconscience.**
SCHŒBEL. **Philosophie de la raison pure.**

Suite de la *Bibliothèque de philosophie contemporaine*, format in-12,
à 2 fr. 50 le volume.

* SCHOPENHAUER. **Le Libre arbitre**, traduit par M. Salomon Reinach. 3° édit.
— * **Le Fondement de la morale**, traduit par M. A. Burdeau. 2° édit.
— **Pensées et Fragments**, avec intr. par M. J. Bourdeau. 7° édit.
SELDEN (Camille). **La Musique en Allemagne**, étude sur Mendelssohn. (V. P.)
SICILIANI (P.). **La Psychogénie moderne**.
STRICKER. **Le Langage et la Musique**, traduit par M. Schwiedland.
* STUART MILL. **Auguste Comte et la Philosophie positive**, traduit par M. Clémenceau. 2° édit. (V. P.)
— **L'Utilitarisme**, traduit par M. Le Monnier.
TAINE (H.), de l'Académie française. **L'Idéalisme anglais**, étude sur Carlyle.
— * **Philosophie de l'art dans les Pays-Bas**. 2° édit. (V. P.)
— * **Philosophie de l'art en Grèce**. 2° édit. (V. P.)
— * **De l'Idéal dans l'art**. Papier vélin.   5 fr.
— * **Philosophie de l'art en Italie**. Papier vélin.   5 fr.
— * **Philosophie de l'art**. Papier vélin.   5 fr.
TARDE. **La Criminalité comparée**.
TISSANDIER. **Des Sciences occultes et du Spiritisme**. Pap. vélin.   5 fr.
* VACHEROT (Et.), de l'Institut. **La Science et la Conscience**.
VÉRA (A.), professeur à l'Université de Naples. **Philosophie hégélienne**.
VIANNA DE LIMA. **L'Homme selon le transformisme**.
ZELLER. **Christian Baur et l'École de Tubingue**, traduit par M. Ritter.

BIBLIOTHÈQUE DE PHILOSOPHIE CONTEMPORAINE

Volumes in-8.

Brochés à 5 r., 7 fr. 50 et 10 fr.—Cart. anglais, 1 fr. en plus par volume.
Demi-reliure..................... 2 francs.

AGASSIZ. **De l'Espèce et des Classifications**. 1 vol.   5 fr.
BAIN (Alex.) *. **La Logique inductive et déductive**. Traduit de l'anglais par M. G. Compayré. 2 vol. 2° édit.   20 fr.
— * **Les Sens et l'Intelligence**. 1 vol. Traduit par M. Cazelles.   10 fr.
— * **L'Esprit et le Corps**. 1 vol. 4° édit.   6 fr.
— **La Science de l'Éducation**. 1 vol. 6° édit.   6 fr.
— **Les Émotions et la Volonté**. Trad. par M. Le Monnier. 1 vol.   10 fr.
* BARDOUX, sénateur. **Les Légistes, leur influence sur la société française**. 1 vol.   5 fr.
* BARNI (Jules). **La Morale dans la démocratie**. 1 vol. 2° édit. précédée d'une préface de M. D. Nolen, recteur de l'académie de Douai. (V. P.) 5 fr.
BEAUSSIRE (Émile), de l'Institut. **Les Principes de la morale**. 1 vol. 5 fr.
— **Les Principes du droit**. 1 vol. in-8.   5 fr.
BERTRAND (A.), professeur à la Faculté des lettres de Lyon. **L'Aperception du corps humain par la conscience**. 1 vol.   5 fr.
BÜCHNER. **Nature et Science**. 1 vol. 2° édit. Traduit par M. Lauth.   7 fr. 50
CARRAU (Ludovic), directeur des conférences de philosophie à la Sorbonne. **La Philosophie religieuse en Angleterre**, depuis Locke jusqu'à nos jours. 1 vol. 5 fr.
CLAY (R.). **L'Alternative, contribution à la psychologie**. 1 vol. Traduit de l'anglais par M. A. Burdeau, député, ancien prof. au lycée Louis-le-Grand. 10 fr.
EGGER (V.), professeur à la Faculté des lettres de Nancy. **La Parole intérieure**. 1 vol.   5 fr.

Suite de la *Bibliothèque de philosophie contemporaine*, format in-8.

ESPINAS (Alf.), professeur à la Faculté des lettres de Bordeaux. **Des Sociétés animales.** 1 vol. 2ᵉ édit. 7 fr. 50

FERRI (Louis), correspondant de l'Institut. **La Psychologie de l'association, depuis Hobbes jusqu'à nos jours.** 1 vol. 7 fr. 50

* FLINT, professeur à l'Université d'Edimbourg. **La Philosophie de l'histoire en France.** Traduit de l'anglais par M. Ludovic Carrau, directeur des conférences de philosophie à la Sorbonne. 1 vol. 7 fr. 50

— * **La Philosophie de l'histoire en Allemagne.** Trad. de l'angl. par M. Ludovic Carrau. 1 vol. 7 fr. 50

FONSEGRIVES. **Essai sur le libre arbitre.** Sa théorie, son histoire. 1 vol. 10 fr.

* FOUILLÉE (Alf.), ancien maître de conférences à l'École normale supérieure. **La Liberté et le Déterminisme.** 1 vol. 2ᵉ édit. 7 fr. 50

— **Critique des systèmes de morale contemporains.** 1 vol. 2ᵉ édit. 7 fr. 50

FRANCK (A.), de l'Institut. **Philosophie du droit civil.** 1 vol. 5 fr.

GAROFALO, agrégé de l'Université de Naples. **La Criminologie.** 1 vol. 7 fr. 50

* GUYAU. **La Morale anglaise contemporaine.** 1 vol. 2ᵉ édit. 7 fr. 50

— **Les Problèmes de l'esthétique contemporaine.** 1 vol. 5 fr.

— **Esquisse d'une morale sans obligation ni sanction.** 1 vol. 5 fr.

—. **L'Irréligion de l'avenir**, étude de sociologie. 1 vol. 2ᵉ édit. 7 fr. 50

HERBERT SPENCER *. **Les Premiers Principes.** Traduit par M. Cazelles. 1 fort volume. 10 fr.

— **Principes de biologie.** Traduit par M. Cazelles. 2 vol. 20 fr.

— * **Principes de psychologie.** Trad. par MM. Ribot et Espinas. 2 vol. 20 fr.

— * **Principes de sociologie** :
Tome I. Traduit par M. Cazelles. 1 vol. 10 fr.
Tome II. Traduit par MM. Cazelles et Gerschel. 1 vol. 7 fr. 50
Tome III. Traduit par M. Cazelles. 1 vol. 15 fr.
Tome IV. Traduit par M. Cazelles. 1 vol. 3 fr. 75

— * **Essais sur le progrès.** Traduit par M. A. Burdeau. 1 vol. 2ᵉ éd. 7 fr. 50

— **Essais de politique.** Traduit par M. A. Burdeau. 1 vol. 2ᵉ édit. 7 fr. 50

— **Essais scientifiques.** Traduit par M. A. Burdeau. 1 vol. 7 fr. 50

* **De l'Education physique, intellectuelle et morale.** 1 vol. 5ᵉ édit. 5 fr.

— * **Introduction à la science sociale.** 1 vol. 6ᵉ édit. 6 fr.

— **Les Bases de la morale évolutionniste.** 1 vol. 3ᵉ édit. 6 fr.

— * **Classification des sciences.** 1 vol. in-18. 2ᵉ édit. 2 fr. 50

— **L'Individu contre l'État.** Traduit par M. Gerschel. 1 vol. in-18. 2ᵉ édit. 2 fr. 50

— **Descriptive Sociology,** or Groups of sociological facts. French compiled by James Collier. 1 vol. in-folio. 50 fr.

* HUXLEY, de la Société royale de Londres. **Hume, sa vie, sa philosophie.** Traduit de l'anglais et précédé d'une Introduction par G. Compayré. 1 vol. 5 fr.

* JANET (Paul), de l'Institut. **Les Causes finales.** 1 vol. 2ᵉ édit. 10 fr.

— * **Histoire de la science politique dans ses rapports avec la morale.** 2 forts vol. in-8. 3ᵉ édit., revue, remaniée et considérablement augmentée. 20 fr.

* LAUGEL (Auguste). **Les Problèmes** (Problèmes de la nature, problèmes de la vie, problèmes de l'âme). 1 vol. 7 fr. 50

* LAVELEYE (de), correspondant de l'Institut. **De la Propriété et de ses formes primitives.** 1 vol. 4ᵉ édit. (*Sous presse.*)

* LIARD, directeur de l'enseignement supérieur. **La Science positive et la Métaphysique.** 1 vol. 2ᵉ édit. 7 fr. 50

— **Descartes.** 1 vol. 5 fr.

LOMBROSO. **L'Homme criminel** (criminel-né, fou-moral, épileptique). Étude anthropologique et médico-légale, précédée d'une préface de M. le docteur Letourneau. 1 vol. in-8. 10 fr.

— **Atlas** de 32 planches, contenant de nombreux portraits, fac-similés d'écritures et de dessins, tableaux et courbes statistiques pour accompagner ledit ouvrage. 8 fr.

Suite de la *Bibliothèque de philosophie contemporaine*, format in-8.

MARION (H.), professeur à la Faculté des lettres de Paris. **De la Solidarité morale.** Essai de psychologie appliquée. 1 vol. 2° édit. (V. P.)   5 fr.
MATTHEW ARNOLD. **La Crise religieuse.** 1 vol.   7 fr. 50
MAUDSLEY. **La Pathologie de l'esprit.** 1 vol. Trad. par M. Germont.   10 fr.
* NAVILLE (E.), correspond. de l'Institut. **La Logique de l'hypothèse.** 1 vol.   5 fr.
PÉREZ (Bernard). **Les trois premières années de l'enfant.** 1 fort vol. 3° édit.   5 fr.
— **L'Enfant de trois à sept ans.** 1 vol.   5 fr.
— **L'Éducation morale dès le berceau.** 1 vol. 2° édit.   5 fr.
— **L'Art et la Peinture chez l'enfant.** (*Sous presse.*)
PIDERIT. **La Mimique et la Physiognomonie.** Trad. de l'allemand par M. Girot. 1 vol. avec 95 figures dans le texte.   5 fr.
PREYER, professeur à la Faculté d'Iéna. **Éléments de physiologie.** Traduit de l'allemand par M. J. Soury. 1 vol.   5 fr.
— **L'Ame de l'enfant.** Observations sur le développement psychique des premières années. 1 vol., traduit de l'allemand par M. H. C. de Varigny.   10 fr.
* QUATREFAGES (De), de l'Institut. **Ch. Darwin et ses précurseurs français.** 1 vol.   5 fr.
RIBOT (Th.), directeur de la *Revue philosophique*. **L'Hérédité psychologique.** 1 vol. 3° édit.   7 fr. 50
— * **La Psychologie anglaise contemporaine.** 1 vol. 3° édit.   7 fr. 50
— * **La Psychologie allemande contemporaine.** 1 vol. 2° édit.   7 fr. 50
RICHET (Ch.), professeur à la Faculté de médecine de Paris. **L'Homme et l'Intelligence.** Fragments de psychologie et de physiologie. 1 vol. 2° édit.   10 fr.
ROBERTY (E. de). **L'Ancienne et la Nouvelle philosophie.** 1 vol.   7 fr. 50
SAIGEY (Emile). **Les Sciences au XVIII° siècle.** La physique de Voltaire. 1 vol.   5 fr.
SCHOPENHAUER. **Aphorismes sur la sagesse dans la vie.** 3° édit. Traduit par M. Cantacuzène. 1 vol.   5 fr.
— **De la quadruple racine du principe de la raison suffisante,** suivi d'une *Histoire de la doctrine de l'idéal et du réel.* Trad. par M. Cantacuzène. 1 vol.   5 fr.
— **Le monde comme volonté et représentation.** Traduit de l'allemand par M. A. Burdeau. 3 vol. Tome I. 1 vol.   7 fr. 50
Les tomes II et III paraîtront dans le courant de l'année 1888.
SÉAILLES, maître de conférences à la Faculté des lettres de Paris. **Essai sur le génie dans l'art.** 1 vol.   5 fr.
SERGI, professeur à l'Université de Rome. **La Psychologie physiologique,** traduite de l'italien par M. Mouton. 1 vol. avec figures. 1888.   10 fr.
* STUART MILL. **La Philosophie de Hamilton.** 1 vol.   10 fr.
— * **Mes Mémoires.** Histoire de ma vie et de mes idées. Traduit de l'anglais par M. E. Cazelles. 1 vol.   5 fr.
— * **Système de logique déductive et inductive.** Trad. de l'anglais par M. Louis Peisse. 2 vol.   20 fr.
— * **Essais sur la religion.** 2° édit. 1 vol.   5 fr.
SULLY (James). **Le Pessimisme.** Trad. par MM. Bertrand et Gérard. 1 vol.   7 fr. 50
VACHEROT (Et.), de l'Institut. **Essais de philosophie critique.** 1 vol.   7 fr. 50
— **La Religion.** 1 vol.   7 fr. 50
WUNDT. **Éléments de psychologie physiologique.** 2 vol. avec figures, trad. de l'allem. par le D' Élie Rouvier, et précédés d'une préface de M. D. Nolen.   20 fr.

ÉDITIONS ÉTRANGÈRES

Éditions anglaises.

AUGUSTE LAUGEL. The United States during the war. In-8.   7 shill. 6 p.
ALBERT RÉVILLE. History of the doctrine of the deity of Jesus-Christ.   3 sh. 6 p.
H. TAINE. Italy (Naples et Rome).   7 sh. 6 p.
H. TAINE. The Philosophy of Art.   3 sh.

Éditions allemandes.

PAUL JANET. The Materialism of present day. 1 vol. in-18, rel.   3 shill.
JULES BARNI. Napoléon 1er. In-18.   3 m.
PAUL JANET. Der Materialismus unsere Zeit. 1 vol. in-18.   3 m.
H. TAINE. Philosophie der Kunst. 1 volume in-18.   3 m.

COLLECTION HISTORIQUE DES GRANDS PHILOSOPHES

PHILOSOPHIE ANCIENNE

ARISTOTE (Œuvres d'), traduction de M. BARTHÉLEMY SAINT-HILAIRE.
— **Psychologie** (Opuscules), avec notes. 1 vol. in-8 .... 10 fr.
— **Rhétorique**, avec notes. 1870. 2 vol. in-8 .... 16 fr.
— **Politique**, 1868, 1 v. in-8. 10 fr.
— **Traité du ciel**, 1866. 1 fort vol. grand in-8 .... 10 fr.
— **La Métaphysique** d'Aristote. 3 vol. in-8, 1879 .... 30 fr.
— **Traité de la production et de la destruction des choses**, avec notes. 1866. 1 v. gr. in-8.... 10 fr.
— **De la Logique d'Aristote**, par M. BARTHÉLEMY SAINT-HILAIRE. 2 vol. in-8 .... 10 fr.
* SOCRATE. **La Philosophie de Socrate**, par M. Alf. FOUILLÉE. 2 vol. in-8 .... 16 fr.
* PLATON. **La Philosophie de Platon**, par M. Alfred FOUILLÉE. 2 vol. in-8 .... 16 fr.
* — **Études sur la Dialectique dans Platon et dans Hegel**, par M. Paul JANET. 1 vol. in-8. 6 fr.
— **Platon et Aristote**, par VAN DER REST. 1 vol. in-8 .... 10 fr.
* ÉPICURE. **La Morale d'Épicure et ses rapports avec les doctrines contemporaines**, par M. GUYAU. 1 vol. in-8. 3e édit.... 7 fr. 50
* ÉCOLE D'ALEXANDRIE. **Histoire de l'École d'Alexandrie**, par M. BARTHÉLEMY SAINT-HILAIRE. 1 v. in-8 .... 6 fr.
MARC-AURÈLE. **Pensées de Marc-Aurèle**, traduites et annotées par M. BARTHÉLEMY SAINT-HILAIRE. 1 vol. in-18 .... 4 fr. 50
BÉNARD. **La Philosophie ancienne**, histoire de ses systèmes. Première partie : *La Philosophie et la Sagesse orientales. — La Philosophie grecque avant Socrate. — Socrate et les socratiques. — Études sur les sophistes grecs.* 1 vol. in-8. 1885 .... 9 fr.
BROCHARD (V.). **Les Sceptiques grecs** (couronné par l'Académie des sciences morales et politiques). 1 vol. in-8. 1887 .... 8 fr.
* FABRE (Joseph). **Histoire de la philosophie, antiquité et moyen âge**. 1 vol. in-18. .... 3 fr. 50
OGEREAU. **Essai sur le système philosophique des stoïciens**. 1 vol. in-8. 1885 .... 5 fr.
FAVRE (Mme Jules), née VELTEN. **La Morale des stoïciens**. 1 volume in-18. 1887 .... 3 fr. 50
— **La Morale de Socrate**. 1 vol. in-18. 1888 .... 3 fr. 50
TANNERY (Paul). **Pour l'histoire de la science hellène** (de Thalès à Empédocle). 1 v. in-8. 1887. 7 fr. 50

PHILOSOPHIE MODERNE

* LEIBNIZ. **Œuvres philosophiques**, avec introduction et notes par M. Paul JANET. 2 vol. in-8. 16 fr.
— **Leibniz et Pierre le Grand**, par FOUCHER DE CAREIL. 1 v. in-8. 2 fr.
— **Leibniz et les deux Sophie**, par FOUCHER DE CAREIL. In-8. 2 fr.
DESCARTES, par Louis LIARD. 1 vol. in-8 .... 5 fr.
— **Essai sur l'Esthétique de Descartes**, par KRANTZ. 1 v. in-8. 6 fr.
* SPINOZA. **Dieu, l'homme et la béatitude**, trad. et précédé d'une Introd. de P. JANET. In-18. 2 fr. 50
— **Benedicti de Spinoza opera quotquot reperta sunt**, recognoverunt J. Van Vloten et J.-P.-N. Land. 2 forts vol. in-8 sur papier de Hollande .... 45 fr.
* LOCKE. **Sa vie et ses œuvres**, par M. MARION. 1 vol. in-18. 2 fr. 50
* MALEBRANCHE. **La Philosophie de Malebranche**, par M. OLLÉ-LAPRUNE. 1 vol. in-8 ...... 16 fr.
PASCAL. **Études sur le scepticisme de Pascal**, par M. DROZ, 1 vol. in-8 .... 6 fr.
* VOLTAIRE. **Les Sciences au XVIIIe siècle**. Voltaire physicien, par M. Em. SAIGEY. 1 vol. in-8. 5 fr.
FRANCK (Ad.). **La Philosophie mystique en France au XVIIIe siècle**. 1 vol. in-18... 2 fr. 50
* DAMIRON. **Mémoires pour servir à l'histoire de la philosophie au XVIIIe siècle**. 3 vol. in-8. 15 fr.

PHILOSOPHIE ECOSSAISE

* DUGALD STEWART. Éléments de la philosophie de l'esprit humain, traduits de l'anglais par L. PEISSE. 3 vol. in-12... 9 fr.
* HAMILTON. La Philosophie de Hamilton, par J. STUART MILL, 1 vol. in-8............ 10 fr.
* HUME. Sa vie et sa philosophie. par Th. HUXLEY, trad. de l'angl. par M. G. COMPAYRÉ. 1 vol. in-8. 5 fr.

PHILOSOPHIE ALLEMANDE

KANT. Critique de la raison pure, trad. par M. TISSOT. 2 v. in-8. 16 fr.
— Même ouvrage, traduction par M. Jules BARNI. 2 vol. in-8.. 16 fr.
* — Éclaircissements sur la Critique de la raison pure, trad. par M. J. TISSOT. 1 vol. in-8... 6 fr.
— Principes métaphysiques de la morale, augmentés des *Fondements de la métaphysique des mœurs*, traduct. par M. TISSOT. 1 v. in-8. 8 fr.
— Même ouvrage, traduction par M. Jules BARNI. 1 vol. in-8... 8 fr.
* — La Logique, traduction par M. TISSOT. 1 vol. in-8..... 4 fr.
* — Mélanges de logique, traduction par M. TISSOT. 1 v. in-8. 6 fr.
* — Prolégomènes à toute métaphysique future qui se présentera comme science, traduction de M. TISSOT. 1 vol. in-8... 6 fr.
* — Anthropologie, suivie de divers fragments relatifs aux rapports du physique et du moral de l'homme, et du commerce des esprits d'un monde à l'autre, traduction par M. TISSOT. 1 vol. in-8..... 6 fr.
— Traité de pédagogie, trad. J. BARNI; préface par M. Raymond THAMIN. 1 vol. in-12. 2 fr.
— Critique de la raison pratique, trad. et notes de M. PICAVET. 1 vol. in-8............ 5 fr.
* FICHTE. Méthode pour arriver à la vie bienheureuse, trad. par M. Fr. BOUILLIER. 1 vol. in-8. 8 fr.
— Destination du savant et de l'homme de lettres, traduit par M. NICOLAS. 1 vol. in-8. 3 fr.
* — Doctrines de la science. 1 vol. in-8............. 9 fr.
SCHELLING. Bruno, ou du principe divin. 1 vol. in-8....... 3 fr. 50

SCHELLING. Écrits philosophiques et morceaux propres à donner une idée de son système, traduit par M. Ch. BÉNARD. 1 vol. in-8. 9 fr.
HEGEL. * Logique. 2ᵉ édit. 2 vol. in-8................ 14 fr.
* — Philosophie de la nature. 3 vol. in-8 .... 25 fr.
* — Philosophie de l'esprit. 2 vol. in-8............ 18 fr.
* — Philosophie de la religion. 2 vol. in-8............ 20 fr.
— Essais de philosophie hégélienne, par A. VÉRA. 1 vol. 2 fr. 50
— La Poétique, trad. par M. Ch. BÉNARD. Extraits de Schiller, Gœthe Jean, Paul, etc., et sur divers sujets relatifs à la poésie. 2 v. in-8. 12 fr.
— Esthétique. 2 vol. in-8, traduit par M. BÉNARD....... 16 fr.
— Antécédents de l'hegelianisme dans la philosophie française, par M. BEAUSSIRE. 1 vol. in-18... ...... 2 fr. 50
* — La Dialectique dans Hegel et dans Platon, par M. Paul JANET. 1 vol. in-8. .... 6 fr.
— Introduction à la philosophie de Hegel, par VÉRA. 1 vol. in-8. 2ᵉ édit............... 6 fr. 50
HUMBOLDT (G. de). Essai sur les limites de l'action de l'État. 1 vol. in-18 .... 3 fr. 50
—* La Philosophie individualiste, étude sur G. de HUMBOLDT, par M. CHALLEMEL-LACOUR. 1 v. in-18. 2 fr. 50
* STAHL. Le Vitalisme et l'Animisme de Stahl, par M. Albert LEMOINE. 1 vol. in-18.... 2 fr. 50
LESSING. Le Christianisme moderne. Étude sur Lessing, par M. FONTANÈS. 1 vol. in-18. 2 fr. 50

PHILOSOPHIE ALLEMANDE CONTEMPORAINE

L. BUCHNER. **Nature et Science.** 1 vol. in-8. 2ᵉ édit...... 7 fr. 50

— * **Le Matérialisme contemporain**, par M. P. Janet. 4ᵉ édit. 1 vol. in-18........ 2 fr. 50

CHRISTIAN BAUR et l'École de Tubingue, par M. Ed. Zeller. 1 vol. in-18.......... 2 fr. 50

HARTMANN (E. de). **La Religion de l'avenir.** 1 vol. in-18.. 2 fr. 50

— **Le Darwinisme**, ce qu'il y a de vrai et de faux dans cette doctrine. 1 vol. in-18. 3ᵉ édition.. 2 fr. 50

HAECKEL. **Les Preuves du transformisme.** 1 vol. in-18. 2 fr. 50

— **Essais de psychologie cellulaire.** 1 vol. in-18... 2 fr. 50

O. SCHMIDT. **Les Sciences naturelles et la Philosophie de l'inconscient.** 1 v. in-18. 2 fr. 50

LOTZE (H.). **Principes généraux de psychologie physiologique.** 1 vol. in-18.......... 2 fr. 50

PIDERIT. **La Mimique et la Physiognomonie.** 1 v. in-8. 5 fr.

PREYER. **Éléments de physiologie.** 1 vol. in-8....... 5 fr.

— **L'Ame de l'enfant.** Observations sur le développement psychique des premières années. 1 vol. in-8. 10 fr.

SCHOEBEL. **Philosophie de la raison pure.** 1 vol. in-18. 2 fr. 50

SCHOPENHAUER. **Essai sur le libre arbitre.** 1 vol. in-18. 3ᵉ éd. 2 fr. 50

— **Le Fondement de la morale.** 1 vol. in-18.......... 2 fr. 50

— **Essais et fragments**, traduit et précédé d'une Vie de Schopenhauer, par M. Bourdeau. 1 vol. in-18. 6ᵉ édit........ 2 fr. 50

— **Aphorismes sur la sagesse dans la vie.** 1 vol. in-8. 3ᵉ éd. 5 fr.

— **De la quadruple racine du principe de la raison suffisante.** 1 vol. in-8...... 5 fr.

— **Le Monde comme volonté et représentation.** Tome premier. 1 vol. in-8.......... 7 fr. 50

— **Schopenhauer et les origines de sa métaphysique**, par M. L. Ducros. 1 vol. in-8..... 3 fr. 50

— **La Philosophie de Schopenhauer**, par M. Th. Ribot. 1 vol. in-18. 2ᵉ édit.......... 2 fr. 50

RIBOT (Th.). **La Psychologie allemande contemporaine.** 1 vol. in-8. 2ᵉ édit........ 7 fr. 50

STRICKER. **Le Langage et la Musique.** 1 vol. in-18...... 2 fr. 50

WUNDT. **Psychologie physiologique.** 2 vol. in-8 avec fig. 20 fr.

PHILOSOPHIE ANGLAISE CONTEMPORAINE

STUART MILL*. **La Philosophie de Hamilton.** 1 fort vol. in-8. 10 fr.

— * **Mes Mémoires.** Histoire de ma vie et de mes idées. 1 v. in-8. 5 fr.

— * **Système de logique déductive et inductive.** 2 v. in-8. 20 fr.

— * **Auguste Comte et la philosophie positive.** 1 vol. in-18. 2 fr. 50

— **L'Utilitarisme.** 1 v. in-18. 2 fr. 50

— **Essais sur la Religion.** 1 vol. in-8. 2ᵉ édit.......... 5 fr.

— **La République de 1848 et ses détracteurs.** 1 v. in-18. 1 fr.

— **La Philosophie de Stuart Mill**, par H. Lauret. 1 v. in-8. 6 fr.

HERBERT SPENCER *. **Les Premiers Principes.** 1 fort volume in-8.................. 10 fr.

HERBERT SPENCER *. **Principes de biologie.** 2 forts vol. in-8. 20 fr.

— * **Principes de psychologie.** 2 vol. in-8............ 20 fr.

— * **Introduction à la science sociale.** 1 v. in-8 cart. 6ᵉ édit. 6 fr.

— * **Principes de sociologie.** 4 vol. in-8.............. 36 fr. 25

— * **Classification des sciences.** 1 vol. in-18, 2ᵉ édition. 2 fr. 50

— * **De l'éducation intellectuelle, morale et physique.** 1 vol. in-8, 5ᵉ édit........... 5 fr.

— * **Essais sur le progrès.** 1 vol. in-8. 2ᵉ édit.......... 7 fr. 50

— **Essais de politique.** 1 vol. in-8. 2ᵉ édit........ 7 fr. 50

— **Essais scientifiques.** 1 vol. in-8................ 7 fr. 50

HERBERT SPENCER *. Les Bases de la morale évolutionniste. 1 vol. in-8. 3° édit........ 6 fr.
— L'Individu contre l'Etat. 1 vol in-18. 2° édit........ 2 fr. 50
BAIN *. Des sens et de l'intelligence. 1 vol. in-8.... 10 fr.
— Les Émotions et la Volonté. 1 vol. in-8............. 10 fr.
— * La Logique inductive et déductive. 2 vol. in-8. 2° édit. 20 fr.
— * L'Esprit et le Corps. 1 vol. in-8, cartonné, 4° édit .... 6 fr.
— * La Science de l'éducation. 1 vol. in-8, cartonné. 6° édit. 6 fr.
DARWIN *. Ch. Darwin et ses précurseurs français, par M. de QUATREFAGES. 1 vol. in-8 . . 5 fr.
— *. Descendance et Darwinisme, par Oscar SCHMIDT. 1 vol. in-8 cart. 5° édit. .... 6 fr.
— Le Darwinisme, par E. DE HARTMANN. 1 vol. in-18.. 2 fr. 50
FERRIER. Les Fonctions du Cerveau. 1 vol. in-8...... 10 fr.
CHARLTON BASTIAN. Le cerveau, organe de la pensée chez l'homme et les animaux. 2 vol. in-8. 12 fr.
CARLYLE. L'Idéalisme anglais, étude sur Carlyle, par H. TAINE. 1 vol. in-18.......... 2 fr. 50
BAGEHOT *. Lois scientifiques du développement des nations. 1 vol. in-8, cart. 4° édit... 6 fr.

DRAPER. Les Conflits de la science et de la religion. 1 volume in-8. 7° édit................ 6 fr.
RUSKIN (JOHN) *. L'Esthétique anglaise, étude sur J. Ruskin, par MILSAND. 1 vol. in-18 ... 2 fr. 50
MATTHEW ARNOLD. La Crise religieuse. 1 vol. in-8.... 7 fr. 50
MAUDSLEY *. Le Crime et la Folie. 1 vol. in-8. cart. 5° édit... 6 fr.
— La Pathologie de l'esprit. 1 vol in-8............. 10 fr.
FLINT *. La Philosophie de l'histoire en France et en Allemagne. 2 vol in-8. Chacun, séparément .... 7 fr. 50
RIBOT (Th.). La Psychologie anglaise contemporaine. 3° édit. 1 vol. in-8............ 7 fr. 50
LIARD *. Les Logiciens anglais contemporains. 1 vol. in-18. 2° édit............. 2 fr. 50
GUYAU *. La Morale anglaise contemporaine. 1 v. in-8. 2° éd, 7 fr.50
HUXLEY *. Hume, sa vie, sa philosophie. 1 vol. in-8...... 5 fr.
JAMES SULLY. Le Pessimisme. 1 vol. in-8.......... 7 fr. 50
— Les Illusions des sens et de l'esprit. 1 vol. in-8, cart.. 6 fr.
CARRAU (L.). La Philosophie religieuse en Angleterre, depuis Locke jusqu'à nos jours. 1 volume in-8.................. 5 fr.

PHILOSOPHIE ITALIENNE CONTEMPORAINE

SICILIANI. La Psychogénie moderne. 1 vol. in-18..... 2 fr. 50
ESPINAS *. La Philosophie expérimentale en Italie, origines, état actuel. 1 vol. in-18. 2 fr. 50
MARIANO. La Philosophie contemporaine en Italie, essais de philos. hégélienne. 1 v. in-18. 2 fr.50
FERRI (Louis). Essai sur l'histoire de la philosophie en Italie au XIX° siècle. 2 vol. in-8. 12 fr.
— La Philosophie de l'association depuis Hobbes jusqu'à nos jours. In-8........ 7 fr. 50

MINGHETTI. L'État et l'Église. 1 vol. in-8.................. 5 fr.
LEOPARDI. Opuscules et pensées. 1 vol. in-18.......... 2 fr. 50
MOSSO. La Peur. 1 vol. in-18, 2 fr. 50
LOMBROSO. L'Homme criminel. 1 vol. in-8............ 10 fr.
MANTEGAZZA. La Physionomie et l'Expression des sentiments. 1 vol. in-8 cart. .... 6 fr.
SERGI. La Psychologie physiologique. 1 vol. in-8... 7 fr. 50
GAROFALO. La Criminologie. 1 volume in-8............. 7 fr. 50

BIBLIOTHÈQUE
D'HISTOIRE CONTEMPORAINE

Volumes in-18 brochés à 3 fr. 50. — Volumes in-8 brochés à 5 et 7 francs.

Cartonnage anglais, 50 cent. par vol. in-18; 1 fr. par vol. in-8.

Demi-reliure, 1 fr. 50 par vol. in-18; 2 fr. par vol. in-8.

EUROPE

* SYBEL (H. de). **Histoire de l'Europe pendant la Révolution française**, traduit de l'allemand par Mlle Dosquet. Ouvrage complet en 6 vol. in-8. 42 fr.
Chaque volume séparément. 7 fr.

FRANCE

BLANC (Louis). **Histoire de Dix ans.** 5 vol. in-8. (V. P.) 25 fr.
Chaque volume séparément. 5 fr.
— 25 pl. en taille-douce. Illustrations pour l'*Histoire de Dix ans*. 6 fr.
* BOERT. **La Guerre de 1870-1871**, d'après le colonel fédéral suisse Rustow. 1 vol. in-18. (V. P.) 3 fr. 50
CARLYLE. **Histoire de la Révolution française.** Traduit de l'anglais. 3 vol. in-18.
Chaque volume. 3 fr. 50
* CARNOT (H.), sénateur. **La Révolution française**, résumé historique. 1 volume in-18. Nouvelle édit. (V. P.) 3 fr. 50
ÉLIAS REGNAULT. **Histoire de Huit ans** (1840-1848). 3 vol. in-8. 15 fr.
Chaque volume séparément. 5 fr.
— 14 planches en taille-douce, illustrations pour l'*Histoire de Huit ans*. 4 fr.
* GAFFAREL (P.), professeur à la Faculté des lettres de Dijon. **Les Colonies françaises.** 1 vol. in-8. 3e édit. (V. P.) 5 fr.
* LAUGEL (A.). **La France politique et sociale.** 1 vol. in-8. 5 fr.
ROCHAU (de). **Histoire de la Restauration.** 1 vol. in-18. 3 fr. 50
* TAXILE DELORD. **Histoire du second Empire** (1848-1870). 6 vol. in-8. 42 fr.
Chaque volume séparément. 7 fr.
WAHL, professeur au lycée Lakanal. **L'Algérie.** 1 vol. in-8. (V. P.) 5 fr.
LANESSAN (de), député. **L'Expansion coloniale de la France.** Étude économique, politique et géographique sur les établissements français d'outre-mer. 1 fort vol. in-8, avec cartes. 1886. 12 fr.
— **La Tunisie.** 1 vol. in-8 avec une carte en couleurs (1887). 5 fr.
— **L'Indo-Chine française.** 1 vol. in-8 avec cartes. (*Sous presse.*)

ANGLETERRE

* BAGEHOT (W.). **La Constitution anglaise.** Traduit de l'anglais. 1 volume in-18. (V. P.) 3 fr. 50
— * **Lombard-street.** Le Marché financier en Angleterre. 1 vol. in-18. 3 fr. 50
GLADSTONE (E. W.). **Questions constitutionnelles** (1873-1878). — Le prince-époux. — Le droit électoral. Traduit de l'anglais, et précédé d'une Introduction par Albert Gigot. 1 vol. in-8. 5 fr.
* LAUGEL (Aug.). **Lord Palmerston et lord Russel.** 1 vol. in-18. 3 fr. 50
* SIR CORNEWAL LEWIS. **Histoire gouvernementale de l'Angleterre depuis 1770 jusqu'à 1830.** Traduit de l'anglais. 1 vol. in-8. 7 fr.
* REYNALD (H.), doyen de la Faculté des lettres d'Aix. **Histoire de l'Angleterre depuis la reine Anne jusqu'à nos jours.** 1 vol. in-18. 2e édit. (V. P.) 3 fr. 50
* THACKERAY. **Les Quatre George.** Traduit de l'anglais par Lefoyer. 1 vol. in-18. (V. P.) 3 fr. 50

ALLEMAGNE

* BOURLOTON (Ed.). **L'Allemagne contemporaine.** 1 vol. in-18.   3 fr. 50
* VÉRON (Eug.). **Histoire de la Prusse**, depuis la mort de Frédéric II jusqu'à la bataille de Sadowa. 1 vol. in-18. 4° édit. (V. P.)   3 fr. 50
— * **Histoire de l'Allemagne**, depuis la bataille de Sadowa jusqu'à nos jours. 1 vol. in-18. 2° édit. (V. P.)   3 fr. 50

AUTRICHE-HONGRIE

* ASSELINE (L.). **Histoire de l'Autriche**, depuis la mort de Marie-Thérèse jusqu'à nos jours. 1 vol. in-18. 3° édit. (V. P.)   3 fr. 50
SAYOUS (Ed.), professeur à la Faculté des lettres de Toulouse. **Histoire des Hongrois** et de leur littérature politique, de 1790 à 1815. 1 vol. in-18.   3 fr. 50

ITALIE

SORIN (Élie). **Histoire de l'Italie**, depuis 1815 jusqu'à la mort de Victor-Emmanuel. 1 vol. in-18.   3 fr. 50

ESPAGNE

* REYNALD (H.). **Histoire de l'Espagne** depuis la mort de Charles III jusqu'à nos jours. 1 vol. in-18. (V. P.)   3 fr. 50

RUSSIE

HERBERT BARRY. **La Russie contemporaine.** Traduit de l'anglais. 1 vol. in-18. (V. P.)   3 fr. 50
CRÉHANGE (M.). **Histoire contemporaine de la Russie.** 1 vol. in-18. (V. P.) 3 fr. 50

SUISSE

* DAENDLIKER. **Histoire du peuple suisse.** Trad. de l'allem. par Mme Jules FAVRE et précédé d'une Introduction de M. Jules FAVRE. 1 vol. in-8. (V. P.)   5 fr.
DIXON (H.). **La Suisse contemporaine.** 1 vol. in-18, trad. de l'angl. (V. P.) 3 fr. 50

AMÉRIQUE

DEBERLE (Alf.). **Histoire de l'Amérique du Sud**, depuis sa conquête jusqu'à nos jours. 1 vol. in-18. 2° édit. (V. P.)   3 fr. 50
* LAUGEL (Aug.). **Les États-Unis pendant la guerre.** 1861-1864. Souvenirs personnels. 1 vol. in-18.   3 fr. 50

---

* BARNI (Jules). **Histoire des idées morales et politiques en France au dix-huitième siècle.** 2 vol. in-18. (V. P.) Chaque volume.   3 fr. 50
— * **Les Moralistes français au dix-huitième siècle.** 1 vol. in-18 faisant suite aux deux précédents. (V. P.)   3 fr. 50
BEAUSSIRE (Émile), de l'Institut. **La Guerre étrangère et la Guerre civile.** 1 vol. in-18.   3 fr. 50
* DESPOIS (Eug.). **Le Vandalisme révolutionnaire.** Fondations littéraires, scientifiques et artistiques de la Convention. 2° édition, précédée d'une notice sur l'auteur par M. Charles BIGOT. 1 vol. in-18. (V. P.)   3 fr. 50
* CLAMAGERAN (J.), sénateur. **La France républicaine.** 1 vol. in-18. (V.P.) 3 fr. 50
LAVELEYE (E. de), correspondant de l'Institut. **Le Socialisme contemporain.** 1 vol. in-18. 3° édit.   3 fr. 50
MARCELLIN PELLET, ancien député. **Variétés révolutionnaires.** 2 vol. in-18, précédés d'une Préface de A. RANC. Chaque volume séparément.   3 fr. 50
SPULLER (E.), député, ancien ministre de l'Instruction publique. **Figures disparues**, portraits contemporains, littéraires et politiques. 1 vol. in-18. 2° édit. 3 fr. 50

BIBLIOTHÈQUE HISTORIQUE ET POLITIQUE

* ALBANY DE FONBLANQUE. **L'Angleterre, son gouvernement, ses institutions.** Traduit de l'anglais sur la 14ᵉ édition par M. F. C. DREYFUS, avec Introduction par M. H. BRISSON. 1 vol. in-8.   5 fr.
BENLOEW. **Les Lois de l'Histoire.** 1 vol. in-8.   5 fr.
* DESCHANEL (E.). **Le Peuple et la Bourgeoisie.** 1 vol. in-8.   5 fr.
DU CASSE. **Les Rois frères de Napoléon Iᵉʳ.** 1 vol. in-8.   10 fr.
MINGHETTI. **L'État et l'Église.** 1 vol. in-8.   5 fr.
LOUIS BLANC. **Discours politiques** (1848-1881). 1 vol. in-8.   7 fr. 50
PHILIPPSON. **La Contre-révolution religieuse au XVIᵉ siècle.** 1 vol. in-8.   10 fr.
HENRARD (P.). **Henri IV et la princesse de Condé.** 1 vol. in-8.   6 fr.
NOVICOW. **La Politique internationale,** précédé d'une Préface de M. Eugène VÉRON. 1 fort vol. in-8.   7 fr.
DREYFUS (F. C.). **La France, son gouvernement, ses institutions.** 1 vol. (*Sous presse.*)

PUBLICATIONS HISTORIQUES ILLUSTRÉES

HISTOIRE ILLUSTRÉE DU SECOND EMPIRE, par Taxile DELORD. 6 vol. in-8 colombier avec 500 gravures de FERAT, Fr. REGAMEY, etc.
    Chaque vol. broché, 8 fr. — Cart. doré, tr. dorées.   11 fr. 50

HISTOIRE POPULAIRE DE LA FRANCE, depuis les origines jusqu'en 1815. — Nouvelle édition. — 4 vol. in-8 colombier avec 1323 gravures sur bois dans le texte.
    Chaque vol., avec gravures, broché, 7 fr. 50 — Cart. doré, tranches dorées.................................... 11 fr.

RECUEIL DES INSTRUCTIONS
DONNÉES
AUX AMBASSADEURS ET MINISTRES DE FRANCE
DEPUIS LES TRAITÉS DE WESTPHALIE JUSQU'A LA RÉVOLUTION FRANÇAISE

Publié sous les auspices de la Commission des archives diplomatiques au Ministère des affaires étrangères.

Beaux volumes in-8 cavalier, imprimés sur papier de Hollande :

    I. — **AUTRICHE,** avec Introduction et notes, par M. Albert SOREL.   20 fr.
   II. — **SUÈDE,** avec Introduction et notes, par M. A. GEFFROY, membre de l'Institut................................. 20 fr.
  III. — **PORTUGAL,** avec Introduction et notes, par le vicomte DE CAIX DE SAINT-AYMOUR............................... 20 fr.

La publication se continuera par les volumes suivants

POLOGNE, par M. Louis Farges.
ROME, par M. Hanotaux.
ANGLETERRE, par M. Jusserand.
PRUSSE, par M. E. Lavisse.
RUSSIE, par M. A. Rambaud.
TURQUIE, par M. Girard de Rialle.
HOLLANDE, par M. H. Maze.
ESPAGNE, par M. Morel Fatio.

DANEMARK, par M. Geffroy.
SAVOIE ET MANTOUE, par M. Armingaud.
BAVIÈRE ET PALATINAT, par M. Lebon.
NAPLES ET PARME, par M. Joseph Reinach.
DIÈTE GERMANIQUE, par M. Chuquet.
VENISE, par M. Jean Kaulek.

INVENTAIRE ANALYTIQUE

DES

ARCHIVES DU MINISTÈRE DES AFFAIRES ÉTRANGÈRES

Publié sous les auspices de la Commission des archives diplomatiques

I. — **Correspondance politique de MM. de CASTILLON et de MARILLAC, ambassadeurs de France en Angleterre (1538-1540)**, par M. Jean Kaulek, avec la collaboration de MM. Louis Farges et Germain Lefèvre-Pontalis. 1 beau volume in-8 raisin sur papier fort.................................... 15 francs.

II. — **Papiers de BARTHÉLEMY**, ambassadeur de France en Suisse, de 1792 à 1797. Année 1792, par M. Jean Kaulek. 1 beau vol. in-8 raisin sur papier fort................................. 15 fr.

III. — **Papiers de BARTHÉLEMY** (janvier-août 1793), par M. Jean Kaulek. 1 beau vol. in-8 raisin sur papier fort............... 15 fr.

IV. — **Angleterre, 1546-1549. Ambassade de M. de Selve**, par M. G. Lefèvre-Pontalis. 1 beau vol. in-8 raisin sur papier fort.... 15 fr

Sous presse : **Papiers de BARTHÉLEMY**. Fin de l'année 1793, par M. J. Kaulek.

ANTHROPOLOGIE ET ETHNOLOGIE

EVANS (John). **Les Ages de la pierre.** 1 vol. grand in-8, avec 467 figures dans le texte. 15 fr. — En demi-reliure. 18 fr.

EVANS (John). **L'Age du bronze.** 1 vol. grand in-8, avec 540 figures dans le texte, broché, 15 fr. — En demi-reliure. 18 fr.

GIRARD DE RIALLE. **Les Peuples de l'Afrique et de l'Amérique.** 1 vol. petit in-18. 60 cent.

GIRARD DE RIALLE. **Les Peuples de l'Asie et de l'Europe.** 1 vol. petit in-18. 60 c.

HARTMANN (R.). **Les Peuples de l'Afrique.** 1 vol. in-8, avec fig. 6 fr.

HARTMANN (R.). **Les Singes anthropoïdes.** 1 vol. in-8 avec fig. 6 fr.

JOLY (N.). **L'Homme avant les métaux.** 1 vol. in-8 avec 150 figures dans le texte et un frontispice. 4e édit. 6 fr.

LUBBOCK (Sir John). **Les Origines de la civilisation.** État primitif de l'homme et mœurs des sauvages modernes. 1877. 1 vol. gr. in-8, avec figures et planches hors texte. Trad. de l'anglais par M. Ed. Barbier. 2e édit. 1877. 15 fr. — Relié en demi-maroquin, avec tr. dorées. 18 fr.

LUBBOCK (Sir John). **L'Homme préhistorique.** 3e édit., avec figures dans le texte. 2 vol. in-8. 12 fr.

PIÉTREMENT. **Les Chevaux dans les temps préhistoriques et historiques.** 1 fort vol. gr. in-8. 15 fr.

DE QUATREFAGES. **L'Espèce humaine.** 1 vol. in-8. 6e édit. 6 fr.

WHITNEY. **La Vie du langage.** 1 vol. in-8. 3e édit. 6 fr.

CARETTE (le colonel). **Études sur les temps antéhistoriques.** Première étude : *Le langage.* 1 vol. in-8. 1878. 8 fr.

REVUE PHILOSOPHIQUE
DE LA FRANCE ET DE L'ÉTRANGER

Dirigée par TH. RIBOT
Professeur au Collège de France.

(13ᵉ *année*, 1888.)

La REVUE PHILOSOPHIQUE paraît tous les mois, par livraisons de 6 ou 7 feuilles grand in-8, et forme ainsi à la fin de chaque année deux forts volumes d'environ 680 pages chacun.

CHAQUE NUMÉRO DE LA *REVUE* CONTIENT :

1° Plusieurs articles de fond; 2° des analyses et comptes rendus des nouveaux ouvrages philosophiques français et étrangers; 3° un compte rendu aussi complet que possible des *publications périodiques* de l'étranger pour tout ce qui concerne la philosophie; 4° des notes, documents, observations, pouvant servir de matériaux ou donner lieu à des vues nouvelles.

Prix d'abonnement :

Un an, pour Paris, 30 fr. — Pour les départements et l'étranger, 33 fr.
La livraison........................ 3 fr.

Les années écoulées se vendent séparément 30 francs, et par livraisons de 3 francs.

REVUE HISTORIQUE

Dirigée par G. MONOD
Maître de conférences à l'École normale, directeur à l'École des hautes études.

(13ᵉ *année*, 1888.)

La REVUE HISTORIQUE paraît tous les deux mois, par livraisons grand in-8 de 15 ou 16 feuilles, de manière à former à la fin de l'année trois beaux volumes de 500 pages chacun.

CHAQUE LIVRAISON CONTIENT :

I. Plusieurs *articles de fond*, comprenant chacun, s'il est possible, un travail complet. — II. Des *Mélanges et Variétés*, composés de documents inédits d'une étendue restreinte et de courtes notices sur des points d'histoire curieux ou mal connus. — III. Un *Bulletin historique* de la France et de l'étranger, fournissant des renseignements aussi complets que possible sur tout ce qui touche aux études historiques. — IV. Une *analyse des publications périodiques* de la France et de l'étranger, au point de vue des études historiques. — V. Des *Comptes rendus critiques* des livres d'histoire nouveaux.

Prix d'abonnement :

Un an, pour Paris, 30 fr. — Pour les départements et l'étranger, 33 fr.
La livraison.................. 6 fr.

Les années écoulées se vendent séparément 30 francs, et par fascicules de 6 francs. Les fascicules de la 1ʳᵉ année se vendent 9 francs.

Tables générales des matières contenues dans les cinq premières années de la Revue historique.

I. — Années 1876 à 1880, par M. CHARLES BÉMONT.
II. — Années 1881 à 1885, par M. RENÉ COUDERC.

Chaque Table formant un vol. in-8, 3 francs; 1 fr. 50 pour les abonnés.

ANNALES DE L'ÉCOLE LIBRE

DES

SCIENCES POLITIQUES

RECUEIL TRIMESTRIEL

Publié avec la collaboration des professeurs et des anciens élèves de l'école

TROISIÈME ANNÉE, 1888

COMITÉ DE RÉDACTION :

M. Émile BOUTMY, de l'Institut, directeur de l'École; M. Léon SAY, de l'Académie française, ancien ministre des Finances; M. ALF. DE FOVILLE, chef du bureau de statistique au ministère des Finances, professeur au Conservatoire des arts et métiers; M. R. STOURM, ancien inspecteur des Finances et administrateur des Contributions indirectes; M. Alexandre RIBOT, député; M. Gabriel ALIX; M. L. RENAULT, professeur à la Faculté des lettres de Paris; M. André LEBON; M. Albert SOREL; M. PIGEONNEAU, professeur à la Sorbonne; M. A. VANDAL, auditeur de 1re classe au Conseil d'État; Directeurs des groupes de travail, professeurs à l'École.

Secrétaire de la rédaction : M. Aug. ARNAUNÉ, docteur en droit.

La première livraison des **Annales de l'École libre des sciences politiques** a paru le 15 janvier 1886.

Les sujets traités embrassent tout le champ couvert par le programme d'enseignement de l'Ecole : *Economie politique, finances, statistique, histoire constitutionnelle, droit international, public et privé, droit administratif, législations civile et commerciale privées, histoire législative et parlementaire, histoire diplomatique, géographie économique, ethnographie, etc.*

La direction du Recueil ne néglige aucune des questions qui présentent, tant en France qu'à l'étranger, un intérêt pratique et actuel. L'esprit et la méthode en sont strictement scientifiques.

Les *Annales* contiennent en outre des notices bibliographiques et des correspondances de l'étranger.

Cette publication présente donc un intérêt considérable pour toutes les personnes qui s'adonnent à l'étude des sciences politiques. Sa place est marquée dans toutes les Bibliothèques des Facultés, des Universités et des grands corps délibérants.

MODE DE PUBLICATION ET CONDITIONS D'ABONNEMENT

Les *Annales de l'École libre des sciences politiques* paraissent tous les trois mois (15 janvier, 15 avril, 15 juillet et 15 octobre), par fascicules gr. in-8, de 160 pages chacun.

Les conditions d'abonnement sont les suivantes :

Un an (du 15 janvier) { Paris .... **16** francs.
Départements et étranger. **17** —
La livraison. .... **5** —

Les années précédentes se vendent chacune 16 *francs ou, par livraisons de* 5 *francs.*

BIBLIOTHÈQUE SCIENTIFIQUE
INTERNATIONALE

Publiée sous la direction de M. Émile ALGLAVE

La *Bibliothèque scientifique internationale* est une œuvre dirigée par les auteurs mêmes, en vue des intérêts de la science, pour la populariser sous toutes ses formes, et faire connaître immédiatement dans le monde entier les idées originales, les directions nouvelles, les découvertes importantes qui se font chaque jour dans tous les pays. Chaque savant expose les idées qu'il a introduites dans la science, et condense pour ainsi dire ses doctrines les plus originales.

On peut ainsi, sans quitter la France, assister et participer au mouvement des esprits en Angleterre, en Allemagne, en Amérique, en Italie, tout aussi bien que les savants mêmes de chacun de ces pays.

La *Bibliothèque scientifique internationale* ne comprend pas seulement des ouvrages consacrés aux sciences physiques et naturelles, elle aborde aussi les sciences morales, comme la philosophie, l'histoire, la politique et l'économie sociale, la haute législation, etc.; mais les livres traitant des sujets de ce genre se rattachent encore aux sciences naturelles, en leur empruntant les méthodes d'observation et d'expérience qui les ont rendues si fécondes depuis deux siècles.

Cette collection paraît à la fois en français, en anglais, en allemand et en italien : à Paris, chez Félix Alcan; à Londres, chez C. Kegan, Paul et Cie; à New-York, chez Appleton; à Leipzig, chez Brockhaus; et à Milan, chez Dumolard frères.

LISTE DES OUVRAGES PAR ORDRE D'APPARITION

VOLUMES IN-8, CARTONNÉS A L'ANGLAISE, A 6 FRANCS.

Les mêmes en demi-reliure veau, avec coins, tranche supérieure dorée, non rognés.................... 10 francs.

* 1. J. TYNDALL. **Les Glaciers et les Transformations de l'eau**, avec figures. 1 vol. in-8. 5e édition. 6 fr.
* 2. BAGEHOT. **Lois scientifiques du développement des nations** dans leurs rapports avec les principes de la sélection naturelle et de l'hérédité. 1 vol. in-8. 4e édition. 6 fr.
* 3. MAREY. **La Machine animale**, locomotion terrestre et aérienne, avec de nombreuses fig. 1 vol. in-8. 4e édit. augmentée. 6 fr.
  4. BAIN. **L'Esprit et le Corps**. 1 vol. in-8. 4e édition. 6 fr.
* 5. PETTIGREW. **La Locomotion chez les animaux**, marche, natation. 1 vol. in-8, avec figures. 2e édit. 6 fr.
* 6. HERBERT SPENCER. **La Science sociale**. 1 v. in-8. 8e édit. 6 fr.
* 7. SCHMIDT (O.). **La Descendance de l'homme et le Darwinisme**. 1 vol. in-8, avec fig. 5e édition. 6 fr.

8. MAUDSLEY. **Le Crime et la Folie.** 1 vol. in-8. 4ᵉ édit. 6 fr.
* 9. VAN BENEDEN. **Les Commensaux et les Parasites dans le règne animal.** 1 vol. in-8, avec figures. 3ᵉ édit. 6 fr.
* 10. BALFOUR STEWART. **La Conservation de l'énergie,** suivi d'une Étude sur la *nature de la force*, par M. P. de Saint-Robert, avec figures. 1 vol. in-8. 4ᵉ édition. 6 fr.
11. DRAPER. **Les Conflits de la science et de la religion.** 1 vol. in-8. 7ᵉ édition. 6 fr.
12. L. DUMONT. **Théorie scientifique de la sensibilité.** 1 vol. in-8. 3ᵉ édition. 6 fr.
* 13. SCHUTZENBERGER. **Les Fermentations.** 1 vol. in-8, avec fig. 4ᵉ édition. 6 fr.
* 14. WHITNEY. **La Vie du langage.** 1 vol. in-8. 3ᵉ édit. 6 fr.
15. COOKE et BERKELEY. **Les Champignons.** 1 vol. in-8, avec figures. 3ᵉ édition. 6 fr.
16. BERNSTEIN. **Les Sens.** 1 vol. in-8, avec 91 fig. 4ᵉ édit. 6 fr.
* 17. BERTHELOT. **La Synthèse chimique.** 1 vol. in-8. 5ᵉ édit. 6 fr.
* 18. VOGEL. **La Photographie et la Chimie de la lumière,** avec 95 figures. 1 vol. in-8. 4ᵉ édition. 6 fr.
* 19. LUYS. **Le Cerveau et ses fonctions,** avec figures. 1 vol. in-8. 6ᵉ édition. 6 fr.
* 20. STANLEY JEVONS. **La Monnaie et le Mécanisme de l'échange.** 1 vol. in-8. 4ᵉ édition. 6 fr.
21. FUCHS. **Les Volcans et les Tremblements de terre.** 1 vol. in-8, avec figures et une carte en couleur. 4ᵉ édition. 6 fr.
* 22. GÉNÉRAL BRIALMONT. **Les Camps retranchés et leur rôle dans la défense des États,** avec fig. dans le texte et 2 planches hors texte. 3ᵉ édit. 6 fr.
23. DE QUATREFAGES. **L'Espèce humaine.** 1 vol. in-8. 8ᵉ édit. 6 fr.
* 24. BLASERNA et HELMHOLTZ. **Le Son et la Musique.** 1 vol. in-8, avec figures. 4ᵉ édition. 6 fr.
* 25. ROSENTHAL. **Les Nerfs et les Muscles.** 1 vol. in-8, avec 75 figures. 3ᵉ édition. 6 fr.
* 26. BRUCKE et HELMHOLTZ. **Principes scientifiques des beaux-arts.** 1 vol. in-8, avec 39 figures. 2ᵉ édition. 6 fr.
* 27. WURTZ. **La Théorie atomique.** 1 vol. in-8. 4ᵉ édition. 6 fr.
* 28-29. SECCHI (le père). **Les Étoiles.** 2 vol. in-8, avec 63 figures dans le texte et 17 planches en noir et en couleur hors texte. 2ᵉ édit. 12 fr.
30. JOLY. **L'Homme avant les métaux.** 1 vol. in-8, avec figures. 4ᵉ édition. 6 fr.
* 31. A. BAIN. **La Science de l'éducation.** 1 vol. in-8. 6ᵉ édition. 6 fr.
* 32-33. THURSTON (R.). **Histoire de la machine à vapeur,** précédée d'une Introduction par M. Hirsch. 2 vol. in-8, avec 140 figures dans le texte et 16 planches hors texte. 3ᵉ édition. 12 fr.
34. HARTMANN (R.). **Les Peuples de l'Afrique.** 1 vol. in-8, avec figures. 2ᵉ édition. 6 fr.
* 35. HERBERT SPENCER. **Les Bases de la morale évolutionniste.** 1 vol. in-8. 3ᵉ édition. 6 fr.
36. HUXLEY. **L'Écrevisse,** introduction à l'étude de la zoologie. 1 vol. in-8, avec figures. 6 fr.
37. DE ROBERTY. **De la Sociologie.** 1 vol. in-8. 2ᵉ édition. 6 fr.
* 38. ROOD. **Théorie scientifique des couleurs.** 1 vol. in-8, avec figures et une planche en couleur hors texte. 6 fr.

39. DE SAPORTA et MARION. **L'Évolution du règne végétal** (les Cryptogames). 1 vol. in-8 avec figures. 6 fr.
40-41. CHARLTON BASTIAN. **Le Cerveau, organe de la pensée chez l'homme et chez les animaux.** 2 vol. in-8, avec figures. 12 fr.
42. JAMES SULLY. **Les Illusions des sens et de l'esprit.** 1 vol. in-8, avec figures. 6 fr.
43. YOUNG. **Le Soleil.** 1 vol. in-8, avec figures. 6 fr.
44. DE CANDOLLE. **L'Origine des plantes cultivées.** 3ᵉ édition. 1 vol. in-8. 6 fr.
45-46. SIR JOHN LUBBOCK. **Fourmis, abeilles et guêpes.** Études expérimentales sur l'organisation et les mœurs des sociétés d'insectes hyménoptères. 2 vol. in-8, avec 65 figures dans le texte et 13 planches hors texte, dont 5 coloriées. 12 fr.
47. PERRIER (Edm.). **La Philosophie zoologique avant Darwin.** 1 vol. in-8. 2ᵉ édition. 6 fr.
48. STALLO. **La Matière et la Physique moderne.** 1 vol. in-8, précédé d'une Introduction par FRIEDEL. 6 fr.
49. MANTEGAZZA. **La Physionomie et l'Expression des sentiments.** 1 vol. in-8 avec huit planches hors texte. 6 fr.
50. DE MEYER. **Les Organes de la parole et leur emploi pour la formation des sons du langage.** 1 vol. in-8 avec 51 figures, traduit de l'allemand et précédé d'une Introduction par M. O. CLAVEAU. 6 fr.
51. DE LANESSAN. **Introduction à l'Étude de la botanique** (le Sapin). 1 vol. in-8, avec 143 figures dans le texte. 6 fr.
52-53. DE SAPORTA et MARION. **L'évolution du règne végétal** (les Phanérogames). 2 vol. in-8, avec 136 figures. 12 fr.
54. TROUESSART. **Les Microbes, les Ferments et les Moisissures.** 1 vol. in-8, avec 107 figures dans le texte. 6 fr.
55. HARTMANN (R.). **Les Singes anthropoïdes, et leur organisation comparée à celle de l'homme.** 1 vol. in-8, avec 63 figures dans le texte. 6 fr.
56. SCHMIDT (O.). **Les Mammifères dans leurs rapports avec leurs ancêtres géologiques.** 1 vol. in-8 avec 51 figures. 6 fr.
57. BINET et FÉRÉ. **Le Magnétisme animal.** 1 vol. in-8 avec fig. 6 fr.
58-59. ROMANES. **L'Intelligence des animaux.** 2 vol. in-8 avec fig. 12 fr.
60. F. LAGRANGE. **Physiologie des exercices du corps.** 1 vol. in-8. 6 fr.
61. DREYFUS (Camille). **La Théorie de l'évolution.** 1 vol. in-8. 6 fr.
62-63. SIR JOHN LUBBOCK. **L'Homme préhistorique.** 2 vol. in-8, avec figures dans le texte. 3ᵉ édit. 12 fr.
64. DAUBRÉE. **Les Régions invisibles du globe et de l'espace céleste.** 1 vol. in-8, avec figures. 9 fr.

OUVRAGES SUR LE POINT DE PARAITRE :

BERTHELOT. **La Philosophie chimique.** 1 vol.
BEAUNIS. **Les Sensations internes.** 1 vol. avec figures.
MORTILLET (de). **L'Origine de l'homme.** 1 vol. avec figures.
PERRIER (E.) **L'Embryogénie générale.** 1 vol. avec figures.
LACASSAGNE. **Les Criminels.** 1 vol. avec figures.
CARTAILHAC. **La France préhistorique.** 1 vol. avec figures.
DURAND-CLAYE (A.). **L'Hygiène des villes.** 1 vol. avec figures.
POUCHET (G.). **La Vie du sang.** 1 vol. avec figures.
RICHER (Charles). **La Chaleur animale.** 1 vol. avec figures.

LISTE DES OUVRAGES

DE LA

BIBLIOTHÈQUE SCIENTIFIQUE INTERNATIONALE

PAR ORDRE DE MATIÈRES.

Chaque volume in-8, cartonné à l'anglaise......... 6 francs.
En demi-rel. veau avec coins, tranche supérieure dorée, non rogné. 10 fr.

SCIENCES SOCIALES

* Introduction à la science sociale, par HERBERT SPENCER. 1 vol. in-8, 7° édit. 6 fr.
* Les Bases de la morale évolutionniste, par HERBERT SPENCER. 1 vol. in-8, 3° édit. 6 fr.

Les Conflits de la science et de la religion, par DRAPER, professeur à l'Université de New-York. 1 vol. in-8, 7° édit. 6 fr.

Le Crime et la Folie, par H. MAUDSLEY, professeur de médecine légale à l'Université de Londres. 1 vol. in-8, 5° édit. 6 fr.

* La Défense des États et les camps retranchés, par le général A. BRIALMONT, inspecteur général des fortifications et du corps du génie de Belgique. 1 vol. in-8 avec nombreuses figures dans le texte et 2 pl. hors texte, 3° édit. 6 fr.
* La Monnaie et le Mécanisme de l'échange, par W. STANLEY JEVONS, professeur d'économie politique à l'Université de Londres. 1 vol. in-8, 4° édit. (V. P.) 6 fr.

La Sociologie, par DE ROBERTY. 1 vol. in-8, 2° édit. (V. P.) 6 fr.

* La Science de l'éducation, par Alex. BAIN, professeur à l'Université d'Aberdeen (Écosse). 1 vol. in-8, 6° édit. (V. P.) 6 fr.

Lois scientifiques du développement des nations dans leurs rapports avec les principes de l'hérédité et de la sélection naturelle, par W. BAGEHOT. 1 vol. in-8, 5° édit. 6 fr.

* La Vie du langage, par D. WHITNEY, professeur de philologie comparée à Yale-College de Boston (Etats-Unis). 1 vol. in-8, 3° édit. (V. P.) 6 fr.

PHYSIOLOGIE

Les Illusions des sens et de l'esprit, par James SULLY. 1 vol. in-8. 2° édit. (V. P.) 6 fr.

* La Locomotion chez les animaux (marche, natation et vol), suivie d'une étude sur l'*Histoire de la navigation aérienne*, par J.-B. PETTIGREW, professeur au Collège royal de chirurgie d'Édimbourg (Écosse). 1 vol. in-8 avec 140 figures dans le texte. 2° édit. 6 fr.
* Les Nerfs et les Muscles, par J. ROSENTHAL, professeur de physiologie à l'Université d'Erlangen (Bavière). 1 vol. in-8 avec 75 figures dans le texte, 3° édit. (V. P.) 6 fr.
* La Machine animale, par E.-J. MAREY, membre de l'Institut, professeur au Collège de France. 1 vol. in-8 avec 117 figures dans le texte, 4° édit. (V. P.) 6 fr.
* Les Sens, par BERNSTEIN, professeur de physiologie à l'Université de Halle (Prusse). 1 vol. in-8 avec 91 figures dans le texte, 4° édit. (V. P.) 6 fr.

Les Organes de la parole, par H. DE MEYER, professeur à l'Université de Zurich, traduit de l'allemand et précédé d'une introduction sur l'*Enseignement de la parole aux sourds-muets*, par O. CLAVEAU, inspecteur général des établissements de bienfaisance. 1 vol. in-8 avec 51 figures dans le texte. 6 fr.

La Physionomie et l'Expression des sentiments, par P. MANTEGAZZA, professeur au Muséum d'histoire naturelle de Florence. 1 vol. in-8 avec figures et 8 planches hors texte, d'après les dessins originaux d'Edouard Ximenès. 6 fr.

Physiologie des exercices du corps, par le docteur LAGRANGE. 1 vol. in-8. 6 fr.

PHILOSOPHIE SCIENTIFIQUE

* **Le Cerveau et ses fonctions**, par J. Luys, membre de l'Académie de médecine, médecin de la Salpêtrière. 1 vol. in-8 avec fig. 5ᵉ édit.(V. P.) 6 fr.
Le Cerveau et la Pensée chez l'homme et les animaux, par CHARLTON BASTIAN, professeur à l'Université de Londres. 2 vol. in-8 avec 184 fig. dans le texte. 12 fr.
Le Crime et la Folie, par H. MAUDSLEY, professeur à l'Université de Londres. 1 vol. in-8, 5ᵉ édit. 6 fr.
L'Esprit et le Corps, considérés au point de vue de leurs relations, suivi d'études sur les *Erreurs généralement répandues au sujet de l'esprit*, par Alex. BAIN, professeur à l'Université d'Aberdeen (Écosse). 1 vol. in-8, 4ᵉ édit. (V. P.) 6 fr.
* **Théorie scientifique de la sensibilité** : *le Plaisir et la Peine*, par Léon DUMONT. 1 vol. in-8, 3ᵉ édit. 6 fr.
La Matière et la Physique moderne, par STALLO, précédé d'une préface par M. Ch. FRIEDEL, de l'Institut. 1 vol. in-8. 6 fr.
Le Magnétisme animal, par A. BINET et Ch. FÉRÉ. 1 vol. in-8, avec figures dans le texte. 2ᵉ édit. 6 fr.
L'Intelligence des animaux, par ROMANES. 2 vol. in-8, précédés d'une préface de M. E. PERRIER, professeur au Muséum d'histoire naturelle. 12 fr.
La Théorie de l'évolution, par C. DREYFUS, député de la Seine. 1 v. in-8. 6 fr.

ANTHROPOLOGIE

* **L'Espèce humaine**, par A. DE QUATREFAGES, membre de l'Institut, professeur d'anthropologie au Muséum d'histoire naturelle de Paris. 1 vol. in-8, 9ᵉ édit. (V. P.) 6 fr.
* **L'Homme avant les métaux**, par N. JOLY, correspondant de l'Institut, professeur à la Faculté des sciences de Toulouse. 1 vol. in-8 avec 150 figures dans le texte et un frontispice, 4ᵉ édit. (V. P.) 6 fr.
* **Les Peuples de l'Afrique**, par R. HARTMANN, professeur à l'Université de Berlin. 1 vol. in-8 avec 93 figures dans le texte, 2ᵉ édit. (V. P.) 6 fr.
Les Singes anthropoïdes, et leur organisation comparée à celle de l'homme, par R. HARTMANN, professeur à l'Université de Berlin. 1 vol. in-8 avec 63 figures gravées sur bois. 6 fr.
L'Homme préhistorique, par SIR JOHN LUBBOCK, membre de la Société royale de Londres. 2 vol. in-8, avec de nombreuses fig. dans le texte. 3ᵉ édit. 12 fr.

ZOOLOGIE

* **Descendance et Darwinisme**, par O. SCHMIDT, professeur à l'Université de Strasbourg. 1 vol. in-8 avec figures, 5ᵉ édit. 6 fr.
Les Mammifères dans leurs rapports avec leurs ancêtres géologiques, par O. SCHMIDT. 1 vol. in-8 avec 51 figures dans le texte. 6 fr.
Fourmis, Abeilles et Guêpes, par sir JOHN LUBBOCK, membre de la Société royale de Londres. 2 vol. in-8 avec figures dans le texte et 13 planches hors texte, dont 5 coloriées. (V. P.) 12 fr.
L'Écrevisse, introduction à l'étude de la zoologie, par Th.-H. HUXLEY, membre de la Société royale de Londres et de l'Institut de France, professeur d'histoire naturelle à l'École royale des mines de Londres. 1 vol. in-8 avec 82 figures. 6 fr.
* **Les Commensaux et les Parasites** dans le règne animal, par P.-J. VAN BENEDEN, professeur à l'Université de Louvain (Belgique). 1 vol. in-8 avec 82 figures dans le texte. 3ᵉ édit. (V. P.) 6 fr.
La Philosophie zoologique avant Darwin, par EDMOND PERRIER, professeur au Muséum d'histoire naturelle de Paris. 1 vol. in-8, 2ᵉ édit. (V. P.) 6 fr.

BOTANIQUE — GÉOLOGIE

Les Champignons, par COOKE et BERKELEY. 1 vol. in-8 avec 110 figures. 3ᵉ édition. 6 fr.
L'Évolution du règne végétal, par G. DE SAPORTA, correspondant de l'Institut, et MARION, correspondant de l'Institut, professeur à la Faculté des sciences de Marseille.
    I. *Les Cryptogames*. 1 vol. in-8 avec 85 figures dans le texte. 6 fr.
    II. *Les Phanérogames*. 2 vol. in-8 avec 136 figures dans le texte. 12 fr.
* **Les Volcans et les Tremblements de terre**, par FUCHS, professeur à l'Université de Heidelberg. 1 vol. in-8 avec 36 figures et une carte en couleur, 5ᵉ édition. (V. P.) 6 fr.

— 22 —

Les Régions invisibles du globe et des espaces célestes, par DAUBRÉE, de l'Institut, professeur au Muséum d'histoire naturelle. 1 vol. in-8, avec 85 figures dans le texte et 2 cartes. 6 fr.

L'Origine des plantes cultivées, par A. DE CANDOLLE, correspondant de l'Institut. 1 vol. in-8, 3ᵉ édit. 6 fr.

Introduction à l'étude de la botanique (le Sapin), par J. DE LANESSAN, professeur agrégé à la Faculté de médecine de Paris. 1 vol. in-8 avec figures dans le texte. (V. P.) 6 fr.

Microbes, Ferments et Moisissures, par le docteur L. TROUESSART. 1 vol. in-8 avec 108 figures dans le texte. (V. P.) 6 fr.

CHIMIE

Les Fermentations, par P. SCHUTZENBERGER, membre de l'Académie de médecine, professeur de chimie au Collège de France. 1 vol. in-8 avec figures, 4ᵉ édit. 6 fr.

* La Synthèse chimique, par M. BERTHELOT, membre de l'Institut, professeur de chimie organique au Collège de France. 1 vol. in-8, 6ᵉ édit. 6 fr.

* La Théorie atomique, par Ad. WURTZ, membre de l'Institut, professeur à la Faculté des sciences et à la Faculté de médecine de Paris. 1 vol. in-8, 4ᵉ édit., précédée d'une introduction sur la *Vie et les travaux* de l'auteur, par M. CH. FRIEDEL, de l'Institut. 6 fr.

ASTRONOMIE — MÉCANIQUE

* Histoire de la Machine à vapeur, de la Locomotive et des Bateaux à vapeur, par R. THURSTON, professeur de mécanique à l'Institut technique de Hoboken, près de New-York, revue, annotée et augmentée d'une Introduction par M. HIRSCH, professeur de machines à vapeur à l'École des ponts et chaussées de Paris. 2 vol. in-8 avec 160 figures dans le texte et 16 planches tirées à part. 3ᵉ édit. (V. P.) 12 fr.

* Les Étoiles, notions d'astronomie sidérale, par le P. A. SECCHI, directeur de l'Observatoire du Collège Romain. 2 vol. in-8 avec 68 figures dans le texte et 16 planches en noir et en couleurs, 2ᵉ édit. (V. P.) 12 fr.

Le Soleil, par C.-A. YOUNG, professeur d'astronomie au Collège de New-Jersey. 1 vol. in-8 avec 87 figures. (V. P.) 6 fr.

PHYSIQUE

La Conservation de l'énergie, par BALFOUR STEWART, professeur de physique au collège Owens de Manchester (Angleterre), suivi d'une étude sur la *Nature de la force*, par P. DE SAINT-ROBERT (de Turin). 1 vol. in-8 avec figures, 4ᵉ édit. 6 fr.

* Les Glaciers et les Transformations de l'eau, par J. TYNDALL, professeur de chimie à l'Institution royale de Londres, suivi d'une étude sur le même sujet, par HELMHOLTZ, professeur à l'Université de Berlin. 1 vol. in-8 avec nombreuses figures dans le texte et 8 planches tirées à part sur papier teinté, 5ᵉ édit. (V. P.) 6 fr

* La Photographie et la Chimie de la lumière, par VOGEL, professeur à l'Académie polytechnique de Berlin. 1 vol. in-8 avec 95 figures dans le texte et une planche en photoglyptie, 4ᵉ édit. (V. P.) 6 fr.

La Matière et la Physique moderne, par STALLO. 1 vol. in-8. 6 fr.

THÉORIE DES BEAUX-ARTS

* Le Son et la Musique, par P. BLASERNA, professeur à l'Université de Rome, suivi des *Causes physiologiques de l'harmonie musicale*, par H. HELMHOLTZ, professeur à l'Université de Berlin. 1 vol. in-8 avec 41 figures, 3ᵉ édit. (V. P.) 6 fr.

Principes scientifiques des Beaux-Arts, par E. BRUCKE, professeur à l'Université de Vienne, suivi de l'*Optique et les Arts*, par HELMHOLTZ, professeur à l'Université de Berlin. 1 vol. in-8 avec figures, 3ᵉ édit. (V. P.) 6 fr.

* Théorie scientifique des couleurs et leurs applications aux arts et à l'industrie, par O. N. ROOD, professeur de physique à Colombia-College de New-York (Etats-Unis). 1 vol. in-8 avec 130 figures dans le texte et une planche en couleurs. (V. P.) 6 fr.

PUBLICATIONS
HISTORIQUES, PHILOSOPHIQUES ET SCIENTIFIQUES
qui ne se trouvent pas dans les collections précédentes.

ALAUX. **La Religion progressive.** 1 vol. in-18. 3 fr. 50
ALGLAVE. **Des Juridictions civiles chez les Romains.** 1 vol. in-8. 2 fr. 50
ALTMEYER (J. J.). **Les Précurseurs de la réforme aux Pays-Bas.** 2 forts volumes in-8°. 12 fr.
ARRÉAT. **Une Éducation intellectuelle.** 1 vol. in-18. 2 fr. 50
ARRÉAT. **La Morale dans le drame, l'épopée et le roman.** 1 vol. in-18. 1883. 2 fr. 50
ARRÉAT. **Journal d'un philosophe.** 1 vol. in-18. 1887. 3 fr. 50
AUBRY. **La Contagion du meurtre.** 1 vol. in-8. 1887. 4 fr.
AZAM. **Le Caractère dans la santé et dans la maladie.** 1 vol. in-8, précédé d'une préface de Th. Ribot. 1887. 4 fr.
BALFOUR STEWART et TAIT. **L'Univers invisible.** 1 vol. in-8, traduit de l'anglais. 7 fr.
BARNI. **Les Martyrs de la libre pensée.** 1 vol. in-18. 2° édit. 3 fr. 50
BARNI. **Napoléon Ier.** 1 vol. in-18, édition populaire. 1 fr.
BARNI. Voy. p. 4 ; Kant, p. 4 ; p. 12 et 31.
BARTHÉLEMY SAINT-HILAIRE. Voy. pages 2 et 6, Aristote.
BAUTAIN. **La Philosophie morale.** 2 vol. in-8. 12 fr.
BEAUNIS (H.). **Impressions de campagne** (1870-1871). 1 volume in-18. 3 fr. 50
BÉNARD (Ch.). **De la philosophie dans l'éducation classique.** 1862. 1 fort vol. in-8. 6 fr.
BÉNARD. Voy. p. 7 et 8, Schelling et Hegel.
BERTAULD (P.-A.). **Introduction à la recherche des causes premières. — De la méthode.** 3 vol. in-18. Chaque volume, 3 fr. 50
BLACKWELL (Dr Elisabeth). **Conseils aux parents** sur l'éducation de leurs enfants au point de vue sexuel. In-18. 2 fr.
BLANQUI. **L'Éternité par les astres.** In-8. 2 fr.
BLANQUI. **Critique sociale**, capital et travail. Fragments et notes. 2 vol. in-18. 1885. 7 fr.
BOUCHARDAT. **Le Travail**, son influence sur la santé (conférences faites aux ouvriers). 1 vol. in-18. 2 fr. 50
BOUILLET (Ad.). **Les Bourgeois gentilshommes. — L'Armée de Henri V.** 1 vol. in-18. 3 fr. 50
BOUILLET (Ad.). **Types nouveaux.** 1 vol. in-18. 1 fr. 50
BOUILLET (Ad.). **L'Arrière-ban de l'ordre moral.** 1 vol. in-18. 3 fr. 50
BOURBON DEL MONTE. **L'Homme et les Animaux.** 1 vol. in-8. 5 fr.
BOURDEAU (Louis). **Théorie des sciences**, plan de science intégrale. 2 vol. in-8. 20 fr.
BOURDEAU (Louis). **Les Forces de l'industrie**, progrès de la puissance humaine. 1 vol. in-8. 5 fr.
BOURDEAU (Louis). **La Conquête du monde animal.** In-8. 5 fr.
BOURDEAU (Louis). **L'Histoire et les Historiens.** 2 vol. in-8 (S. presse.)
BOURDET (Eug.). **Principes d'éducation positive**, précédés d'une préface de M. Ch. Robin. 1 vol. in-18. 3 fr. 50
BOURDET. **Vocabulaire des principaux termes de la philosophie positive.** 1 vol. in-18. 3 fr. 50
BOURLOTON (Edg.) et ROBERT (Edmond). **La Commune et ses idées à travers l'histoire.** 1 vol. in-18. 3 fr. 50
BOURLOTON. Voy. p. 12.
BROCHARD (V.). **De l'Erreur.** 1 vol. in-8. 3 fr. 50
BROCHARD. Voy. p. 7.

BUCHNER. **Essai biographique sur Léon Dumont.** 1 vol. in 18 (1884). 2 fr.
Bulletins de la Société de psychologie physiologique. 1re année 1885. 1 broch. in-8, 1 fr. 50. — 2e année 1886, 1 broch. in-8, 1 fr. 50. — 3e année. 1887. 1 fr. 50
BUSQUET. **Représailles**, poésies. 1 vol. in-18. 3 fr.
CAIX DE SAINT-AYMOUR (le vicomte de). **Recueil des instructions données aux ambassadeurs et ministres de France en Portugal,** depuis les traités de Westphalie jusqu'à la Révolution française. 1 fort vol. in-8 sur papier de Hollande. 20 fr.
CADET. **Hygiène, inhumation, crémation.** In-18. 2 fr.
CARRAU (Lud.). **Études historiques et critiques sur les preuves du Phédon de Platon en faveur de l'immortalité de l'âme humaine.** In-8. 2 fr.
CHASSERIAU (Jean). **Du principe autoritaire et du principe rationnel** 1 vol. in-18. 3 fr. 50
CLAMAGERAN. **L'Algérie,** impressions de voyage. 3e édit. 1 vol. in-18. 1884. 3 fr. 50
CLAMAGERAN. Voy. p. 12.
CLAVEL (Dr), **La Morale positive.** 1 vol. in-8. 3 fr.
CLAVEL (Dr). **Critique et conséquence des principes de 1789.** 1 vol. in-18. 3 fr.
CLAVEL (Dr). **Les Principes au XIXe siècle.** In-18. 1 fr.
CONTA. **Théorie du fatalisme.** 1 vol. in-18. 4 fr.
CONTA. **Introduction à la métaphysique.** 1 vol. in-18. 3 fr.
COQUEREL (Charles). **Lettres d'un marin à sa famille.** 1 vol. in-18. 3 fr. 50
COQUEREL fils (Athanase). **Libres Études** (religion, critique, histoire, beaux-arts). 1 vol. in-8. 5 fr.
CORTAMBERT (Louis). **La Religion du progrès.** In-18. 3 fr. 50
COSTE (Adolphe). **Hygiène sociale contre le paupérisme** (prix de 5000 fr. au concours Pereire). 1 vol. in-8. 6 fr.
COSTE (Adolphe). **Les Questions sociales contemporaines,** comptes rendus du concours Pereire, et études nouvelles sur le *paupérisme, la prévoyance, l'impôt, le crédit, les monopoles, l'enseignement*, avec la collaboration de MM. A. BURDEAU et ARRÉAT pour la partie relative à l'enseignement. 1 fort. vol. in-8. 10 fr.
COSTE (Ad.) Voy. p. 2.
DANICOURT (Léon). **La Patrie et la République.** In-18. 2 fr. 50
DANOVER. **De l'esprit moderne.** 1 vol. in-18. 1 fr. 50
DAURIAC. **Psychologie et pédagogie.** 1 br. in-8. 1884. 1 fr.
DAURIAC. **Sens commun et raison pratique.** 1 br. in-8. 1 fr. 50
DAVY. **Les Conventionnels de l'Eure.** 2 forts vol. in-8. 18 fr.
DELBŒUF. **Psychophysique,** mesure des sensations de lumière et de fatigue, théorie générale de la sensibilité. 1 vol. in-18. 3 fr. 50
DELBŒUF. **Examen critique de la loi psychophysique,** sa base et sa signification. 1 vol. in-18. 1883. 3 fr. 50
DELBŒUF. **Le Sommeil et les Rêves,** considérés principalement dans leurs rapports avec les théories de la certitude et de la mémoire. 1 vol. in-18. 3 fr. 50
DELBŒUF. **De l'origine des effets curatifs de l'hypnotisme.** Étude de psychologie expérimentale. 1887. In-8. 1 fr. 50
DELBŒUF. Voy. p. 2.
DESTREM (J.). **Les Déportations du Consulat.** 1 br. in-8. 1 fr. 50
DOLLFUS (Ch.). **De la nature humaine.** 1868. 1 vol. in-8. 5 fr.
DOLLFUS (Ch.). **Lettres philosophiques.** In-18. 3 fr.
DOLLFUS (Ch.). **Considérations sur l'histoire.** Le monde antique. 1 vol. in-8. 7 fr. 50

DOLLFUS (Ch.). **L'Ame dans les phénomènes de conscience.** 1 vol.
in-18. 3 fr. 50
DUBOST (Antonin). **Des conditions de gouvernement en France.**
1 vol. in-8. 7 fr. 50
DUFAY. **Etudes sur la destinée.** 1 vol. in-18. 1876. 3 fr.
DUMONT (Léon). **Le Sentiment du gracieux.** 1 vol. in-8. 3 fr.
DUMONT (Léon). Voy. p. 18 et 21.
DUNAN. **Essai sur les formes à priori de la sensibilité.** 1 vol. in-8.
1884. 5 fr.
DUNAN. **Les Arguments de Zénon d'Elée contre le mouvement.**
1 br. in-8. 1884. 1 fr. 50
DU POTET. **Manuel de l'étudiant magnétiseur.** Nouvelle édition.
1 vol. in-18. 3 fr. 50
DU POTET. **Traité complet de magnétisme**, cours en douze leçons.
4e édition. 1 vol. in-8 de 634 pages. 8 fr.
DURAND-DÉSORMEAUX. **Réflexions et Pensées**, précédées d'une Notice
sur la vie, le caractère et les écrits de l'auteur, par Ch. YRIARTE. 1 vol.
in-8. 1884. 2 fr. 50
DURAND-DESORMEAUX. **Études philosophiques**, théorie de l'action,
théorie de la connaissance. 2 vol. in-8. 1884. 15 fr.
DUTASTA. **Le Capitaine Vallé**, ou l'Armée sous la Restauration. 1 vol.
in-18. 1883. 3 fr. 50
DUVAL-JOUVE. **Traité de logique.** 1 vol. in-8. 6 fr.
DUVERGIER DE HAURANNE (Mme E.). **Histoire populaire de la Révolution française.** 1 vol. in-18. 3e édit. 3 fr. 50
Éléments de science sociale. Religion physique, sexuelle et naturelle.
1 vol. in-18. 4e édit. 1885. 3 fr. 50
ÉLIPHAS LÉVI. **Dogme et rituel de la haute magie.** 2e édit., 2 vol.
in-8, avec 24 fig. 18 fr.
ÉLIPHAS LÉVI. **Histoire de la magie.** 1 vol. in-8, avec fig. 12 fr.
ÉLIPHAS LÉVI. **Clef des grands mystères.** 1 vol. in-8. 12 fr.
ÉLIPHAS LÉVI. **La Science des esprits.** 1 vol. in-8. 7 fr.
ESCANDE. **Hoche en Irlande** (1795-1798), d'après les documents inédits.
1 vol. in-18 en caractères elzéviriens (1888). 3 fr. 50
ESPINAS. **Idée générale de la pédagogie.** 1 br. in-8. 1884. 1 fr.
ESPINAS. **Du sommeil provoqué chez les hystériques.** Essai d'explication psychologique de sa cause et de ses effets. 1 brochure in-8. 1 fr.
ESPINAS. Voy. p. 2 et 5.
ÉVELLIN. **Infini et quantité.** Étude sur le concept de l'infini dans la philosophie et dans les sciences. 1 vol. in-8. 2e édit. (*Sous presse.*)
FABRE (Joseph). **Histoire de la philosophie.** Première partie : Antiquité
et moyen âge. 1 vol. in-12. 3 fr. 50
FAU. **Anatomie des formes du corps humain**, à l'usage des peintres et
des sculpteurs. 1 atlas de 25 planches avec texte. 2° édition. Prix, figures noires. 15 fr. ; fig. coloriées. 30 fr.
FAUCONNIER. **Protection et libre échange.** In-8. 2 fr.
FAUCONNIER. **La morale et la religion dans l'enseignement.** in-8.
75 c.
FAUCONNIER. **L'Or et l'Argent.** In-8. 2 fr. 50
FEDERICI. **Les Lois du progrès.** 1 vol. in-18. (*Sous presse.*)
FERBUS (N.). **La Science positive du bonheur.** 1 vol. in-18. 3 fr.
FERRIÈRE (Em.). **Les Apôtres**, essai d'histoire religieuse, d'après la méthode
des sciences naturelles. 1 vol. in-12. 4 fr. 50
FERRIÈRE (Em.). **L'Ame est la fonction du cerveau.** 2 volumes in-18.
1883. 7 fr.
FERRIÈRE (Em.). **Le Paganisme des Hébreux jusqu'à la captivité
de Babylone.** 1 vol. in-18. 1884. 3 fr. 50
FERRIÈRE (Em.). **La Matière et l'Énergie.** 1 vol. in-18. 1887. 4 fr. 50
FERRIÈRE (Em.). Voy. p. 32.

FERRON (de). **Institutions municipales et provinciales** dans les différents États de l'Europe. Comparaison. Réformes. 1 vol. in-8. 1883. 8 fr.
FERRON (de). **Théorie du progrès**. 2 vol. in-18. 7 fr.
FERRON (de). **De la division du pouvoir législatif en deux chambres**, histoire et théorie du Sénat. 1 vol. in-8. 8 fr.
FONCIN. **Essai sur le ministère Target**. In-8. 2ᵉ édit. (*Sous presse.*)
FOX (W.-J.). **Des idées religieuses**. In-8. 3 fr.
FRIBOURG (E.). **Le Paupérisme parisien**. 1 vol. in-12. 1 fr. 25
GALTIER-BOISSIÈRE. **Sématotechnie**, ou Nouveaux signes phonographiques. 1 vol. in-8 avec figures. 3 fr. 50
GASTINEAU. **Voltaire en exil**. 1 vol. in-18. 3 fr.
GAYTE (Claude). **Essai sur la croyance**. 1 vol. in-8. 3 fr.
GEFFROY. **Recueil des instructions données aux ministres et ambassadeurs de France en Suède**, depuis les traités de Westphalie jusqu'à la Révolution française. 1 fort vol. in-8 raisin sur papier de Hollande. 20 fr.
GILLIOT (Alph.). **Études sur les religions et institutions comparées**. 2 vol. in-12, tome Iᵉʳ. 3 fr. — Tome II. 5 fr.
GOBLET D'ALVIELLA. **L'Évolution religieuse** chez les Anglais, les Américains, les Hindous, etc. 1 vol. in-8. 1883. 7 fr. 50
GOURD. **Le Phénomène**. Essai de philosophie générale. 1 vol. in-8. (*Sous presse.*)
GRESLAND. **Le Génie de l'homme**, libre philosophie. Gr. in-8. 7 fr.
GUILLAUME (de Moissey). **Traité des sensations**. 2 vol. in-8. 12 fr.
GUILLY. **La Nature et la Morale**. 1 vol. in-18. 2ᵉ édit. 2 fr. 50
GUYAU. **Vers d'un philosophe**. 1 vol. in-18. 3 fr. 50
GUYAU. Voy. p. 5 et 10.
HAYEM (Armand). **L'Être social**. 1 vol. in-18. 2ᵉ édit. 3 fr. 50
HERZEN. **Récits et Nouvelles**. 1 vol. in-18. 3 fr. 50
HERZEN. **De l'autre rive**. 1 vol. in-18. 3 fr. 50
HERZEN. **Lettres de France et d'Italie**. In-18. 3 fr. 50
HUXLEY. **La Physiographie**, introduction à l'étude de la nature, traduit et adapté par M. G. Lamy. 1 vol. in-8 avec figures dans le texte et 2 planches en couleurs, broché, 8 fr. — En demi-reliure, tranches dorées. 11 fr.
HUXLEY. Voy. p. 5 et 32.
ISSAURAT. **Moments perdus de Pierre-Jean**. 1 vol. in-18. 3 fr.
ISSAURAT. **Les Alarmes d'un père de famille**. In-8. 1 fr.
JANET (Paul). **Le Médiateur plastique de Cudworth**. 1 vol. in-8. 1 fr.
JANET (Paul). Voy. p. 3, 5, 7, 8 et 9.
JEANMAIRE. **L'Idée de la personnalité dans la psychologie moderne**. 1 vol. in-8. 1883. 5 fr.
JOIRE. **La Population, richesse nationale; le travail, richesse du peuple**. 1 vol. in-8. 1886. 5 fr.
JOYAU. **De l'invention dans les arts et dans les sciences**. 1 vol. in-8. 5 fr.
JOZON (Paul). **De l'écriture phonétique**. In-18. 3 fr. 50
KAULEK (Jean). **Correspondance politique de MM. de Castillon et de Marillac**, ambassadeurs de France en Angleterre (1538-1542). 1 fort vol. gr. in-8. 15 fr.
KAULEK (Jean). **Papiers de Barthélemy**, ambassadeur de France en Suisse de 1792 à 1797. — I, année 1792. 1 vol. gr. in-8. 15 fr.
II (janvier-août 1793). 1 vol. in-8. 15 fr.
LABORDE. **Les Hommes et les Actes de l'Insurrection de Paris** devant la psychologie morbide. 1 vol. in-18. 2 fr. 50
LACHELIER. **Le Fondement de l'induction**. 1 vol. in-8. 3 fr. 50
LACOMBE. **Mes droits**. 1 vol. in-12. 2 fr. 50
LAFONTAINE. **L'Art de magnétiser** ou le Magnétisme vital, considéré au point de vue théorique, pratique et thérapeutique. 5ᵉ éd., 1886. In-8. 5 fr.

LAGGROND. **L'Univers, la force et la vie.** 1 vol. in-8. 1884. 2 fr. 50
LA LANDELLE (de). **Alphabet phonétique.** In-18. 2 fr. 50
LANGLOIS. **L'Homme et la Révolution.** 2 vol. in-18. 7 fr.
LAURET (Henri). **Critique d'une morale sans obligation ni sanction.** In-8. 1 fr. 50
LAURET (Henri). Voy. p. 9.
LAUSSEDAT. **La Suisse.** Études méd. et sociales. In-18 3 fr. 50
LAVELEYE (Em. de). **De l'avenir des peuples catholiques.** In-8. 21e édit. 25 c.
LAVELEYE (Em. de). **Lettres sur l'Italie** (1878-1879). 1 volume in-18. 3 fr. 50
LAVELEYE (Em. de). **Nouvelles lettres d'Italie.** 1 vol. in-8. 1884. 3 fr.
LAVELEYE (Em. de). **L'Afrique centrale.** 1 vol. in-12. 3 fr.
LAVELEYE (Em. de). **La Péninsule des Balkans** (Vienne, Croatie, Bosnie, Serbie, Bulgarie, Roumélie, Turquie, Roumanie). 2 vol. in-12. 1886. 10 fr.
LAVELEYE (Em. de). **La Propriété collective du sol en différents pays.** In-8. 2 fr.
LAVELEYE (Em. de) et HERBERT SPENCER. **L'État et l'Individu, ou darwinisme social et christianisme.** In-8. 1 fr.
LAVELEYE (Em. de). Voy. p. 5 et 12.
LAVERGNE (Bernard). **L'Ultramontanisme et l'État.** In-8. 1 fr. 50
LEDRU-ROLLIN. **Discours politiques et écrits divers.** 2 vol. in-8 cavalier. 12 fr.
LEGOYT. **Le Suicide.** 1 vol. in-8. 8 fr.
LELORRAIN. **De l'aliéné au point de vue de la responsabilité pénale.** In-8. 2 fr.
LEMER (Julien). **Dossier des Jésuites et des libertés de l'Église gallicane.** 1 vol. in-18. 3 fr. 50
LOURDEAU. **Le Sénat et la Magistrature dans la démocratie française.** 1 vol. in-18. 3 fr. 50
MAGY. **De la Science et de la Nature.** 1 vol. in-8.
MAINDRON (Ernest). **L'Académie des sciences** (Histoire de l'Académie, fondation de l'Institut national; Bonaparte, membre de l'Institut). 1 beau vol. in-8 cavalier, avec 53 gravures dans le texte, portraits, plans, etc., 8 planches hors texte et 2 autographes, d'après des documents originaux. 12 fr.
MARAIS. **Garibaldi et l'Armée des Vosges.** In-18. (V. P.) 1 fr. 50
MASSERON (I.). **Danger et Nécessité du socialisme.** 1 vol. in-18 1883. 3 fr. 50
MAURICE (Fernand). **La Politique extérieure de la République française.** 1 vol. in-12. 3 fr. 50
MENIÈRE. **Cicéron médecin.** 1 vol. in-18. 4 fr. 50
MENIÈRE. **Les Consultations de Mme de Sévigné**, étude médico-littéraire. 1884. 1 vol. in-8. 3 fr.
MESMER. **Mémoires et Aphorismes,** suivis des procédés de d'Eslon. In-18. 2 fr. 50
MICHAUT (N.). **De l'Imagination.** 1 vol. in-8. 5 fr.
MILSAND. **Les Études classiques** et l'enseignement public. 1 vol. in-18. 3 fr. 50
MILSAND. **Le Code et la Liberté.** In-8. 2 fr.
MORIN (Miron). **De la séparation du temporel et du spirituel.** In-8. 3 fr. 50
MORIN (Miron). **Essais de critique religieuse.** 1 fort vol. in-8. 1885. 5 fr.
MORIN. **Magnétisme et Sciences occultes.** 1 vol. in-8. 6 fr.
MORIN (Frédéric). **Politique et Philosophie.** 1 vol. in-18. 3 fr. 50
MUNARET. **Le Médecin des villes et des campagnes.** 4e édition. 1 vol. grand in-18. 4 fr. 50

NIVELET. **Loisirs de la vieillesse ou l'Heure de philosopher.** 1 vol. in-12. 3 fr.

NOEL (E.). **Mémoires d'un imbécile**, précédé d'une préface de *M. Littré*. 1 vol. in-18. 3ᵉ édition. 3 fr. 50

NOTOVITCH. **La Liberté de la volonté.** 1 vol. in-18, en caractères elzéviriens. 1888. 3 fr. 50

OGER. **Les Bonaparte** et les frontières de la France. In-18. 50 c.

OGER. **La République.** In-8. 50 c.

OLECHNOWICZ. **Histoire de la civilisation de l'humanité**, d'après la méthode brahmanique. 1 vol. in-12. 3 fr. 50

PARIS (le colonel). **Le Feu à Paris et en Amérique.** 1 volume in-18. 3 fr. 50

PARIS (comte de). **Les Associations ouvrières en Angleterre** (Trades-unions). 1 vol. in-18. 7ᵉ édit. 1 fr.
    Édition sur papier fort, 2 fr. 50. — Sur papier de Chine, broché, 12 fr. — Rel. de luxe. 20 fr.

PELLETAN (Eugène). **La Naissance d'une ville** (Royan). 1 vol. in-18, cart. 1 fr. 40

PELLETAN (Eug.). **Jarousseau, le pasteur du désert.** 1 vol. in-18 (couronné par l'Académie française), toile, tr. jaspées. 2 fr. 50

PELLETAN (Eug.). **Élisée, voyage d'un homme à la recherche de lui-même.** 1 vol. in-18. 3 fr. 50

PELLETAN (Eug.). **Un Roi philosophe, Frédéric le Grand.** 1 vol. in-18. 3 fr. 50

PELLETAN (Eug.). **Le monde marche** (la loi du progrès). In-18. 3 fr. 50

PELLETAN (Eug.). **Droits de l'homme.** 1 vol. in-12. 3 fr. 50

PELLETAN (Eug.). **Profession de foi du XIXᵉ siècle.** 1 vol. in-12. 3 fr. 50

PELLETAN (Eug.). **Dieu est-il mort?** 1 vol. in-12. 3 fr. 50

PELLETAN (Eug.). **La Mère.** 1 vol. in-8, toile, tr. dorées. 4 fr. 25

PELLETAN (Eug.). **Les Rois philosophes.** 1 vol. in-8, toile, tranches dorées. 4 fr. 25

PELLETAN (Eug.). **La Nouvelle Babylone.** 1 vol. in-12. 3 fr. 50

PÉNY (le major). **La France par rapport à l'Allemagne.** Étude de géographie militaire. 1 vol. in-8. 2ᵉ édit. 6 fr.

PEREZ (Bernard). **Thiery Tiedmann. — Mes deux chats.** 1 brochure in-12. 2 fr.

PEREZ (Bernard). **Jacotot et sa méthode d'émancipation intellectuelle.** 1 vol. in-18. 3 fr.

PEREZ (Bernard). — Voyez page 5.

PETROZ (P.). **L'Art et la Critique en France** depuis 1822. 1 vol. in-18. 3 fr. 50

PETROZ. **Un Critique d'art au XIXᵉ siècle.** In-18. 1 fr. 50

PHILBERT (Louis). **Le Rire**, essai littéraire, moral et psychologique. 1 vol. in-8. (Ouvrage couronné par l'Académie française, prix Montyon.) 7 fr. 50

POEY. **Le Positivisme.** 1 fort vol. in-12. 4 fr. 50

POEY. **M. Littré et Auguste Comte.** 1 vol. in-18. 3 fr. 50

POULLET. **La Campagne de l'Est** (1870-1871). 1 vol. in-8 avec 2 cartes, et pièces justificatives. 7 fr.

QUINET (Edgar). **Œuvres complètes**. 30 volumes in-18. Chaque volume.. 3 fr. 50

Chaque ouvrage se vend séparément :
1. Génie des religions. 6ᵉ édition.
2. Les Jésuites. — L'Ultramontanisme. 11ᵉ édition.
3. Le Christianisme et la Révolution française. 6ᵉ édition.
4-5. Les Révolutions d'Italie. 5ᵉ édition. 2 vol.
6. Marnix de Sainte-Aldegonde. — Philosophie de l'Histoire de France. 4ᵉ édition.
7. Les Roumains. — Allemagne et Italie. 3ᵉ édition.
8. Premiers travaux : Introduction à la Philosophie de l'histoire. — Essai sur Herder. — Examen de la Vie de Jésus. — Origine des dieux. — l'Église de Brou. 3ᵉ édition.
9. La Grèce moderne. — Histoire de la poésie. 3ᵉ édition.
10. Mes Vacances en Espagne. 5ᵉ édition.
11. Ahasverus. — Tablettes du Juif errant. 5ᵉ édition.
12. Prométhée. — Les Esclaves. 4ᵉ édition.
13. Napoléon (poème). (*Épuisé.*)
14. L'Enseignement du peuple. — Œuvres politiques avant l'exil. 8 édition.
15. Histoire de mes idées. (Autobiographie). 4ᵉ édition.
16-17. Merlin l'Enchanteur. 2ᵉ édition. 2 vol.
18-19-20. La Révolution. 10ᵉ édition. 3 vol.
21. Campagne de 1815. 7ᵉ édition.
22-23. La Création. 3ᵉ édition. 2 vol.
24. Le Livre de l'exilé. — La Révolution religieuse au XIXᵉ siècle. — Œuvres politiques pendant l'exil. 2ᵉ édition.
25. Le Siège de Paris. — Œuvres politiques après l'exil. 2ᵉ édition.
26. La République. Conditions de régénération de la France. 2ᵉ édition.
27. L'Esprit nouveau. 5ᵉ édition.
28. Le Génie grec. 1ʳᵉ édition.
29-30. Correspondance. Lettres à sa mère. 1ʳᵉ édition. 2 vol.

RÉGAMEY (Guillaume). **Anatomie des formes du cheval**, à l'usage des peintres et des sculpteurs. 6 planches en chromolithographie, publiées sous la direction de Félix Régamey, avec texte par le Dʳ Kuhff. 8 fr.

RIBERT (Léonce). **Esprit de la Constitution** du 25 février 1875. 1 vol. in-18. 3 fr. 50

RIBOT (Paul). **Spiritualisme et Matérialisme**. Étude sur les limites de nos connaissances. 2ᵉ édit. 1887. 1 vol. in-8. 6 fr.

ROBERT (Edmond). **Les Domestiques**. 1 vol. in-18. 3 fr. 50

ROSNY (Ch. de). **La Méthode consciencielle**. Essai de philosophie exactiviste. 1 vol. in-8. 1887. 4 fr.

SANDERVAL (O. de). **De l'Absolu**. La loi de vie. 1887. 1 vol. in-8. 5 fr.

SECRÉTAN. **Philosophie de la liberté**. 2 vol. in-8. 10 fr.

SECRÉTAN. **Le Droit de la femme**. In-12. 1 fr. 20

SECRÉTAN. **La Civilisation et la Croyance**. 1 vol. in-8. 1887. 7 fr. 50

SIEGFRIED (Jules). **La Misère, son histoire, ses causes, ses remèdes**. 1 vol. grand in-18. 3ᵉ édition. 1879. 2 fr. 50

SIÈREBOIS. **Psychologie réaliste**. Étude sur les éléments réels de l'âme et de la pensée. 1876. 1 vol. in-18. 2 fr. 50

SOREL (Albert). **Le Traité de Paris du 20 novembre 1815.** 1 vol. in-8. 4 fr. 50

SOREL (Albert). **Recueil des instructions données aux ambassadeurs et ministres de France en Autriche,** depuis les traités de Westphalie jusqu'à la Révolution française. 1 fort vol. gr. in-8, sur papier de Hollande. 20 fr.

SPIR (A.). **Esquisses de philosophie critique,** précédées d'une préface de M. A. PENJON. 1 vol. in-18. 1887. 2 fr. 50

STUART MILL (J.). **La République de 1848 et ses détracteurs,** traduit de l'anglais, avec préface par M. SADI CARNOT. 1 vol. in-18. 2ᵉ édition. 1 fr.

STUART MILL. Voy. p. 4, 6 et 9.

TÉNOT (Eugène). **Paris et ses fortifications** (1870-1880). 1 vol. in-8. 5 fr.

TÉNOT (Eugène). **La Frontière** (1870-1881). 1 fort vol. grand in-8. 8 fr.

THIERS (Édouard). **La Puissance de l'armée par la réduction du service.** In-8. 1 fr. 50

THULIÉ. **La Folie et la Loi.** 2ᵉ édit. 1 vol. in-8. 3 fr. 50

THULIÉ. **La Manie raisonnante du docteur Campagne.** In-8. 2 fr.

TIBERGHIEN. **Les Commandements de l'humanité.** 1 vol. in-18. 3 fr.

TIBERGHIEN. **Enseignement et philosophie.** 1 vol. in-18. 4 fr.

TIBERGHIEN. **Introduction à la philosophie.** 1 vol. in-18. 6 fr.

TIBERGHIEN. **La Science de l'âme.** 1 vol. in-12. 3ᵉ édit. 6 fr.

TIBERGHIEN. **Éléments de morale universelle.** In-12. 2 fr.

TISSANDIER. **Études de théodicée.** 1 vol. in-8. 4 fr.

TISSOT. **Principes de morale.** 1 vol. in-8. 6 fr.

TISSOT. — Voy. KANT, page 7.

TISSOT (J.). **Essai de philosophie naturelle.** Tome Iᵉʳ. 1 vol. in-8. 12 fr.

VACHEROT. **La Science et la Métaphysique.** 3 vol. in-18. 10 fr. 50

VACHEROT. — Voy. pages 4 et 6.

VALLIER. **De l'intention morale.** 1 vol. in-8. 3 fr. 50

VAN ENDE (U.). **Histoire naturelle de la croyance,** *première partie :* l'Animal. 1887. 1 vol. in-8. 5 fr.

VERNIAL. **Origine de l'homme,** d'après les lois de l'évolution naturelle. 1 vol. in-8. 3 fr.

VILLIAUMÉ. **La Politique moderne.** 1 vol. in-8. 6 fr.

VOITURON (P.). **Le Libéralisme et les Idées religieuses.** 1 volume in-12. 4 fr.

WEILL (Alexandre). **Le Pentateuque selon Moïse et le Pentateuque selon Esra,** avec *vie, doctrine et gouvernement authentique de Moïse.* 1 fort vol. in-8. 7 fr. 50

WEILL (Alexandre). **Vie, doctrine et gouvernement authentique de Moïse,** d'après des textes hébraïques de la Bible jusqu'à ce jour incompris. 1 vol. in-8. 3 fr.

YUNG (Eugène). **Henri IV écrivain.** 1 vol. in-8. 5 fr.

ZIESING (Th.). **Érasme ou Salignac.** Étude sur la lettre de François Rabelais, avec un fac-similé de l'original de la Bibliothèque de Zurich. 1 brochure gr. in-8. 1887. 4 fr.

BIBLIOTHÈQUE UTILE

99 VOLUMES PARUS.

Le volume de 190 pages, broché, 60 centimes.

Cartonné à l'anglaise ou en cartonnage toile dorée, 1 fr.

Le titre de cette collection est justifié par les services qu'elle rend et la part pour laquelle elle contribue à l'instruction populaire.

Elle embrasse l'*histoire*, la *philosophie*, le *droit*, les *sciences*, l'*économie politique* et les *arts*, c'est-à-dire qu'elle traite toutes les questions qu'il est aujourd'hui indispensable de connaître. Son esprit est essentiellement démocratique.

La plupart de ses volumes sont adoptés pour les Bibliothèques par le *Ministère de l'instruction publique*, le *Ministère de la guerre*, la *Ville de Paris*, la *Ligue de l'enseignement*, etc.

HISTOIRE DE FRANCE

* **Les Mérovingiens**, par BUCHEZ, anc. présid. de l'Assemblée constituante.
* **Les Carlovingiens**, par BUCHEZ.
Les Luttes religieuses des premiers siècles, par J. BASTIDE, 4ᵉ édit.
Les Guerres de la Réforme, par J. BASTIDE, 4ᵉ édit.
La France au moyen âge, par F. MORIN.
* **Jeanne d'Arc**, par Fréd. LOCK.
Décadence de la monarchie française, par Eug. PELLETAN. 4ᵉ édit.
* **La Révolution française**, par CARNOT, sénateur (2 volumes).
* **La Défense nationale en 1792**, par P. GAFFAREL.
* **Napoléon Iᵉʳ**, par Jules BARNI.
* **Histoire de la Restauration**, par Fréd. LOCK. 3ᵉ édit.
* **Histoire de la marine française**, par Alfr. DONEAUD. 2ᵉ édit.
* **Histoire de Louis-Philippe**, par Edgar ZEVORT. 2ᵉ édit.
Mœurs et Institutions de la France, par P. BONDOIS. 2 volumes.
Léon Gambetta, par J. REINACH.

PAYS ÉTRANGERS

* **L'Espagne et le Portugal**, par E. RAYMOND. 2ᵉ édition.
Histoire de l'empire ottoman, par L. COLLAS. 2ᵉ édit.
* **Les Révolutions d'Angleterre**, par Eug. DESPOIS. 3ᵉ édit.
Histoire de la maison d'Autriche, par Ch. ROLLAND. 2 édit.
L'Europe contemporaine (1789-1879), par P. BONDOIS.
Histoire contemporaine de la Prusse, par Alfr. DONEAUD.
Histoire contemporaine de l'Italie, par Félix HENNEGUY.
Histoire contemporaine de l'Angleterre, par A. REGNARD.

HISTOIRE ANCIENNE

La Grèce ancienne, par L. COMBES, conseiller municipal de Paris. 2ᵉ éd.
L'Asie occidentale et l'Égypte, par A. OTT. 2ᵉ édit.
L'Inde et la Chine, par A. OTT.
Histoire romaine, par CREIGHTON.
L'Antiquité romaine, par WILKINS (avec gravures).

GÉOGRAPHIE

* **Torrents, fleuves et canaux de la France**, par H. BLERZY.
* **Les Colonies anglaises**, par le même.
Les Îles du Pacifique, par le capitaine de vaisseau JOUAN (avec 1 carte).
* **Les Peuples de l'Afrique et de l'Amérique**, par GIRARD DE RIALLE.
* **Les Peuples de l'Asie et de l'Europe**, par le même.
L'Indo-Chine française, par FAQUE.
* **Géographie physique**, par GEIKIE, prof. à l'Univ. d'Edimbourg (avec fig.).
* **Continents et Océans**, par GROVE (avec figures).
Les Frontières de la France, par P. GAFFAREL.

COSMOGRAHPIE

* **Les Entretiens de Fontenelle sur la pluralité des mondes**, mis ... à la science par BOILLOT.
les Étoiles, par WOLF et DELAUNES, par ZURCHER et MARGOLLÉ.
A travers le ciel, par AMIGUES.
Origines et Fin des mondes, par Ch. RICHARD. 3ᵉ édit.
* **Notions d'astronomie**, par L. CATALAN, professeur à l'Université de Liège. 4ᵉ édit.

— 32 —

SCIENCES APPLIQUÉES

* **Le Génie de la science et de l'industrie**, par B. Gastineau.

* **Causeries sur la mécanique**, par Brothier. 2ᵉ édit.

Médecine populaire, par le docteur Turck. 4ᵉ édit.

La Médecine des accidents, par le docteur Broquère.

Les Maladies épidémiques (Hygiène et Protection), par le docteur L. Monin.

* **Hygiène générale**, par le docteur L. Cruveilhier. 6ᵉ édit.

Petit Dictionnaire des falsifications, avec moyens faciles pour les reconnaître, par Dufour.

Les Mines de la France et de ses colonies, par P. Maigne.

Les Matières premières et leur emploi dans les divers usages de la vie, par H. Genevoix.

La Machine à vapeur, par H. Gossin, avec figures.

La Photographie, par le même, avec figures.

La Navigation aérienne, par G. Dallet (avec figures).

L'Agriculture française, par A. Larbalétrier, avec figures.

SCIENCES PHYSIQUES ET NATURELLES

Télescope et Microscope, par Zurcher et Margollé.

* **Les Phénomènes de l'atmosphère**, par Zurcher. 4ᵉ édit.

* **Histoire de l'air**, par Albert Lévy.

* **Histoire de la terre**, par le même.

* **Principaux faits de la chimie**, par Samson, prof. à l'Éc. d'Alfort. 5ᵉ édit.

Les Phénomènes de la mer, par E. Margollé. 5ᵉ édit.

* **L'Homme préhistorique**, par L. Zaborowski. 2ᵉ édit.

* **Les Grands Singes**, par le même.

Histoire de l'eau, par Bouant.

* **Introduction à l'étude des sciences physiques**, par Morand. 5ᵒ édit.

* **Le Darwinisme**, par E. Ferrière.

* **Géologie**, par Geikie (avec fig.).

* **Les Migrations des animaux et le Pigeon voyageur**, par Zaborowski.

* **Premières Notions sur les sciences**, par Th. Huxley.

La Chasse et la Pêche des animaux marins, par le capitaine de vaisseau Jouan.

Les Mondes disparus, par L. Zaborowski (avec figures).

Zoologie générale, par H. Beauregard, aide-naturaliste au Muséum (avec figures).

PHILOSOPHIE

La Vie éternelle, par Enfantin. 2ᵉ éd.

Voltaire et Rousseau, par Eug. Noel. 3ᵉ édit.

* **Histoire populaire de la philosophie**, par L. Brothier. 3ᵉ édit.

* **La Philosophie zoologique**, par Victor Meunier. 2ᵉ édit.

* **L'Origine du langage**, par L. Zaborowski.

Physiologie de l'esprit, par Paulhan (avec figures).

L'Homme est-il libre? par Renard. 2ᵉ édition.

La Philosophie positive, par le docteur Robinet. 2ᵉ édit.

ENSEIGNEMENT. — ÉCONOMIE DOMESTIQUE

* **De l'Éducation**, par Herbert Spencer.

La Statistique humaine de la France, par Jacques Bertillon.

Le Journal, par Hatin.

De l'Enseignement professionnel, par Corbon, sénateur. 3ᵉ édit.

* **Les Délassements du travail**, par Maurice Cristal. 2ᵉ édit.

Le Budget du foyer, par H. Leneveux.

* **Paris municipal**, par le même.

* **Histoire du travail manuel en France**, par le même.

L'Art et les Artistes en France, par Laurent Pichat, sénateur. 4ᵉ édit.

Premiers principes des beaux-arts, par J. Collier.

Économie politique, par Stanley Jevons. 3ᵉ édit.

* **Le Patriotisme à l'école**, par Jourdy, capitaine d'artillerie.

Histoire du libre échange en Angleterre, par Mongredien.

Économie rurale et agricole, par Petit.

Les Industries d'art, par Achille Mercier.

DROIT

* **La Loi civile en France**, par Morin. 3ᵉ édit.

La Justice, par G. J.

www.ingramcontent.com/pod-product-compliance
Lightning Source LLC
Chambersburg PA
CBHW051135230426
43670CB00007B/819